7/25 £5

CW01653784

Diseño de tarjetas comerciales 2

cheryl dangel cullen

GG® / México

Título original: **The best of BUSINESS CARD DESIGN**

Versión castellana de Eugeni Rosell
Diseño del interior: Stoltze Design
Diseño de la cubierta: Toni Cabré/Editorial Gustavo Gili

Ninguna parte de esta publicación, incluido el diseño de la cubierta, puede reproducirse, almacenarse o transmitirse de ninguna forma, ni por ningún medio, sea éste electrónico, químico, mecánico, óptico, de grabación o de fotocopia, sin la previa autorización escrita por parte de la Editorial.

Hemos puesto todo nuestro empeño en contactar con aquellas personas que poseen los derechos de autor de las imágenes publicadas en este volumen. En algunos casos no nos ha sido posible, y por esta razón sugerimos a los propietarios de tales derechos que se pongan en contacto con nuestra editorial.

© Rockport Publishers, Inc., 2002
para la edición castellana
Editorial Gustavo Gili, SA, Barcelona, 2002
y para la presente edición
Ediciones G. Gili, SA de CV, México, 2002

ISBN 968-887-398-5

Impreso en China

Ediciones G. Gili, SA de CV

México, Naucalpan 53050 Valle de Bravo, 21. Tel. 55 60 60 11
08029 Barcelona Rosselló, 87-89. Tel. 93 322 81 61
Portugal, 2700-606 Amadora Praceta Notícias da Amadora, nº 4-B. Tel. 21 491 09 36

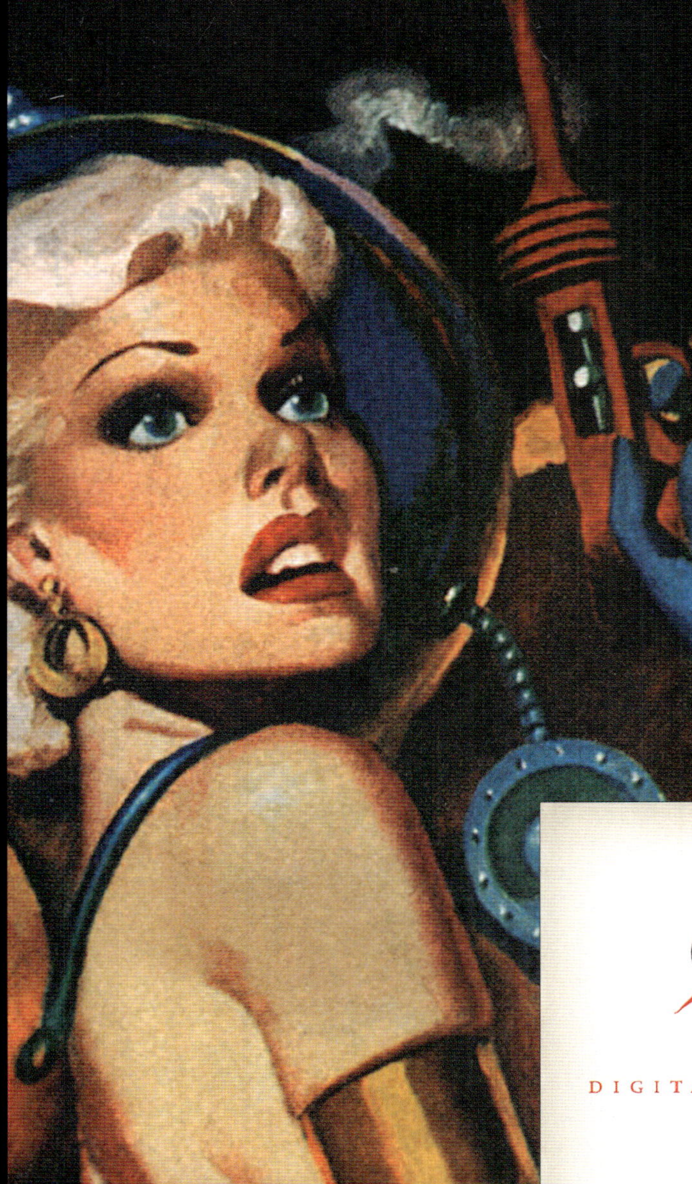

DIGITAL PLANET™

9909 JEFFERSON BLVD.
CULVER CITY, CA 90232-3505
t. 310.733.5300 | f. 310.733.5301
www.digitalplanet.com

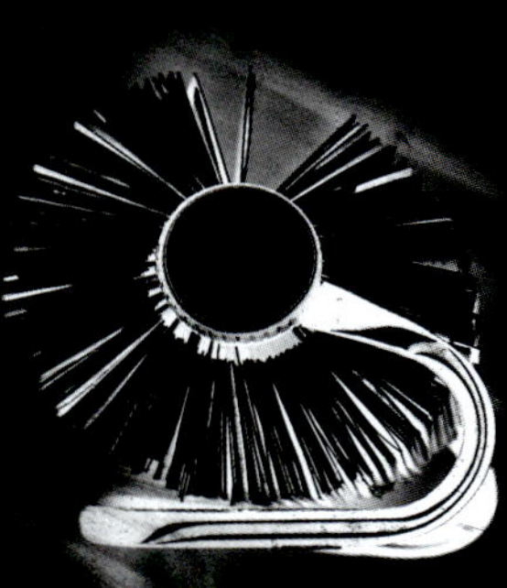

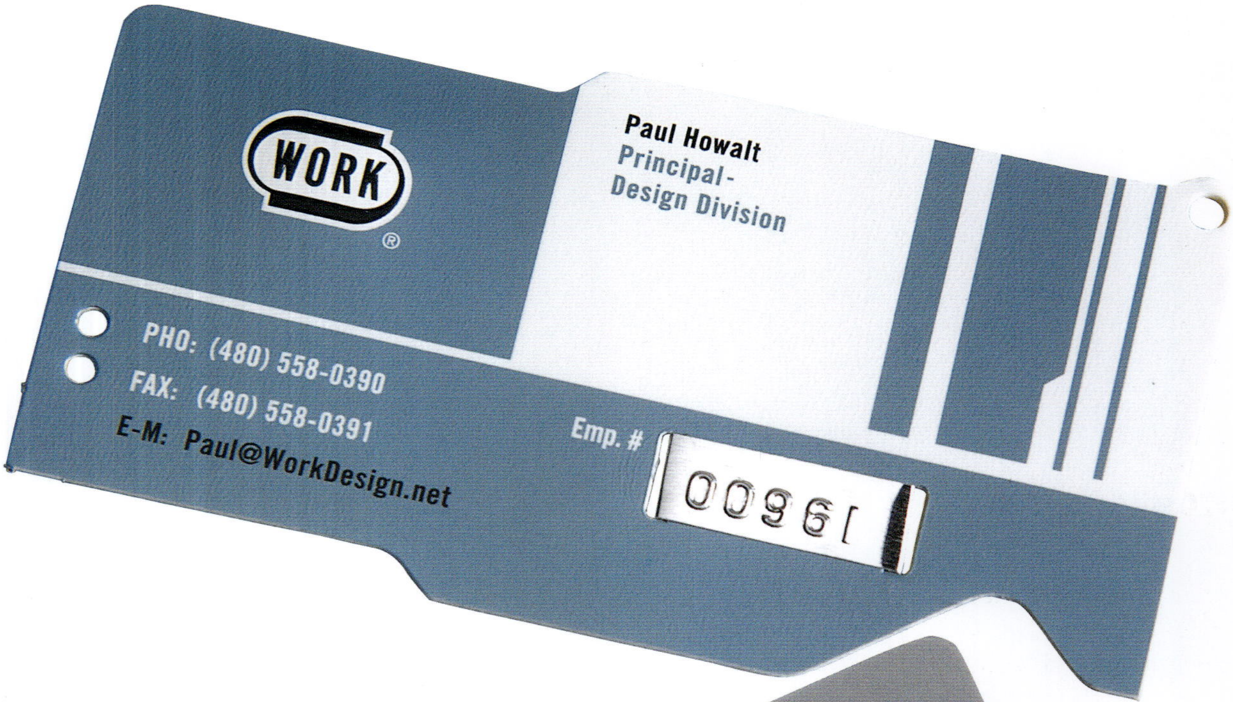
WORK
Paul Howalt
Principal-
Design Division
PHO: (480) 558-0390
FAX: (480) 558-0391
E-M: Paul@WorkDesign.net
Emp. #
00961

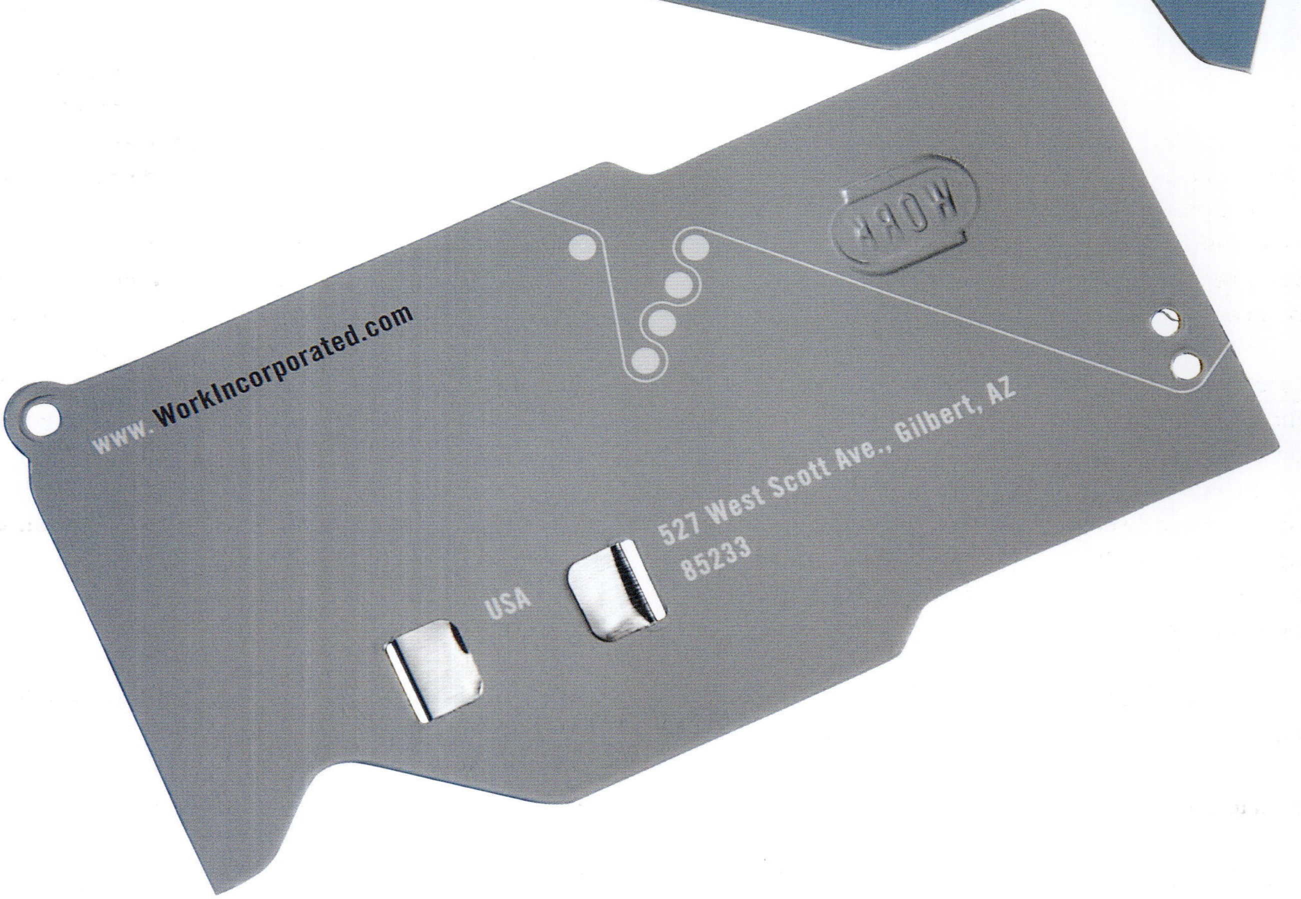
WORK
www.WorkIncorporated.com
527 West Scott Ave., Gilbert, AZ
85233
USA

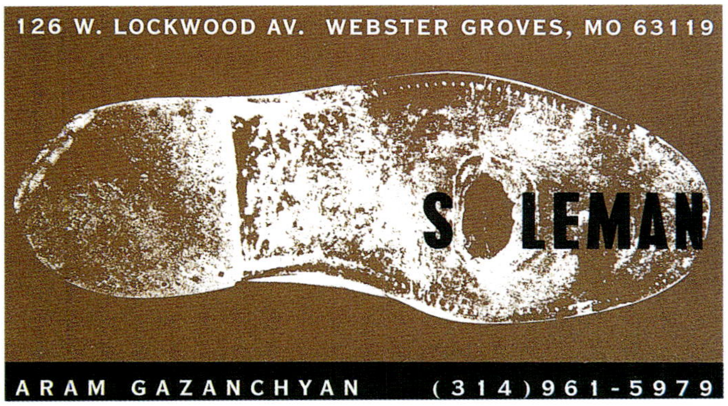

Introducción

A la humilde tarjeta comercial se le presta actualmente cada vez más atención. Antes, servía a un objetivo meramente funcional: dejar información de contacto que pudiera ser recuperada posteriormente. Sólo eran esto —tarjetas comerciales— y en ellas todo era comercial. Hoy en día, su objetivo principal es todavía comunicar información, pero al mismo tiempo se usan cada vez más como herramientas de venta y, muy a menudo, para crear en la mente del receptor la tan importante primera impresión. Las actuales tarjetas comerciales se ajustan a lo comercial, pero lo hacen con gusto, buen estilo y un aire divertido.

Aquellas tarjetas comerciales que se repartían por doquier y que contenían los datos básicos como el nombre, cargo, la dirección y teléfono de la empresa, son poco frecuentes hoy en día. En su lugar las tarjetas que cumplen con su función son las que además de contener toda la información habitual —logotipo, fax, dirección electrónica, página web y número de móvil—, también se recuerdan largamente (mucho pedir para algo tan pequeño).

¿Cómo se enfrentan a ello los diseñadores? Pues a base de romper todas las reglas que habían aprendido hasta ahora sobre las tarjetas comerciales. La prueba es la libertad y creatividad totales que se evidencian en los mejores diseños.

Las tarjetas tienen dos caras, ¿por qué desperdiciar una cara que es perfectamente buena cuando se trata de vender? En algunas tarjetas hay un amplio uso del color, que explota literalmente en un arco iris de tonalidades, mientras que otras hacen uso del proceso de cuatricomía como si fueran folletos sofisticados. Las tarjetas interactivas, que involucran al receptor, pidiéndole que las abra, las despliegue, las doble o las manipule para poder captar todo su mensaje, son habituales. Tan habituales como los troquelados, otro fenómeno de principios de este siglo, que aparecen a menudo en las tarjetas junto a direcciónes de páginas web.

Las tarjetas a menudo son también el reflejo de su propietario: hay quien diseña sus propias tarjetas o escoge su propia paleta de color; mientras que en otras se muestran caricaturas de su propietario o se incluyen frases especialmente adaptadas a su especialidad. Por otra parte, las medidas ya no son algo intocable. Aunque la mayoría de tarjetas todavía permanecen fieles a los tradicionales 6 x 9 cm, otras hacen caso omiso de las dimensiones estrictas a favor de formas circulares, formatos alargados o estrechos.

Y todo ello es sólo el principio.

Las tarjetas pueden ser innovadoras, espontáneas, suscintas o provocativas y aquellos diseñadores que buscan desesperadamente la inspiración pueden estar seguros de que encontrarán una multitud de ideas en *Diseño de tarjetas comerciales 2*. ¿Cuáles son las tendencias en tarjetas comerciales para este siglo? Hojea estas páginas para ver por ti mismo que la única tendencia es diseñar lo que a uno le gusta y al mismo tiempo quedar satisfecho con el resultado final.

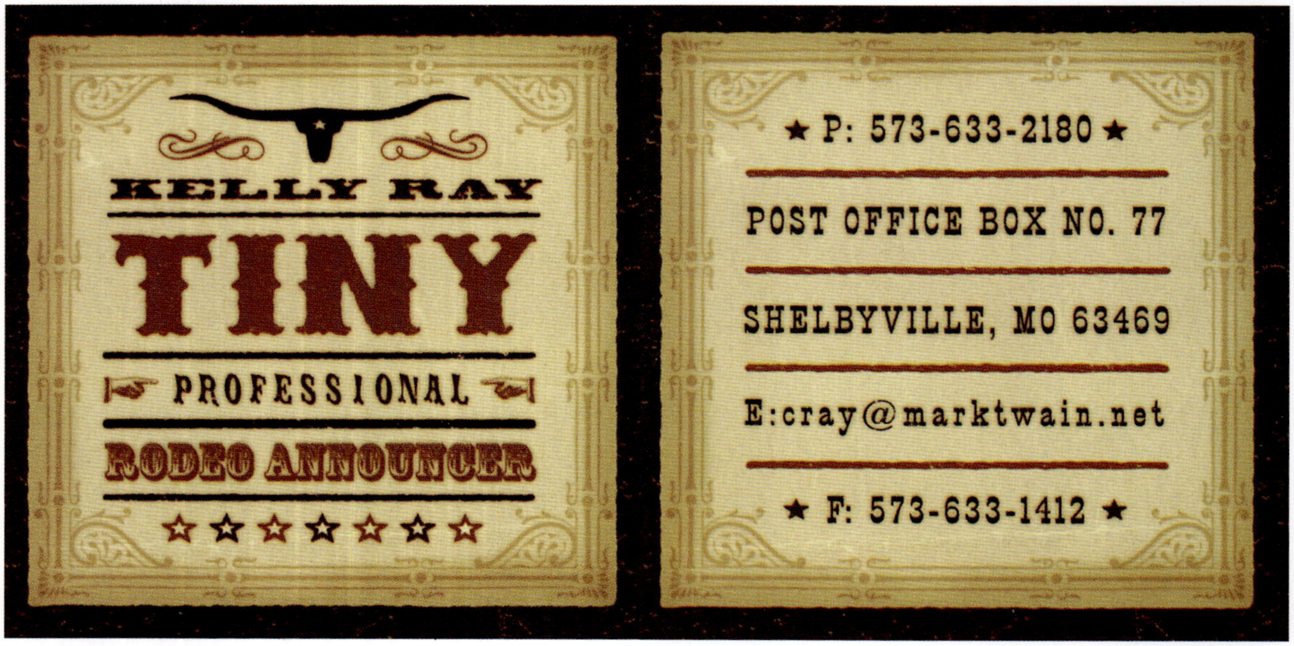

CLIENTE: Tiny Ray

ESTUDIO DE DISEÑO: Gardner Design

DIRECCIÓN ARTÍSTICA/DISEÑO: Travis Brown

SOFTWARE: Macromedia Freehand

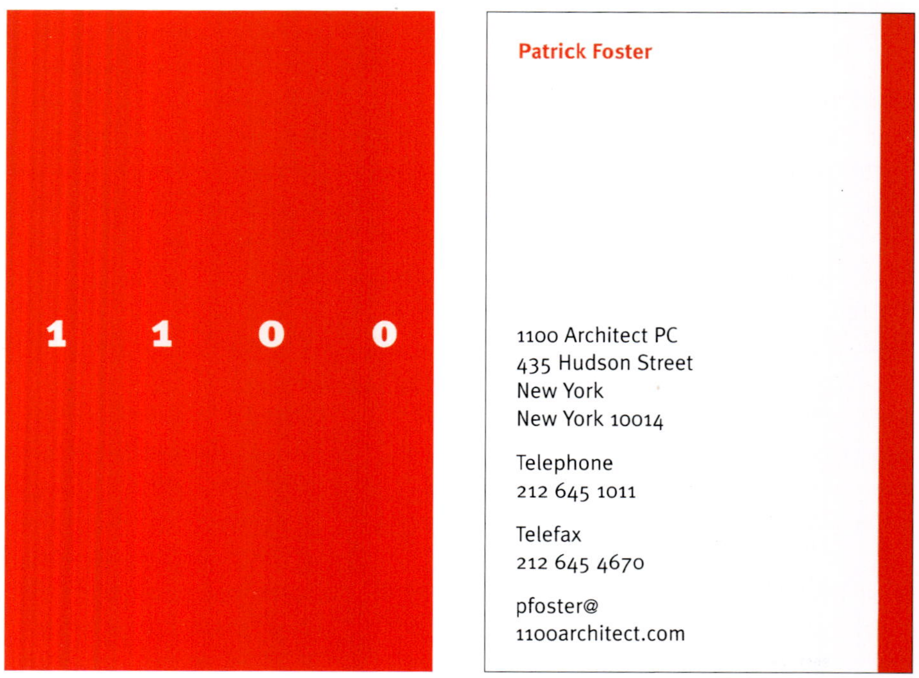

CLIENTE: Piscatello Design Centre

ESTUDIO DE DISEÑO: Piscatello Design Centre

DISEÑO: Rocco Piscatello

SOFTWARE: Quark Xpress

PAPEL: Polatch seda blanco brillante / 325 g/m²

IMPRESIÓN: Continental anchor

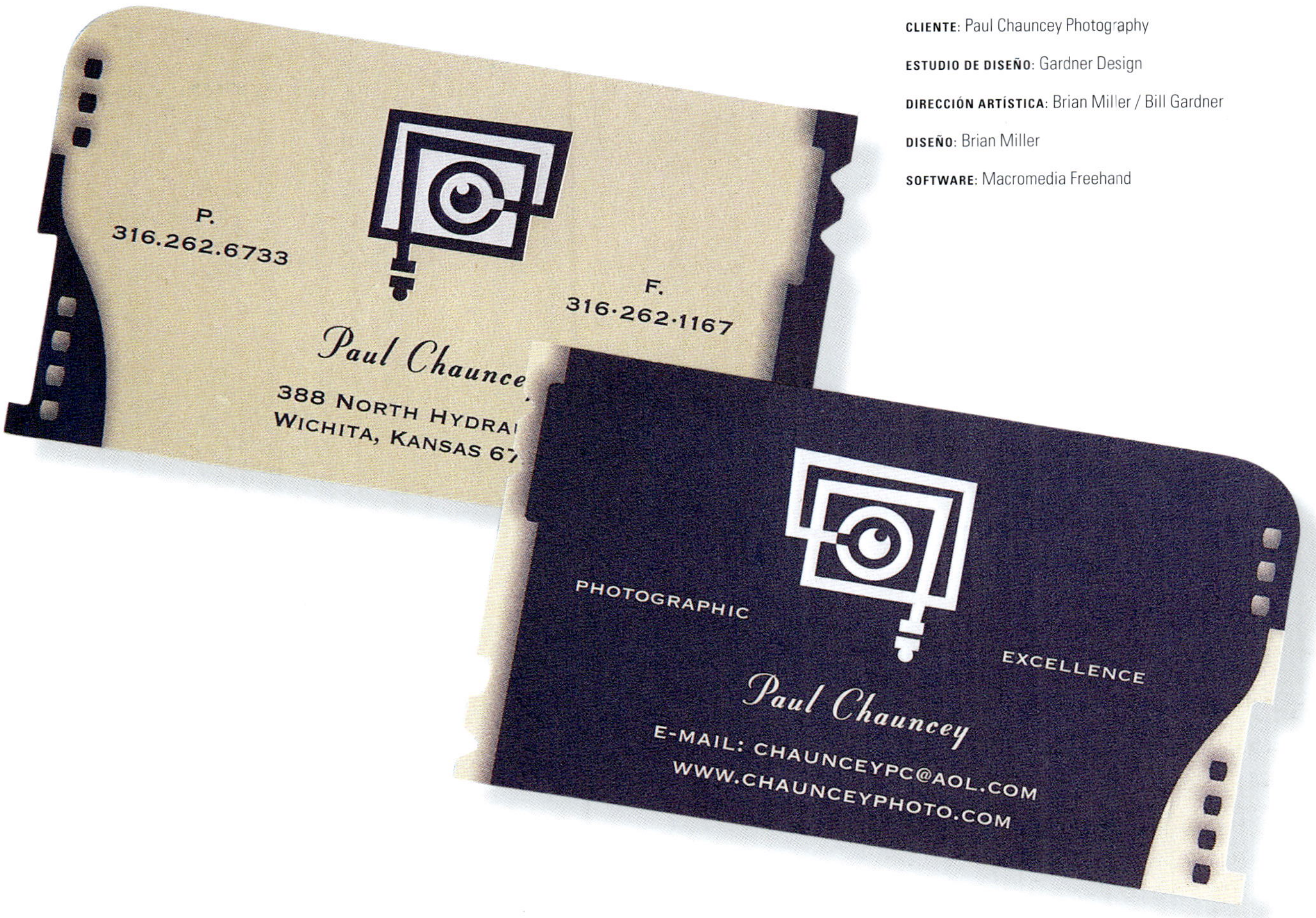

CLIENTE: Paul Chauncey Photography

ESTUDIO DE DISEÑO: Gardner Design

DIRECCIÓN ARTÍSTICA: Brian Miller / Bill Gardner

DISEÑO: Brian Miller

SOFTWARE: Macromedia Freehand

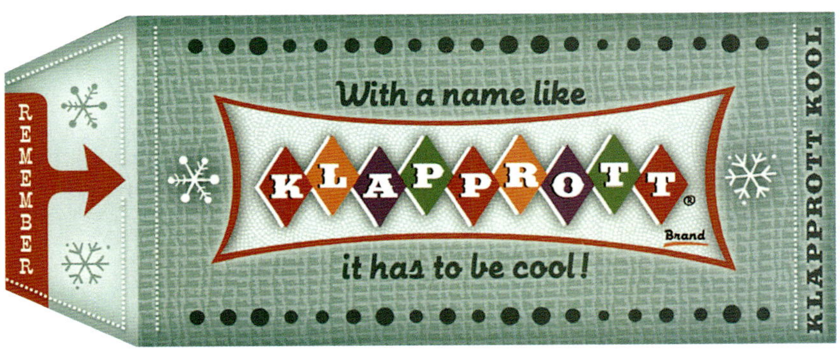

CLIENTE: Klapprott

ESTUDIO DE DISEÑO: Gardner Design

DIRECCIÓN ARTÍSTICA/DISEÑO: Brian Miller

SOFTWARE: Macromedia Freehand

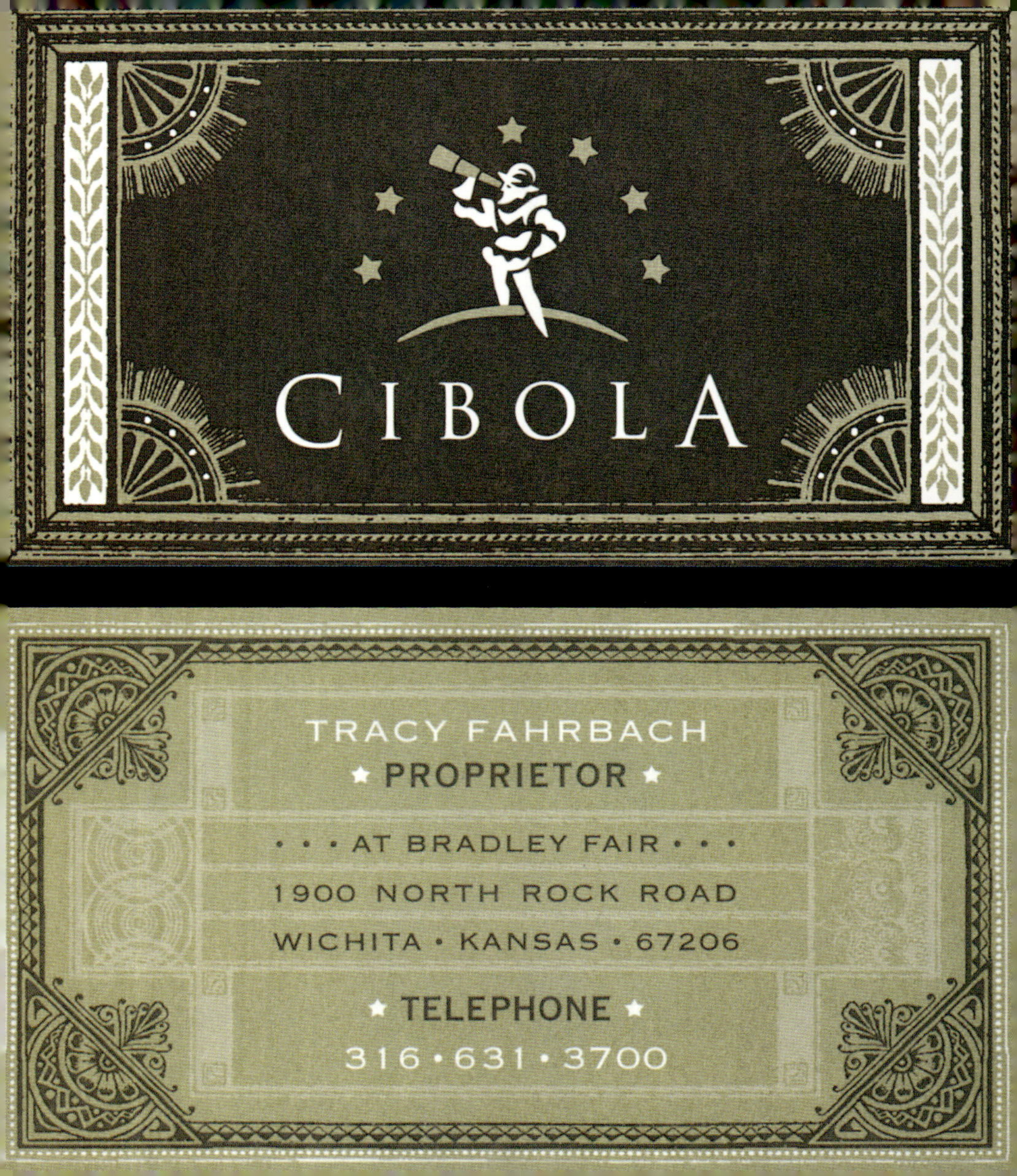
CIBOLA
TRACY FAHRBACH
★ PROPRIETOR ★
• • • AT BRADLEY FAIR • • •
1900 NORTH ROCK ROAD
WICHITA • KANSAS • 67206
★ TELEPHONE ★
316 • 631 • 3700

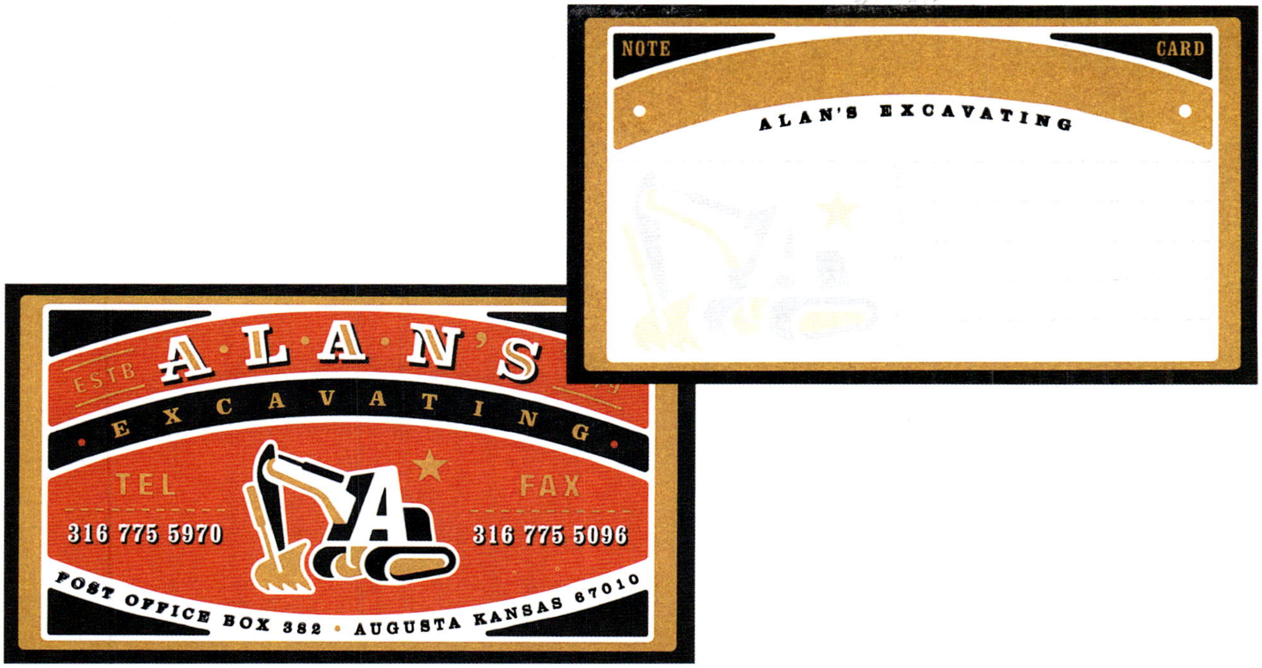

CLIENTE: Alan's Excavating

ESTUDIO DE DISEÑO: Gardner Design

DIRECCIÓN ARTÍSTICA/DISEÑO: Chris Parks

SOFTWARE: Macromedia Freehand

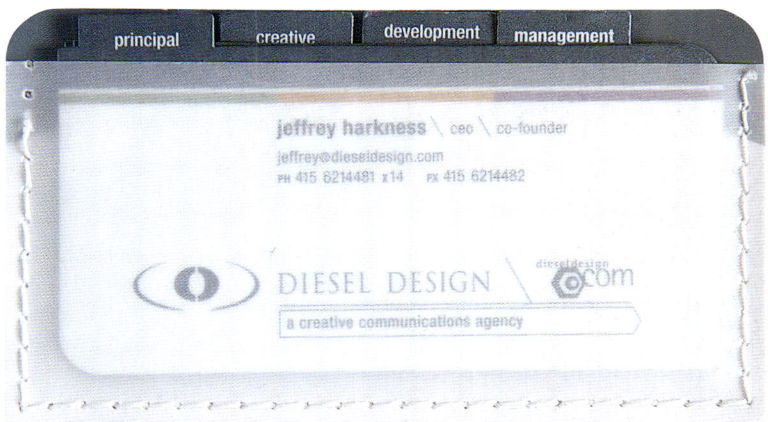

CLIENTE: Diesel Design

ESTUDIO DE DISEÑO: Diesel Design

DIRECCIÓN ARTÍSTICA/DISEÑO: Shane Kendrick

SOFTWARE: Adobe Illustrator

PAPEL: Classic Crest súper liso
blanco solar 350 g/m²

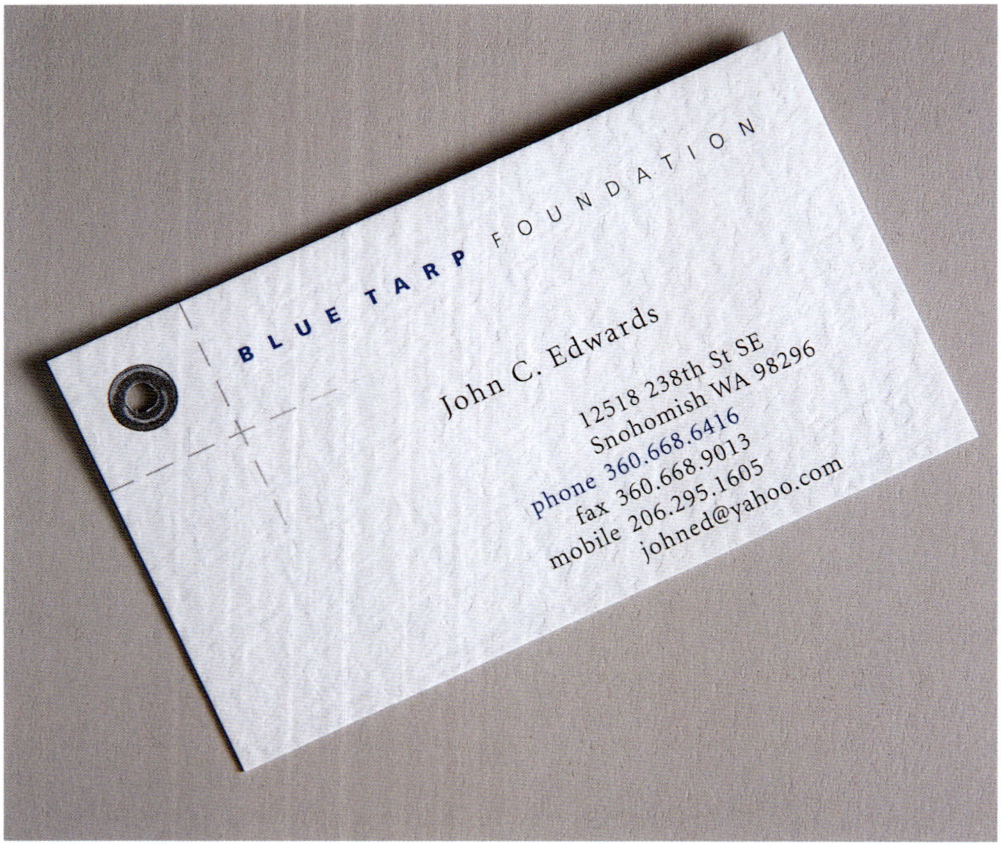

CLIENTE: Blue Tarp

ESTUDIO DE DISEÑO: Design Duo Inc.

DIRECCIÓN ARTÍSTICA/DISEÑO: Karla Chin

SOFTWARE: Macromedia Freehand / Adobe Photoshop

PAPEL: Gilbert Esse blanco / 216 g/m²

IMPRESIÓN: 2 colores PMS / perforado

CLIENTE: ReelWorld

ESTUDIO DE DISEÑO: Design Duo Inc.

DIRECCIÓN ARTÍSTICA/DISEÑO: Karla Chin

SOFTWARE: Macromedia Freehand

PAPEL: Starwhite Vicksburg / Tiara Hi-tech Cover Plus 240 g/m²

IMPRESIÓN: 3 colores PMS / tipografía

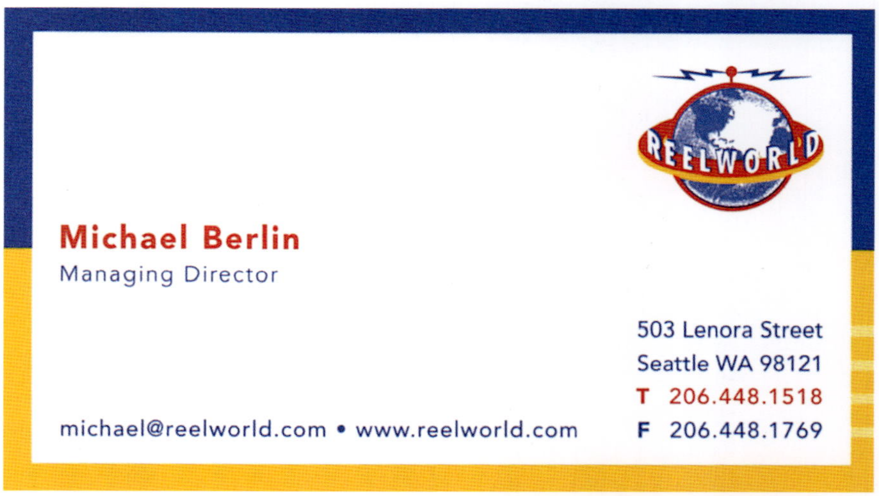

CLIENTE: Tennis, anyone?

ESTUDIO DE DISEÑO: Tennis, anyone?

DISEÑO: Fredrik Ganslandt / Hasse Hjelmberg

ILUSTRACIÓN: Fredrik Ganslandt

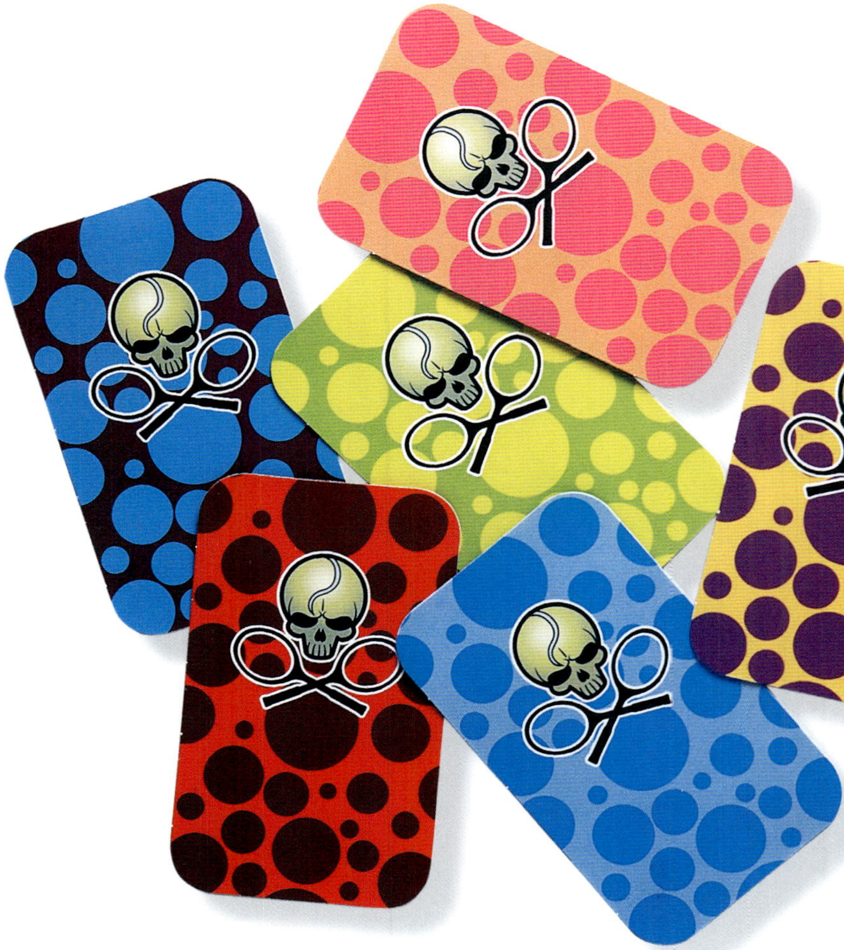

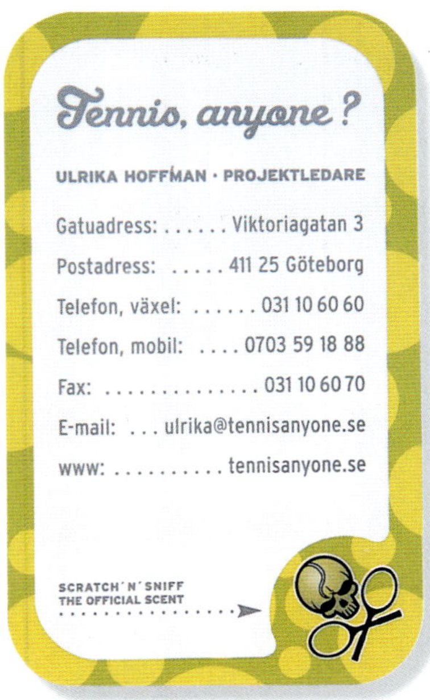

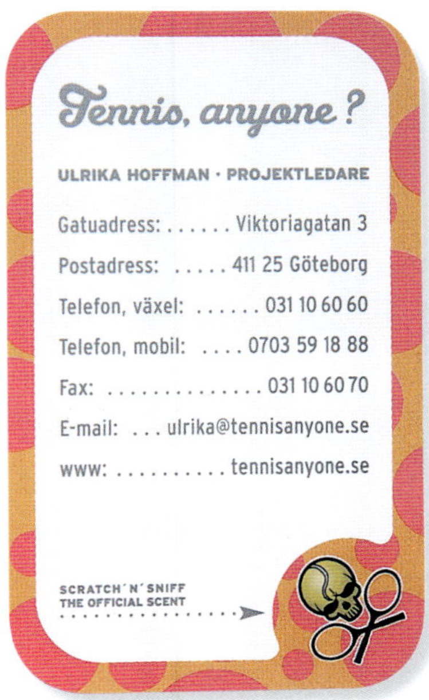

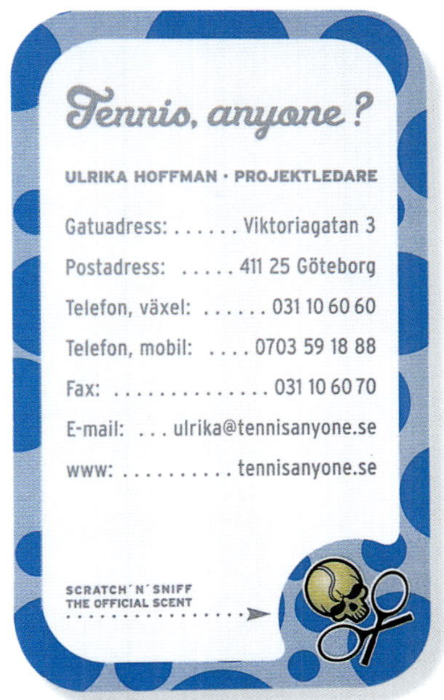

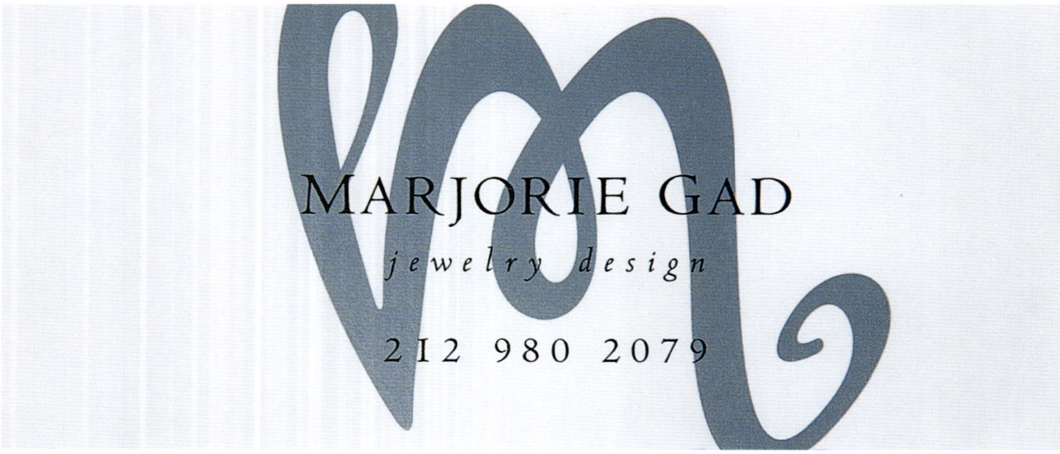

CLIENTE: Marjorie Gad Jewelry
ESTUDIO DE DISEÑO: i.e. design, inc.
DIRECCIÓN ARTÍSTICA: Bethlyn B. Krakauer
DISEÑO: Lee Lipscomb
SOFTWARE: Quark Xpress / Adobe Illustrator
IMPRESIÓN: Negro y tinta metalizada / offset

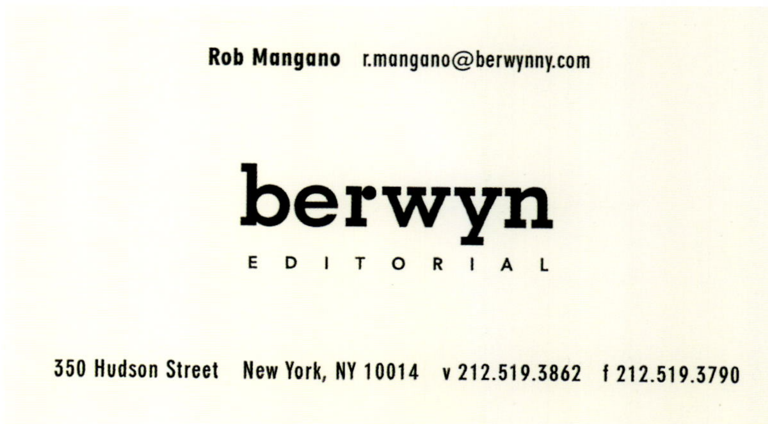

CLIENTE: Berwyn Editorial
ESTUDIO DE DISEÑO: i.e. design, inc.
DIRECCIÓN ARTÍSTICA: Bethlyn B. Krakauer
DISEÑO: Lee Lipscomb
FOTOGRAFÍA: Leslie Dumke
SOFTWARE: Quark / Adobe Photoshop
PAPEL: Starwhite Vicksburg
IMPRESIÓN: 4 / 2, offset

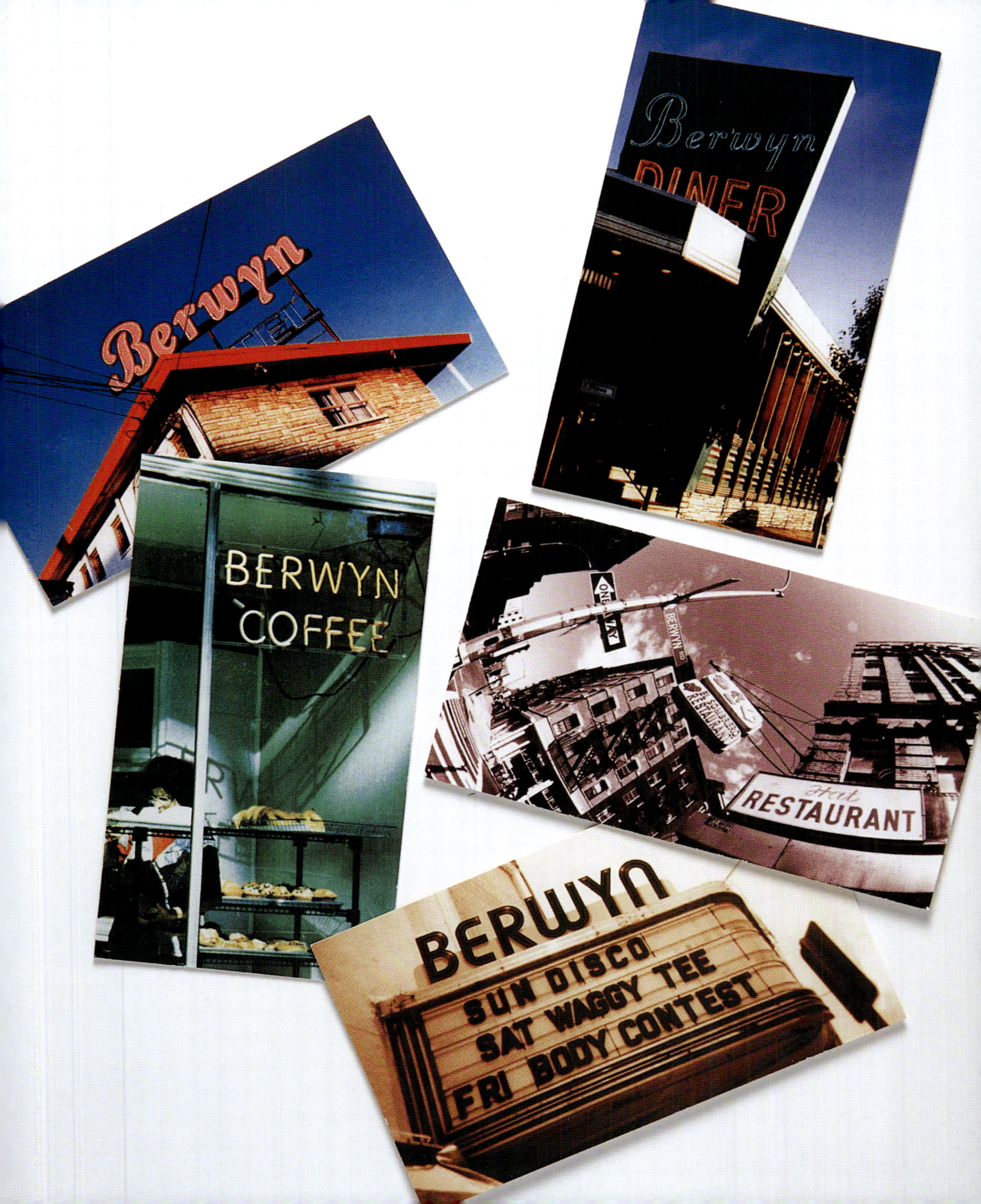
Berwyn
Berwyn
DINER
BERWYN
COFFEE
ONE WAY
RESTAURANT
BERWYN
SUN DISCO
SAT WAGGY TEE
FRI BODY CONTEST

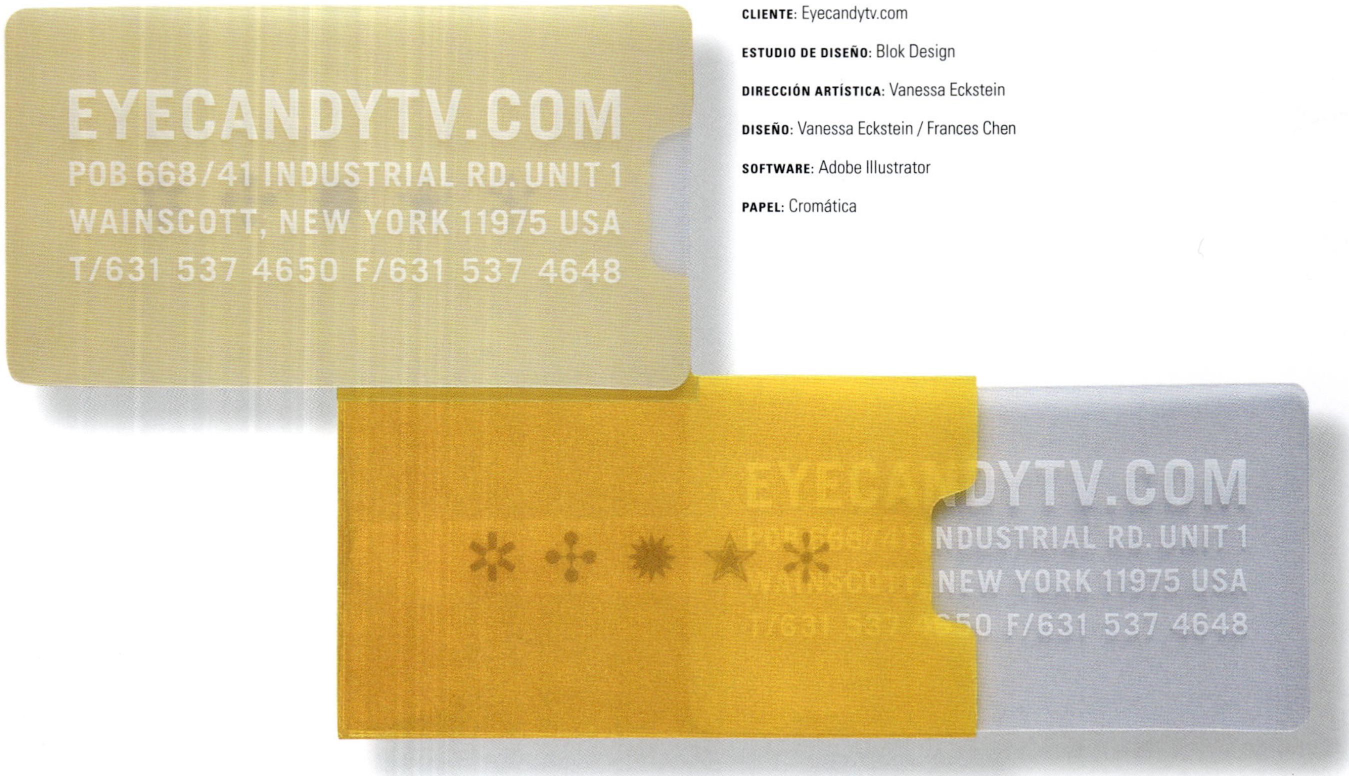

CLIENTE: Eyecandytv.com

ESTUDIO DE DISEÑO: Blok Design

DIRECCIÓN ARTÍSTICA: Vanessa Eckstein

DISEÑO: Vanessa Eckstein / Frances Chen

SOFTWARE: Adobe Illustrator

PAPEL: Cromática

CLIENTE: Bandolero Films

ESTUDIO DE DISEÑO: Blok Design

DIRECCIÓN ARTÍSTICA/DISEÑO: Vanessa Eckstein

SOFTWARE: Adobe Illustrator

PAPEL: Strathmore

IMPRESIÓN: Offset

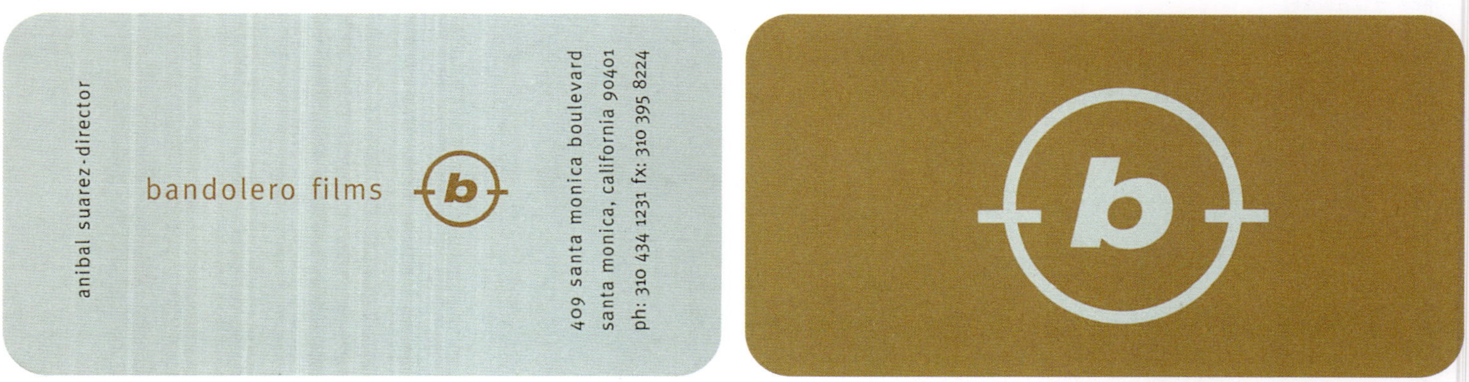

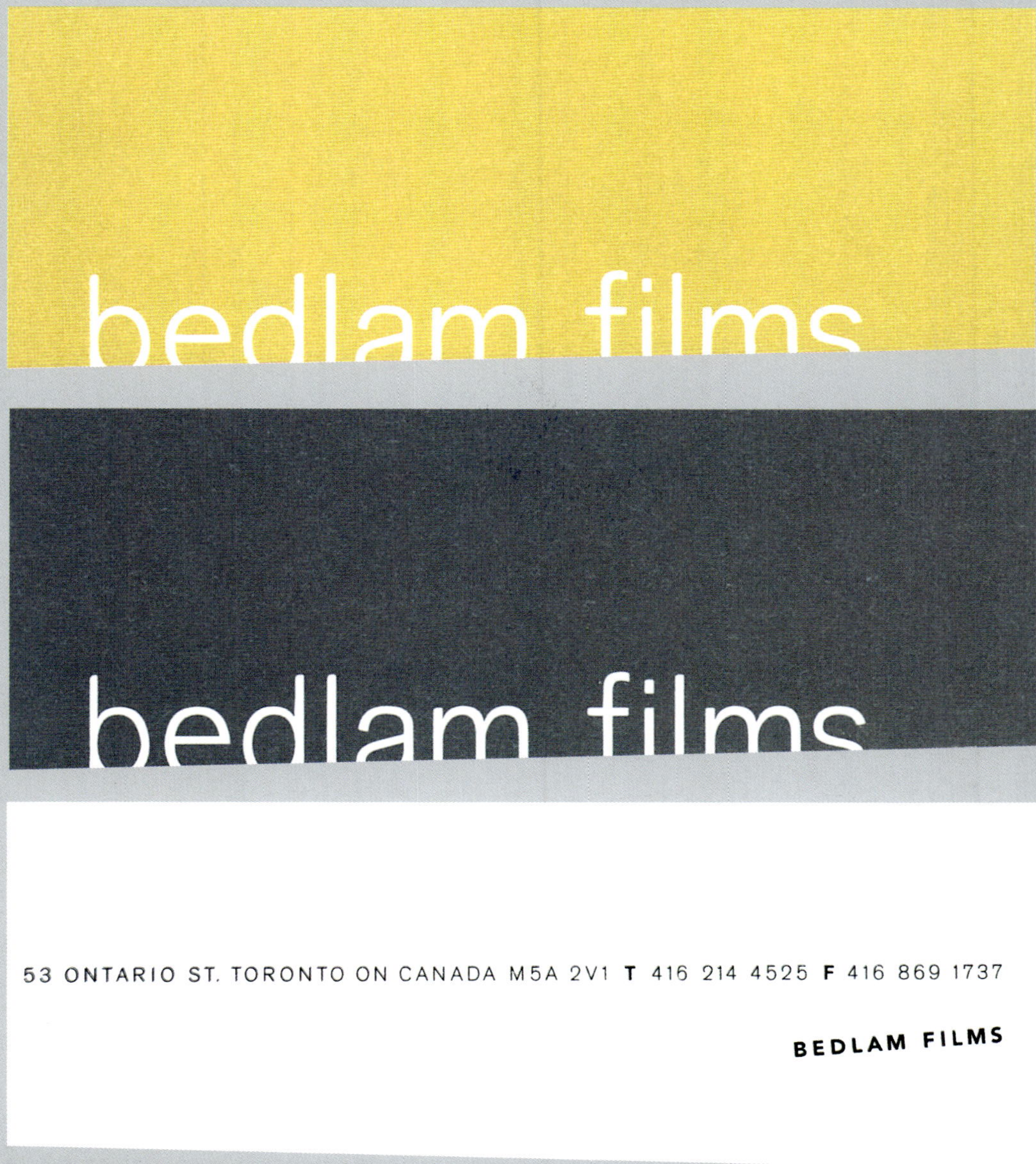

CLIENTE: Bedlam Films

ESTUDIO DE DISEÑO: Blok Design

DIRECCIÓN ARTÍSTICA: Vanessa Eckstein

DISEÑO: Stephanie Yung

SOFTWARE: Adobe Illustrator

PAPEL: Strathmore

IMPRESIÓN: Offset

CLIENTE: Graphic Type Services

ESTUDIO DE DISEÑO: Graphic Type Services

DIRECCIÓN ARTÍSTICA: John V. Cinquino

DISEÑO: Carl V. Horosz

SOFTWARE: Adobe Pagemaker

PAPEL: French Speckletone Kraft

IMPRESIÓN: 2 / 1, offset

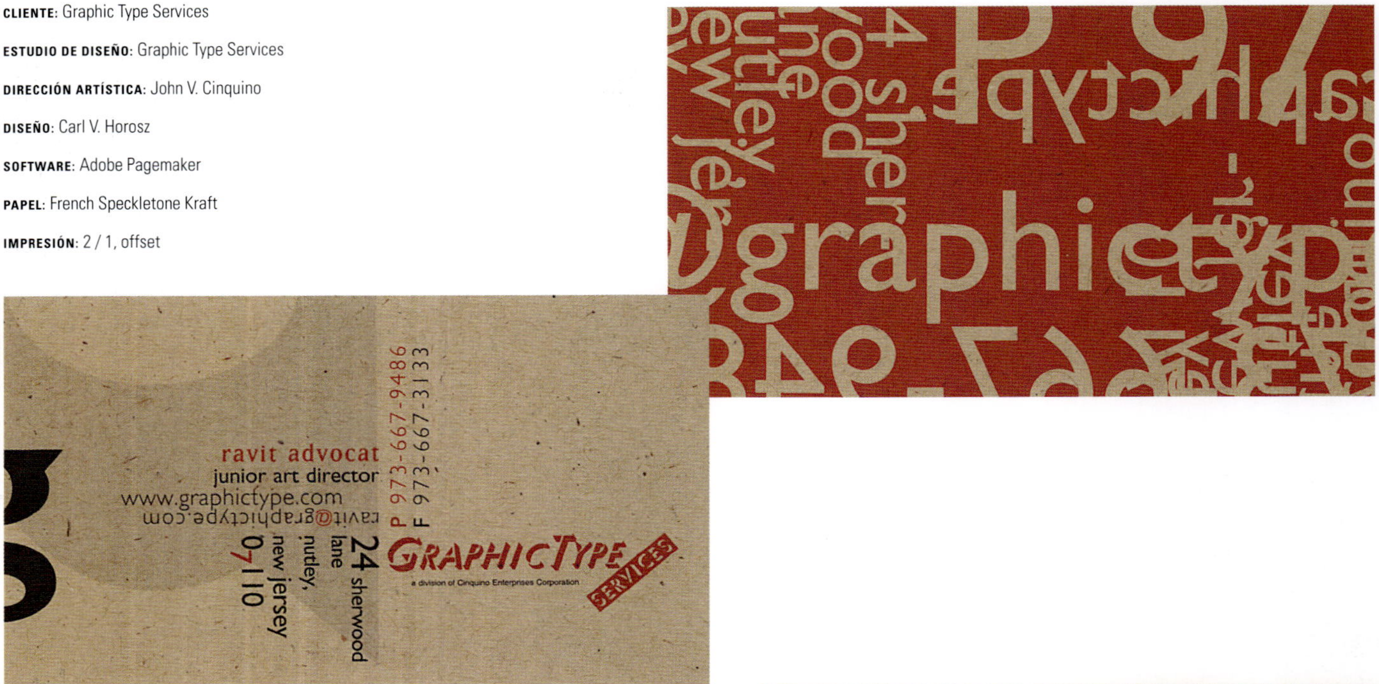

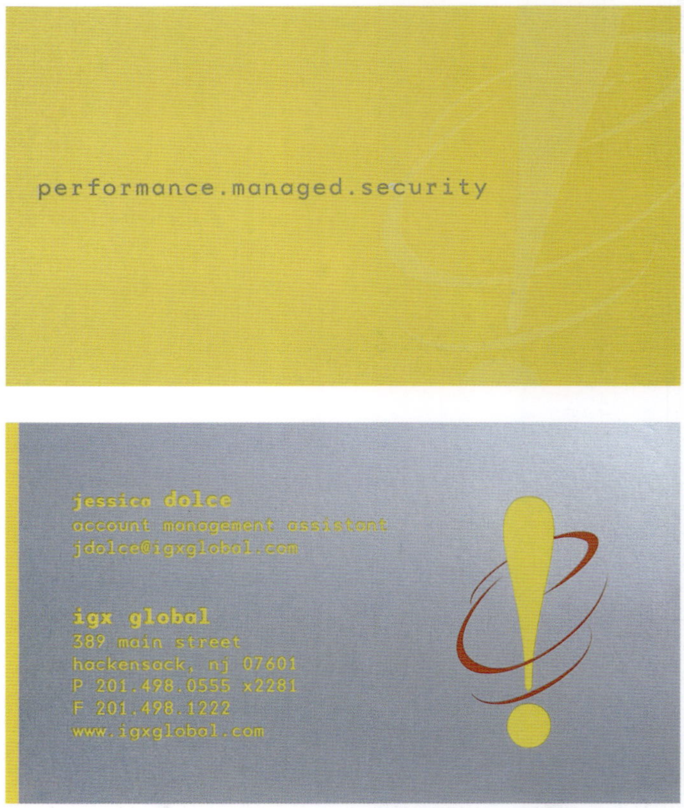

CLIENTE: IGX Global

ESTUDIO DE DISEÑO: Graphic Type Services

DIRECCIÓN ARTÍSTICA: John V. Cinquino / Ravit Advocat

SOFTWARE: Adobe Pagemaker / Adobe Illustrator

PAPEL: Estucado 216 g/m^2

IMPRESIÓN: 4 / 5 más plateado y barniz

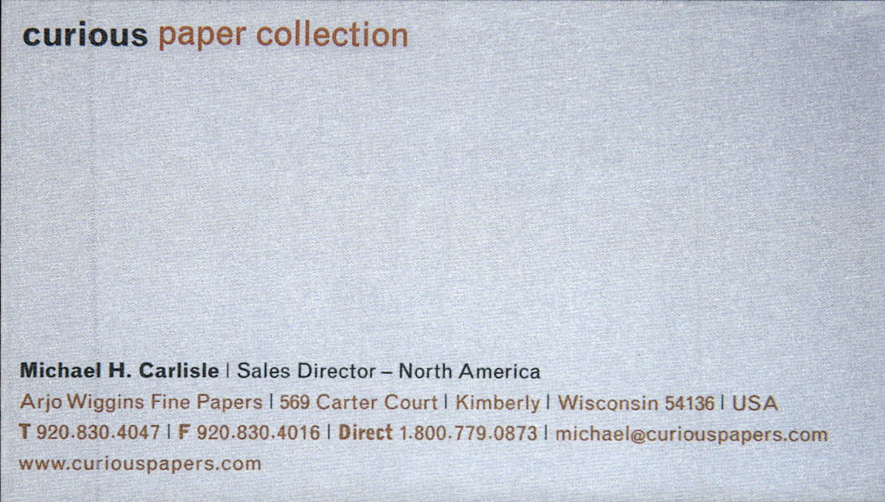

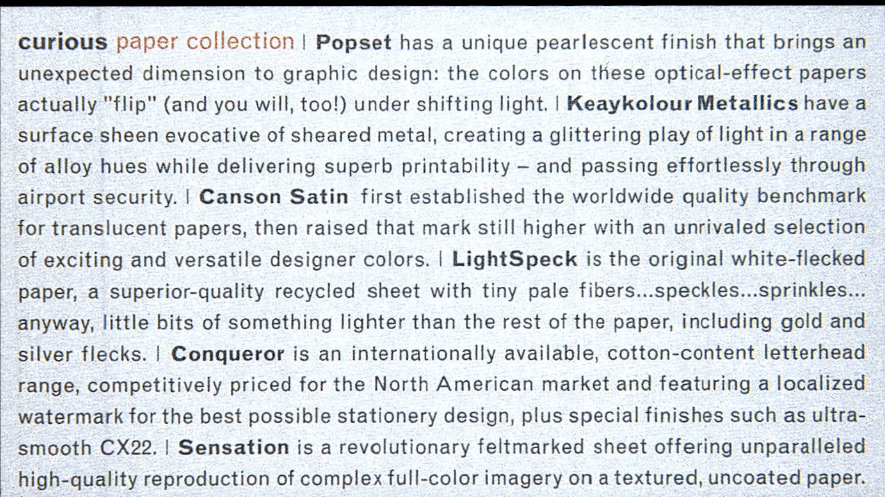

CLIENTE: Arjo Wiggins Fine Papers

ESTUDIO DE DISEÑO: Viva Dolan Communications & Design

DISEÑO: Frank Viva

CLIENTE: Dixler Studio

ESTUDIO DE DISEÑO: Smith Design Associates

DIRECCIÓN ARTÍSTICA: James C. Smith

ILUSTRACIÓN: Debby Dixler

SOFTWARE: Adobe Illustrator

PAPEL: Cartulina

IMPRESIÓN: Litografía

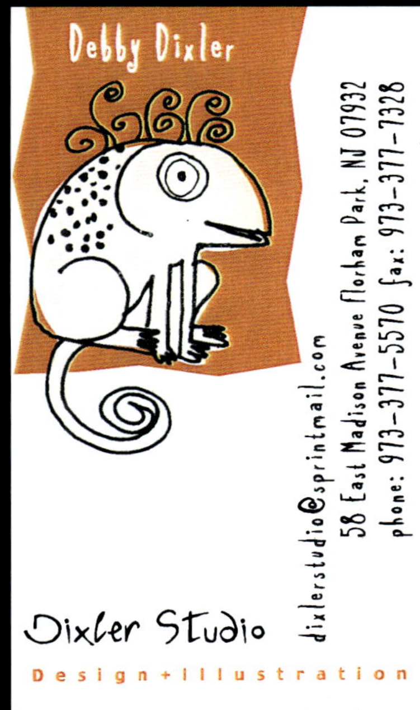

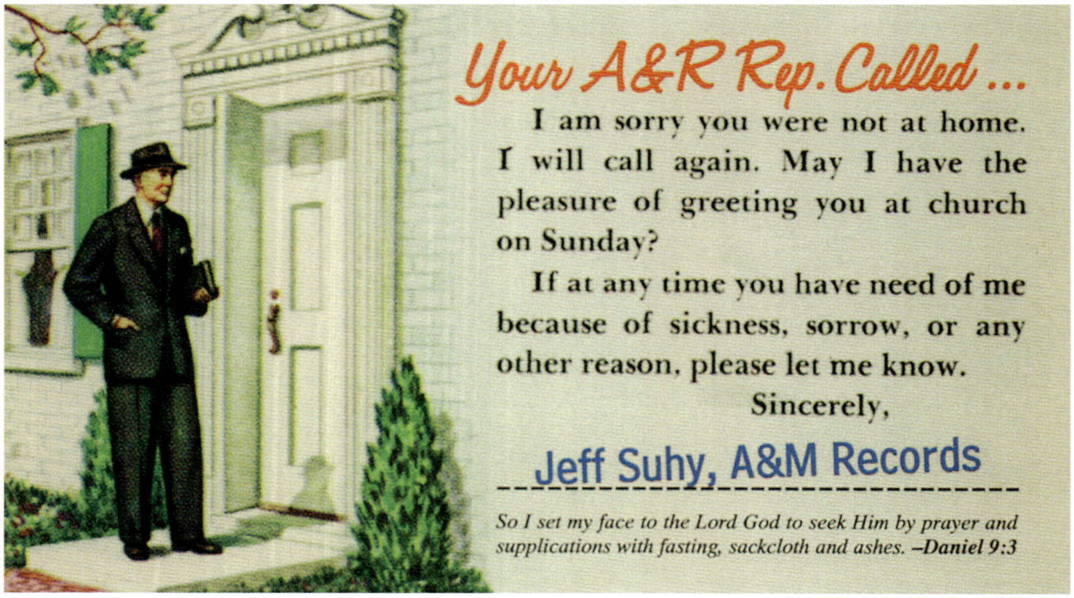

CLIENTE: A & M Records

ESTUDIO DE DISEÑO: Sunja Park Design

DIRECCIÓN ARTÍSTICA/DISEÑO: Sunja Park

SOFTWARE: Quark XPress

PAPEL: Carolina C2S

IMPRESIÓN: Cuatricromía / digital directa

CLIENTE: Sunja Park Design

ESTUDIO DE DISEÑO: Sunja Park Design

DIRECCIÓN ARTÍSTICA/DISEÑO/ILUSTRACIÓN: Sunja Park

SOFTWARE: Quark XPress

PAPEL: Tipo cuero estampación en relieve

IMPRESIÓN: 1 color / tipografía

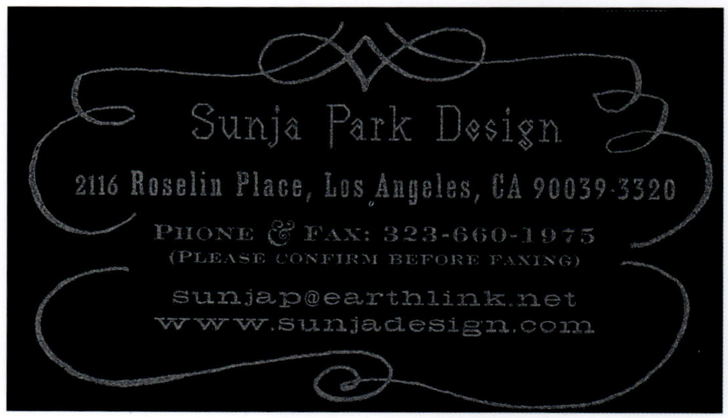

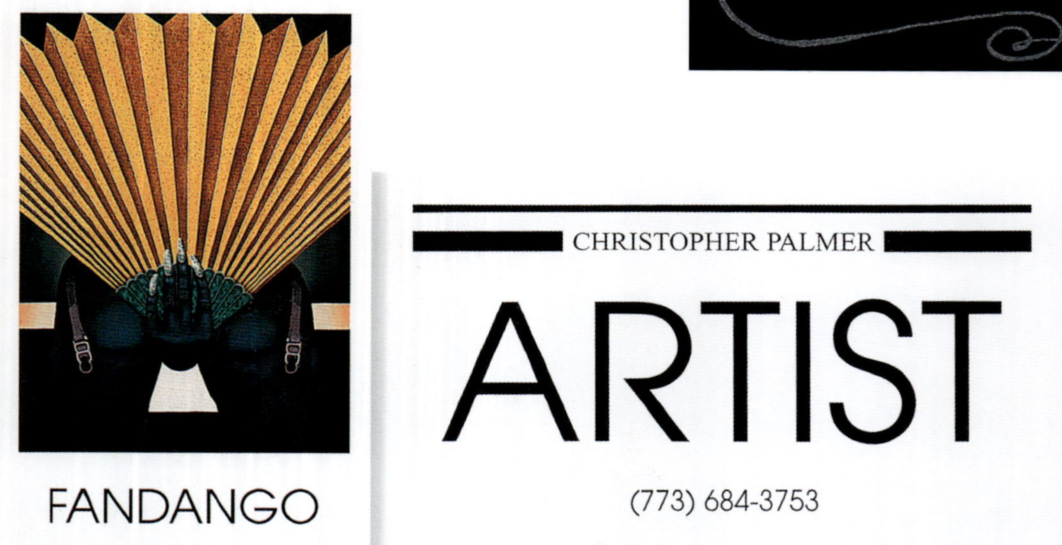

CLIENTE: Christopher Palmer

DISEÑO: Christopher Palmer

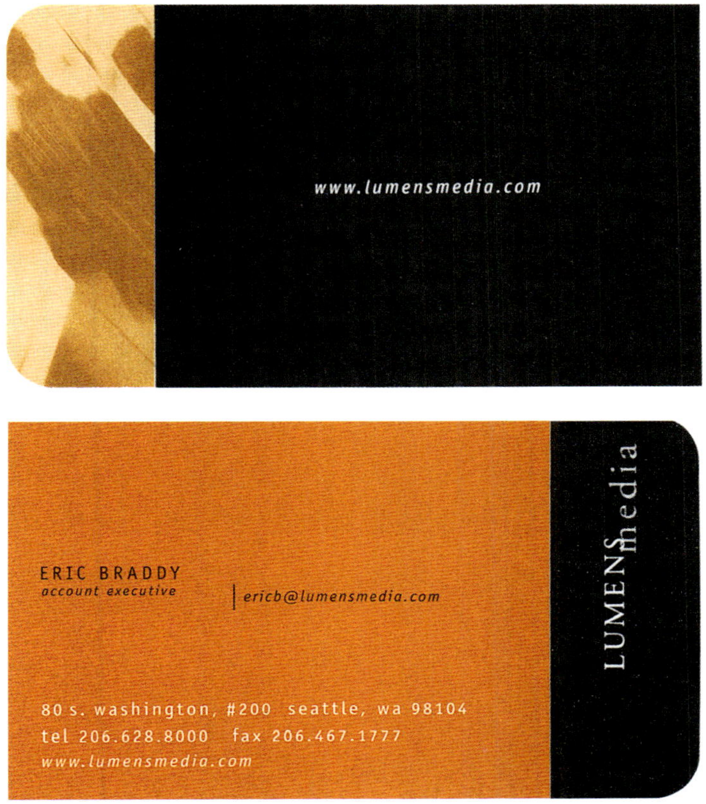

CLIENTE: Lumens Media

ESTUDIO DE DISEÑO: Widmeyer Design

DIRECCIÓN ARTÍSTICA: Ken Widmeyer

DISEÑO: Diana Chang

SOFTWARE: Macromedia Freehand

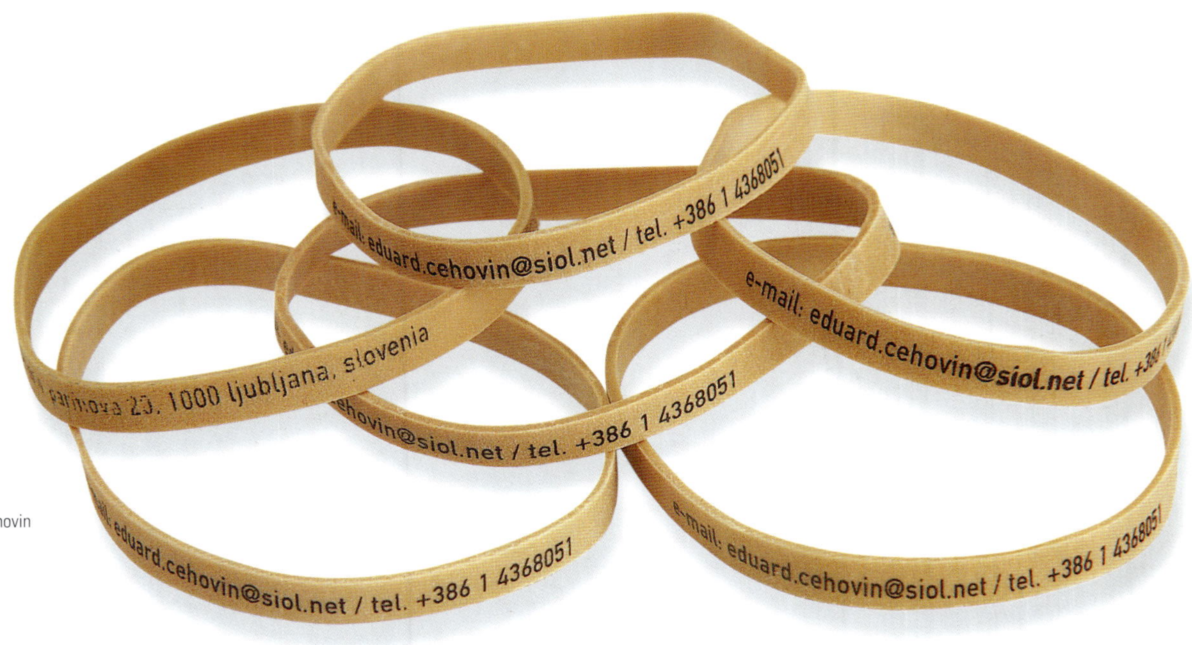

CLIENTE: Eduard Čehovin Typographer

ESTUDIO DE DISEÑO: Kontrapunkt

DIRECCIÓN ARTÍSTICA/DISEÑO: Eduard Čehovin

SOFTWARE: Adobe Illustrator

MATERIALES: Banda elástica

IMPRESIÓN: Serigrafía

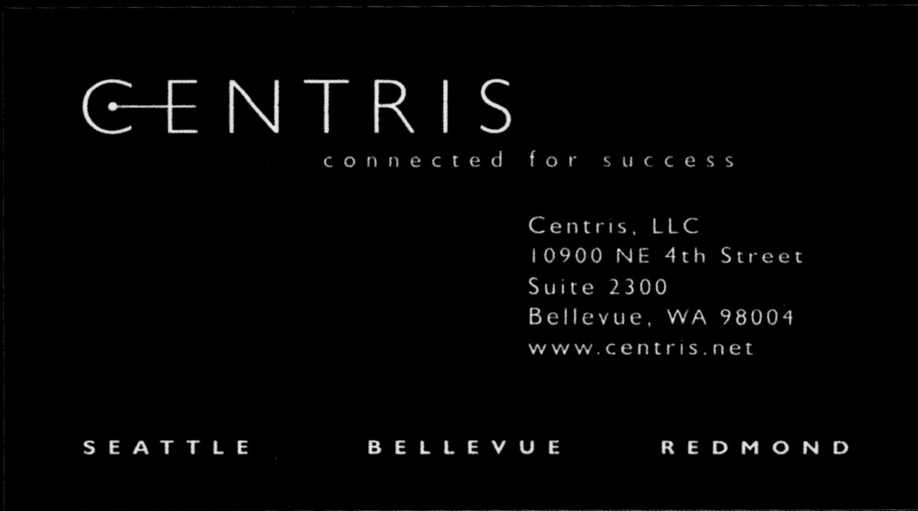

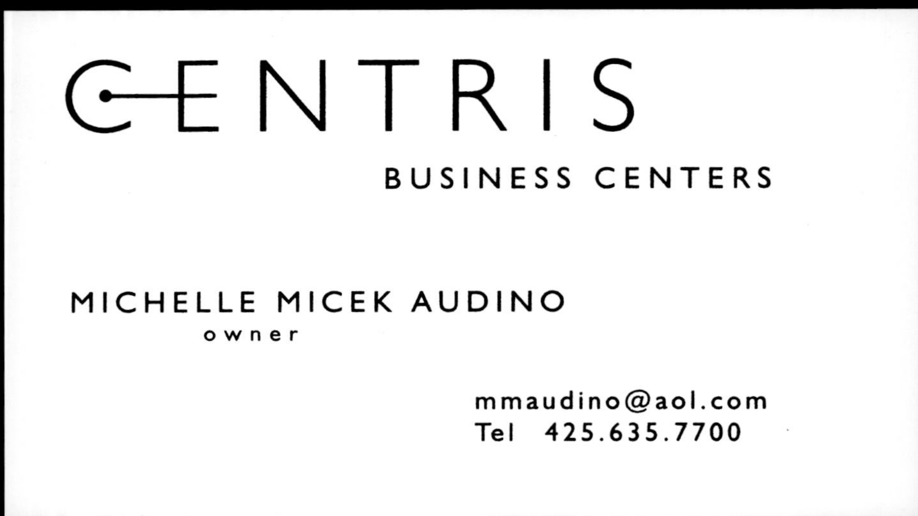

CLIENTE: Centris Business Centers

ESTUDIO DE DISEÑO: Widmeyer Design

DIRECCIÓN ARTÍSTICA: Ken Widmeyer

DISEÑO: Helen Kong

SOFTWARE: Macromedia Freehand

PAPEL: Strathmore

IMPRESIÓN: Offset

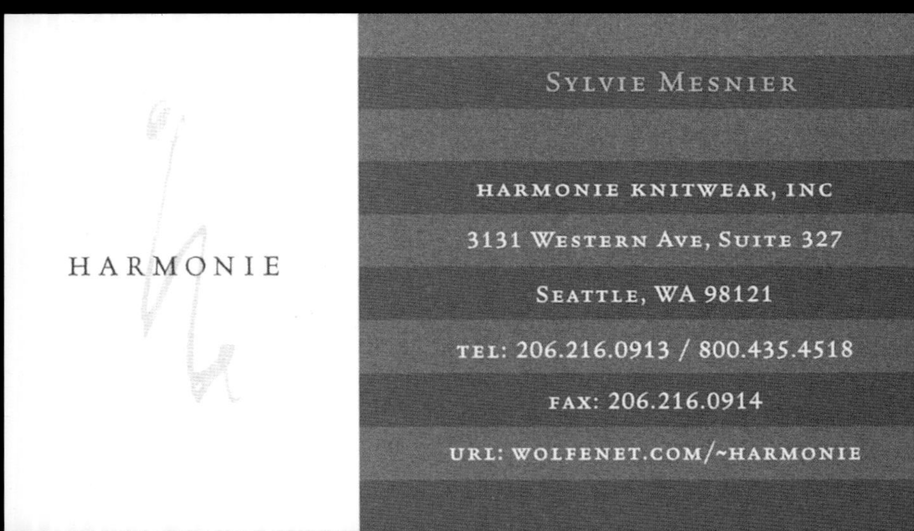

CLIENTE: Harmonie Knitwear

ESTUDIO DE DISEÑO: Widmeyer Design

DIRECCIÓN ARTÍSTICA: Ken Widmeyer

DISEÑO: Barbara Dunshee

SOFTWARE: Macromedia Freehand

CLIENTE: Greteman Group

ESTUDIO DE DISEÑO: Greteman Group

DIRECCIÓN CREATIVA: Sonia Greteman / James Strange

DISEÑO: James Strange

SOFTWARE: Macromedia Freehand

PAPEL: Lightspeck Dune / 216 g/m^2

IMPRESIÓN: Offset a dos colores / troquelado

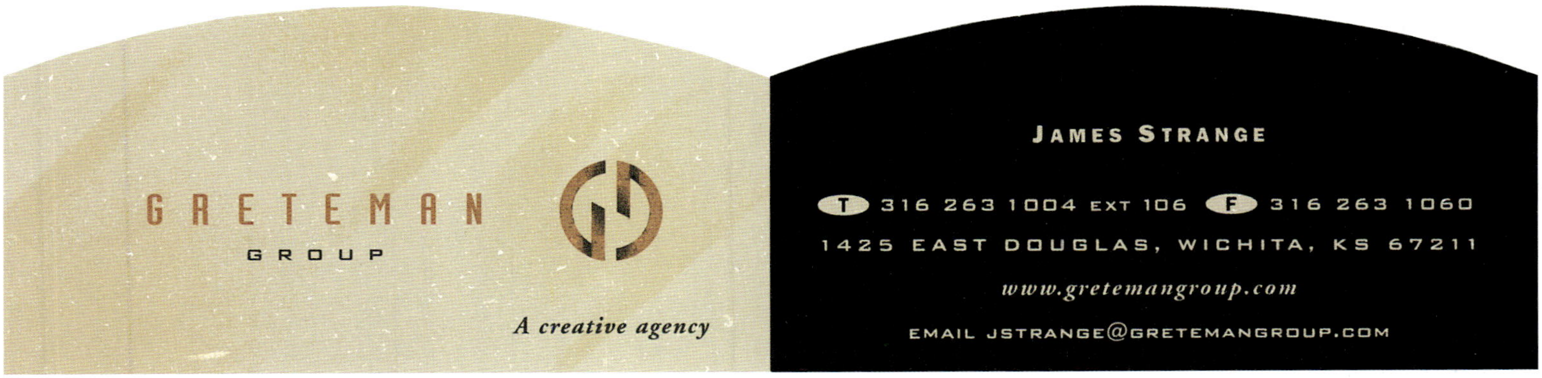

CLIENTE: Wild Man Productions

ESTUDIO DE DISEÑO: Greteman Group

DIRECCIÓN CREATIVA: Sonia Greteman

DIRECCIÓN ARTÍSTICA: Sonia Greteman / James Strange

DISEÑO: James Strange

SOFTWARE: Macromedia Freehand

PAPEL: Classic acanillado pelo camello / 220 g/m^2

IMPRESIÓN: Color directo

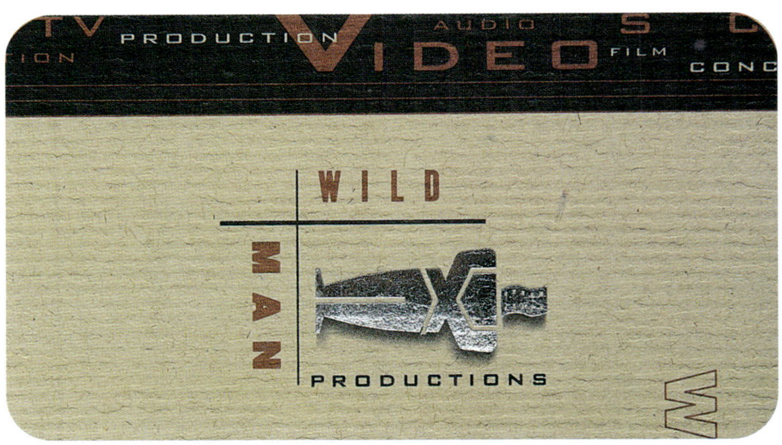

CLIENTE: Dynamo Art & Design

STUDIO DE DISEÑO: Dynamo Art & Design

ECCIÓN ARTÍSTICA/DISEÑO: Nina Wishnok

OFTWARE: Quark XPress

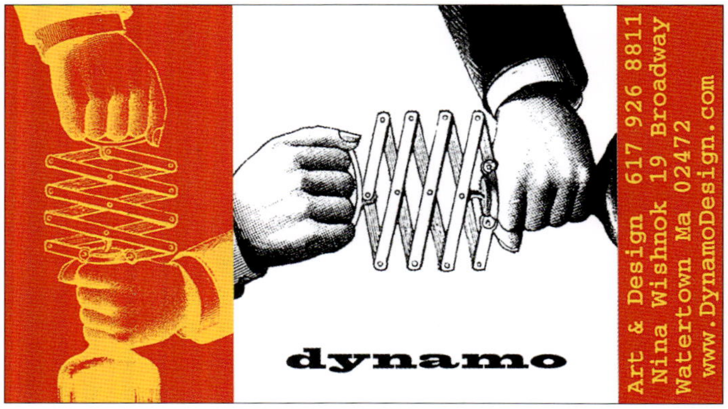

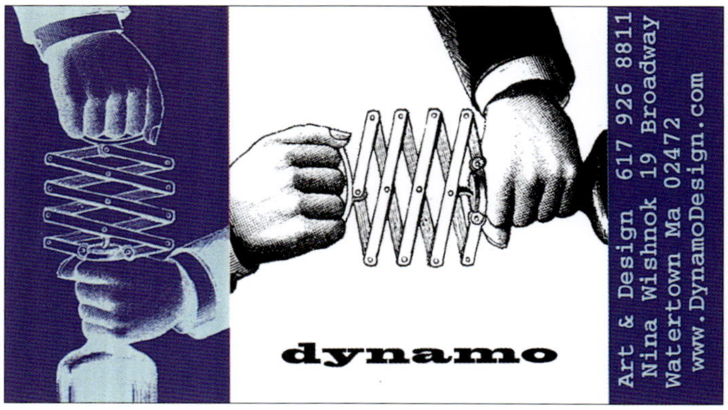

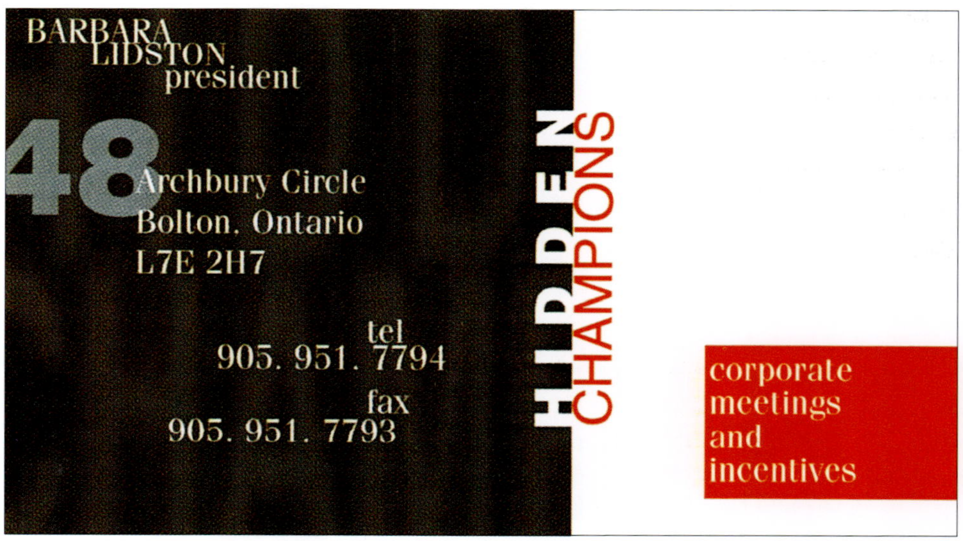

CLIENTE: Hidden Champions

ESTUDIO DE DISEÑO: Terrapin Graphics

DIRECCIÓN ARTÍSTICA/DISEÑO/ILUSTRACIÓN: James Peters

SOFTWARE: Adobe Photoshop / Quark XPress

IMPRESIÓN: Cuatricromía

CLIENTE: Nichols Graphic Design

ESTUDIO DE DISEÑO: Nichols Graphic Design

DIRECCIÓN ARTÍSTICA/DISEÑO: Mary Ann Nichols

SOFTWARE: Quark XPress

PAPEL: Deluxe blanco / gramaje medio

IMPRESIÓN: Negro y PMS 185

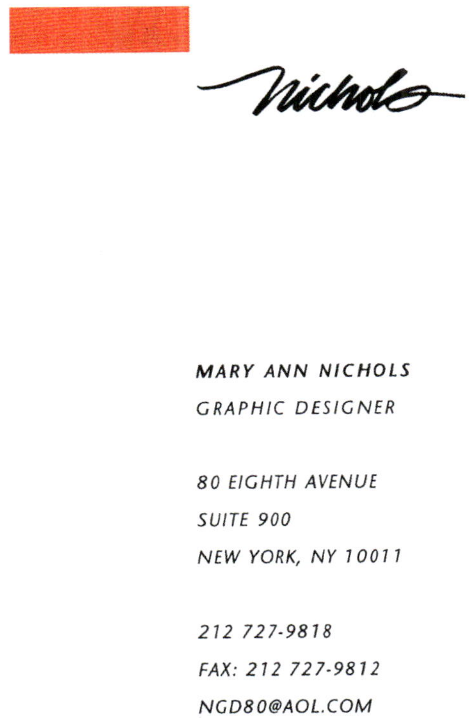

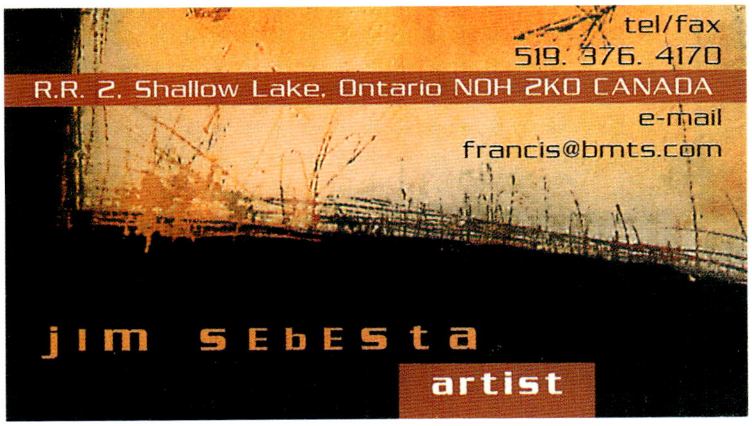

CLIENTE: Jim Sebesta

ESTUDIO DE DISEÑO: Terrapin Graphics

DIRECCIÓN ARTÍSTICA/DISEÑO: James Peters

ILUSTRACIÓN: Jim Sebesta

SOFTWARE: Adobe Photoshop / Quark

PAPEL: San Remo / mate

IMPRESIÓN: Cuatricromía

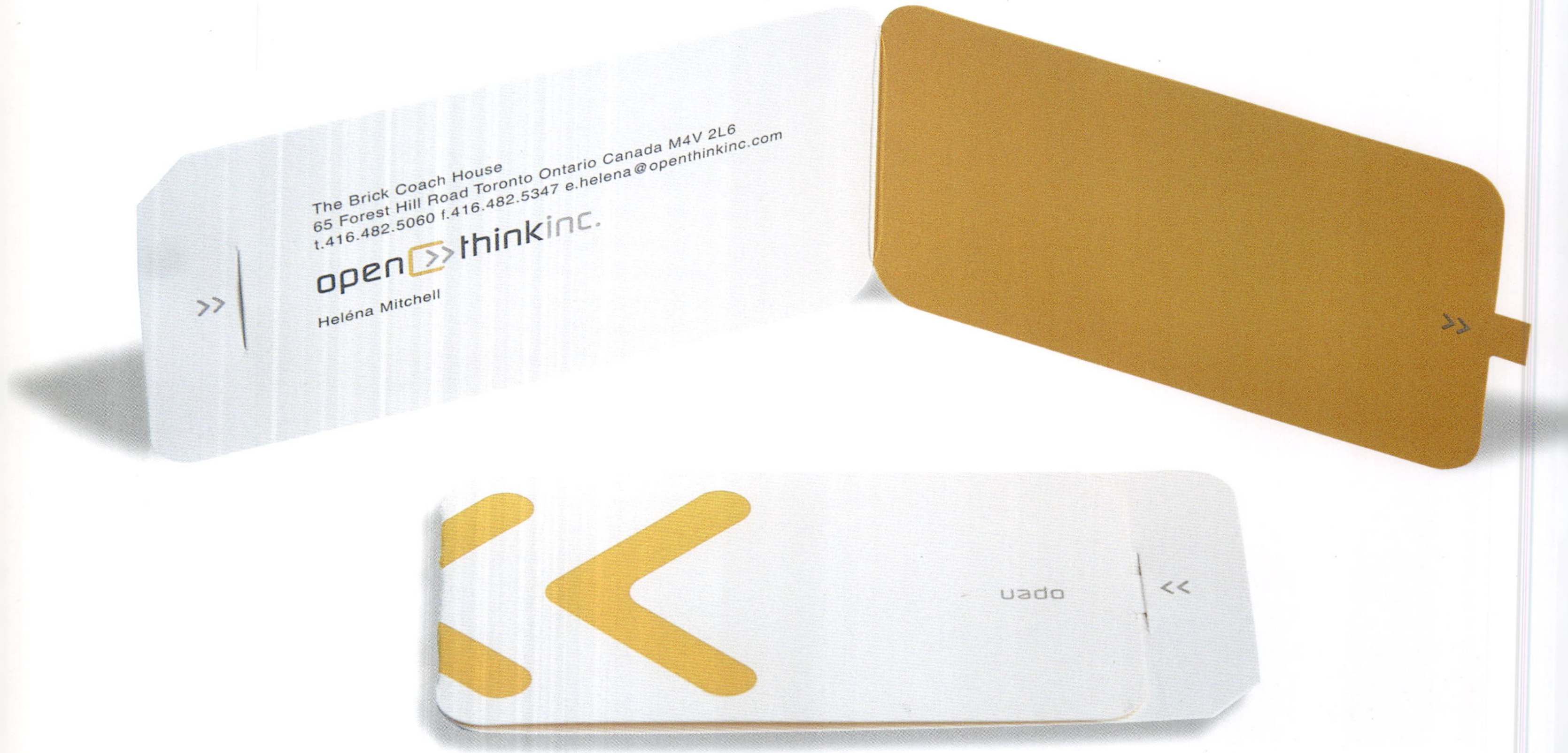

CLIENTE: Open Think

ESTUDIO DE DISEÑO: Amoeba Corp.

DIRECCIÓN ARTÍSTICA: Jason Darbyson / Michael Kelar

DISEÑO: Jason Darbyson

SOFTWARE: Adobe Illustrator

PAPEL: Beckett Expressions Radiance Super Smooth 270 g/m²

CLIENTE: Cratos

ESTUDIO DE DISEÑO: Amoeba Corp.

DIRECCIÓN ARTÍSTICA: Michael Kelar

DISEÑO: Noel Nanton / Michael Kelar

SOFTWARE: Adobe Illustrator

PAPEL: Cougar blanco 270 g/m²

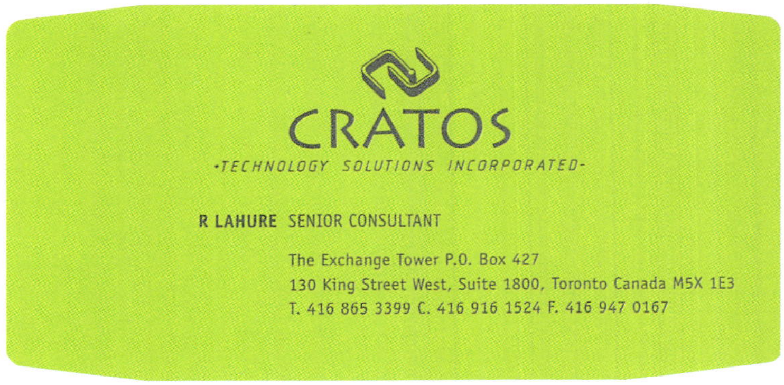

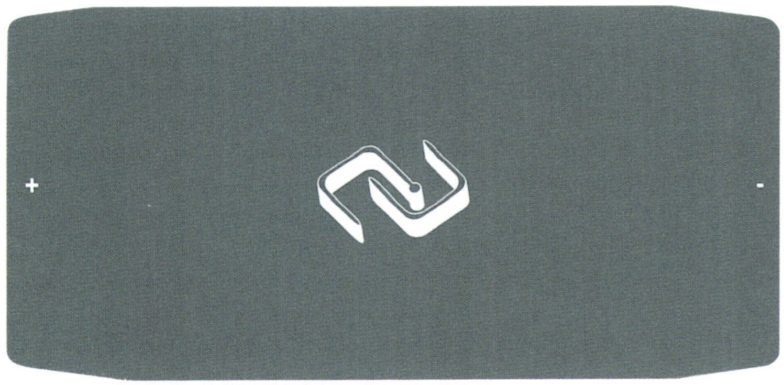

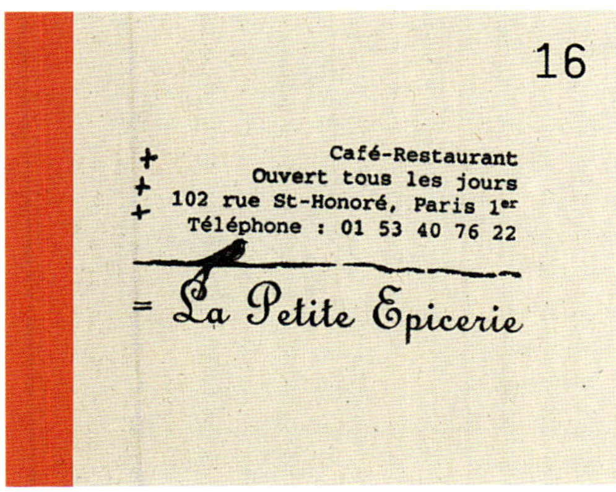

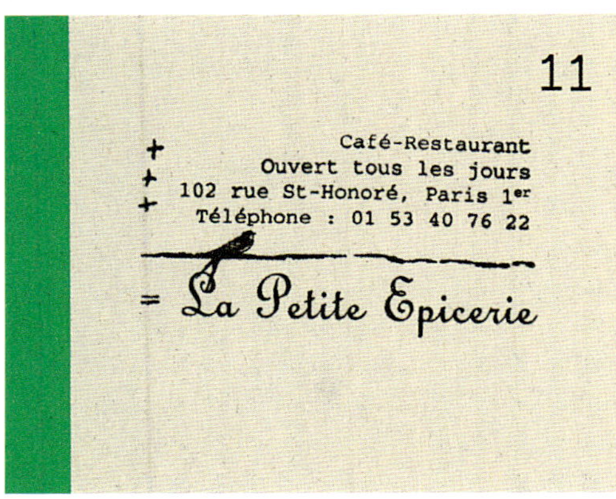

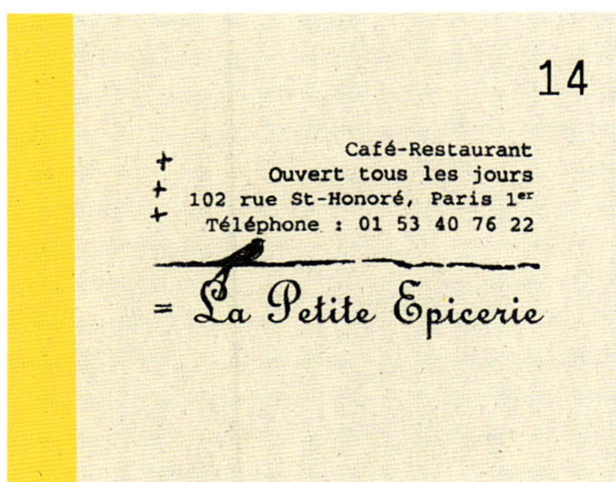

CLIENTE: La Petite Épicerie

ESTUDIO DE DISEÑO: Fabrice Praeger

DIRECCIÓN ARTÍSTICA/DISEÑO: Fabrice Praeger

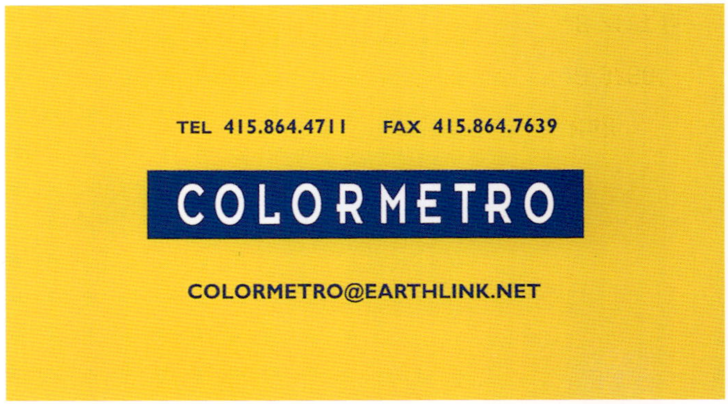

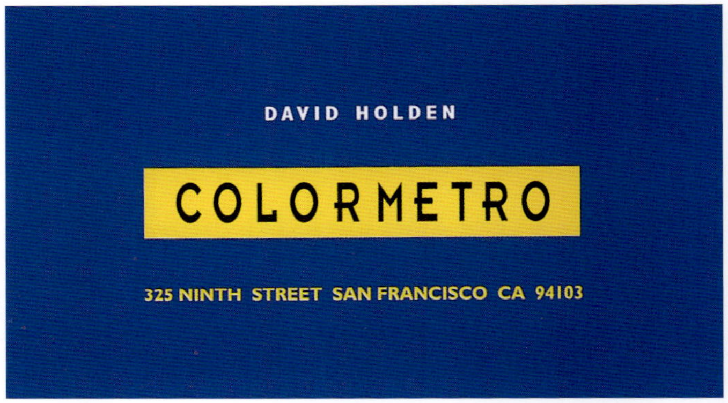

CLIENTE: Colormetro

ESTUDIO DE DISEÑO: Colormetro

DIRECCIÓN ARTÍSTICA: David Holden

DISEÑO: Tania Rutherford

SOFTWARE: Adobe Illustrator

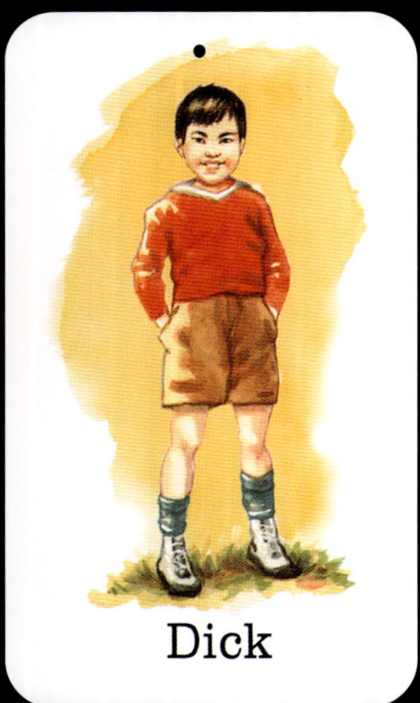

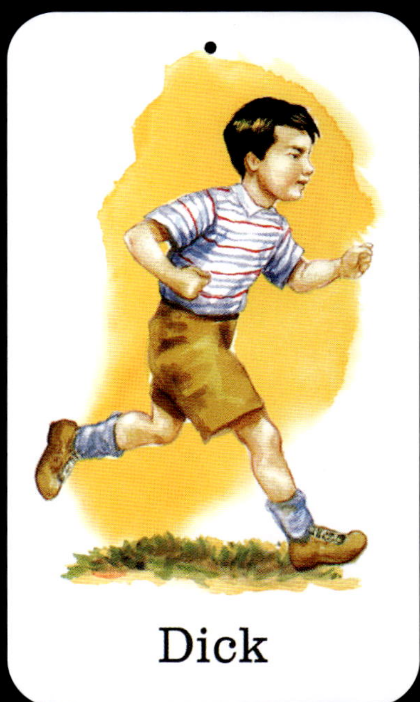

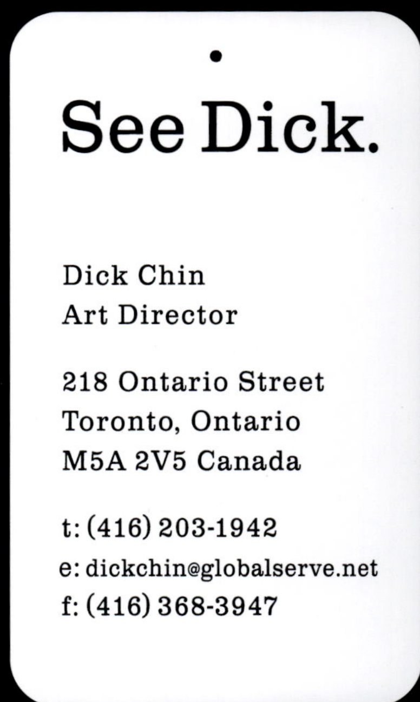

CLIENTE: Dick Chin Art Direction.

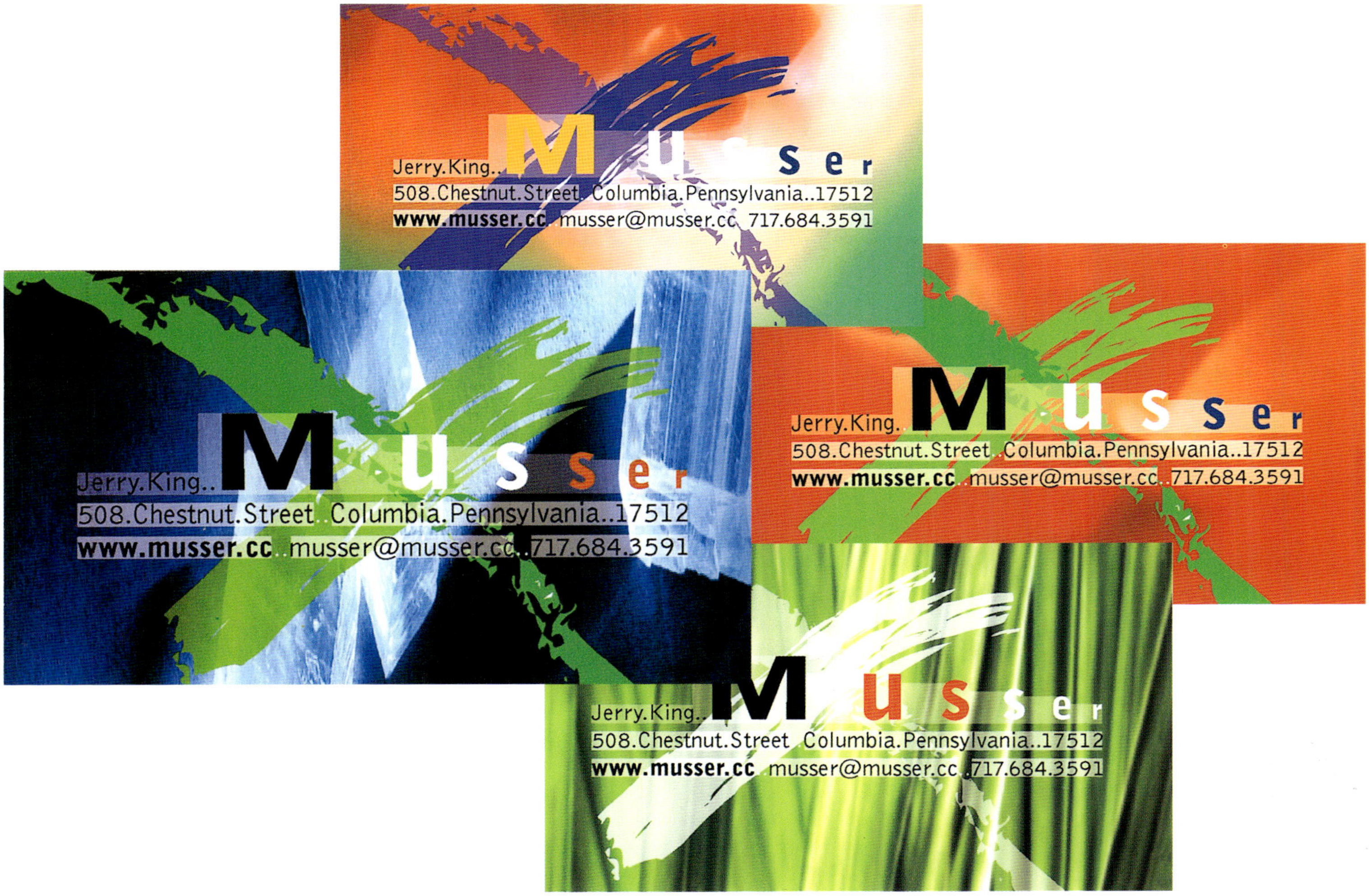

CLIENTE: Jerry King Musser

ESTUDIO DE DISEÑO: Musser

DIRECCIÓN ARTÍSTICA/DISEÑO: Jerry King Musser

SOFTWARE: Adobe Photoshop /
Adobe Illustrator

PAPEL: Epson Archival mate

IMPRESIÓN: Epson Stylus Photo 2000P

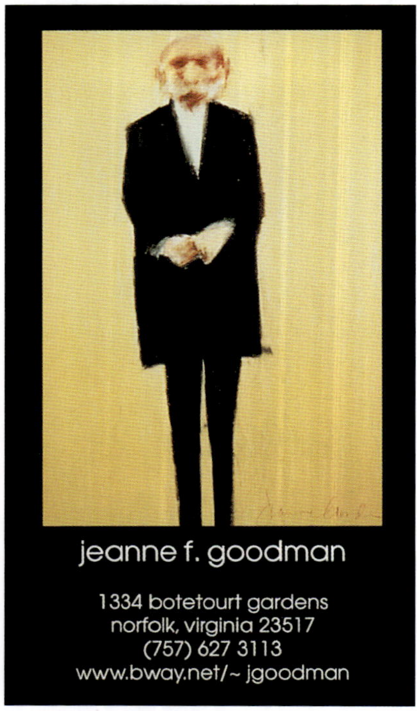

CLIENTE: Jeanne F. Goodman

ESTUDIO DE DISEÑO: Jeanne F. Goodman

DIRECCIÓN ARTÍSTICA/DISEÑO/ILUSTRACIÓN:
Jeanne F. Goodman

CLIENTE: António Sá + Ana Pedrosa

ESTUDIO DE DISEÑO: R2 Design

DIRECCIÓN ARTÍSTICA/DISEÑO: Lizá Defossez / Artur Rebelo

SOFTWARE: Macromedia Freehand

PAPEL: Kraft marrón 260 g/m²

IMPRESIÓN: 2 / 1, offset / troquelado

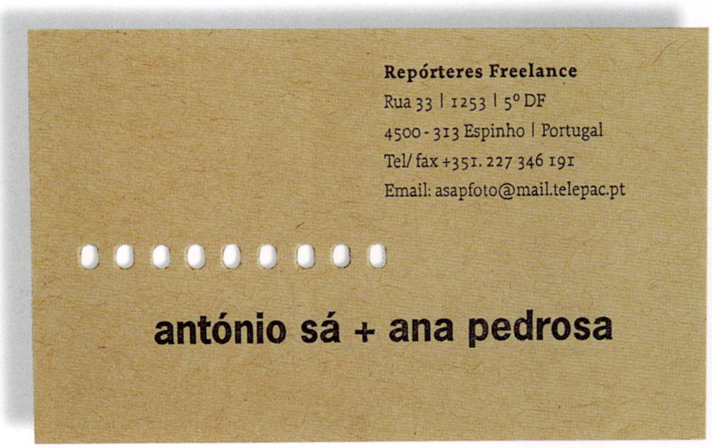

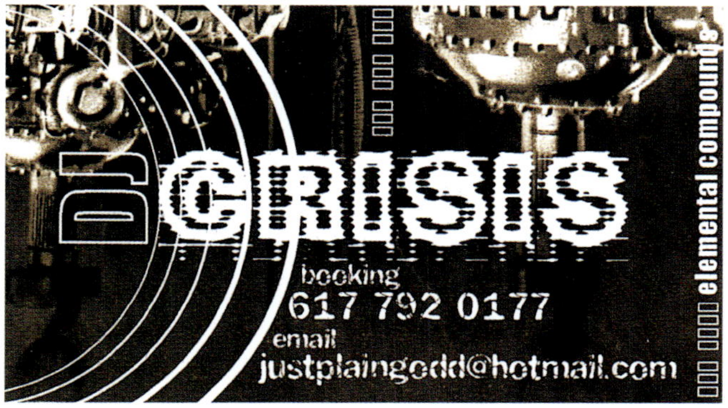

CLIENTE: Elemental Compounds

ESTUDIO DE DISEÑO: Zenvironments

DIRECCIÓN ARTÍSTICA/DISEÑO/ILUSTRACIÓN: Zachariah Johnsen

SOFTWARE: Adobe Photoshop / Adobe Illustrator

PAPEL: Papel Epson gramaje grueso mate

IMPRESIÓN: Epson Photo Stylus 1270

CLIENTE: Carnase, Inc.

ESTUDIO DE DISEÑO: Carnase, Inc.

DIRECCIÓN ARTÍSTICA/DISEÑO: Tom Carnase

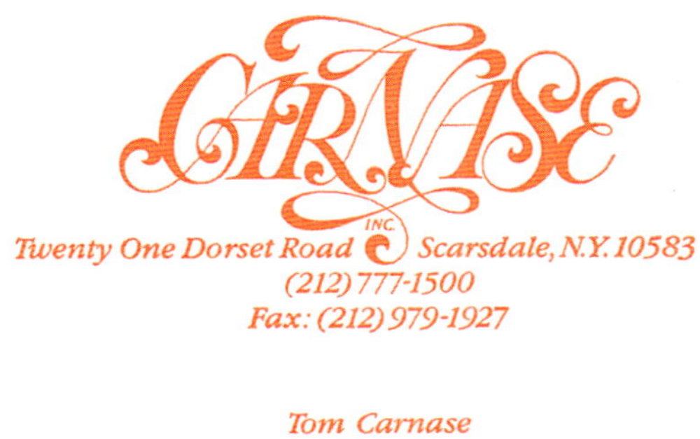

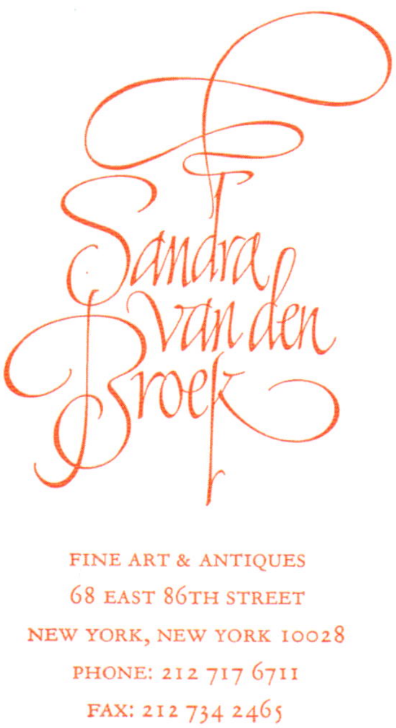

CLIENTE: Sandra Van der Broek

ESTUDIO DE DISEÑO: Carnase Inc.

DIRECCIÓN ARTÍSTICA/DISEÑO: Tom Carnase

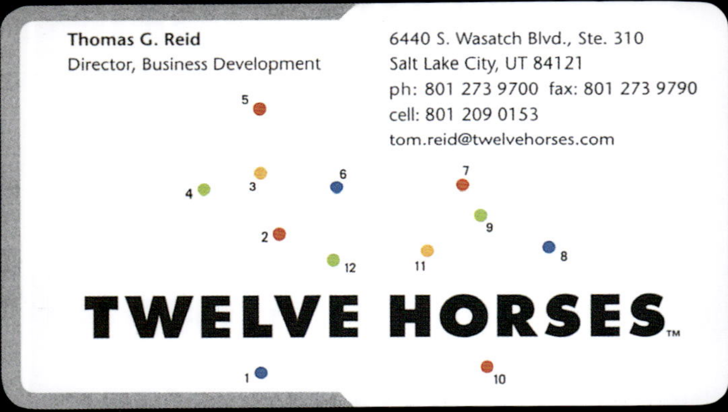

CLIENTE: Twelve Horses

ESTUDIO DE DISEÑO: Hornall Anderson Design Works, Inc.

DIRECCIÓN ARTÍSTICA: Jack Anderson

DISEÑO: Jack Anderson / Lisa Cerveny / Mary Chin Hutchinson / Don Stayner

SOFTWARE: Macromedia Freehand / Adobe Phosotshop

PAPEL: Mohawk superfino rugoso

CLIENTE: Red Square Systems

ESTUDIO DE DISEÑO: Landesberg Design Associates

DIRECCIÓN ARTÍSTICA: Rick Landesberg

DISEÑO: Vicki Carlisle / Rick Landesberg / Joe Petrina / Mike Savitski

SOFTWARE: Quark Xpress / Adobe Illustrator

PAPEL: Strathmore Writing vellum reciclado blanco brillante / 300 g/m²

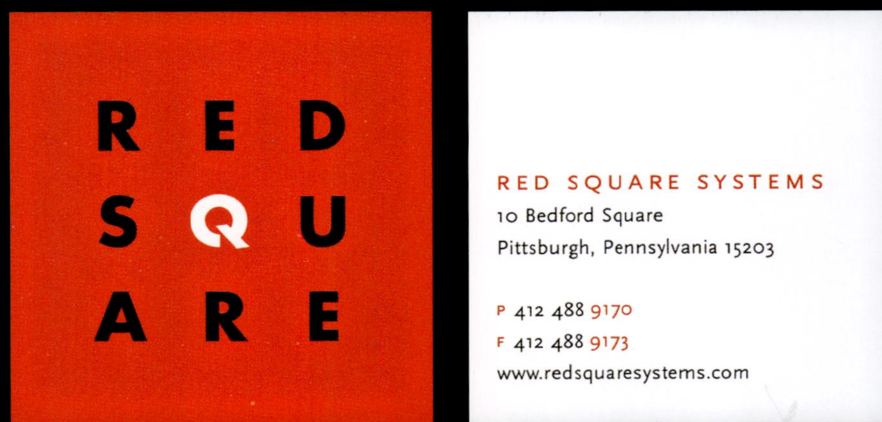

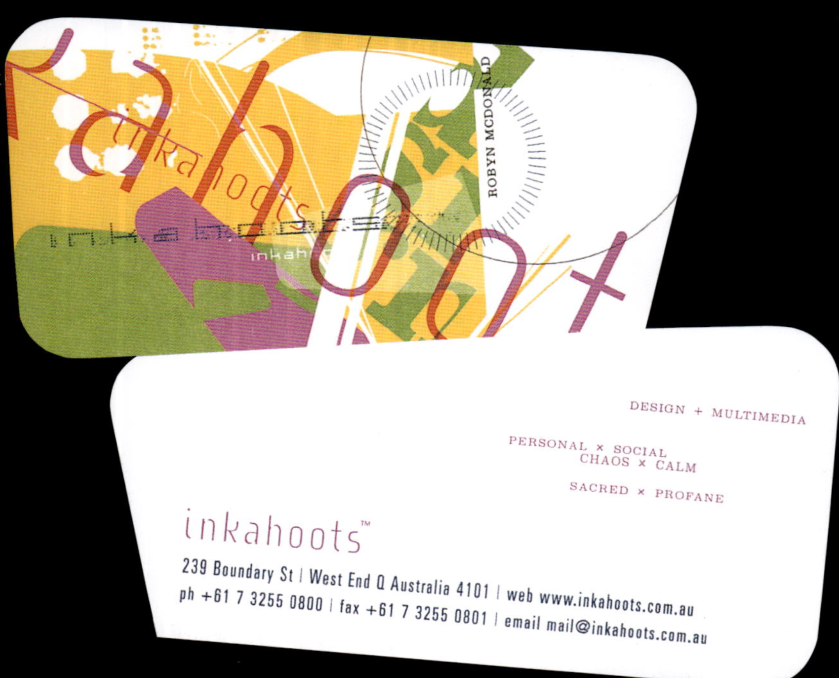

CLIENTE: Inkahoots

ESTUDIO DE DISEÑO: Inkahoots

DISEÑO: Jason Grant

enki

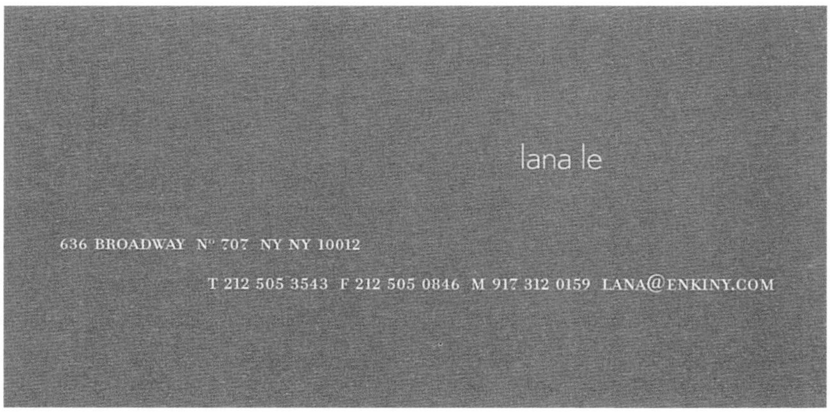

CLIENTE: Enki NY

ESTUDIO DE DISEÑO: Enki NY

DIRECCIÓN ARTÍSTICA/DISEÑO: Rosanne Kang / Lana Le

SOFTWARE: Quark XPress

PAPEL: Beckett Expression súper liso

IMPRESIÓN: Litografía offset

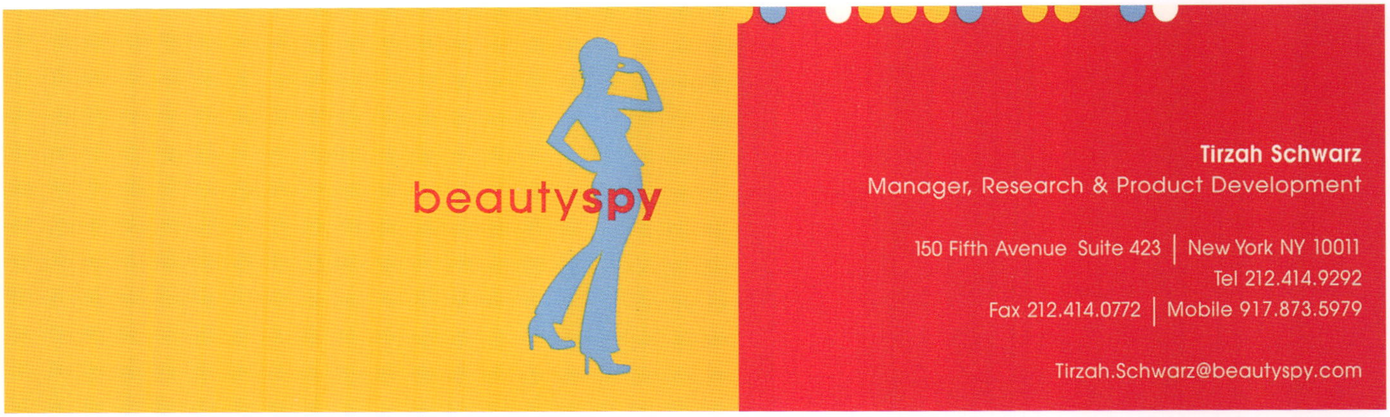

CLIENTE: Beautyspy

ESTUDIO DE DISEÑO: Enki NY

DIRECCIÓN ARTÍSTICA: Rosanne Kang

DISEÑO: Sara Rotman / Michelle Handel

ILUSTRACIÓN: Lana Le / Rosanne Kang

SOFTWARE: Quark XPress / Adobe Illustrator

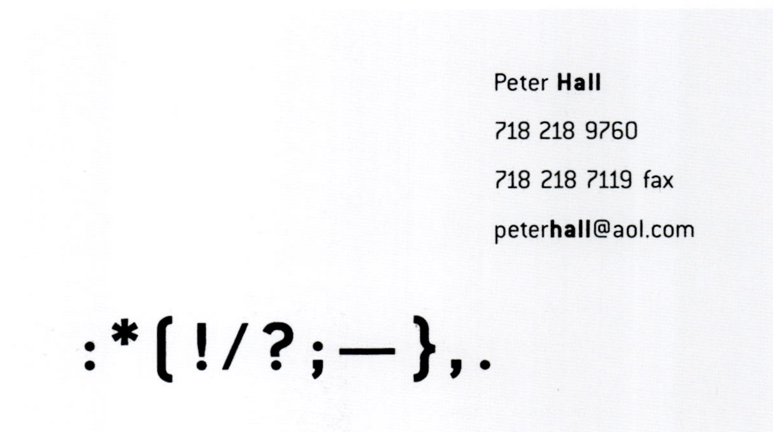

CLIENTE: Peter Hall

ESTUDIO DE DISEÑO: Enki NY

DIRECCIÓN ARTÍSTICA/DISEÑO: Lana Lee

SOFTWARE: Quark XPress

PAPEL: Strathmore Ultimate blanco / 300 g/m²

IMPRESIÓN: Litografía offset

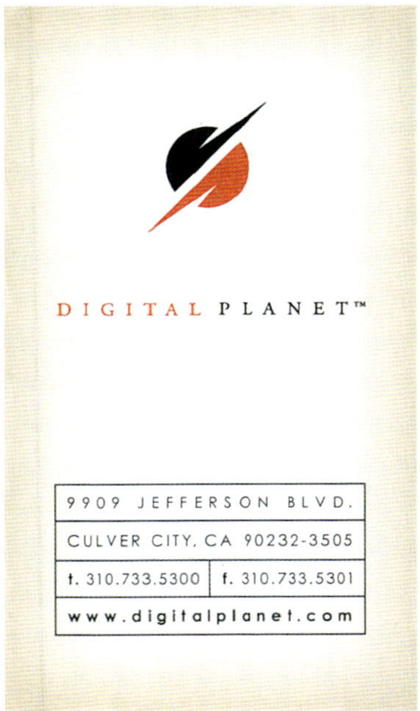

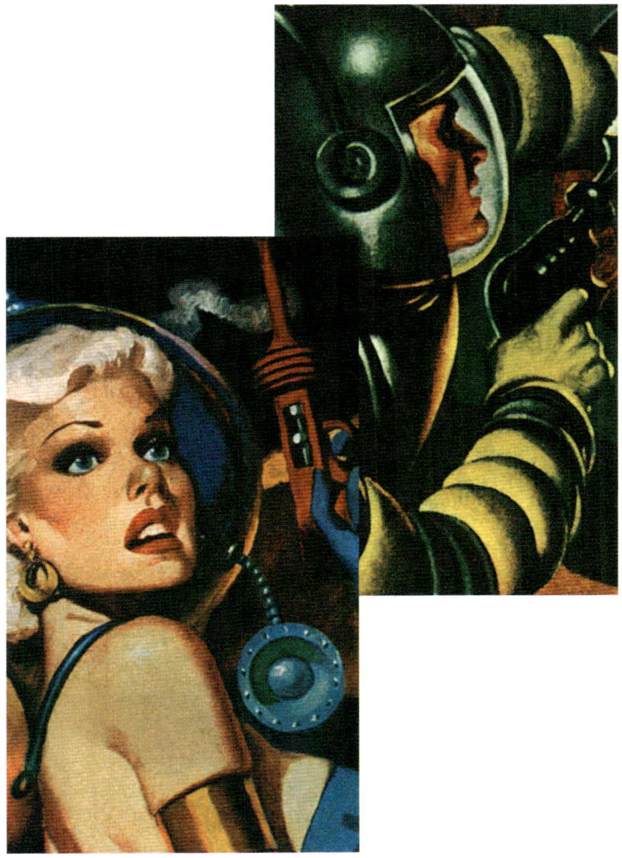

CLIENTE: Digital Planet

ESTUDIO DE DISEÑO: Dotzero Design

DIRECCIÓN ARTÍSTICA/DISEÑO: Karen Wippich / John Wippich

SOFTWARE: Adobe Illustrator / Adobe Photoshop

CLIENTE: Ecclissi

ESTUDIO DE DISEÑO: Enki NY

DIRECCIÓN ARTÍSTICA/DISEÑO: Rosanne Kang / Lana Le

FOTOGRAFÍA: Ron Reeves

SOFTWARE: Quark XPress

PAPEL: Neenah Classic Crest súper liso

IMPRESIÓN: Litografía offset

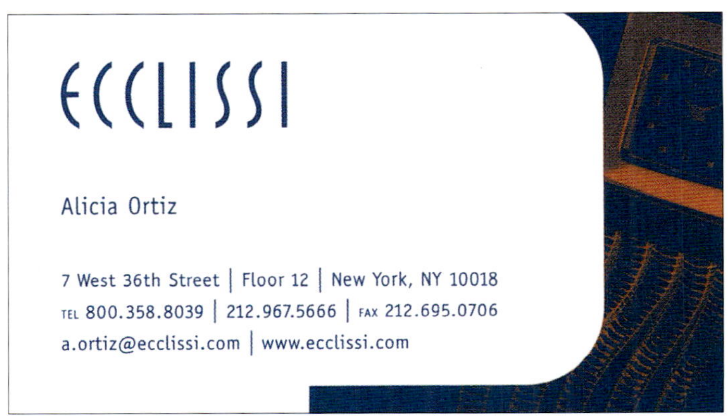

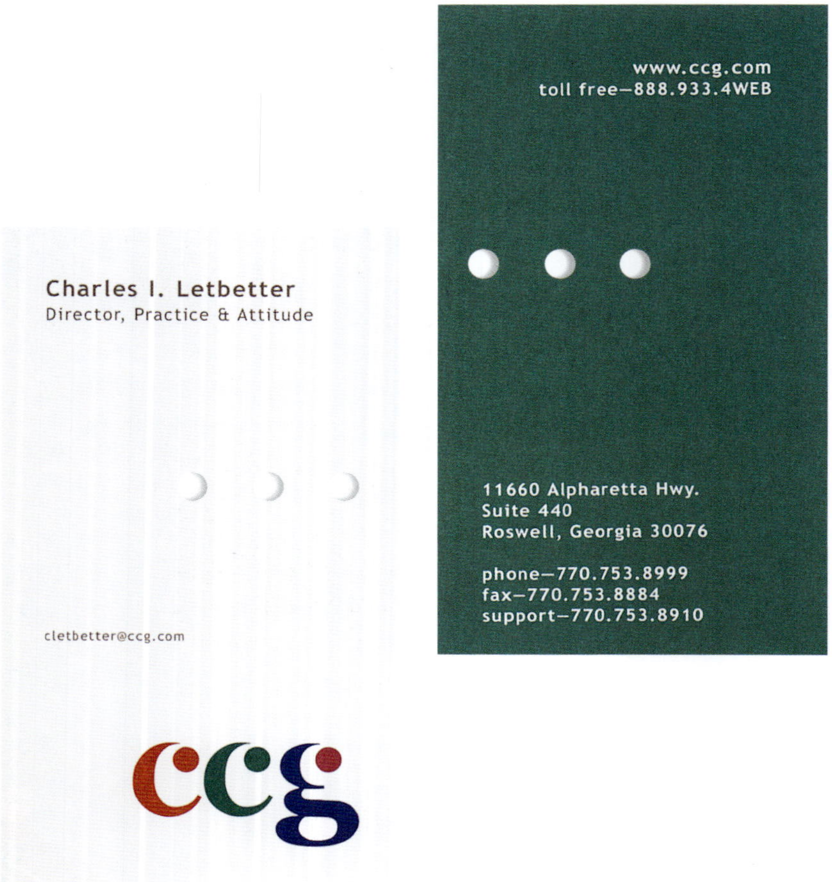

CLIENTE: Cossroads Consulting Group (CCG)

ESTUDIO DE DISEÑO: Wages Design

DIRECCIÓN ARTÍSTICA: Bob Wages

DISEÑO: Rina Motokawa

SOFTWARE: Adobe Illustrator / Quark XPress

IMPRESIÓN: Cuatricromía / troquelado

CLIENTE: CrunchTime Marketing

ESTUDIO DE DISEÑO: Wages Design

DIRECCIÓN ARTÍSTICA: Bob Wages

DISEÑO/ILUSTRACIÓN: Dominga Lee

SOFTWARE: Adobe Illustrator / Quark XPress

IMPRESIÓN: Tricromía

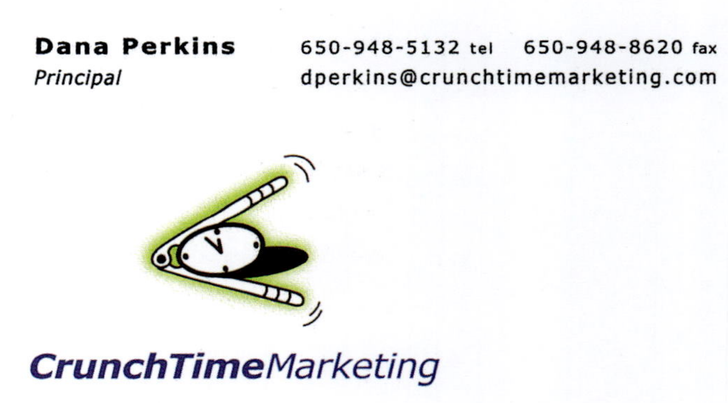

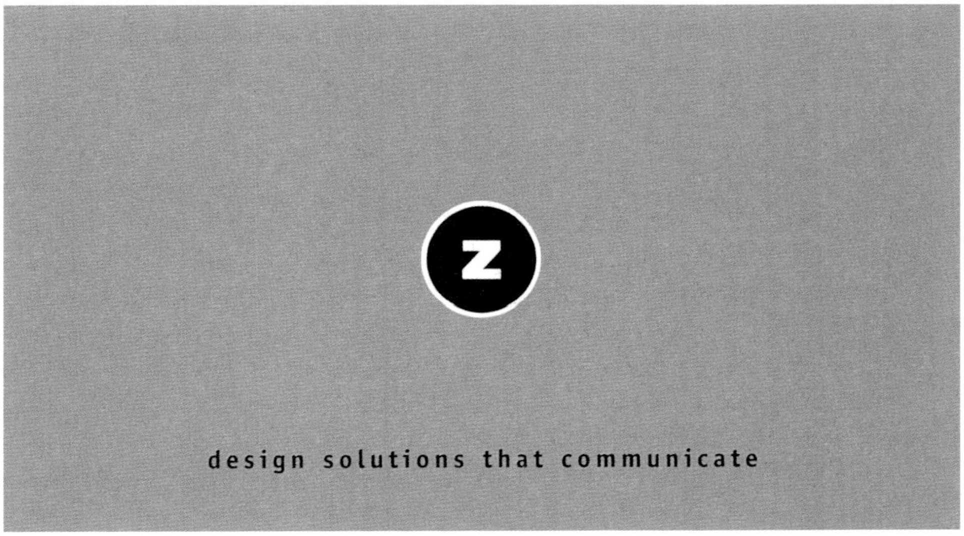

LOUANN ZELLER
Vice President

ZGraphics, Ltd. 322 North River Street, East Dundee, Illinois 60118
847.836.6022 fax 847.836.6122 la@zgraphics.com www.zgraphics.com

CLIENTE: ZGraphics, Ltd.

ESTUDIO DE DISEÑO: ZGraphics, Ltd.

DIRECCIÓN ARTÍSTICA: Joe Zeller

DISEÑO: Renee Clark

SOFTWARE: Quark XPress

PAPEL: Neenah Classic Crest blanco solar

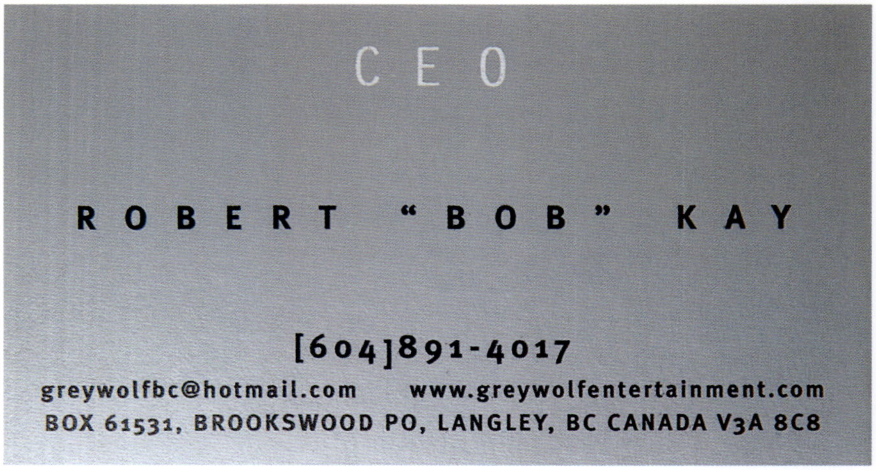

CLIENTE: Greywolf Entertainment

ESTUDIO DE DISEÑO: Kelman Design

DIRECCIÓN ARTÍSTICA: Keli Manson

SOFTWARE: Adobe Photoshop / Quark XPress

PAPEL: Luna Gloss Cover

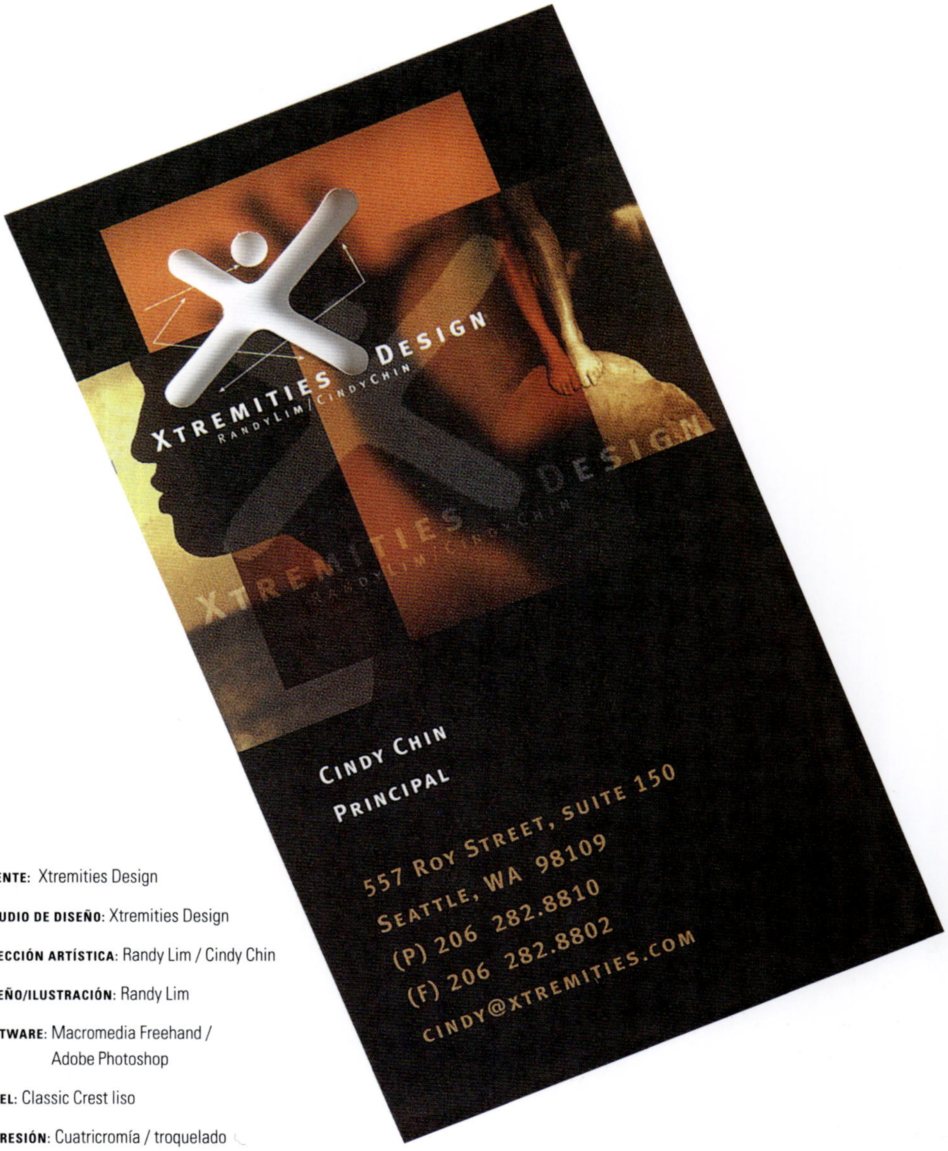

CLIENTE: Xtremities Design

ESTUDIO DE DISEÑO: Xtremities Design

DIRECCIÓN ARTÍSTICA: Randy Lim / Cindy Chin

DISEÑO/ILUSTRACIÓN: Randy Lim

SOFTWARE: Macromedia Freehand / Adobe Photoshop

PAPEL: Classic Crest liso

IMPRESIÓN: Cuatricromía / troquelado

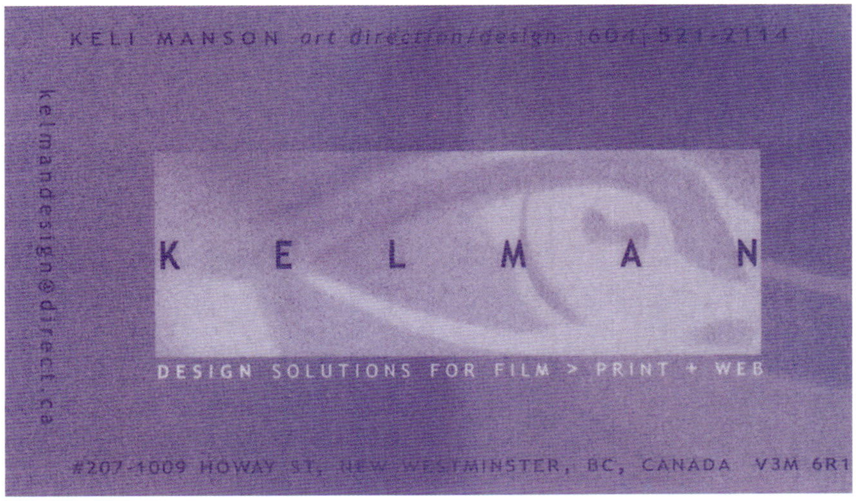

CLIENTE: Kelman Design

ESTUDIO DE DISEÑO: Kelman Design

DIRECCIÓN ARTÍSTICA: Keli Manson

SOFTWARE: Adobe Photoshop / Quark XPress

PAPEL: Chartham translúcido

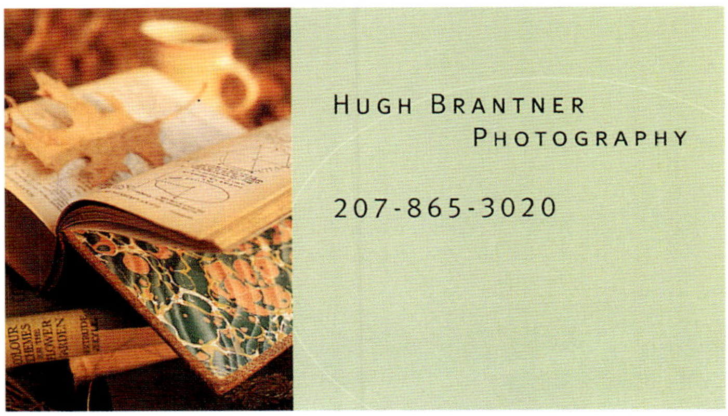

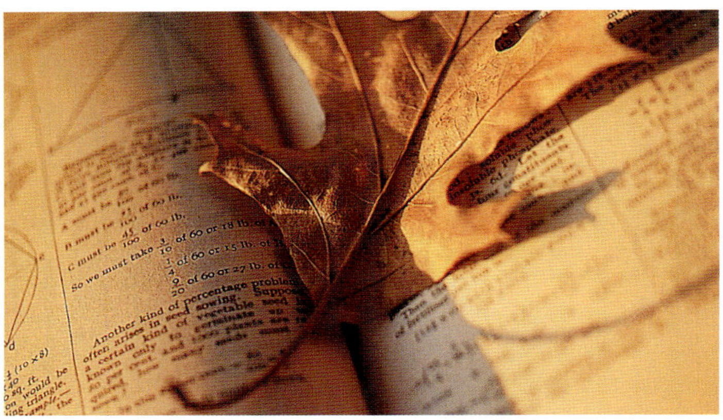

CLIENTE: Hugh Brantner Photography

ESTUDIO DE DISEÑO: Brown Design & Co.

DIRECCIÓN ARTÍSTICA/DISEÑO: Mary Brown

SOFTWARE: Adobe Photoshop / Quark

PAPEL: Strobe mate

IMPRESIÓN: 4 / 4

CLIENTE: The Perfect Basket

ESTUDIO DE DISEÑO: Brown Design & Co.

DIRECCIÓN ARTÍSTICA/DISEÑO: Mary Brown

SOFTWARE: Quark XPress

PAPEL: Classic Crest

IMPRESIÓN: 2 / 2

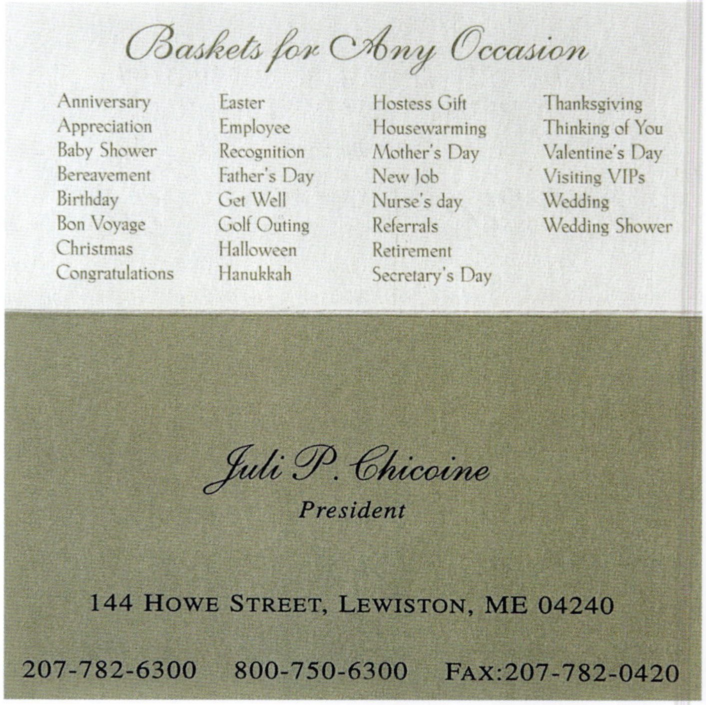

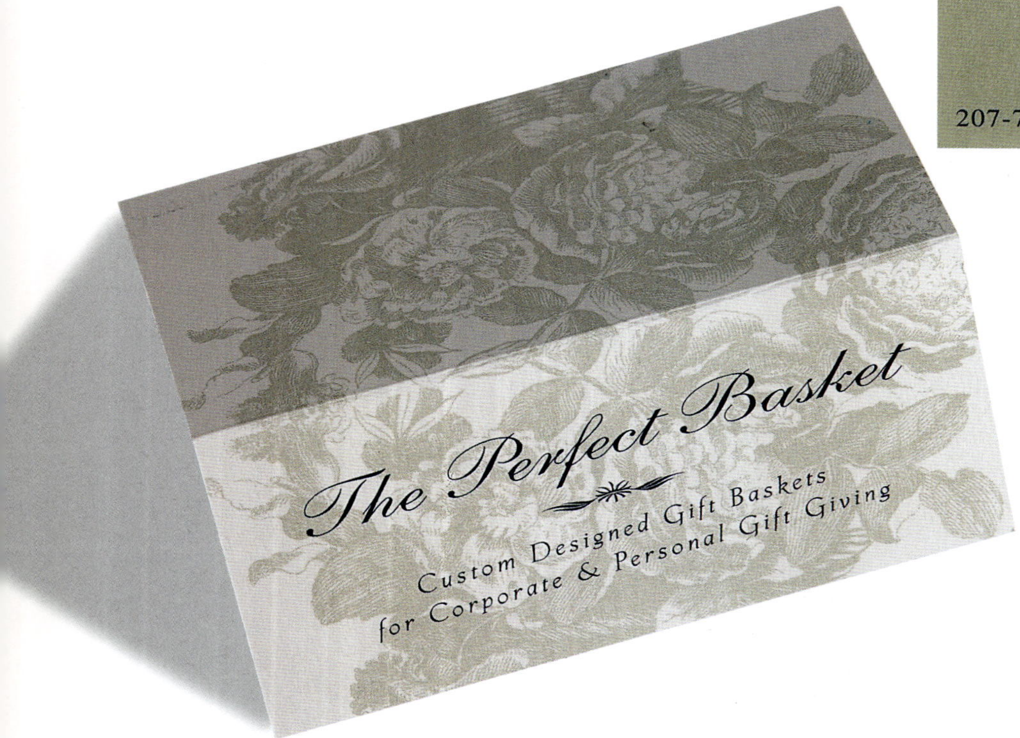

CLIENTE: Anne Pundyk

ESTUDIO DE DISEÑO: Brown Design & Co.

DIRECCIÓN ARTÍSTICA/DISEÑO: Mary Brown

ILUSTRACIÓN: Anne Pundyk

SOFTWARE: Quark XPress

PAPEL: Strobe mate

IMPRESIÓN: 4 / 4

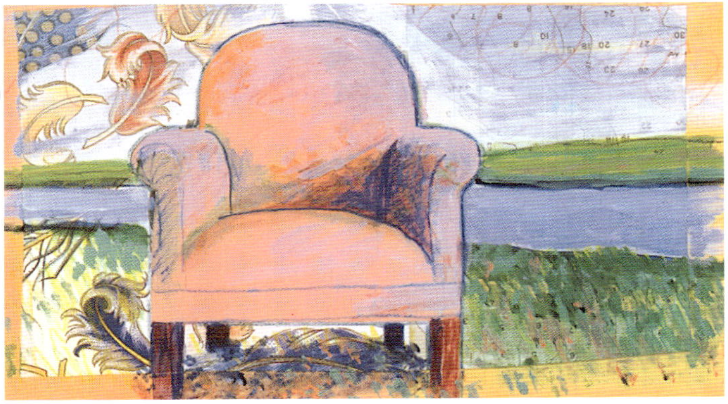

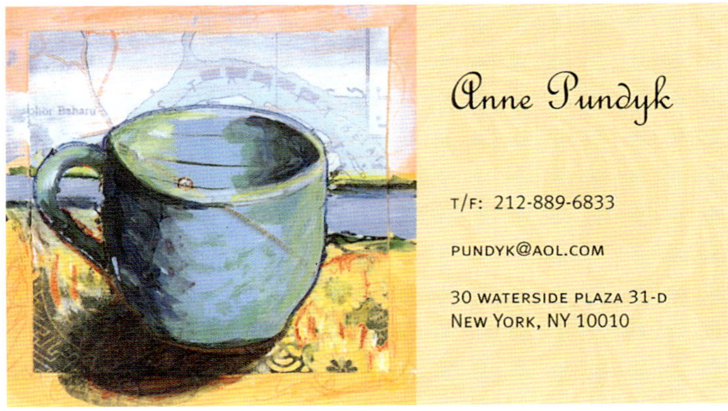

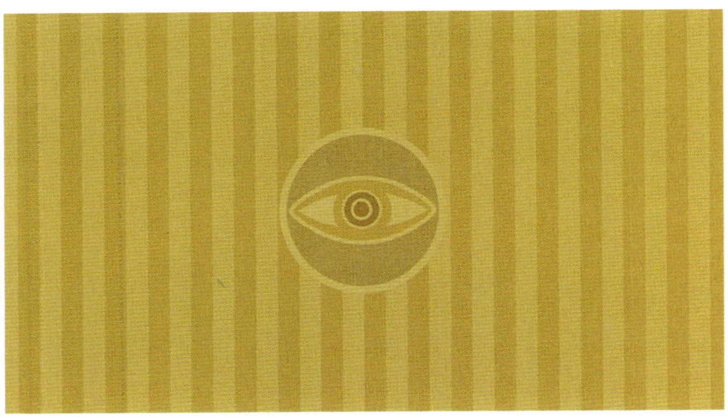

CLIENTE: Dotzero Design

ESTUDIO DE DISEÑO: Dotzero Design

DIRECCIÓN ARTÍSTICA/DISEÑO: Karen Wippich / Jon Wippich

SOFTWARE: Adobe Illustrator / Adobe Photoshop

CLIENTE: Mr. Swap

ESTUDIO DE DISEÑO: be.design

DIRECCIÓN ARTÍSTICA: Will Burke

DISEÑO: Eric Read / Yusuke Asake / John Meeks

ILUSTRACIÓN: John Meeks

SOFTWARE: Adobe Illustrator

PAPEL: Cartulina

IMPRESIÓN: 2 colores

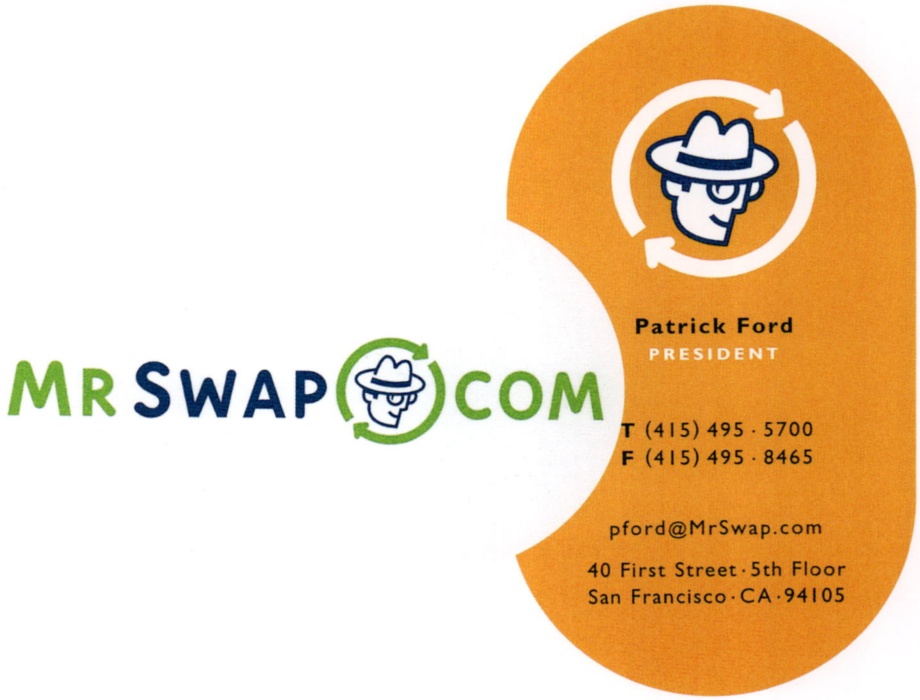

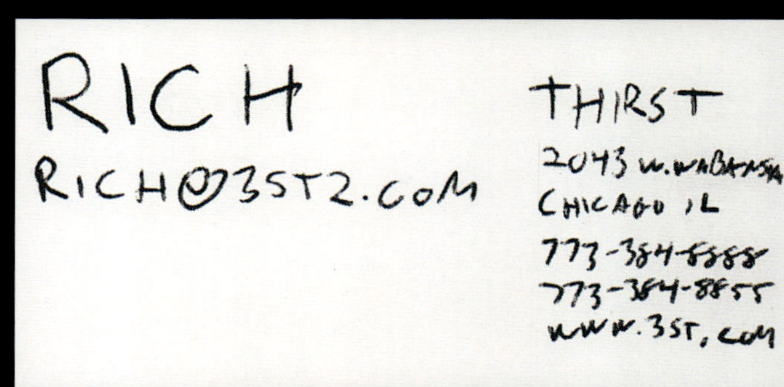

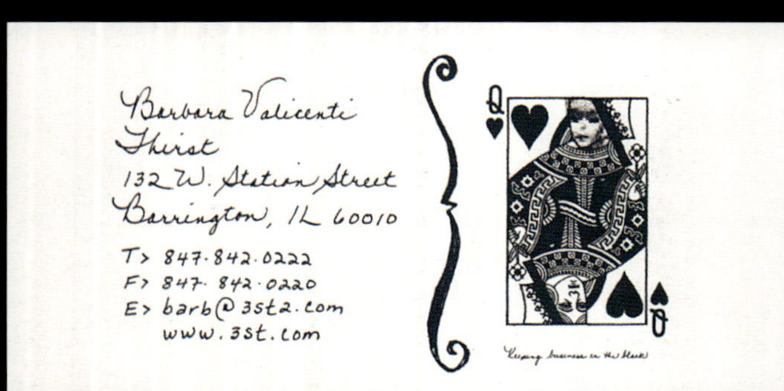

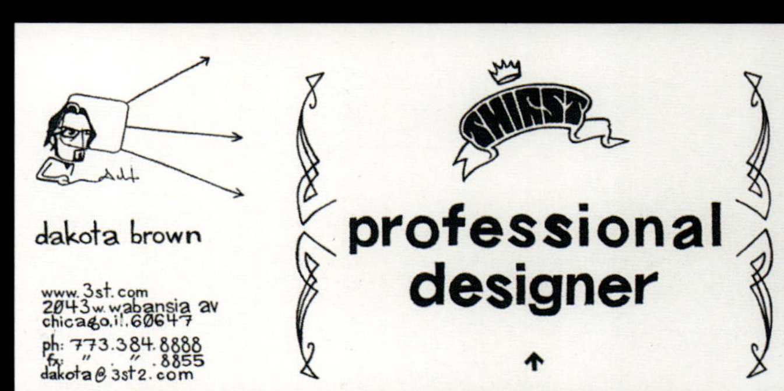

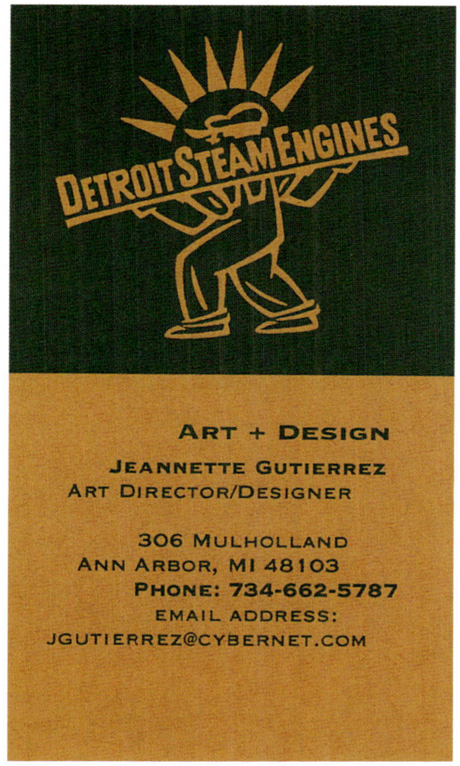

CLIENTE: Detroit Steam Engines Art & Design

ESTUDIO DE DISEÑO: Detroit Steam Engines Art & Design

DIRECCIÓN ARTÍSTICA/ILUSTRACIÓN: Jeannette Gutierrez

SOFTWARE: Macromedia Freehand

PAPEL: French Construction / 216 g/m²

IMPRESIÓN: 1 color

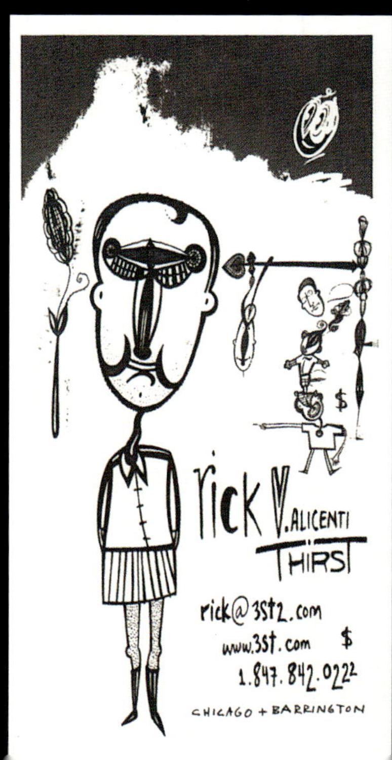

CLIENTE: Thirst

ESTUDIO DE DISEÑO: Thirst

DIRECCIÓN ARTÍSTICA: Ms. Pickel

DISEÑO/ILUSTRACIÓN: Eva Sarnacka / Barbara Valicenti / Rick Valicenti / Rob Wittig / Dakota Brown / Rich Hanson

SOFTWARE: Dibujo a mano, Adobe Photoshop

PAPEL: Gilbert Neutech PS 324 g/m² cartulina

CLIENTE: LiquidSky

ESTUDIO DE DISEÑO: Design 360º

DIRECCIÓN ARTÍSTICA/DISEÑO: D. Scott Evans

SOFTWARE: Adobe Photoshop / Adobe Illustrator / Quark

PAPEL: Sappi Strobe satinado

IMPRESIÓN: Cuatricromía / barniz

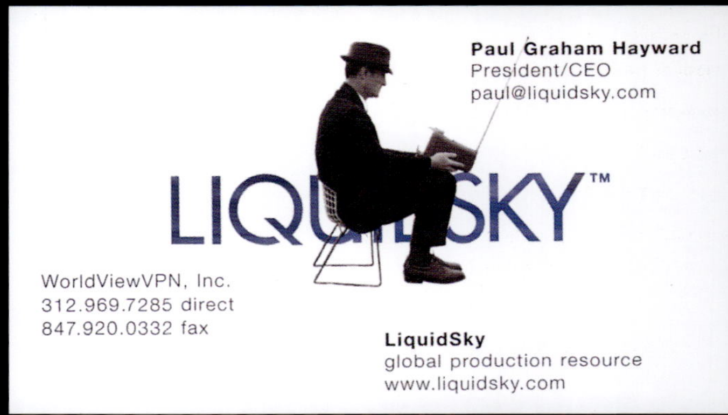

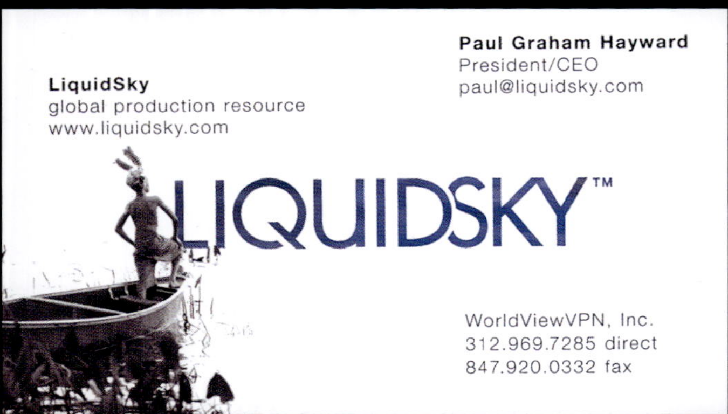

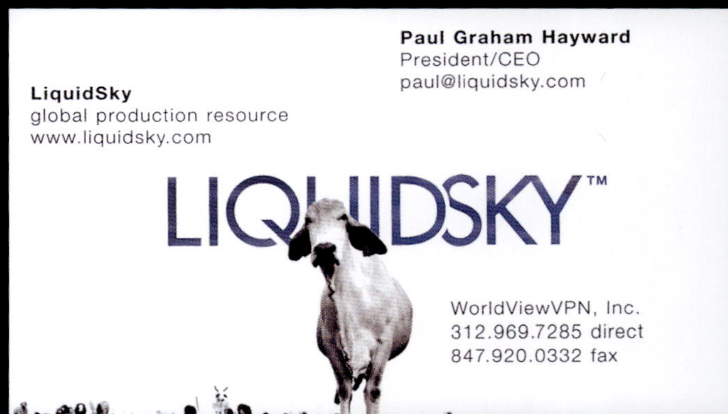

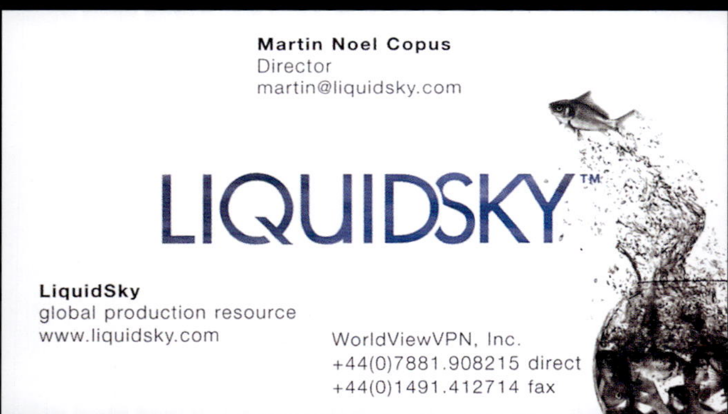

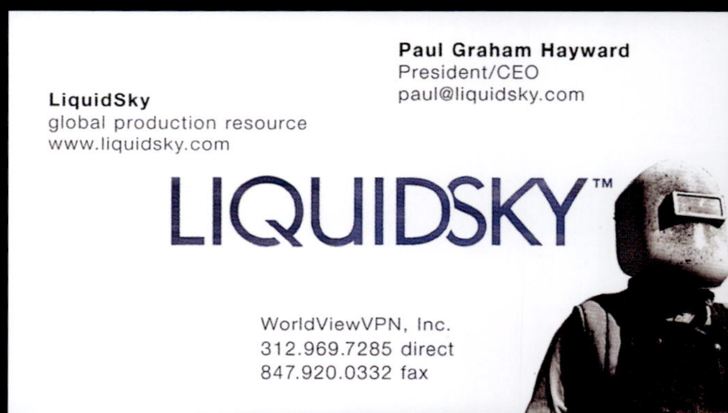

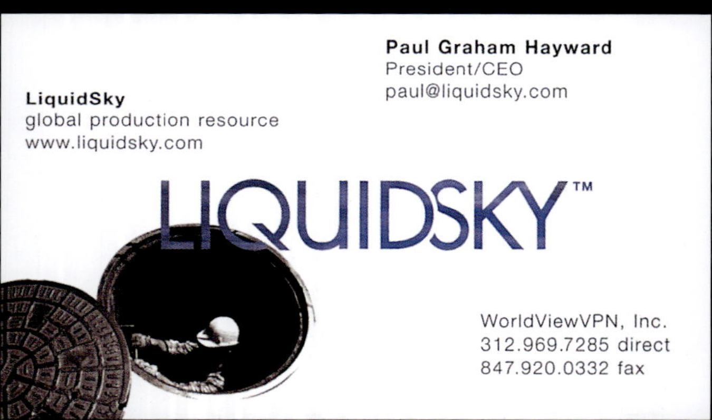

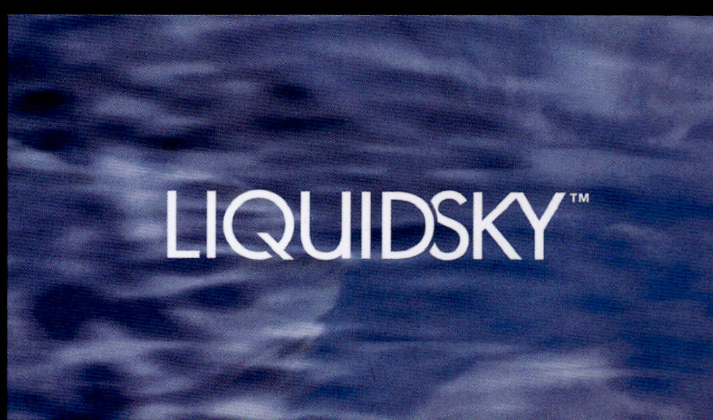

CLIENTE: Design 360º

ESTUDIO DE DISEÑO: Design 360º

DIRECCIÓN ARTÍSTICA/DISEÑO: D. Scott Evans

SOFTWARE: Adobe Illustrator

PAPEL: Cartón Rising Museum Mounting

IMPRESIÓN: Cara frontal: tipografía /
cara posterior: serigrafía

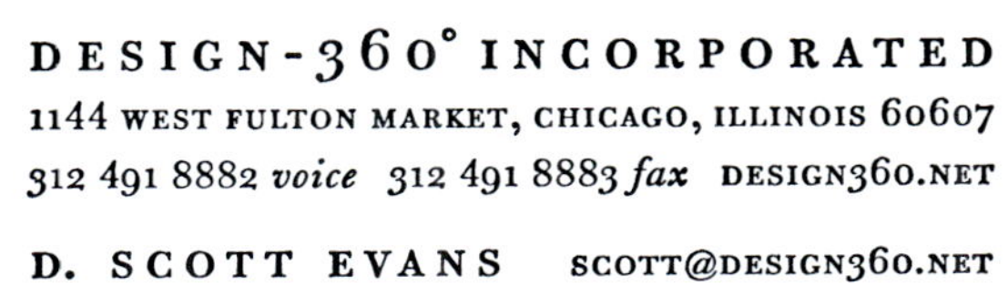

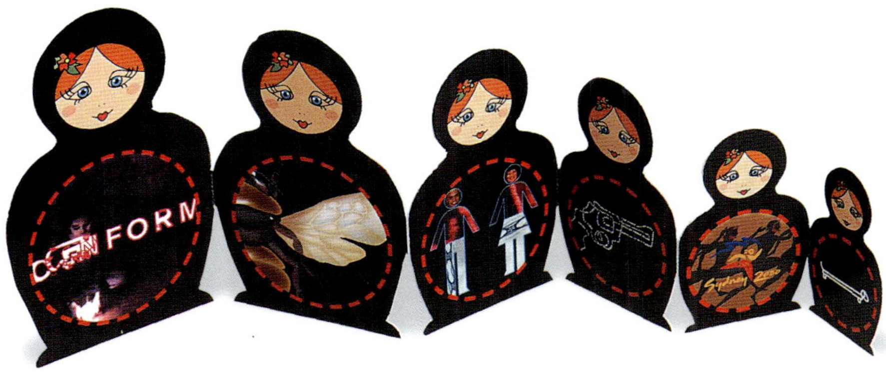

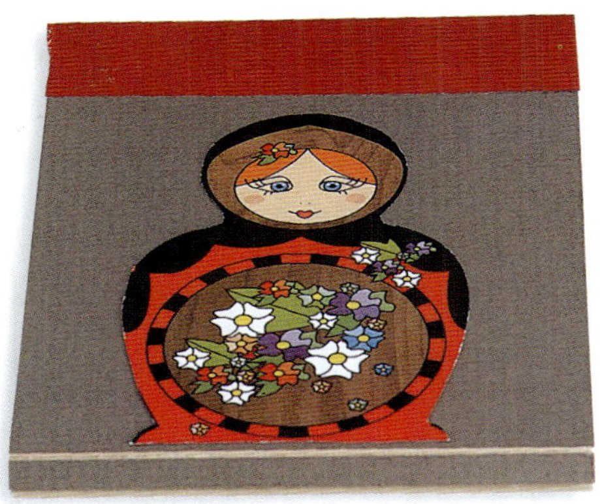

CLIENTE: Shawna Hill Graphic Designer

ESTUDIO DE DISEÑO: missHill Design

DIRECCIÓN ARTÍSTICA/ILUSTRACIÓN:
Shawna Hill

SOFTWARE: Adobe Illustrator /
Adobe Photoshop / Quark XPress

IMPRESIÓN: Cuatricromía

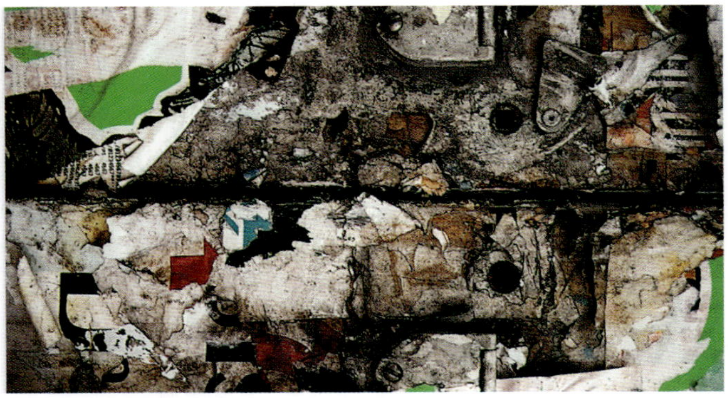

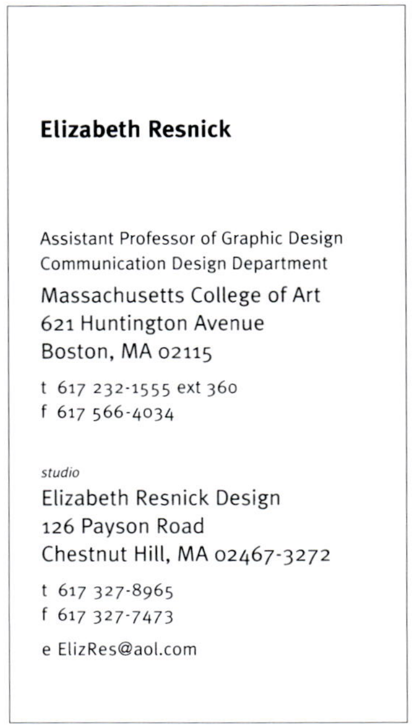

CLIENTE: Elizabeth Resnick Design

ESTUDIO DE DISEÑO: Elizabeth Resnick Design

DIRECCIÓN ARTÍSTICA/DISEÑO/FOTOGRAFÍA: Elizabeth Resnick

SOFTWARE: Adobe Photoshop / Quark XPress

PAPEL: Potlatch Vintage Velvet

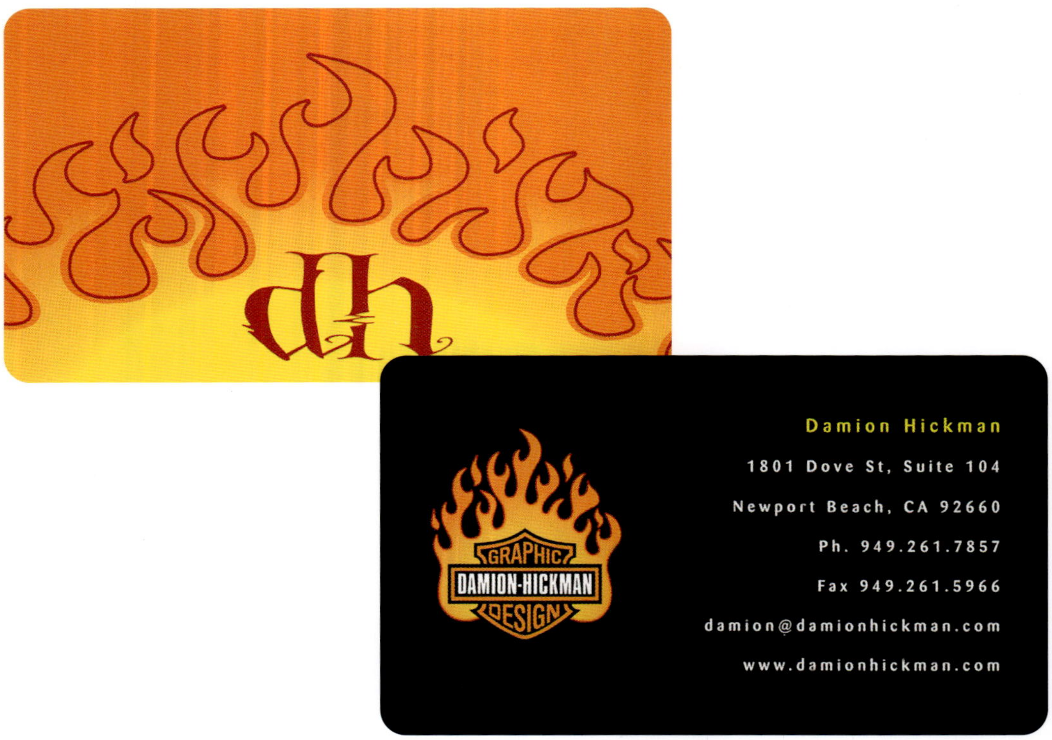

CLIENTE: Damion Hickman Design

ESTUDIO DE DISEÑO: Damion Hickman Design

DIRECCIÓN ARTÍSTICA: Damion Hickman

DISEÑO: Lane Durante

SOFTWARE: Adobe Illustrator

IMPRESIÓN: Cuatricromía más barniz dos caras

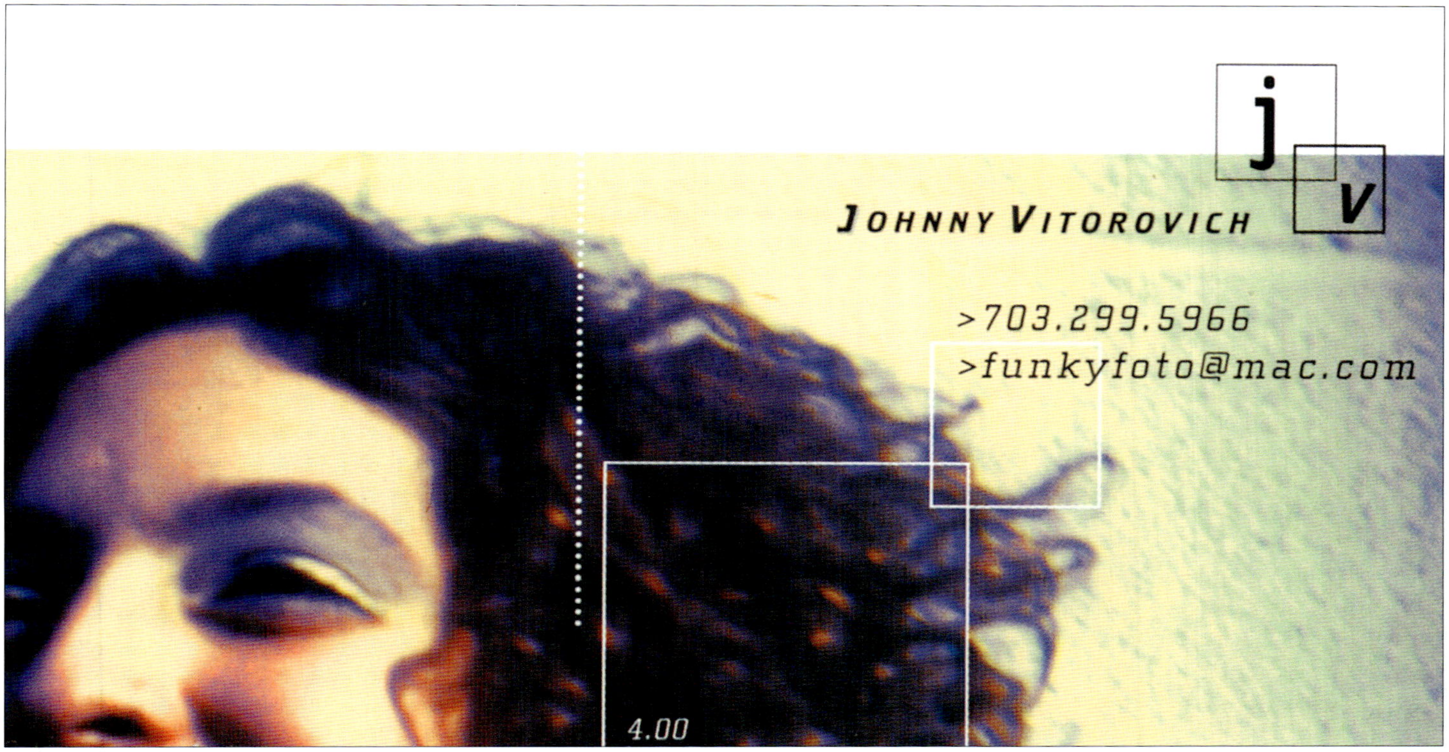

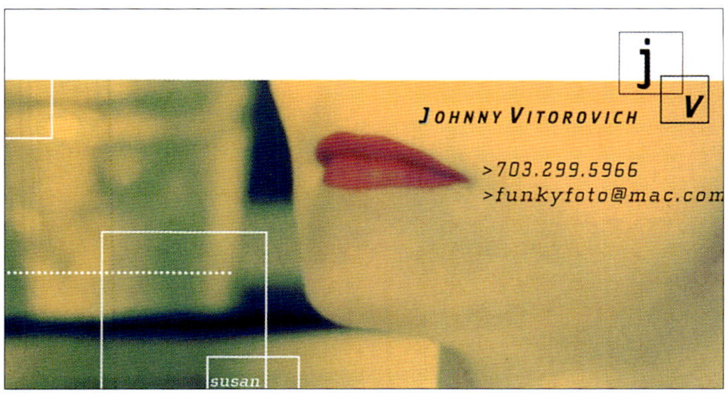

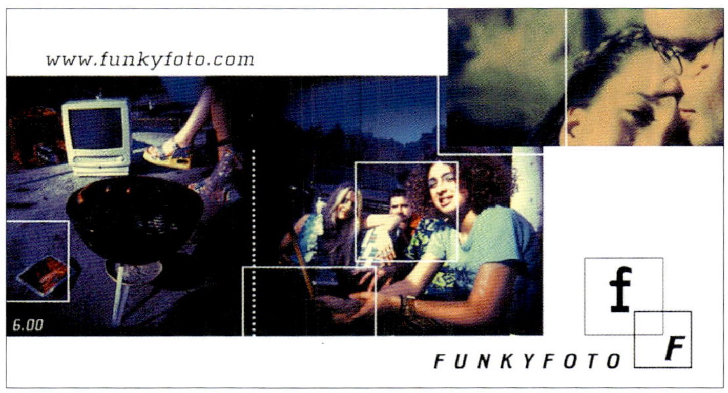

CLIENTE: FunkyFoto

ESTUDIO DE DISEÑO: FunckyFoto

DIRECCIÓN ARTÍSTICA/DISEÑO/ILUSTRACIÓN:
Johnny Vitorovich

SOFTWARE: Adobe Photoshop / Quark

PAPEL: Potlatch McCoy / mate

CLIENTE: Ads & Art

ESTUDIO DE DISEÑO: Ads & Art

DIRECCIÓN ARTÍSTICA: Jodi Eckes

DISEÑO: Jeremy Van Tassel

SOFTWARE: Adobe Illustrator / Quark XPress

PAPEL: Beckett Expression / 270 g/m² cartulina

IMPRESIÓN: Offset

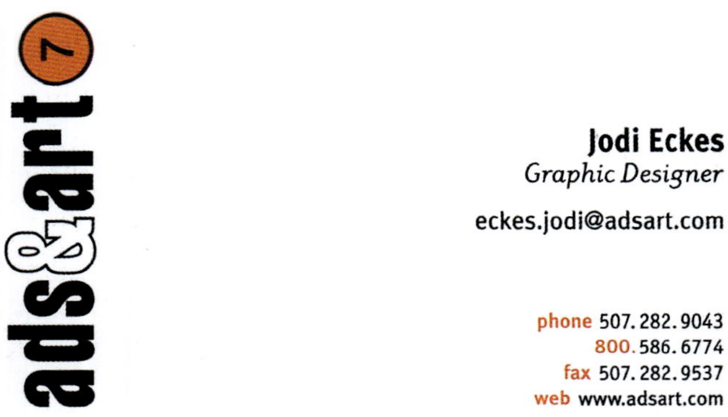

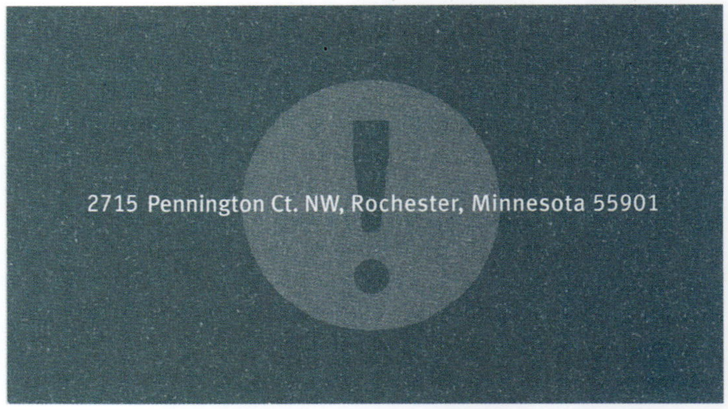

CLIENTE: Acens

ESTUDIO DE DISEÑO: Summa

DIRECCIÓN ARTÍSTICA: Wladimir Marnich

DISEÑO: Eduardo Cortada

SOFTWARE: Macromedia Freehand / Adobe Photoshop

PAPEL: Fredigoni Splendor Gel extra blanco

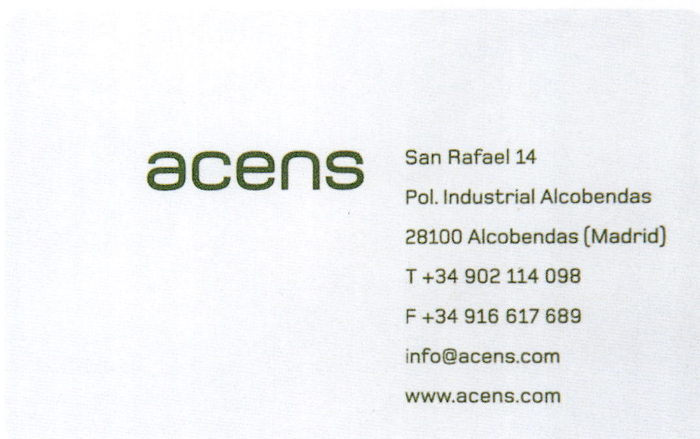

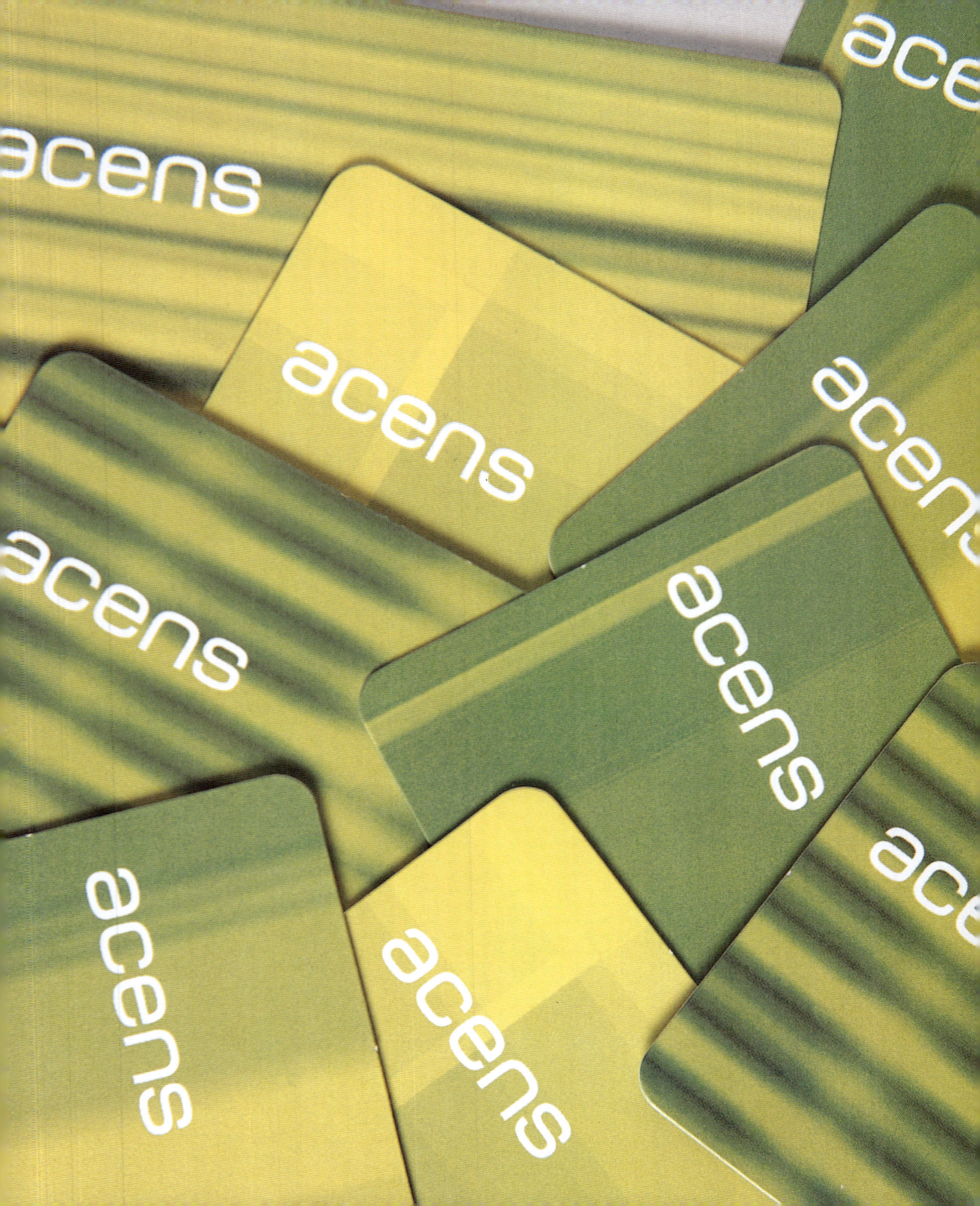
acens
acens
acens
acens

CLIENTE: Voilà Disco

ESTUDIO DE DISEÑO: R & M Associati Grafici

DISEÑO: Fontanella / Di Somma / Cesar

SOFTWARE: Adobe Illustrator

IMPRESIÓN: Offset

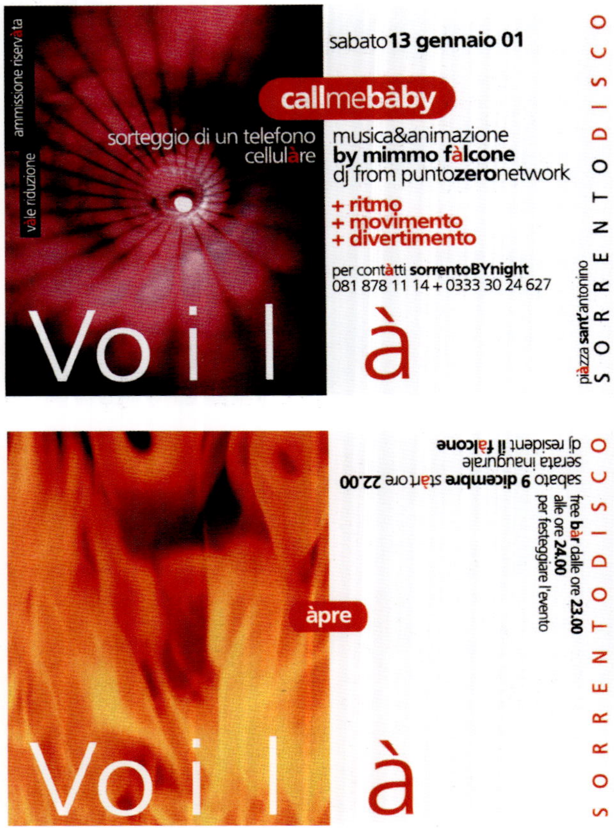

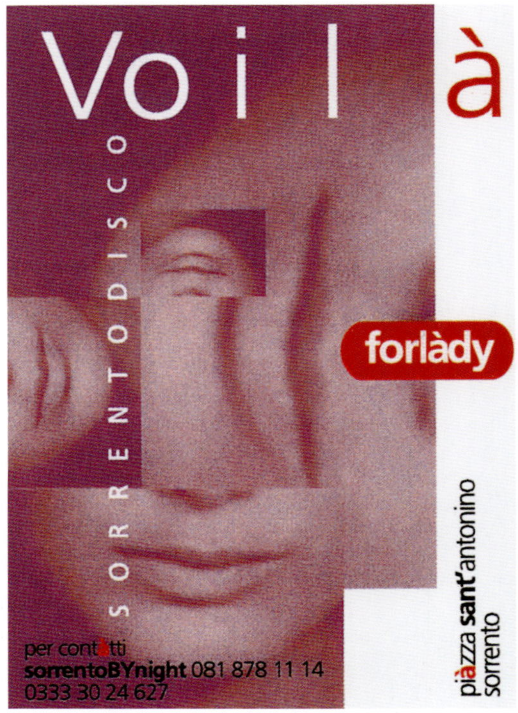

CLIENTE: Emma Wilson Design Company

ESTUDIO DE DISEÑO: Emma Wilson Design Company

DIRECCIÓN ARTÍSTICA/DISEÑO: Emma Wilson

SOFTWARE: Macromedia Freehand

PAPEL: Neenah Environment

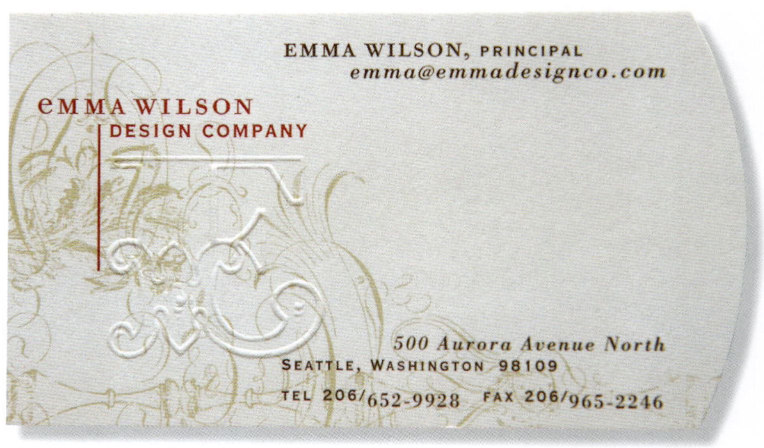

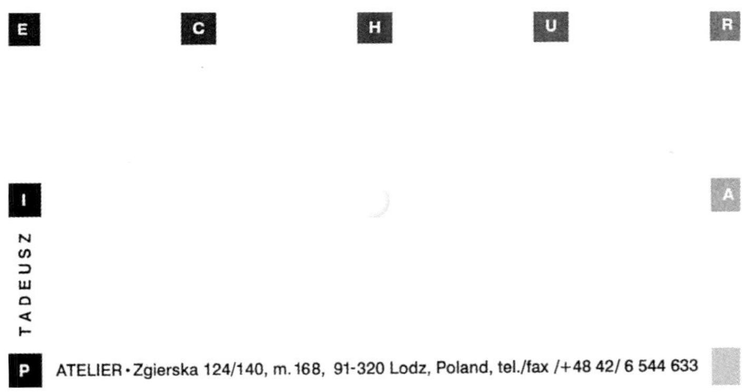

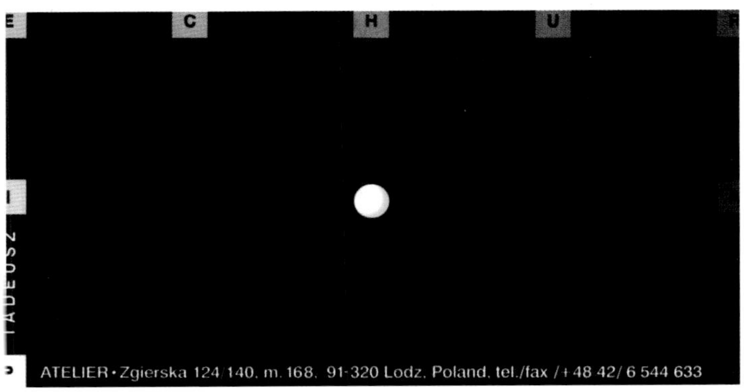

CLIENTE: Atelier Tadeusz Piechura

ESTUDIO DE DISEÑO: Atelier Tadeusz Piechura

DIRECCIÓN ARTÍSTICA/DISEÑO/ILUSTRACIÓN:
Tadeusz Piechura

SOFTWARE: Corel

IMPRESIÓN: Offset

CLIENTE: Matthew Borkoski Photography

ESTUDIO DE DISEÑO: Tim Kenney Design Partners

DIRECCIÓN ARTÍSTICA: Tim Kenney

DISEÑO/ILUSTRACIÓN: John Bowen

SOFTWARE: Adobe Photoshop

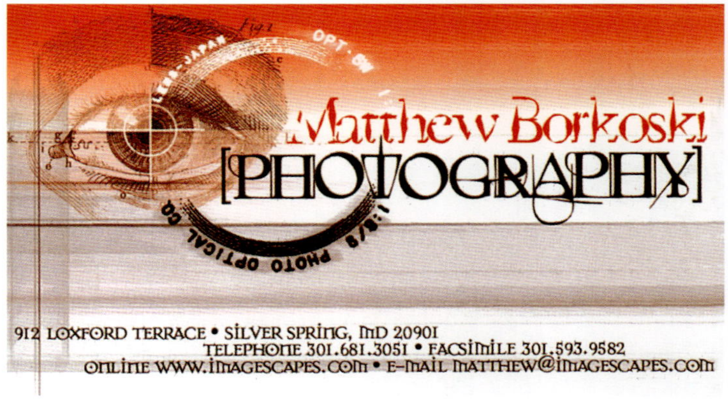

CLIENTE: Transfer

ESTUDIO DE DISEÑO: Atelier Tadeusz Piechura

DIRECCIÓN ARTÍSTICA/DISEÑO/ILUSTRACIÓN: Tadeusz Piechura

SOFTWARE: Corel

IMPRESIÓN: Offset

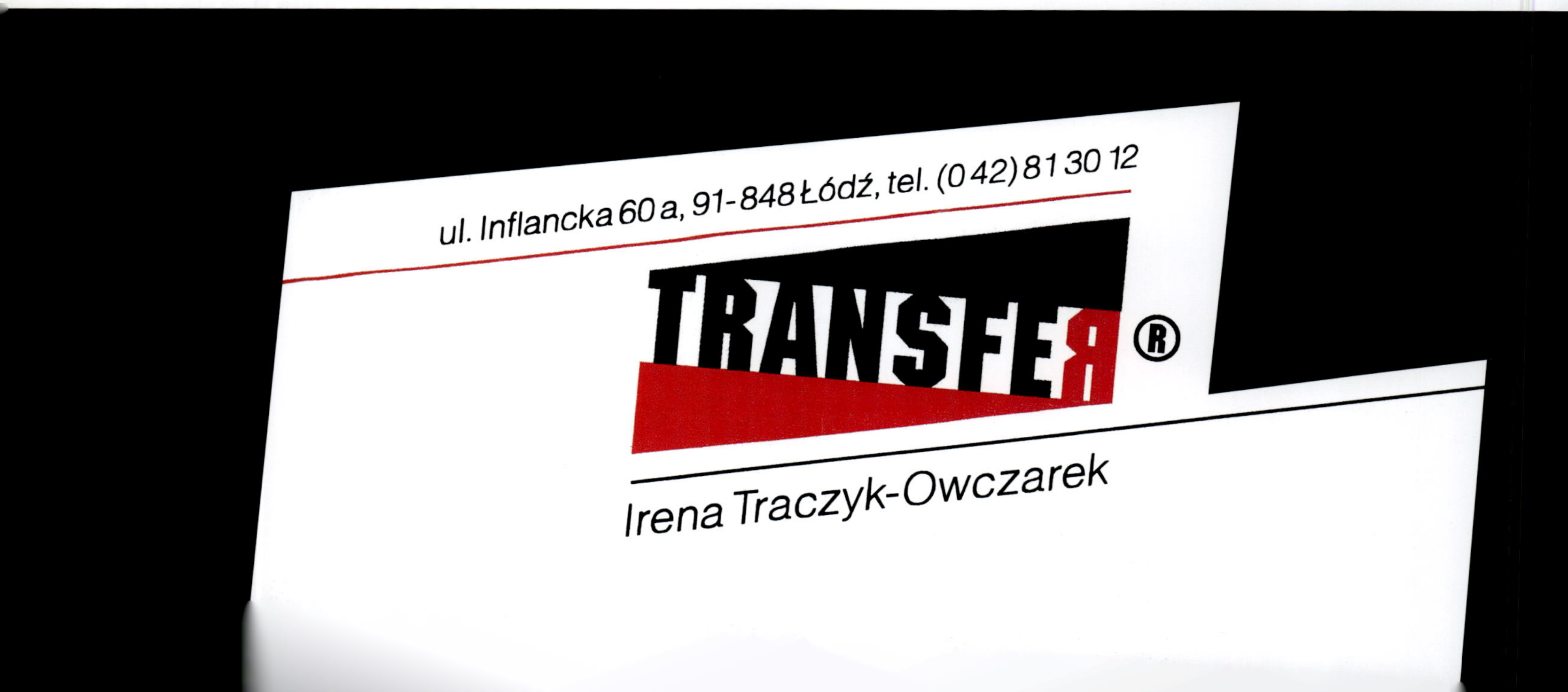

CLIENTE: Museum Artystow
[Museo de los artistas]

ESTUDIO DE DISEÑO: Atelier Tadeusz Piechura

DIRECCIÓN ARTÍSTICA/DISEÑO/ILUSTRACIÓN:
Tadeusz Piechura

SOFTWARE: Corel

IMPRESIÓN: Impresora láser

Muzeum Artystów ▲ The Artists' Museum

Tylna 14 ▲ 90-324 Łódź ▲ Poland ▲ tel./fax 042-741257

Tadeusz Piechura

Isabella Cechowicz

Public ***Relations***

Tel. 0241/38429
Hubertusstr. 63, D-52064 Aachen

CLIENTE: Isabella Cechowicz Public Relations

ESTUDIO DE DISEÑO: Atelier Tadeusz Piechura

DIRECCIÓN ARTÍSTICA/DISEÑO/ILUSTRACIÓN:
Tadeusz Piechura

SOFTWARE: Corel

IMPRESIÓN: Impresora láser

MAXI

Systemy dachowe MAXI

Mariusz Wieczorek
Sales Manager / Dyrektor Handlowy

CLIENTE: Rautaruukki Polska

ESTUDIO DE DISEÑO: Atelier Tadeusz Piechura

DIRECCIÓN ARTÍSTICA/DISEÑO/ILUSTRACIÓN:
Tadeusz Piechura

SOFTWARE: Corel

IMPRESIÓN: Impresora láser

RAUTARUUKKI POLSKA
STEEL STRUCTURE DIVISION Sp. z o.o.
ul. Jaktorowska 13, 96-300 Żyrardów
tel. 0 493 3461 0 90207564
fax 0 493 3758 0 90219751

CLIENTE: Aha Pracownia Architektury

ESTUDIO DE DISEÑO: Atelier Tadeusz Piechura

DIRECCIÓN ARTÍSTICA/DISEÑO/ILUSTRACIÓN: Tadeusz Piechura

SOFTWARE: Corel

IMPRESIÓN: Offset

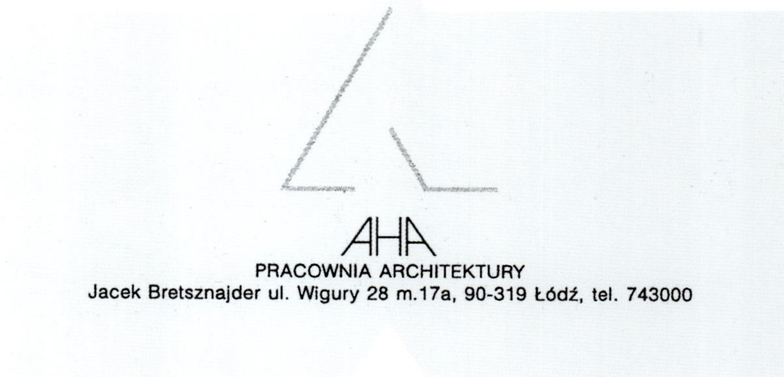

CLIENTE: Artfulgiving.com

ESTUDIO DE DISEÑO: Group Baronet

DIRECCIÓN ARTÍSTICA: Meta Newhouse

DISEÑO: Bronson Ma

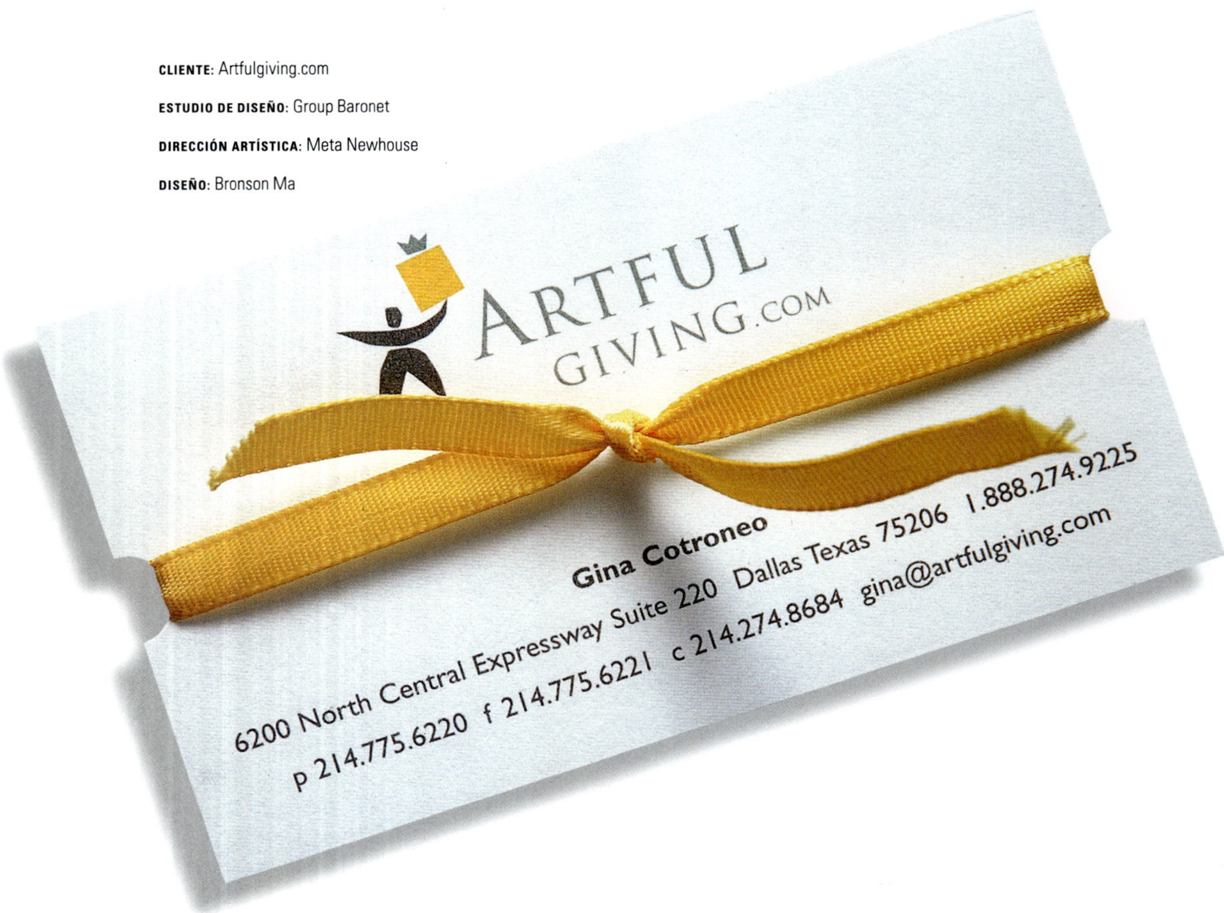

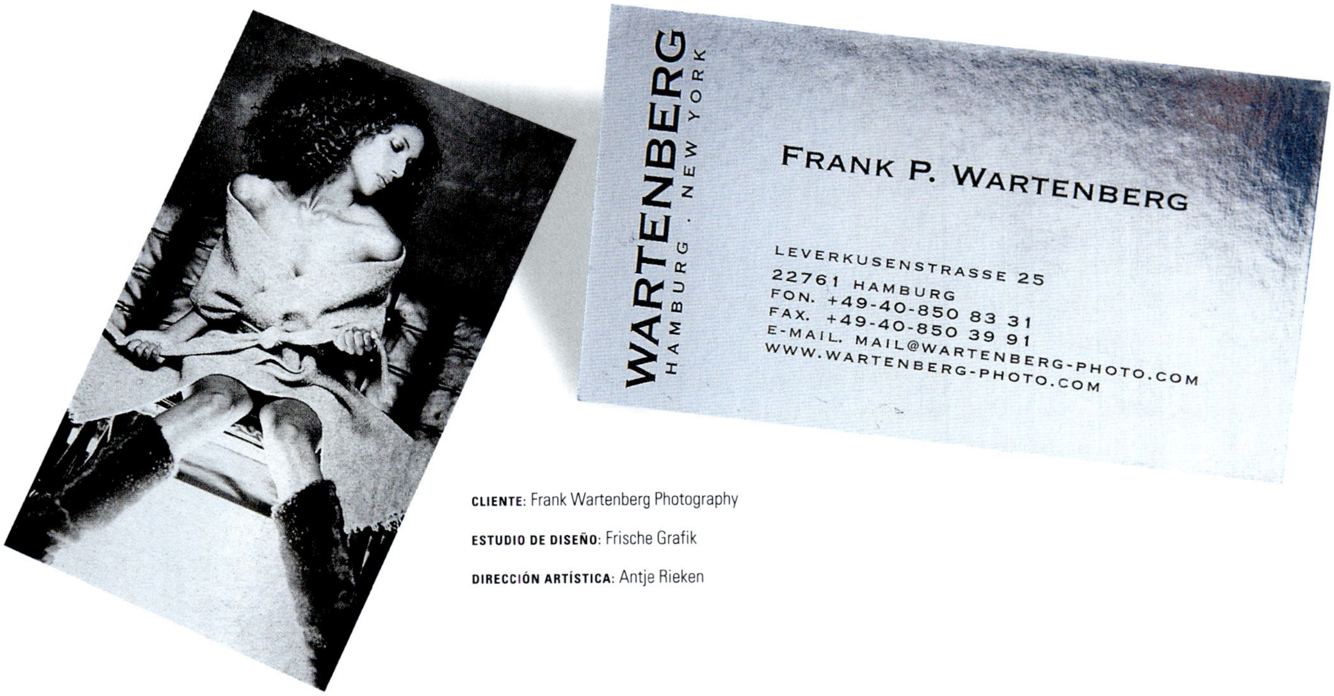

CLIENTE: Frank Wartenberg Photography

ESTUDIO DE DISEÑO: Frische Grafik

DIRECCIÓN ARTÍSTICA: Antje Rieken

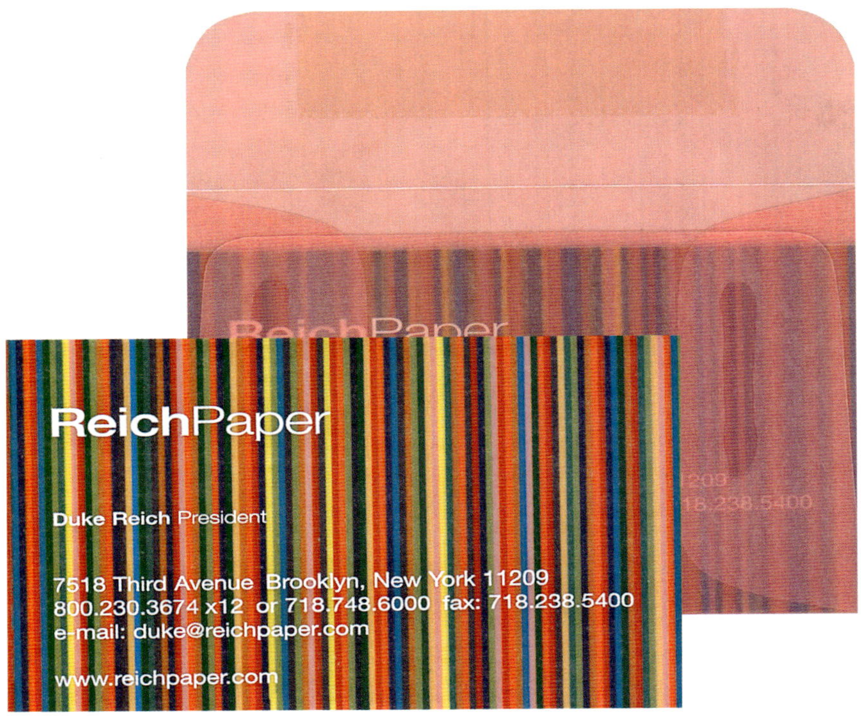

CLIENTE: Reich Paper

ESTUDIO DE DISEÑO: Drew Souza Design Studio

DIRECCIÓN ARTÍSTICA: Drew Souza

SOFTWARE: Quark XPress

PAPEL: Reich Paper Cartham translúcidos

IMPRESIÓN: Cuatricromía / estampado en blanco

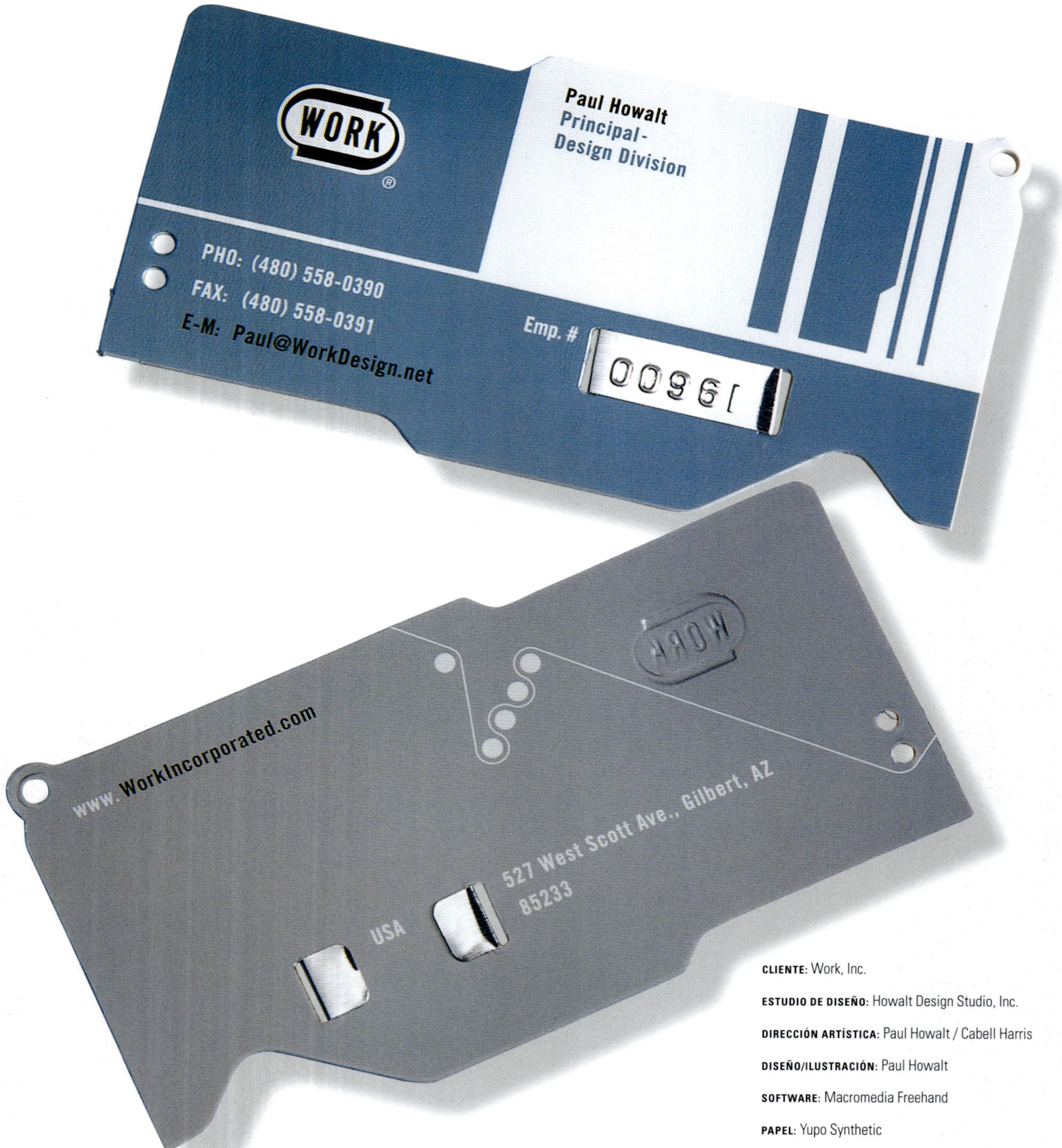

CLIENTE: Work, Inc.

ESTUDIO DE DISEÑO: Howalt Design Studio, Inc.

DIRECCIÓN ARTÍSTICA: Paul Howalt / Cabell Harris

DISEÑO/ILUSTRACIÓN: Paul Howalt

SOFTWARE: Macromedia Freehand

PAPEL: Yupo Synthetic

IMPRESIÓN: 2 / 1, offset / estampación en relieve / troquelado / tira metálica estampada / montado a mano

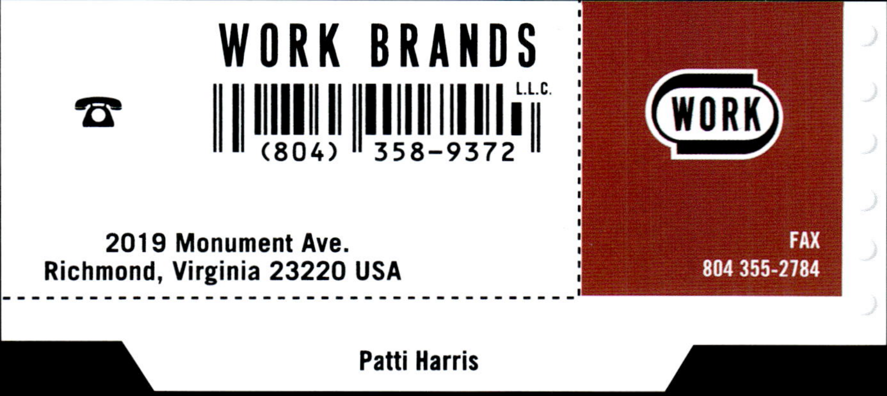

CLIENTE: Work Brands, L.L.C.

ESTUDIO DE DISEÑO: Howalt Design Studio, Inc.

DIRECCIÓN ARTÍSTICA: Paul Howalt, Cabell Harr

DISEÑO/ILUSTRACIÓN: Paul Howalt

SOFTWARE: Macromedia Freehand

PAPEL: Springhill C1S

IMPRESIÓN: Offset dos colores con troquelado

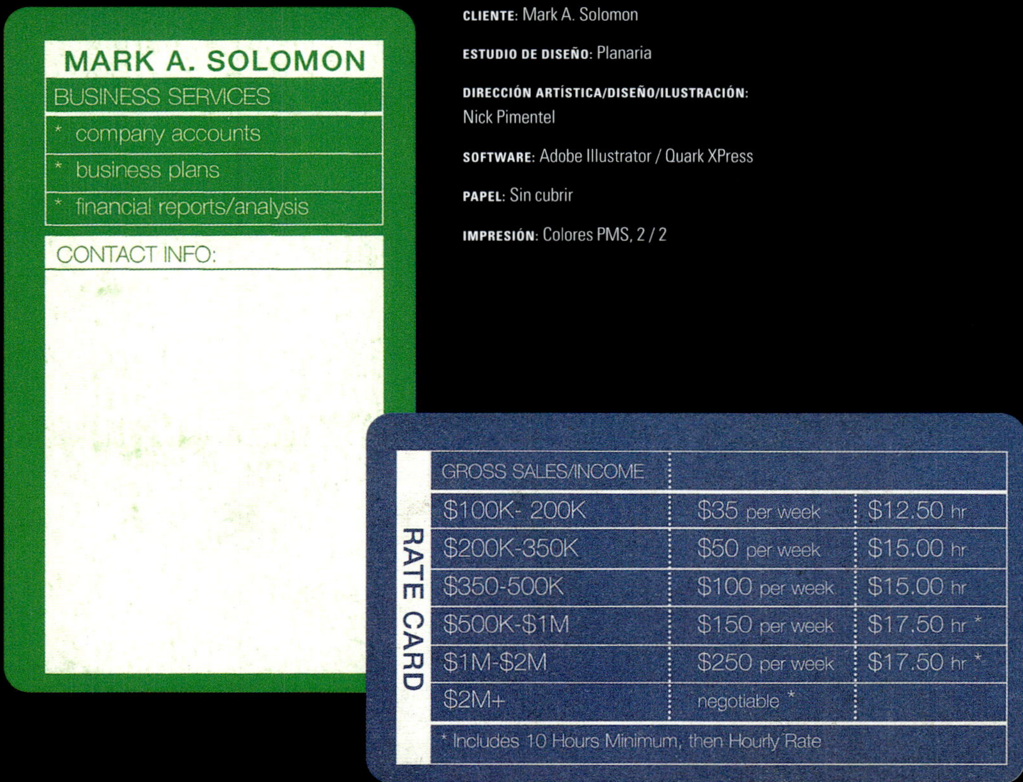

CLIENTE: Mark A. Solomon

ESTUDIO DE DISEÑO: Planaria

DIRECCIÓN ARTÍSTICA/DISEÑO/ILUSTRACIÓN:
Nick Pimentel

SOFTWARE: Adobe Illustrator / Quark XPress

PAPEL: Sin cubrir

IMPRESIÓN: Colores PMS, 2 / 2

CLIENTE: makeamall.com

ESTUDIO DE DISEÑO: Howalt Design Studio, Inc.

DIRECCIÓN ARTÍSTICA: Paul Howalt / Cabell Harris

DISEÑO/ILUSTRACIÓN: Paul Howalt

SOFTWARE: Macromedia Freehand

PAPEL: Plástico galga 0,30 / MACtac StarLiner

IMPRESIÓN: Offset 3 colores / troquelado

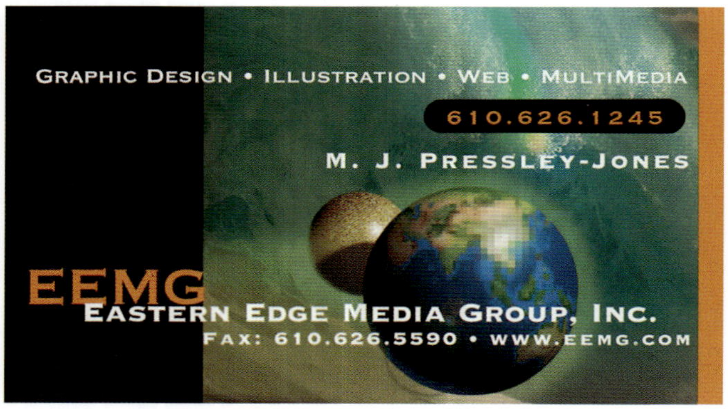

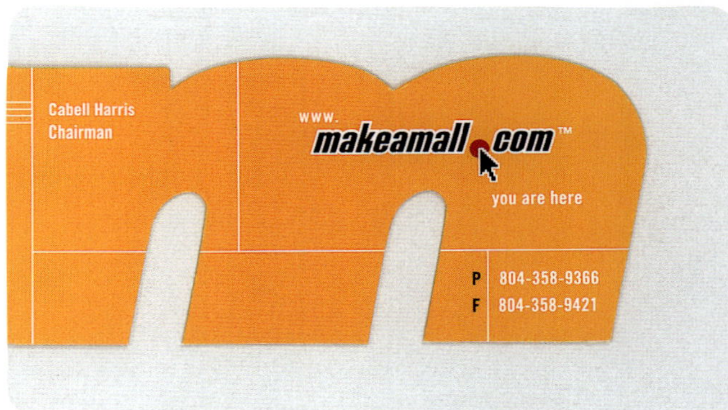

CLIENTE: Eastern Edge Media Group, Inc.

ESTUDIO DE DISEÑO: Eastern Edge Media Group, Inc.

DIRECCIÓN ARTÍSTICA/DISEÑO: M.J. Pressley-Jones

ILUSTRACIÓN: Robert J. Jones

SOFTWARE: Quark XPress / Adobe Photoshop

PAPEL: Ikono blanco / 270 g/m^2

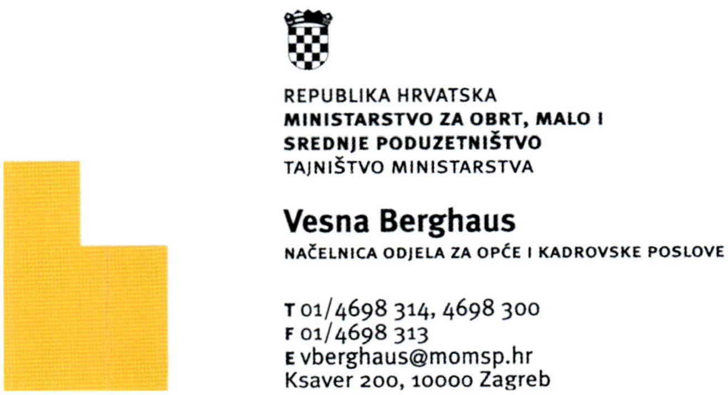

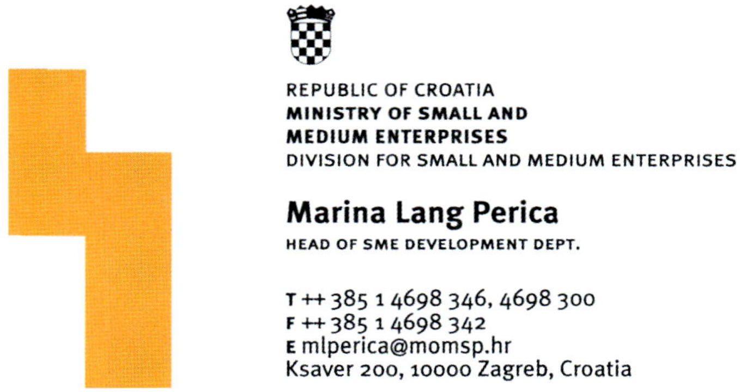

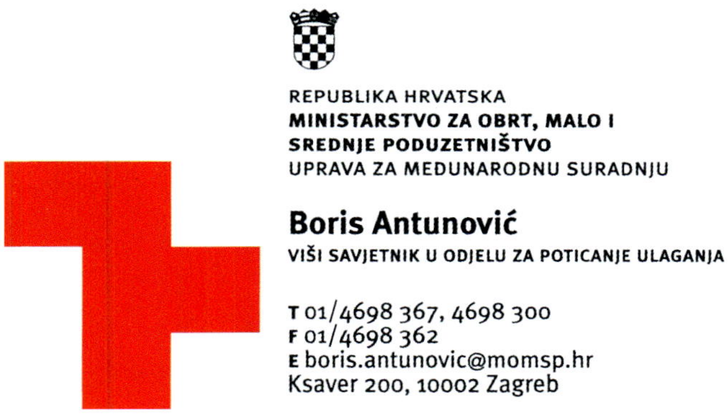

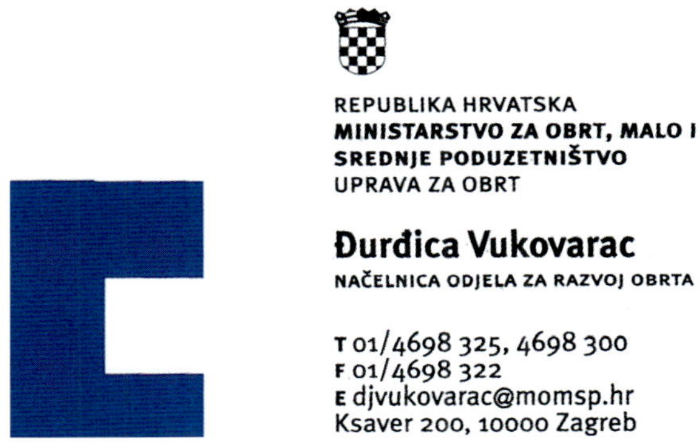

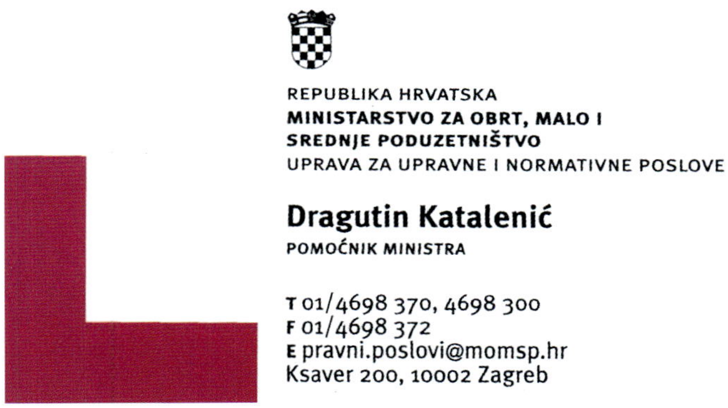

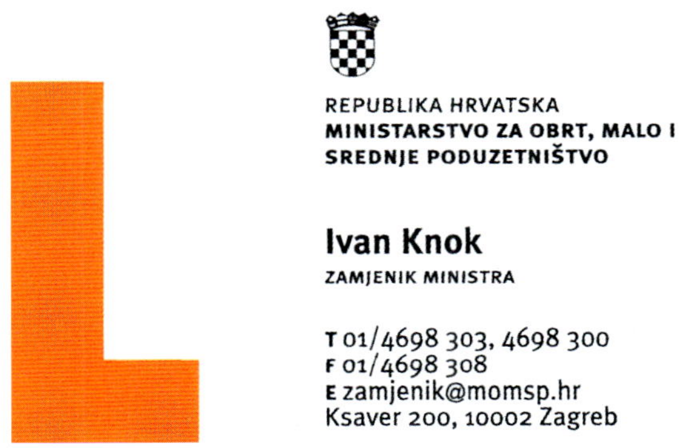

CLIENTE: Ministry of Small and Medium Enterprises (Ministerio de medianas y pequeñas empresas)

ESTUDIO DE DISEÑO: Likovni Studio D.O.O.

DIRECCIÓN ARTÍSTICA: Danko Jaksic

DISEÑO: Tomislav Mrcic

SOFTWARE: Macromedia Freehand

PAPEL: Estucado arte 225 g/m^2

IMPRESIÓN: Offset

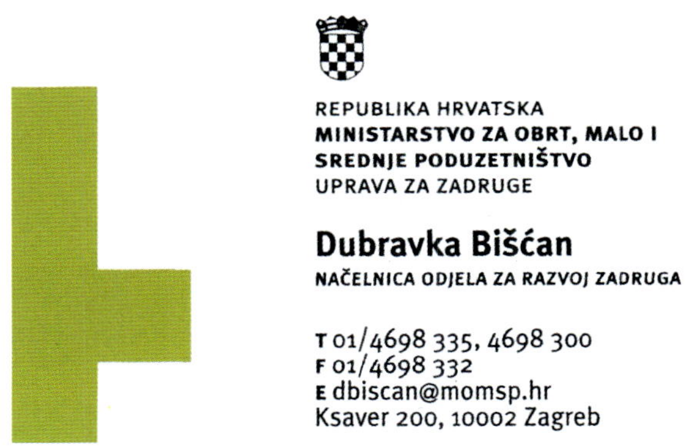

CLIENTE: Mim Scalin

ESTUDIO DE DISEÑO: ALR Design

DIRECCIÓN ARTÍSTICA: Noah Scalin

SOFTWARE: Adobe Photoshop / Quark

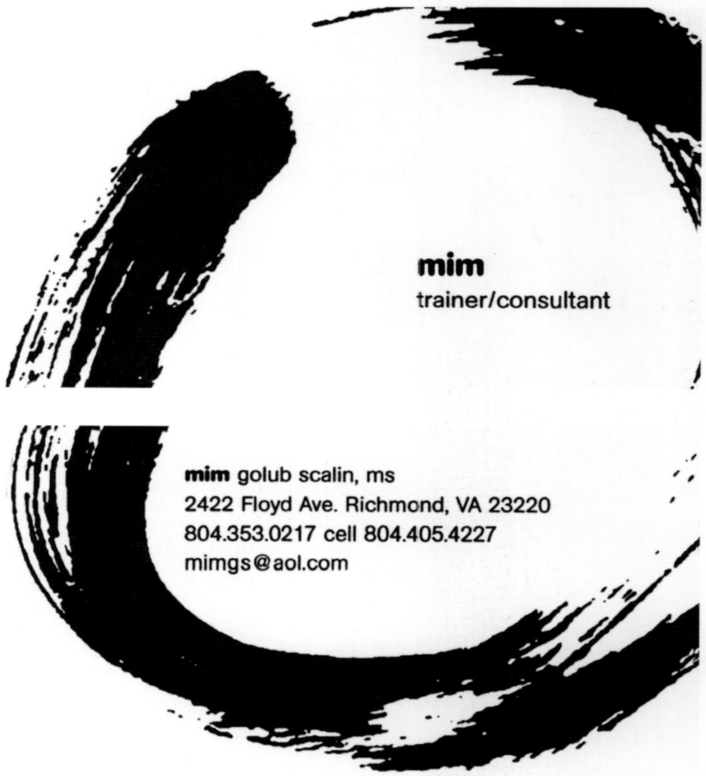

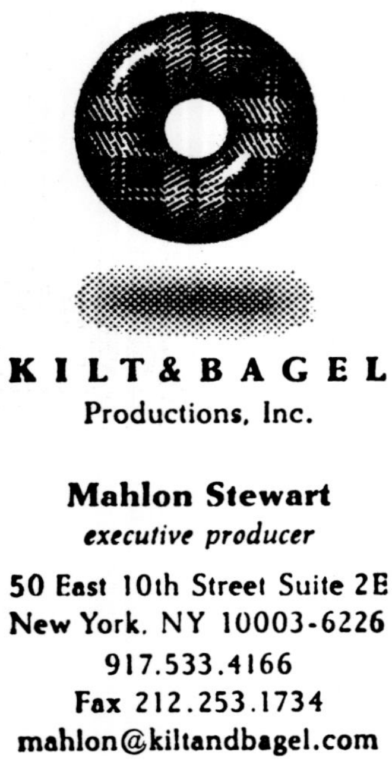

CLIENTE: Kilt & Bagel Productions Inc.

ESTUDIO DE DISEÑO: ALR Design

DIRECCIÓN ARTÍSTICA: Noah Scalin

SOFTWARE: Adobe Photoshop / Adobe Illustrator / Quark

PAPEL: Crane Continuum Kenaf / tinta de soja

IMPRESIÓN: Tipografía de plomo compuestos a mano en prensa manual

CLIENTE: Mr. Tharp

ESTUDIO DE DISEÑO: Tharp Did It

DISEÑO: Rick Tharp

ILUSTRACIÓN: Kevin Sprouls

PAPEL: Fox River Starwhite

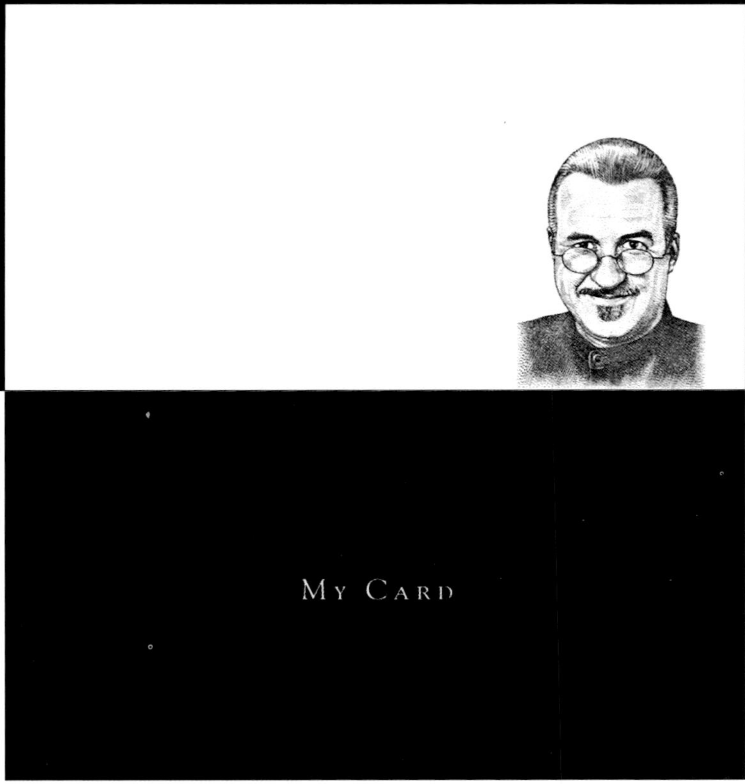

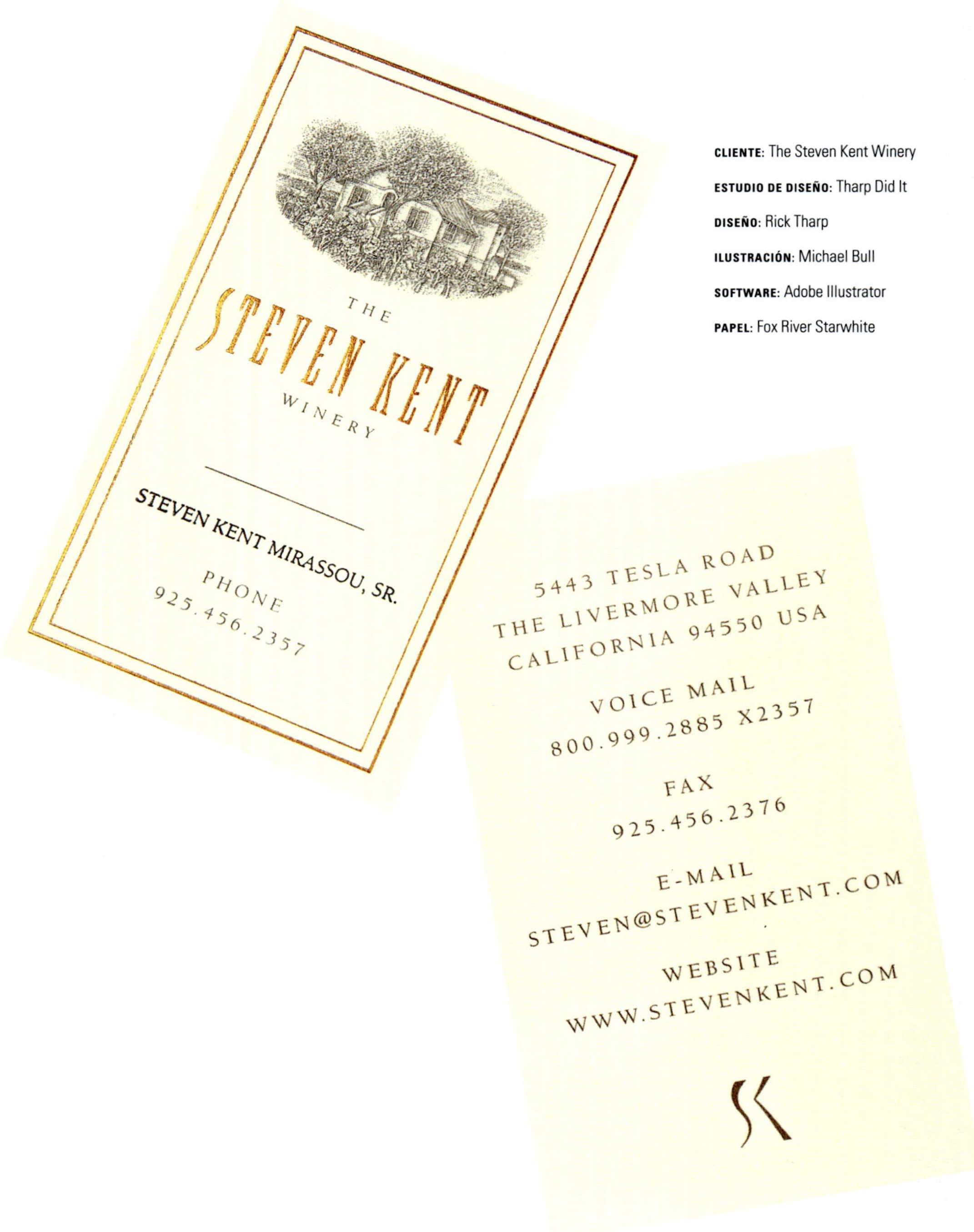

CLIENTE: The Steven Kent Winery

ESTUDIO DE DISEÑO: Tharp Did It

DISEÑO: Rick Tharp

ILUSTRACIÓN: Michael Bull

SOFTWARE: Adobe Illustrator

PAPEL: Fox River Starwhite

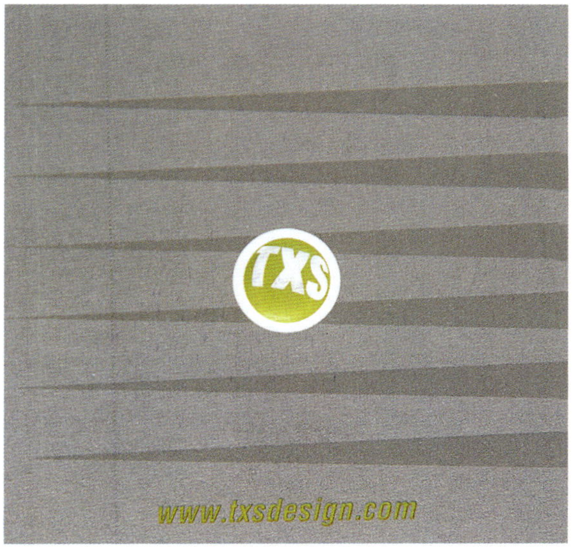

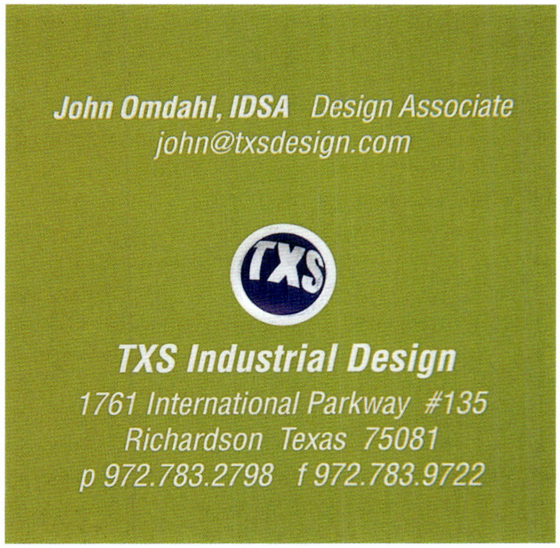

CLIENTE: TXS Industrial Design, Inc.

ESTUDIO DE DISEÑO: TXS Industrial Design, Inc.

DIRECCIÓN ARTÍSTICA: Tim Terleski

DISEÑO: John Omadahl / Staci Mininger

SOFTWARE: Macromedia Freehand

PAPEL: Phoenix Motion Cover / Xenan 250 g/m²

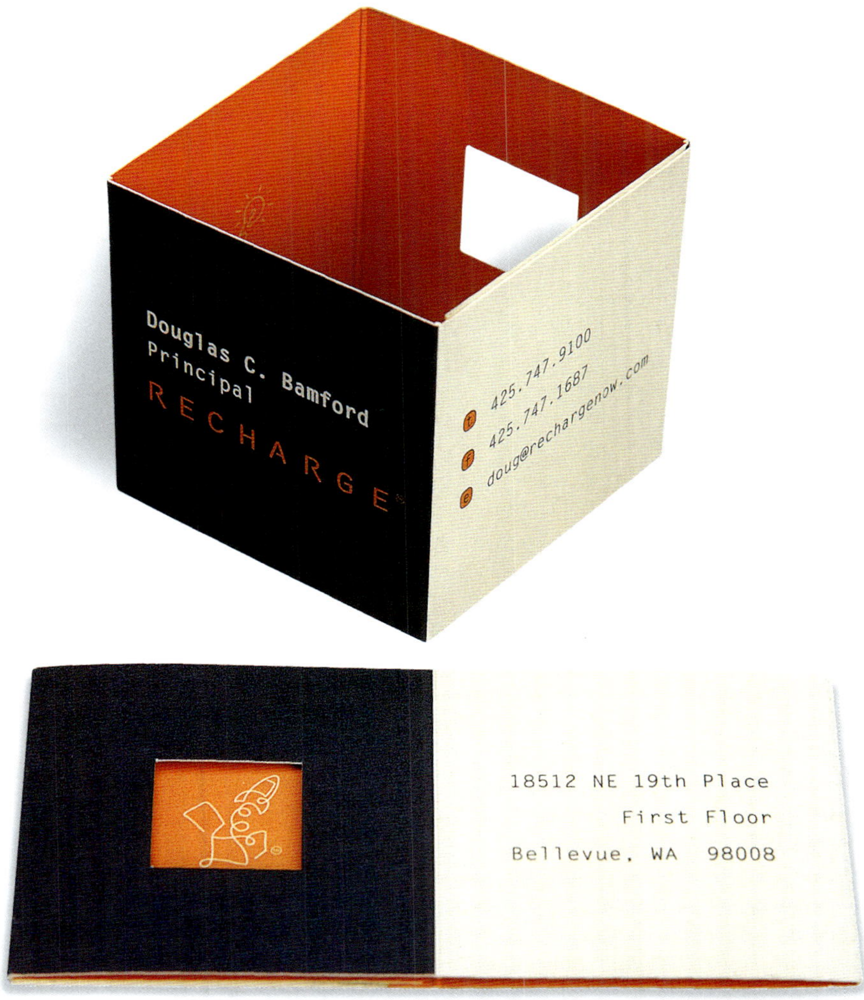

CLIENTE: Recharge

ESTUDIO DE DISEÑO: Hornall Anderson Design Works, Inc.

DIRECCIÓN ARTÍSTICA: Jack Anderson

DISEÑO: Jack Anderson / Katha Dalton / Henry Yiu / Darlin Gray / Tiffany Scheiblauer / Brad Sherman

ILUSTRACIÓN: Brad Sherman / Heidi Favour / Alan Florsheim

SOFTWARE: Macromedia Freehand

PAPEL: Benefit

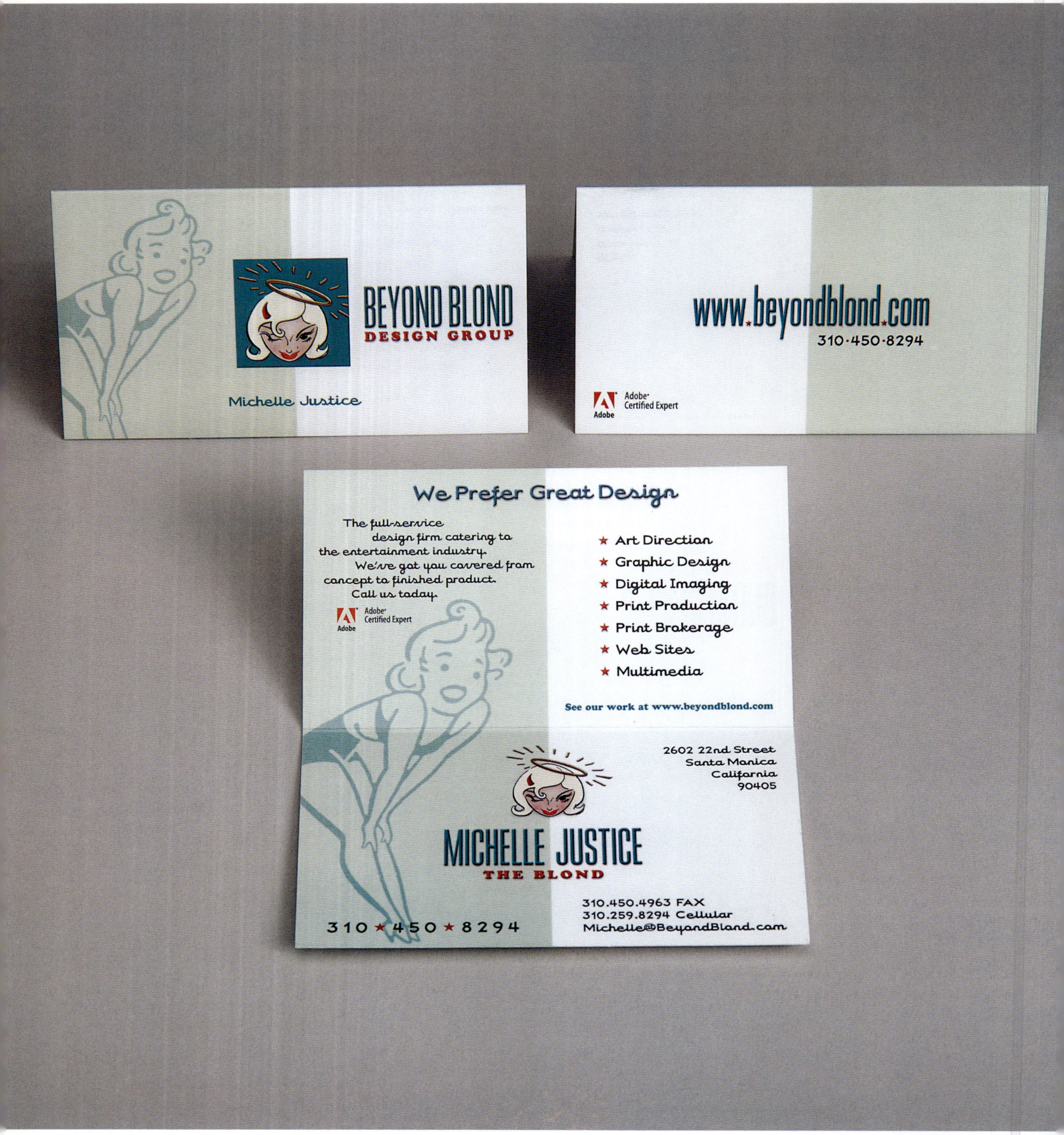
BEYOND BLOND
DESIGN GROUP
Michelle Justice
www.beyondblond.com
310·450·8294
Adobe
Adobe Certified Expert
We Prefer Great Design
The full-service design firm catering to the entertainment industry.
We've got you covered from concept to finished product.
Call us today.
Adobe
Adobe Certified Expert
Art Direction
Graphic Design
Digital Imaging
Print Production
Print Brokerage
Web Sites
Multimedia
See our work at www.beyondblond.com
2602 22nd Street
Santa Monica
California
90405
MICHELLE JUSTICE
THE BLOND
310.450.4963 FAX
310.259.8294 Cellular
Michelle@BeyondBlond.com
310★450★8294

CLIENTE: Urban Exposure

ESTUDIO DE DISEÑO: Sayles Graphic Design

DIRECCIÓN ARTÍSTICA/DISEÑO/ILUSTRACIÓN:
John Sayles

SOFTWARE: Adobe Illustrator

PAPEL: Mohawk Navajo / 350 g/m²

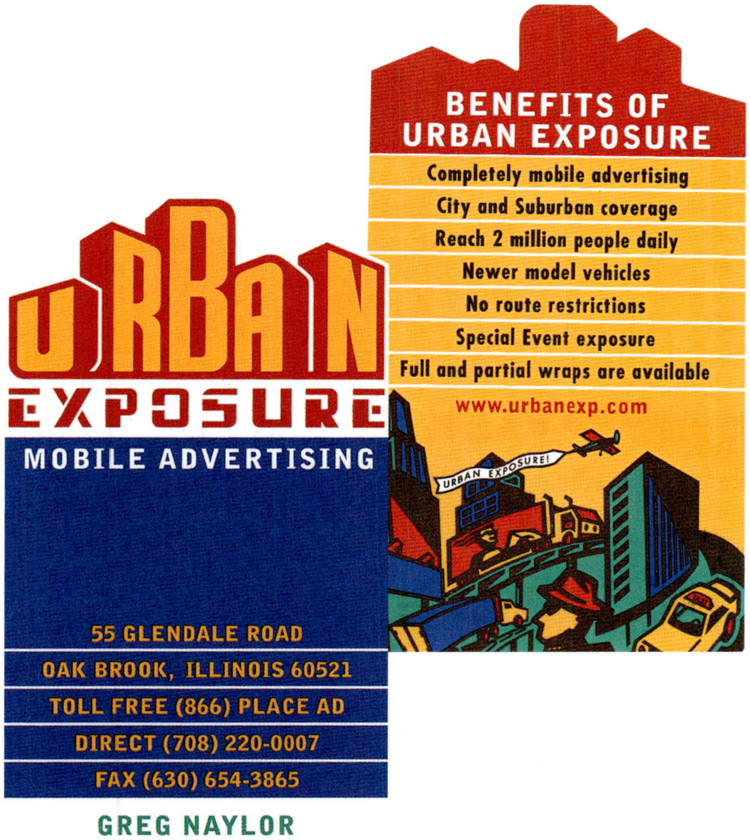

CLIENTE: Kelling Management Group

ESTUDIO DE DISEÑO: Sayles Graphic Design

DIRECCIÓN ARTÍSTICA/DISEÑO/ILUSTRACIÓN:
John Sayles

SOFTWARE: Adobe illustrator

PAPEL: Mohawk Navajo / 216 g/m²

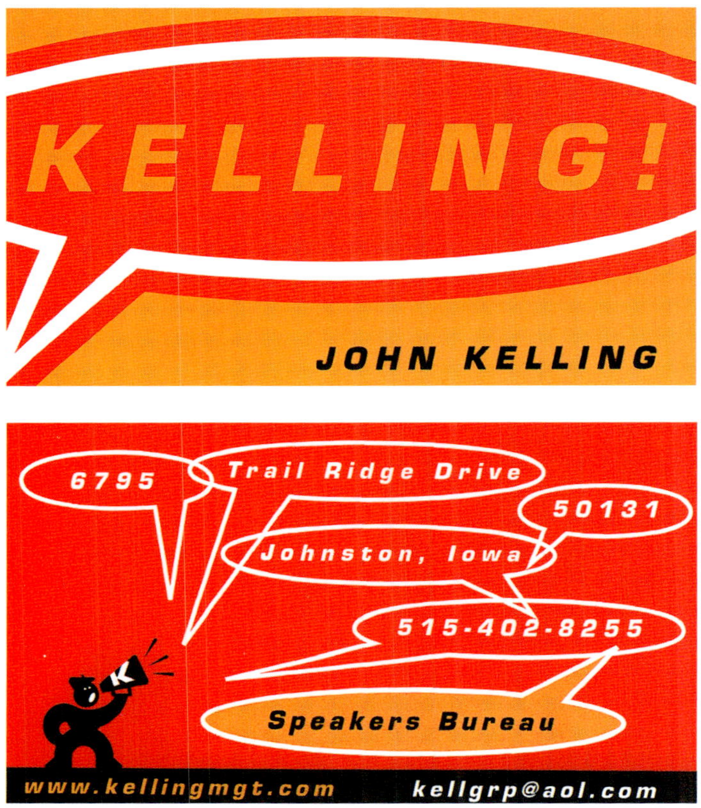

CLIENTE: Beyond Blond Design Group

ESTUDIO DE DISEÑO: Beyond Blond Design Group

DIRECCIÓN ARTÍSTICA/DISEÑO/ILUSTRACIÓN:
Michelle Justice

SOFTWARE: Adobe Photoshop /
Adobe Illustrator / Quark XPress

IMPRESIÓN: 4 / 4, offset

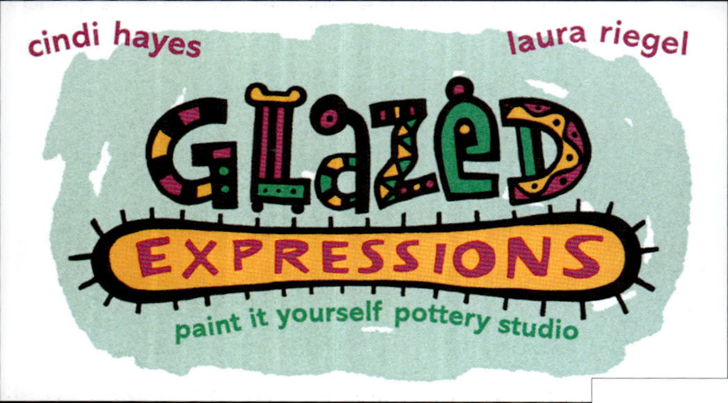

CLIENTE: Glazed Expressions

ESTUDIO DE DISEÑO: Sayles Graphic Design

DIRECCIÓN ARTÍSTICA/DISEÑO/ILUSTRACIÓN: John Sayles

SOFTWARE: Adobe Illustrator

PAPEL: Cougar blanco liso / 270 g/m^2

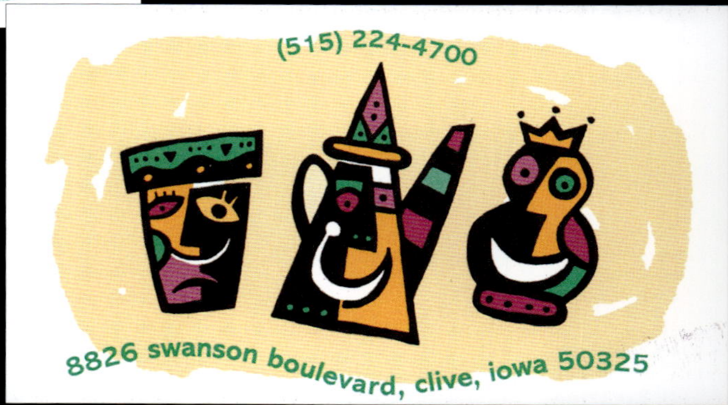

CLIENTE: 3 Citron Caterers

ESTUDIO DE DISEÑO: Toolbox

DIRECCIÓN ARTÍSTICA: Brian Liv

DISEÑO: Brian Liv / Greg Stadnyk / J. Robbins

SOFTWARE: Adobe Illustrator / Adobe Photoshop / Quark Xpress

PAPEL: Estucado

IMPRESIÓN: 3 / 3

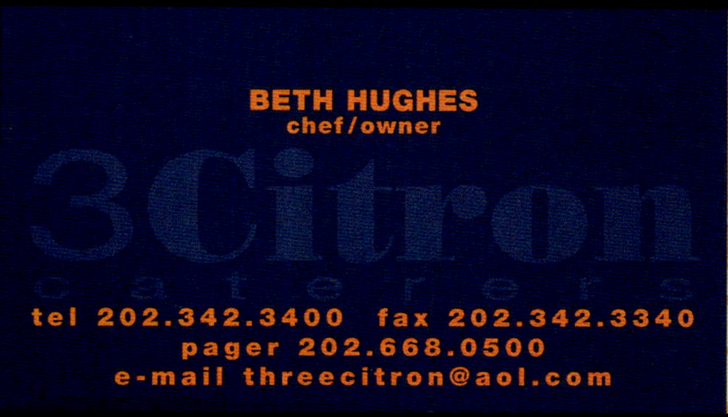

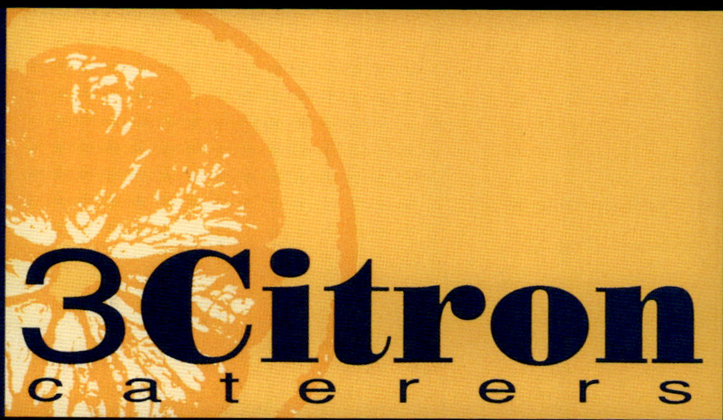

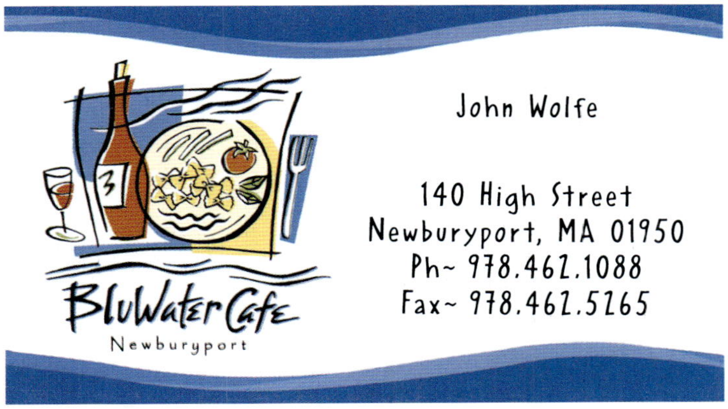

CLIENTE: BluWater Cafe

ESTUDIO DE DISEÑO: On The Edge Design

DIRECCIÓN ARTÍSTICA/ILUSTRACIÓN: Jeff Gasper

DISEÑO: Tracey Lamberson

SOFTWARE: Adobe Illustrator

IMPRESIÓN: 4 / 1

CLIENTE: Jillian's

ESTUDIO DE DISEÑO: On the Edge Design

DIRECCIÓN ARTÍSTICA: Jeff Gasper

DISEÑO: Gina Mims

ILUSTRACIÓN: Moc

SOFTWARE: Adobe Photoshop / Quark XPress

IMPRESIÓN: Cuatricromía

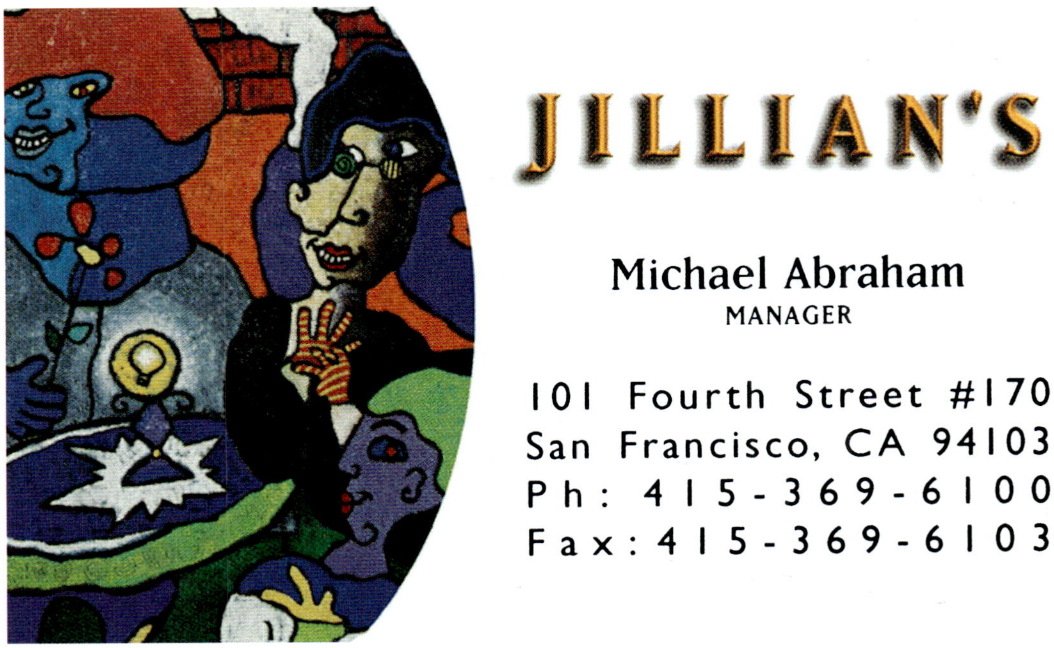

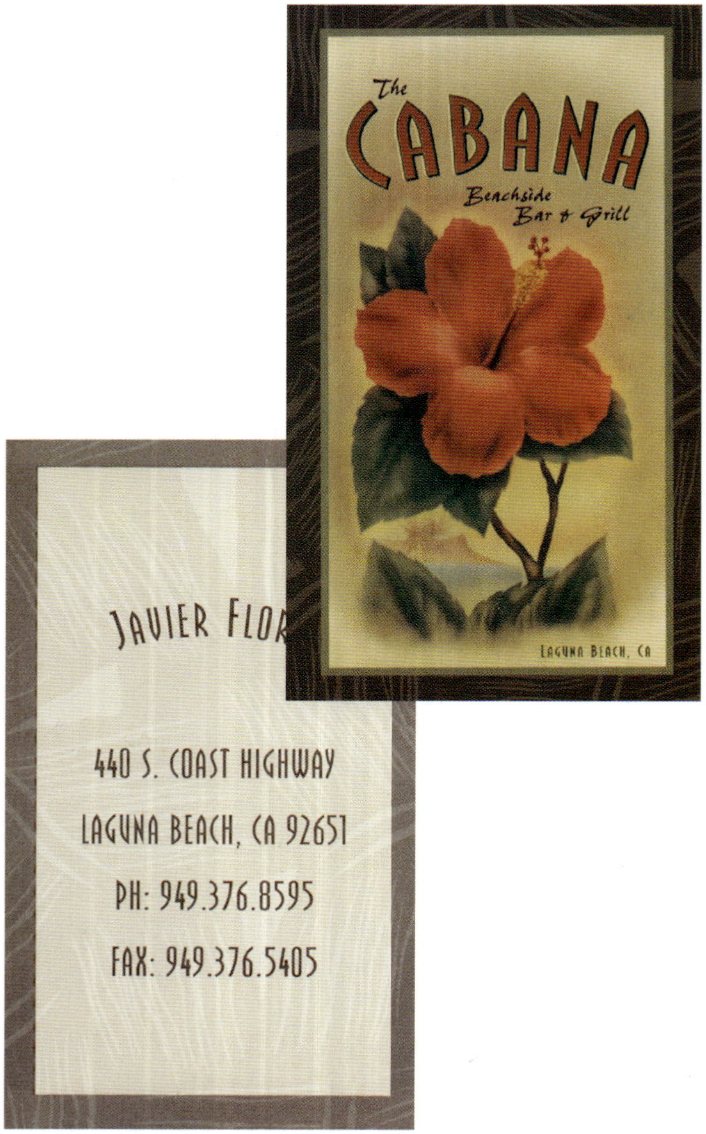

CLIENTE: Cabana Restaurant

ESTUDIO DE DISEÑO: On The Edge Design

DIRECCIÓN ARTÍSTICA: Jeff Gasper

DISEÑO: Tracey Lamberson

SOFTWARE: Adobe Photoshop

IMPRESIÓN: 4 / 1

CLIENTE: On The Edge Design

ESTUDIO DE DISEÑO: On The Edge Design

DIRECCIÓN ARTÍSTICA: Jeff Gasper

DISEÑO: Gina Mims

SOFTWARE: Adobe Photoshop

PAPEL: Luna brillante cubierta

IMPRESIÓN: Cuatricromía

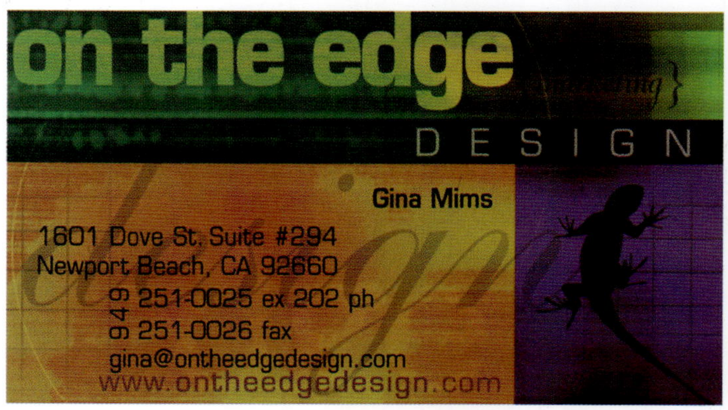

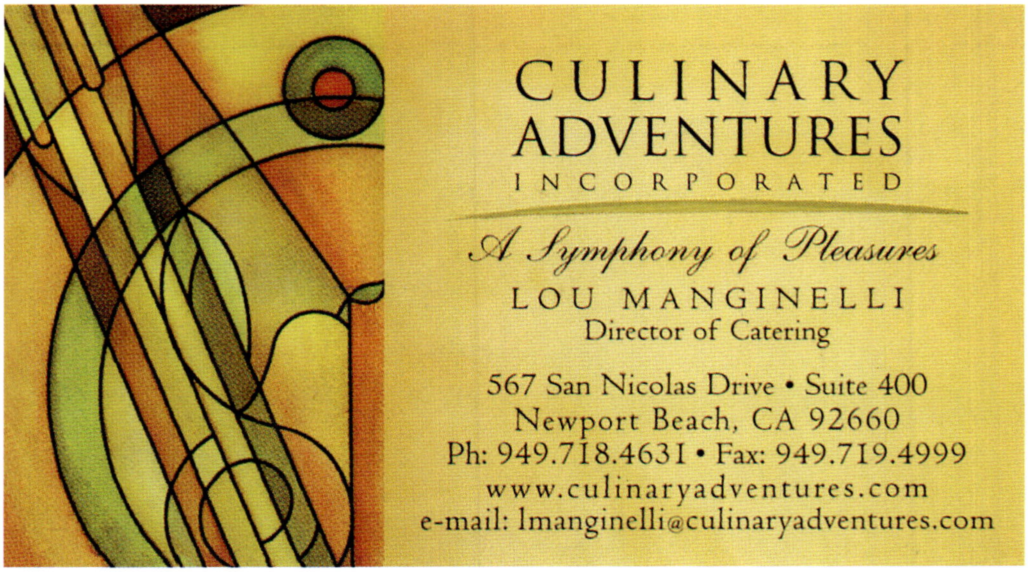

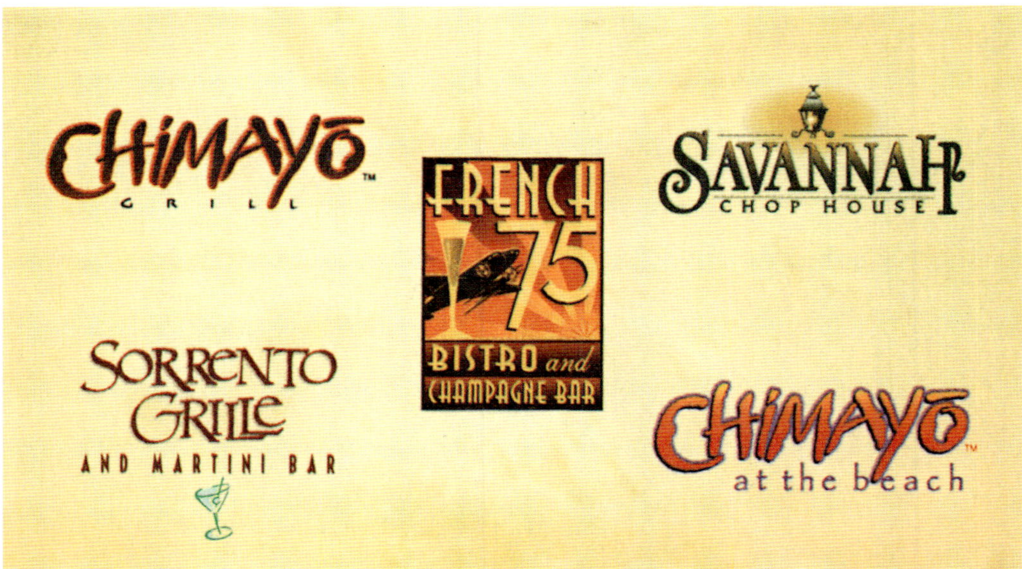

CLIENTE: Culinary Adventures

ESTUDIO DE DISEÑO: On The Edge Design

DIRECCIÓN ARTÍSTICA: Jeff Gasper

DISEÑO: Gina Mims / Tracey Lamberson

ILUSTRACIÓN: Gina Mims

SOFTWARE: Adobe Photoshop / Quark Xpress

IMPRESIÓN: 4 / 1

CLIENTE: Manx Kommunikations Des

ESTUDIO DE DISEÑO: Manx Kommuni

DIRECCIÓN ARTÍSTICA/ILUSTRACIÓN: Tim Ulrlich

SOFTWARE: Macromedia Freehand

PAPEL: Estucado mate

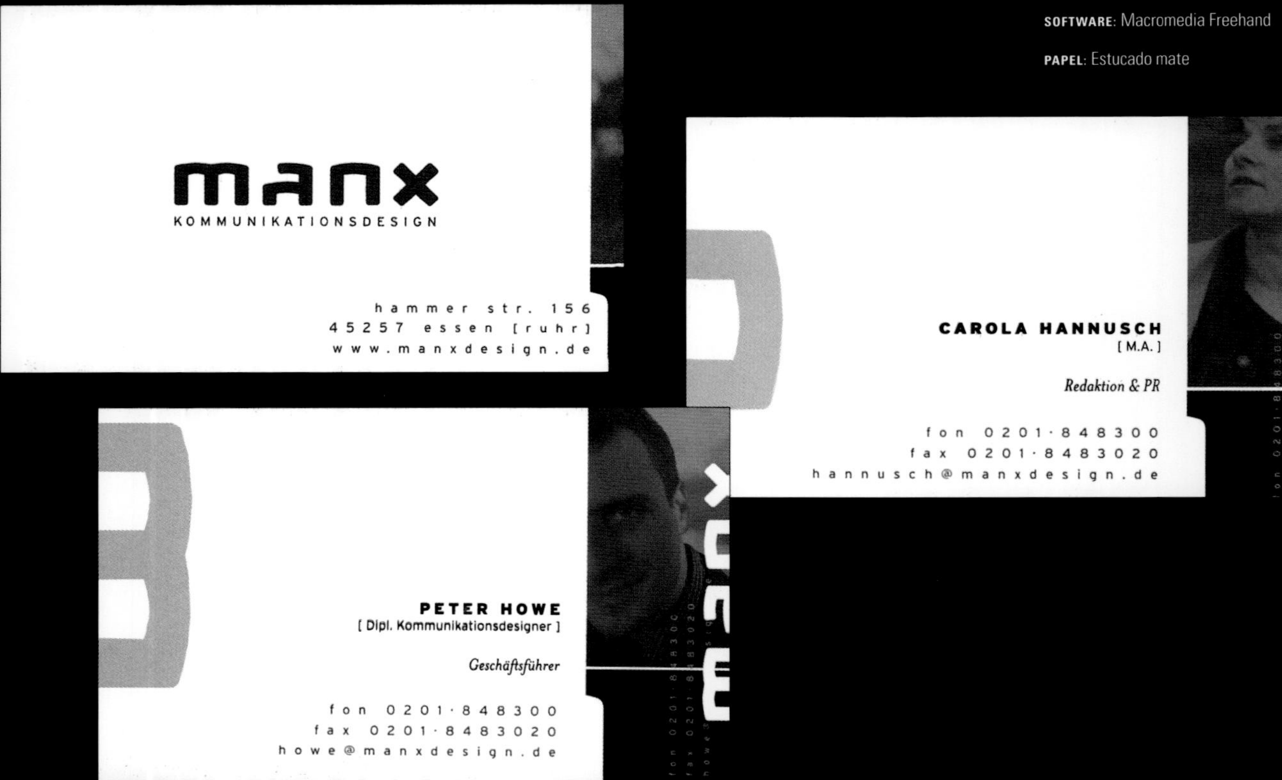

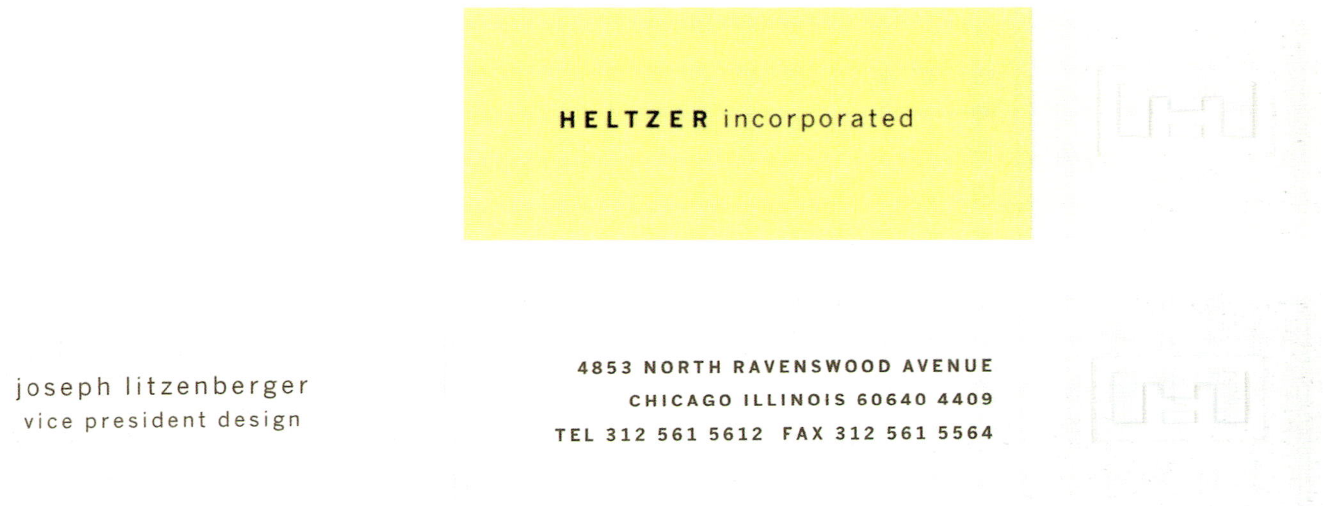

CLIENTE: Heltzer, Inc.

ESTUDIO DE DISEÑO: Liska + Associates, Inc.

DIRECCIÓN ARTÍSTICA: Steve Liska

DISEÑO: Susan Carlson

SOFTWARE: Quark XPress / Adobe Illustrator

PAPEL: Strathmore Writing

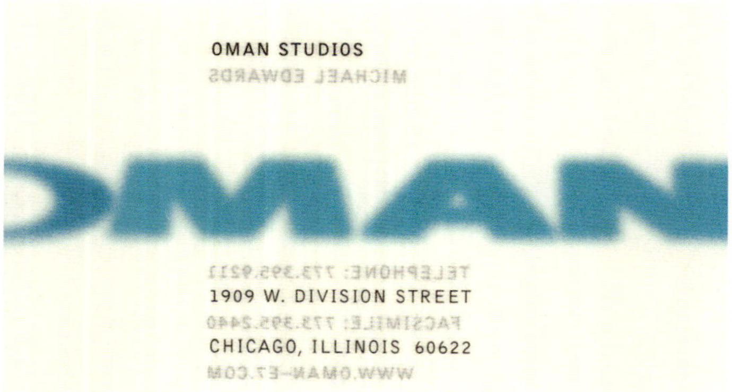

CLIENTE: Oman Photography

ESTUDIO DE DISEÑO: Liska + Associates, Inc.

DIRECCIÓN ARTÍSTICA: Steve Liska

DISEÑO: Erin Hasley

SOFTWARE: Quark XPress / Adobe Illustrator

PAPEL: Gilcrest Gilclear

CLIENTE: Northern Possessions

ESTUDIO DE DISEÑO: Liska + Associates, Inc.

DIRECCIÓN ARTÍSTICA: Steve Liska

DISEÑO: Christina Nimry

SOFTWARE: Quark XPress / Adobe Illustrator

PAPEL: Fox River Starwhite
Performa Tiara Vellum

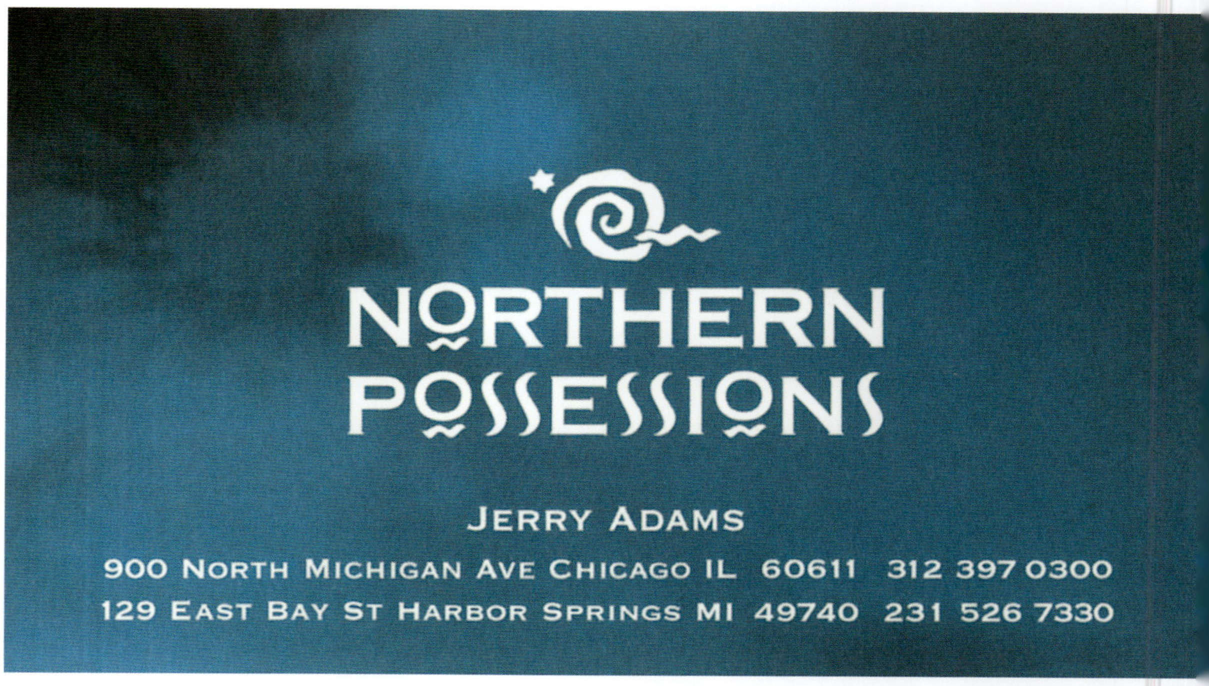

CLIENTE: John Myers Photography

ESTUDIO DE DISEÑO: Dunn and Rice Design, Inc.

DIRECCIÓN ARTÍSTICA: John Dunn

DISEÑO: Michelle Danzer / John Dunn

SOFTWARE: Quark XPress / Adobe Illustrator

PAPEL: Benefit Expressions

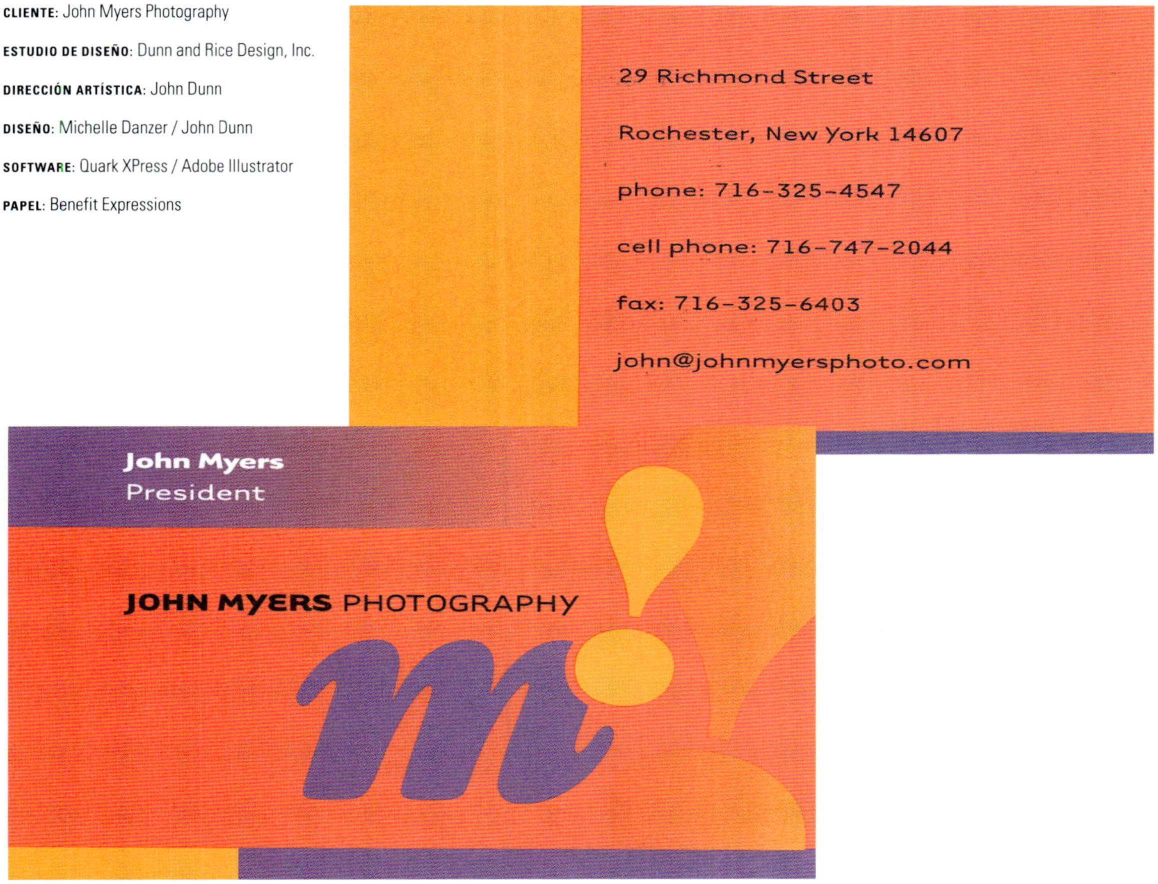

CLIENTE: By the Light of the Moon

ESTUDIO DE DISEÑO: Xtremities Design

DIRECCIÓN ARTÍSTICA: Heather Lavin

DISEÑO: Randy Lim

SOFTWARE: Macromedia Freehand

PAPEL: Varios

IMPRESIÓN: Impresión láser sobre varios papeles

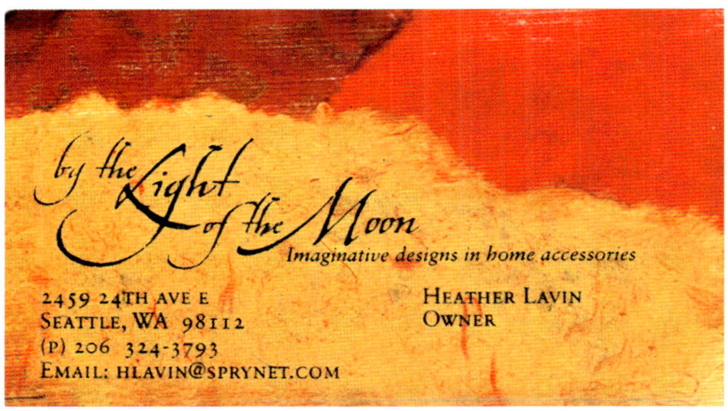

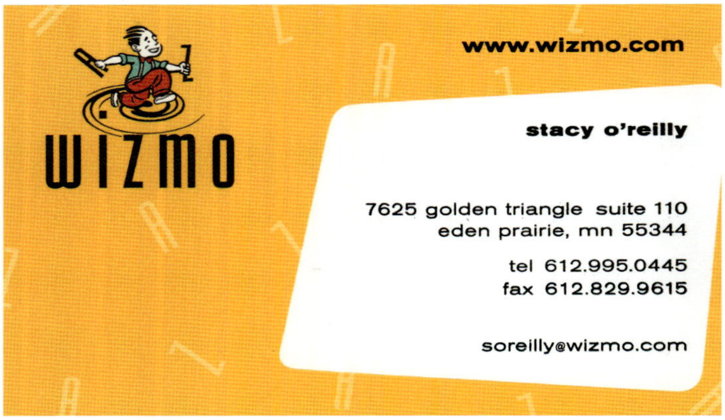

CLIENTE: Wizmo

ESTUDIO DE DISEÑO: Studiomoon

DIRECCIÓN ARTÍSTICA/DISEÑO/ILUSTRACIÓN: Tracy Moon

SOFTWARE: Adobe Photoshop / Adobe Illustrator / Quark XPress

PAPEL: Starwhite Vicksburg / 300 g/m²

CLIENTE: Tribe Pictures

ESTUDIO DE DISEÑO: Studiomoon

DIRECCIÓN ARTÍSTICA: Tracy Moon

DISEÑO: Tracy Moon / Kimberly Cross

SOFTWARE: Adobe Photoshop / Quark XPress

PAPEL: Curtis Brightwater Artesian blanco

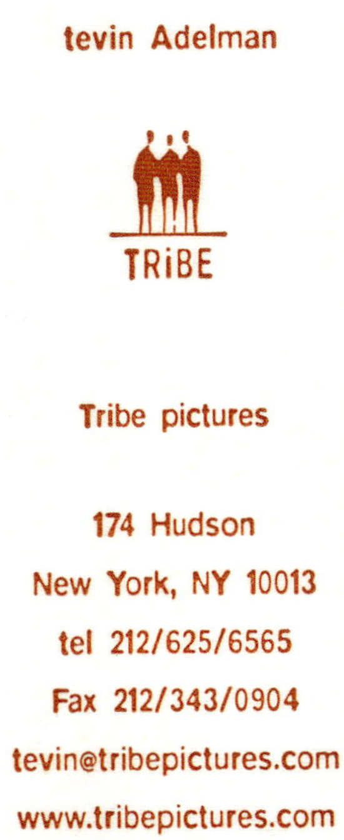

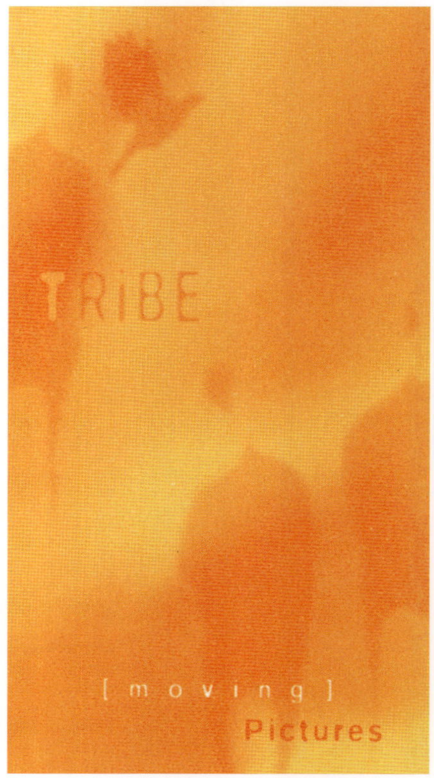

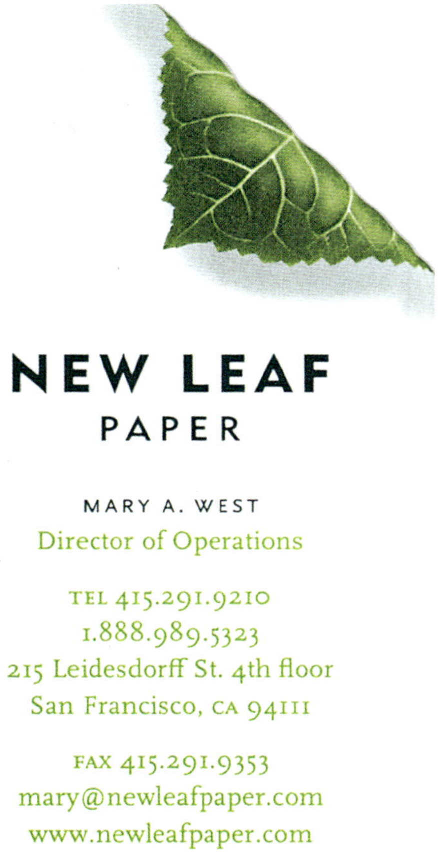

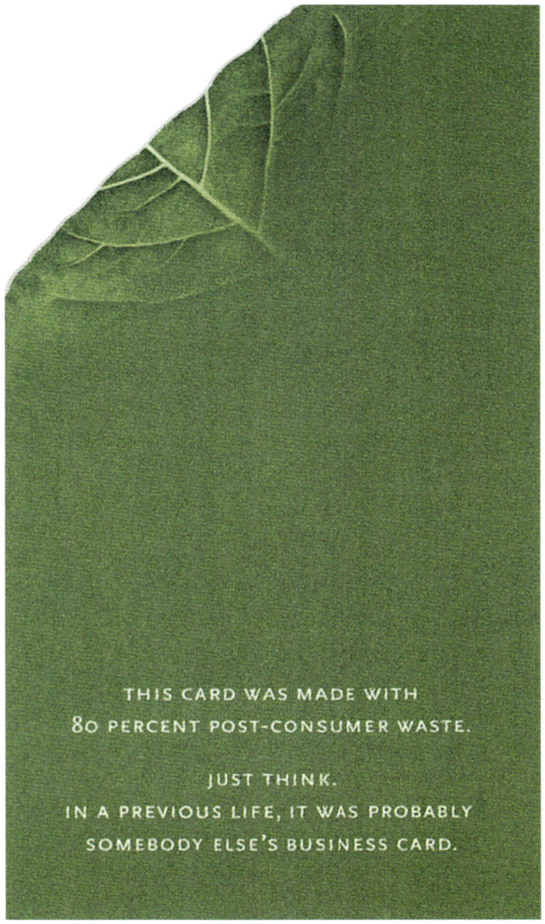

CLIENTE: New Leaf Paper

ESTUDIO DE DISEÑO: Elixir Design

DIRECCIÓN ARTÍSTICA: Jennifer Jerde

DISEÑO: Nathan Durrant

SOFTWARE: Quark XPress

PAPEL: New Leaf Reincarnation

CLIENTE: Pomegranit

ESTUDIO DE DISEÑO:: Elixir Design

DIRECCIÓN ARTÍSTICA: Jennifer Jerde

DISEÑO: Michael Braley

SOFTWARE: Adobe Illustrator

PAPEL: Aglomerado / caucho / cinta adhesiva

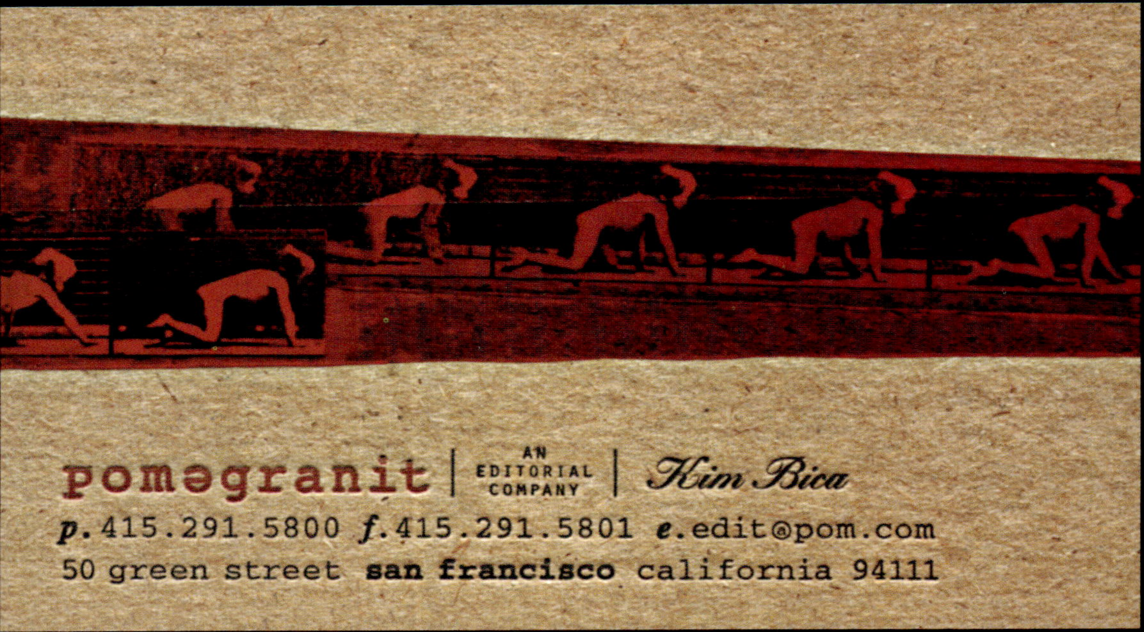

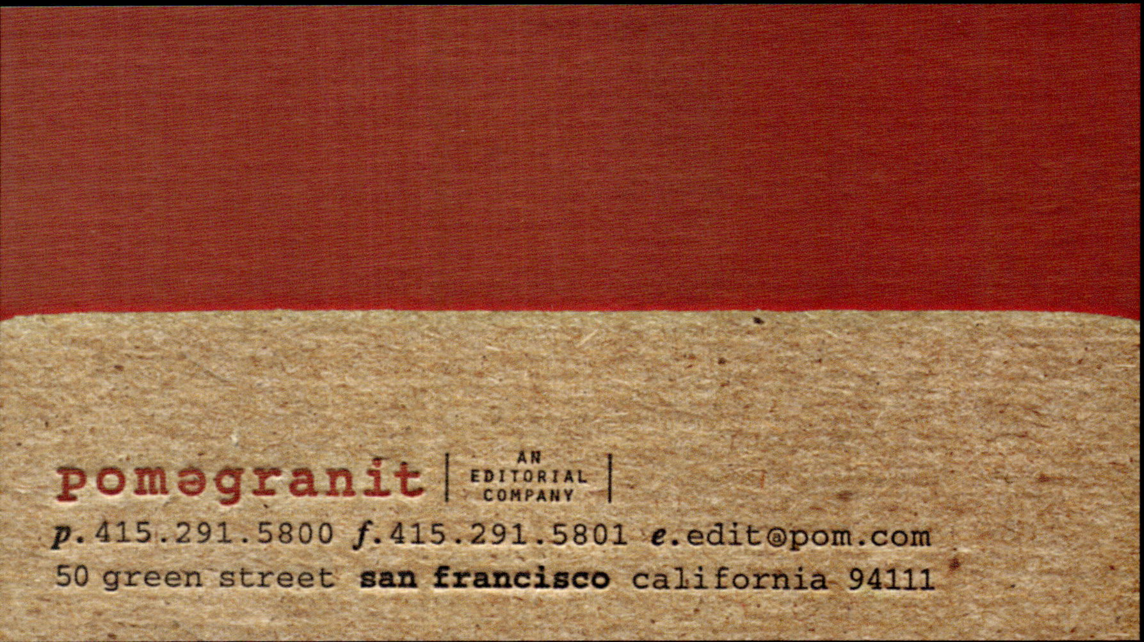

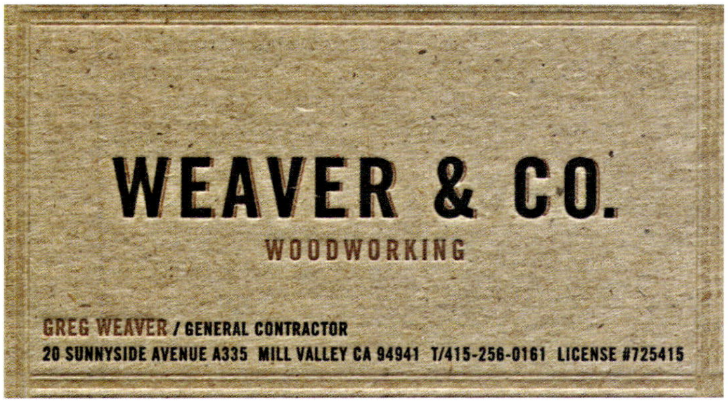

CLIENTE: Weaver & Co.

ESTUDIO DE DISEÑO: Elixir Design

DIRECCIÓN ARTÍSTICA: Jennifer Jerde

DISEÑO: Jennifer Breeze

SOFTWARE: Adobe Illustrator

PAPEL: Aglomerado

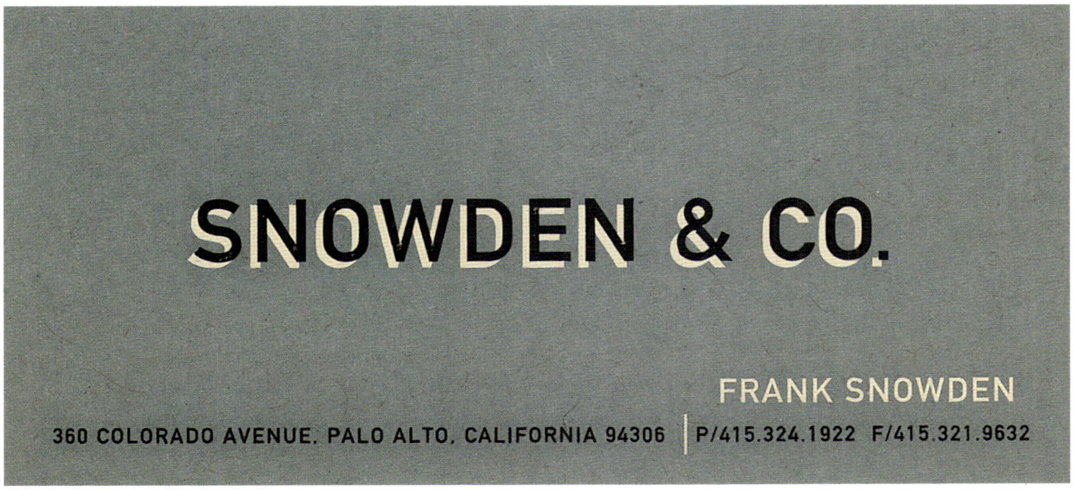

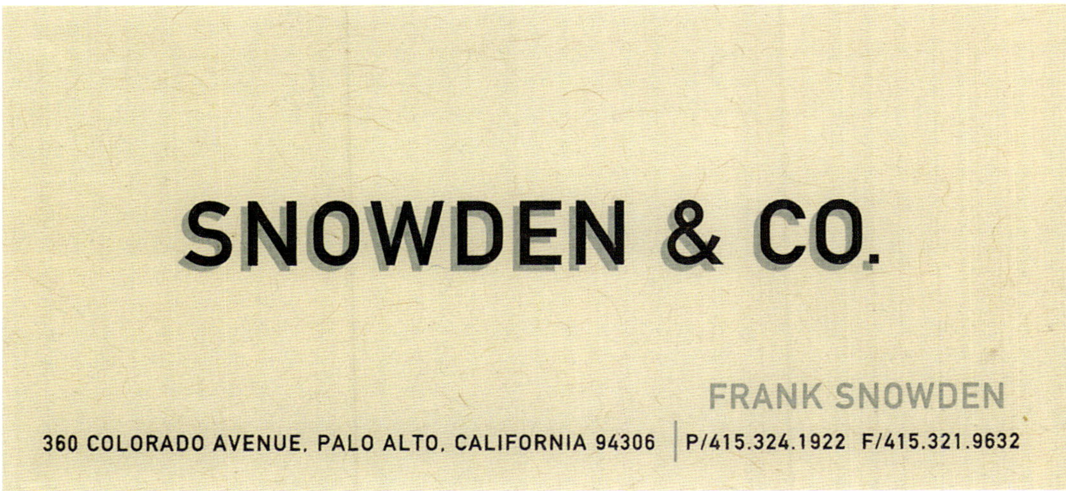

CLIENTE: Snowden & Co.

ESTUDIO DE DISEÑO: Elixir Design

DIRECCIÓN ARTÍSTICA: Jennifer Jerde

DISEÑO: Jennifer Breeze

SOFTWARE: Adobe Illustrator

PAPEL: Champion Benefit

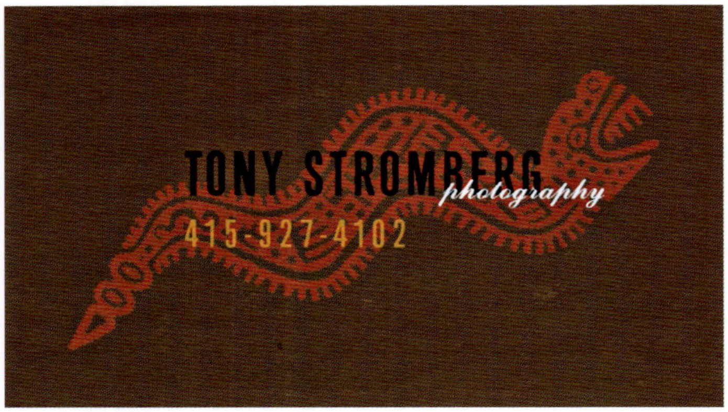

CLIENTE: Tony Stromberg

ESTUDIO DE DISEÑO: Elixir Design

DIRECCIÓN ARTÍSTICA/DISEÑO: Jennifer Jerde

SOFTWARE: Adobe Illustrator

PAPEL: Cartón aglomerado

IMPRESIÓN: Serigrafía

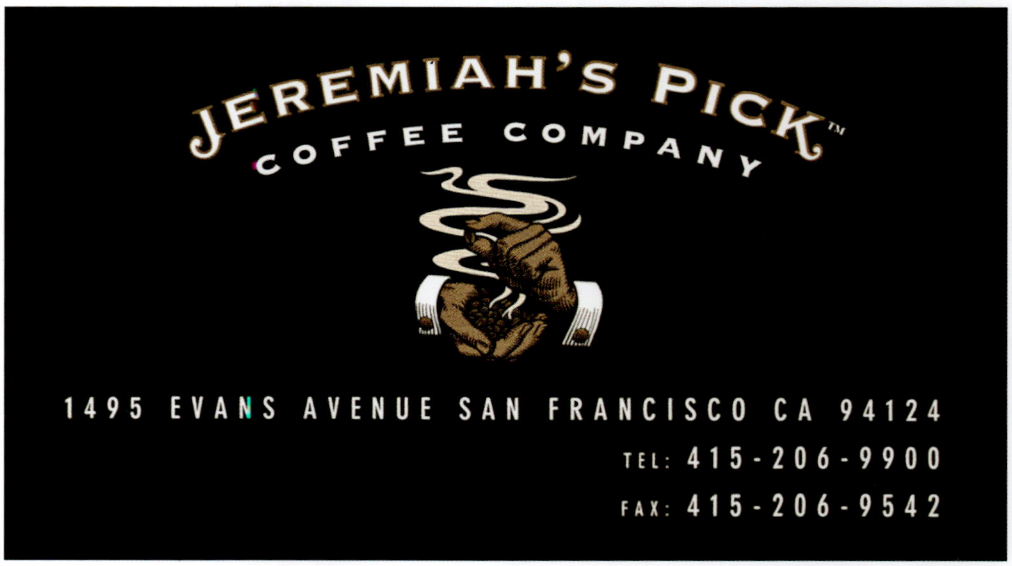

CLIENTE: Jeremiah's Pick

ESTUDIO DE DISEÑO: Elixir Design

DIRECCIÓN ARTÍSTICA/DISEÑO: Jennifer Jerde

ILUSTRACIÓN: Tom Hennessy

SOFTWARE: Adobe Illustrator

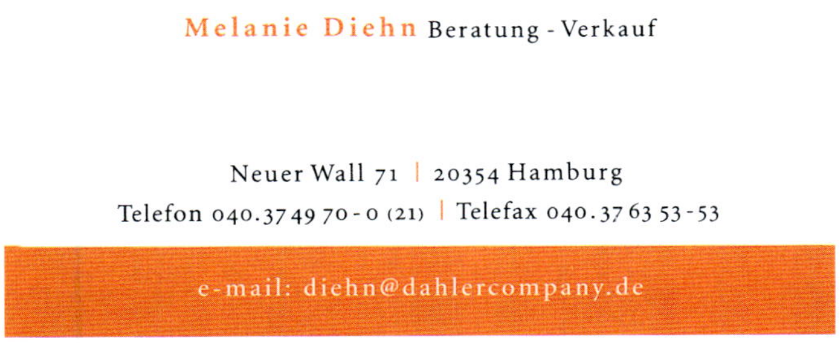

CLIENTE: Dahler & Company

ESTUDIO DE DISEÑO: Formgefühl

DIRECCIÓN ARTÍSTICA/DISEÑO: Marius Fahrner

SOFTWARE: Macromedia Freehand

PAPEL: IGEPA-Agrippina Offset

IMPRESIÓN: 2 colores / offset

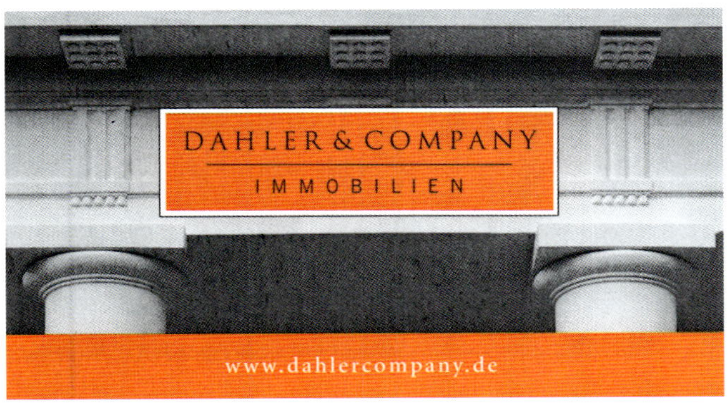

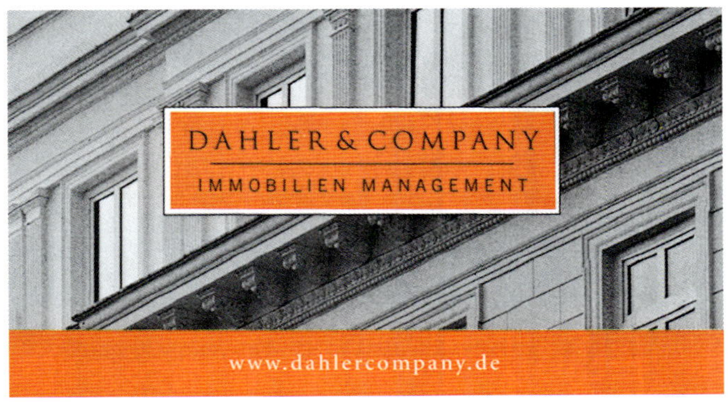

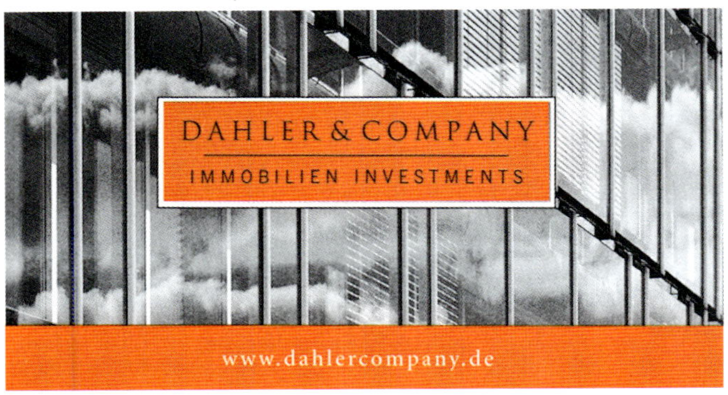

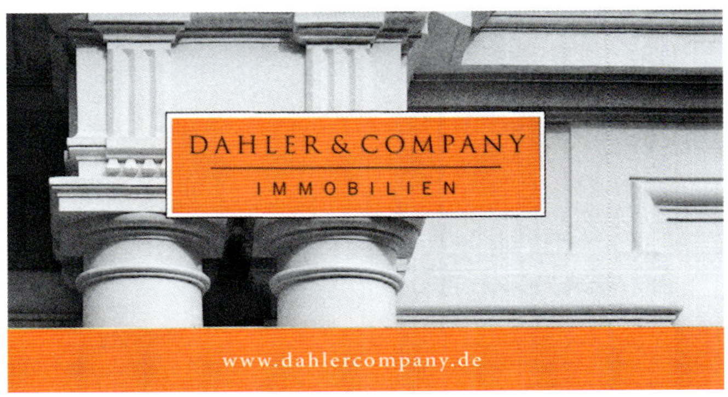

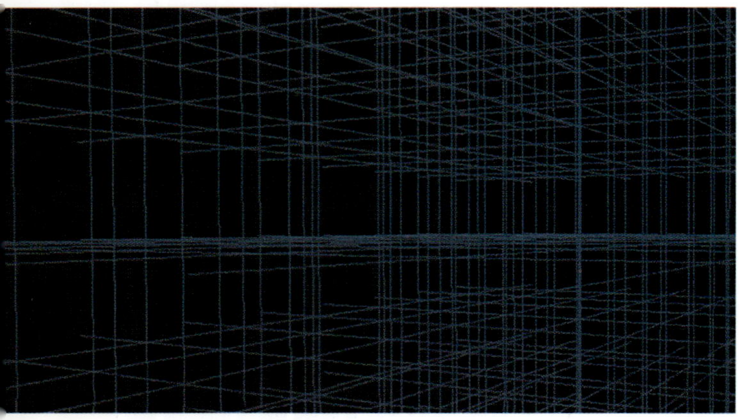

INFORMATIONART

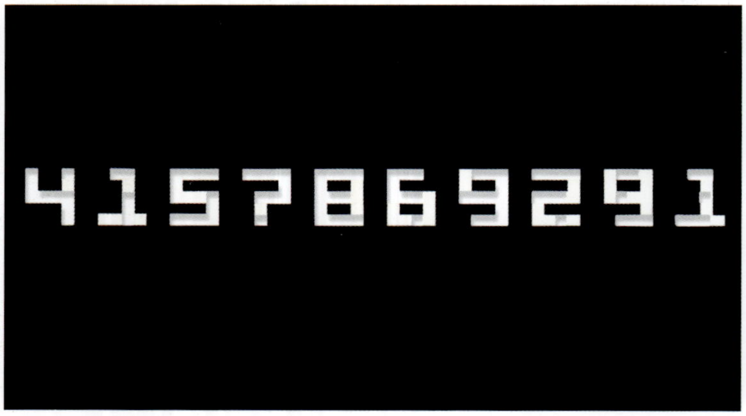

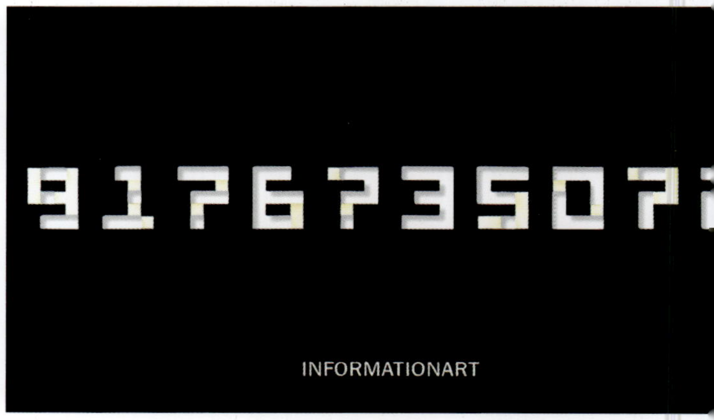

INFORMATIONART

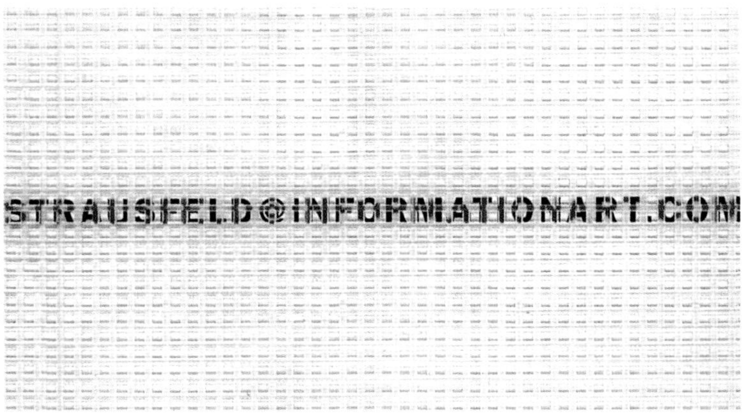

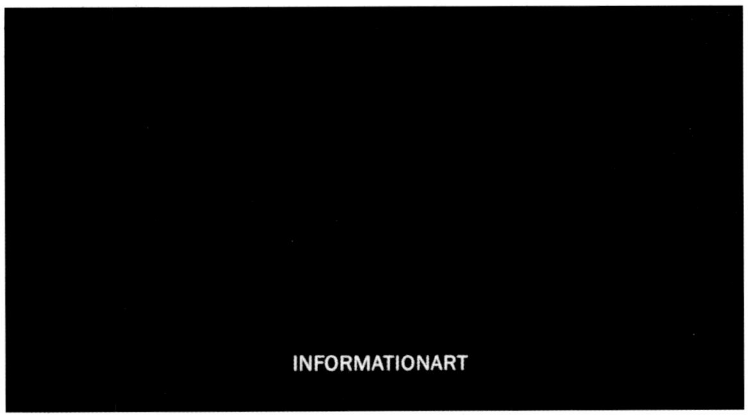

CLIENTE: Informationart

ESTUDIO DE DISEÑO: Elixir Design

DIRECCIÓN ARTÍSTICA: Jennifer Jerde

DISEÑO/ILUSTRACIÓN: Holly Holmquist / Nathan Durrant

SOFTWARE: Adobe Illustrator

PAPEL: Champion Kromekote

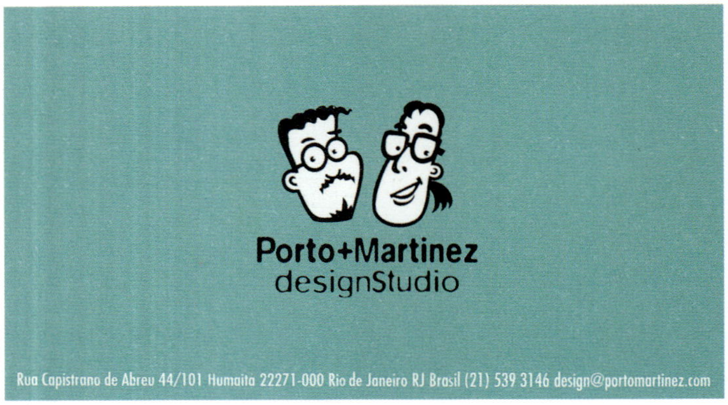

CLIENTE: Porto + Martinez Design Studio

ESTUDIO DE DISEÑO: Porto + Martinez Design Studio

DIRECCIÓN ARTÍSTICA/DISEÑO/ILUSTRACIÓN: Marcelo Martinez / Bruno Porto

SOFTWARE: Quark XPress / Corel Draw

PAPEL: Papel blanco no estucado 180 g /m²

IMPRESIÓN: 2 / 1, offset

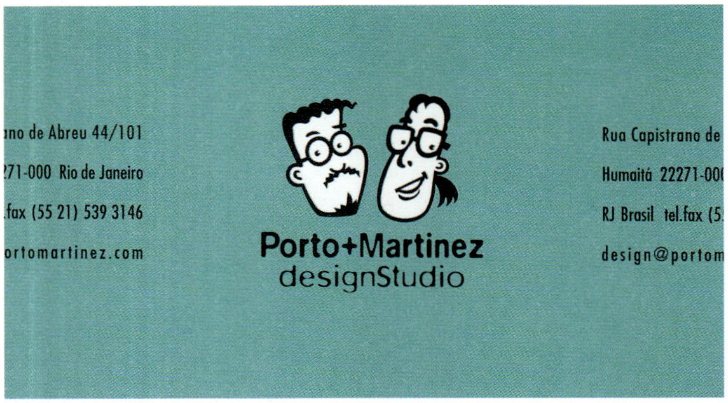

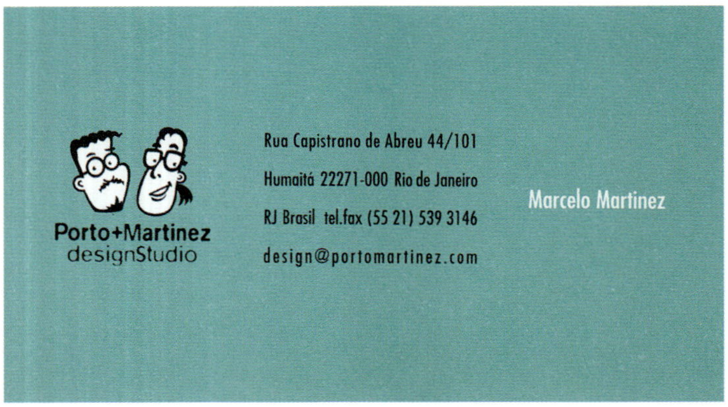

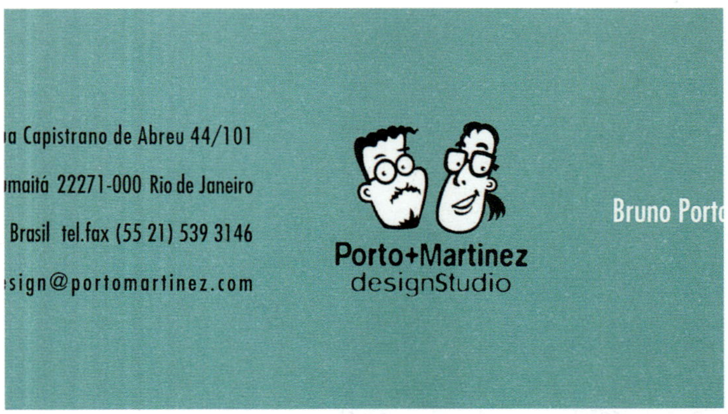

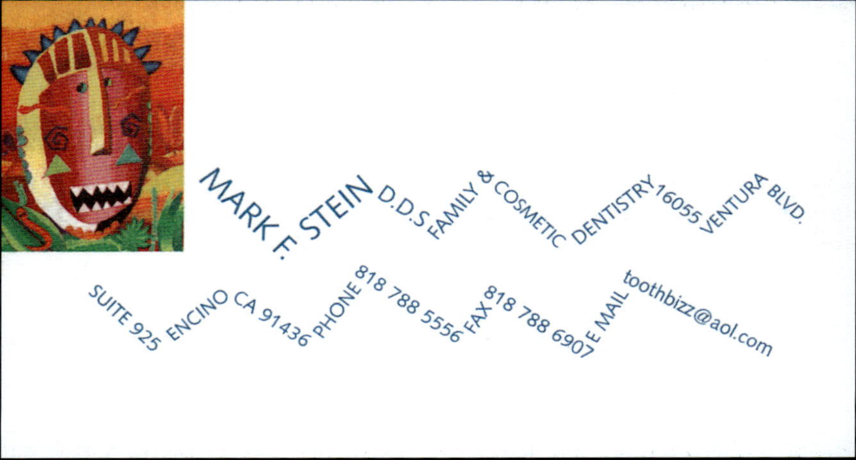

CLIENTE: Mark F. Stein (dentista)

ESTUDIO DE DISEÑO: Cross Colours Inc.

DIRECCIÓN ARTÍSTICA: J Pastoll / J. Rech

DISEÑO: J. Rech

ILUSTRACIÓN: Chiara Rech

SOFTWARE: Macromedia Freehand / Adobe Potoshop

IMPRESIÓN: Cuatricromía

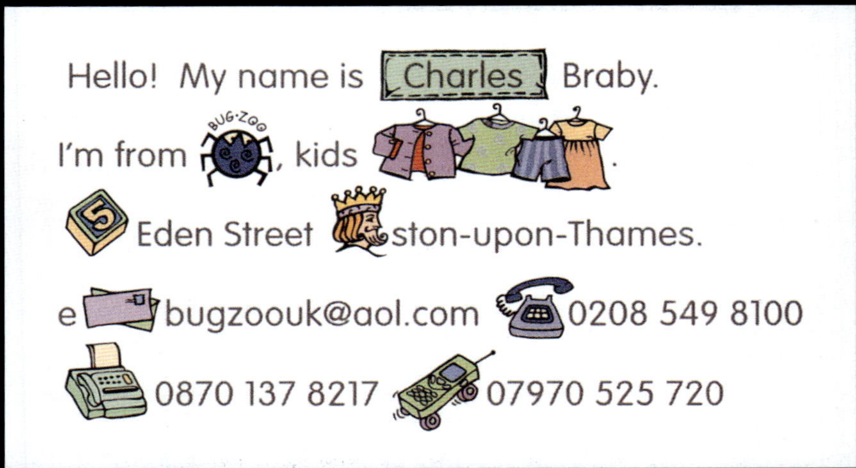

CLIENTE: Bug Zoo

ESTUDIO DE DISEÑO: Cross Colours Inc.

DIRECCIÓN ARTÍSTICA: J. Pastoll / J. Rech

DISEÑO/ILUSTRACIÓN: Shona Dankwerts

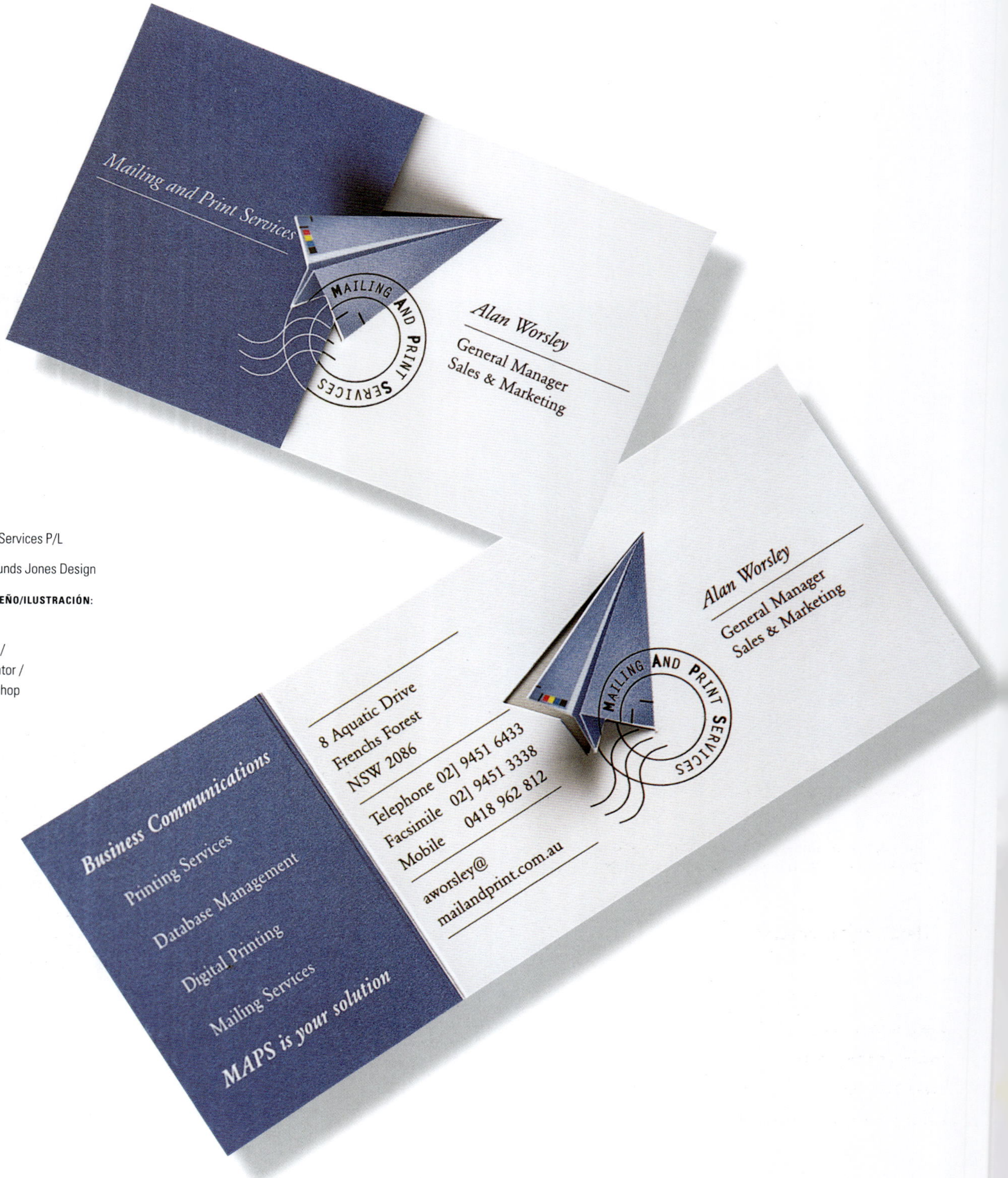

CLIENTE: Mailing & Print Services P/L

ESTUDIO DE DISEÑO: Edmunds Jones Design

DIRECCIÓN ARTÍSTICA/DISEÑO/ILUSTRACIÓN:
Cate Edmunds-Holst

SOFTWARE: Quark XPress /
Adobe Illustrator /
Adobe Photoshop

CLIENTE: Just Sprinklers

ESTUDIO DE DISEÑO: Rome & Gold Ltd.

DIRECCIÓN ARTÍSTICA: Lorenzo Romero

DISEÑO/ILUSTRACIÓN: Robert E. Goldie

SOFTWARE: Adobe Illustrator

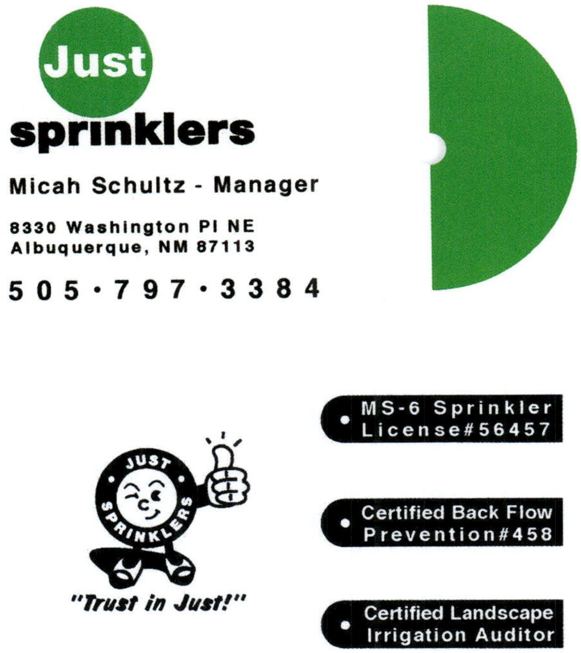

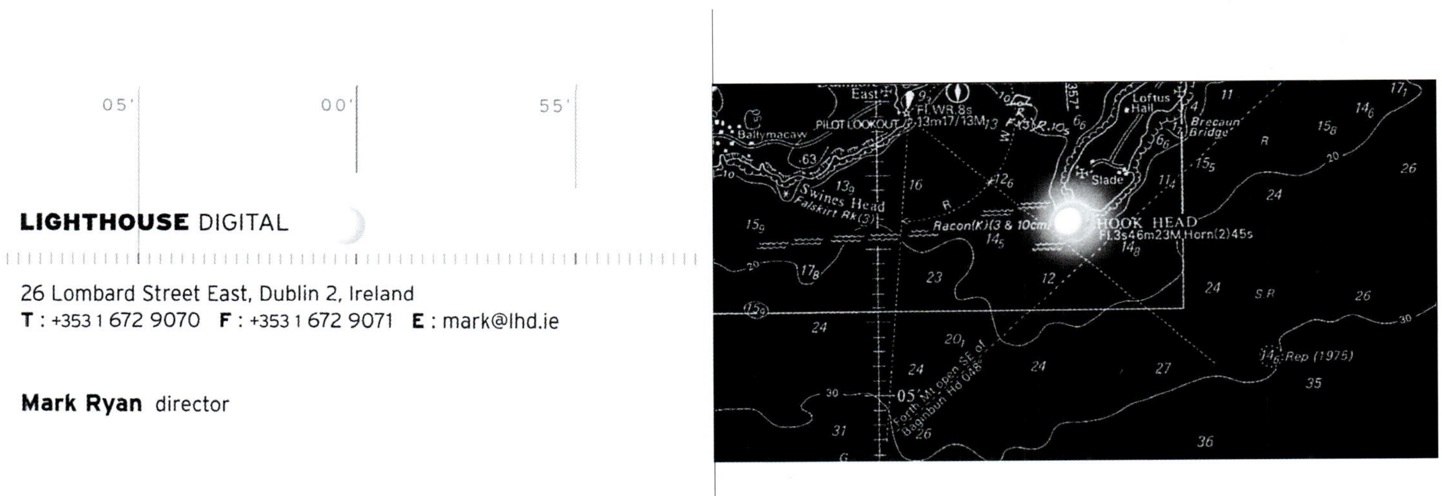

CLIENTE: Lighthouse Digital

ESTUDIO DE DISEÑO: Dynamo

DISEÑO: Brian Nolan

SOFTWARE: Adobe Photoshop / Quark XPress

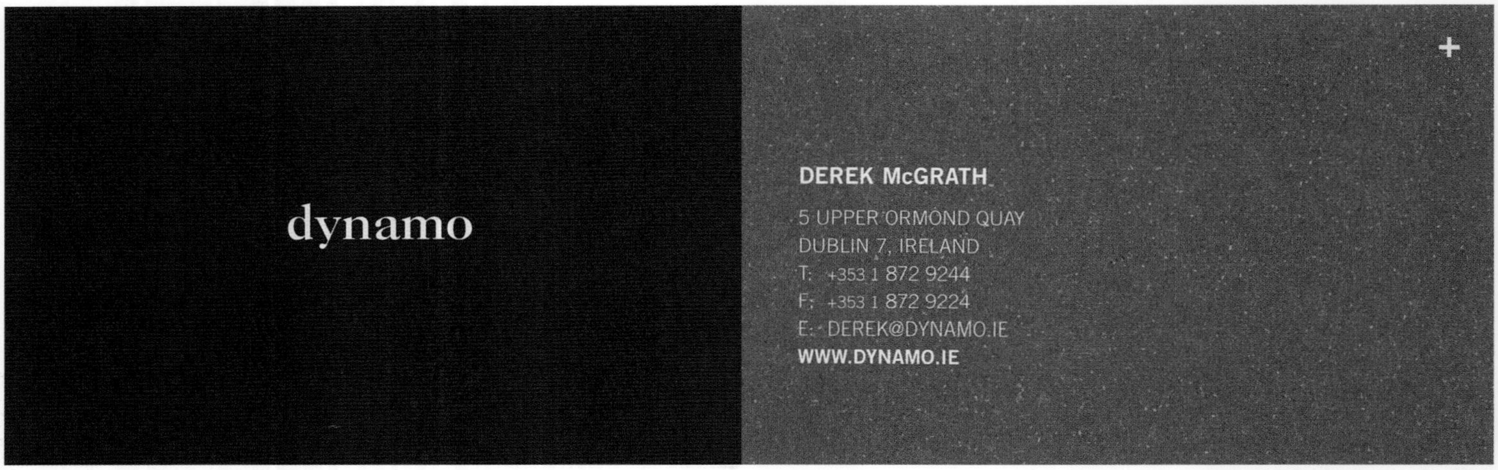

CLIENTE: Dynamo

ESTUDIO DE DISEÑO: Dynamo

DISEÑO: Brian Nolan

SOFTWARE: Quark XPress

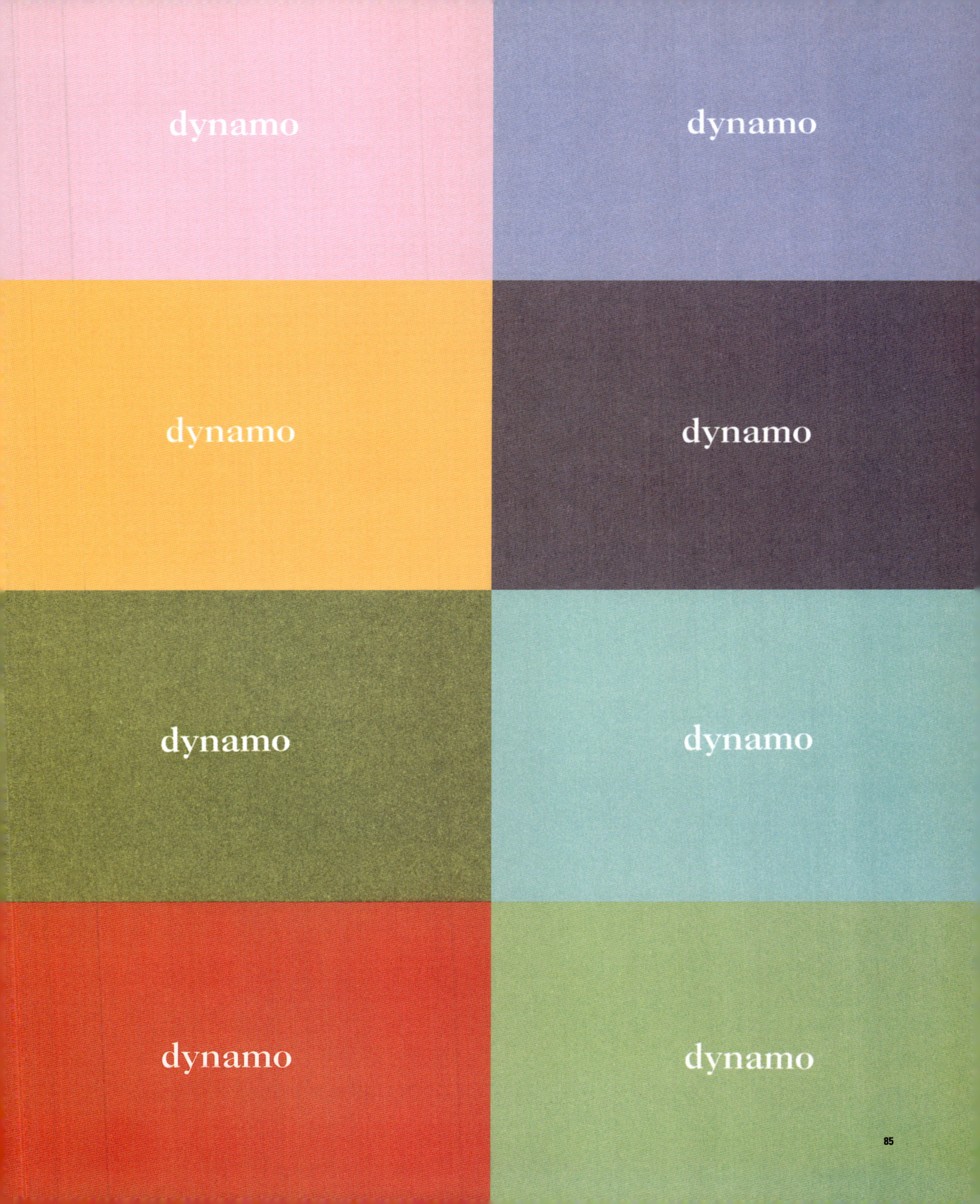
dynamo
dynamo
dynamo
dynamo
dynamo
dynamo
dynamo
dynamo

CLIENTE: Winking Owl Studios

ESTUDIO DE DISEÑO: Winking Owl Studios

DIRECCIÓN ARTÍSTICA/DISEÑO/ILUSTRACIÓN: Jo Williams

PAPEL: Neenah Classic Linen / Greystone 216 g/m²

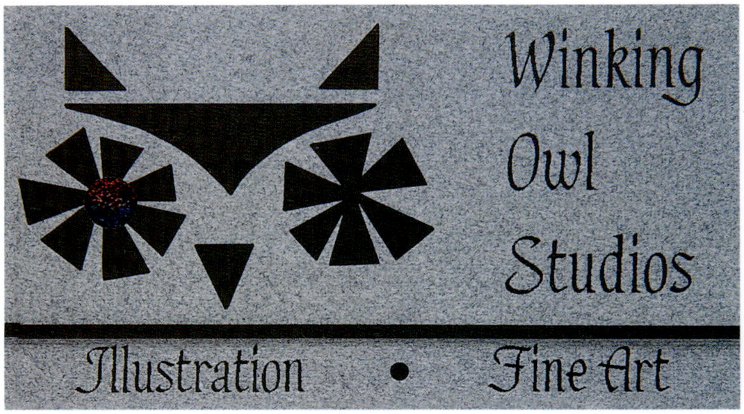

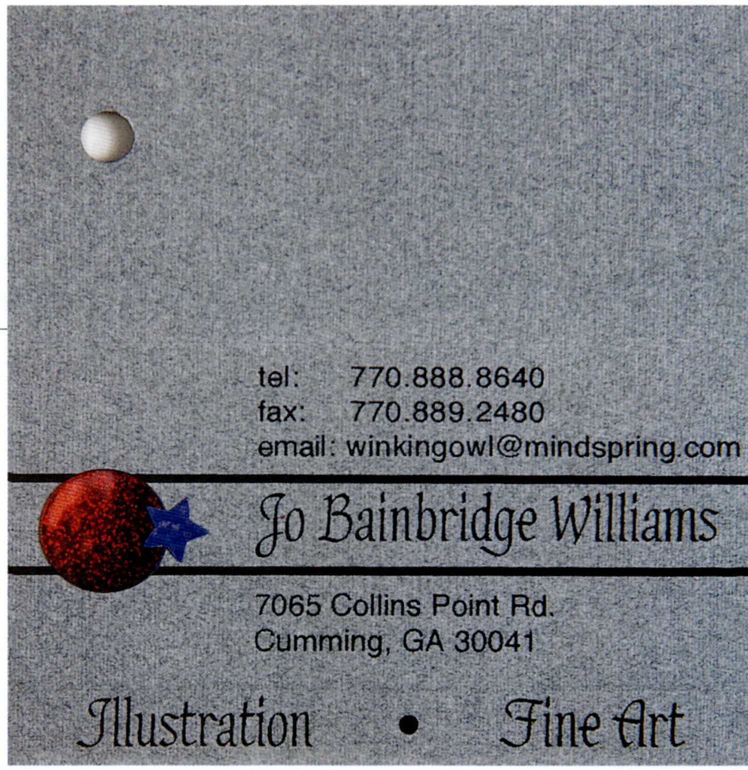

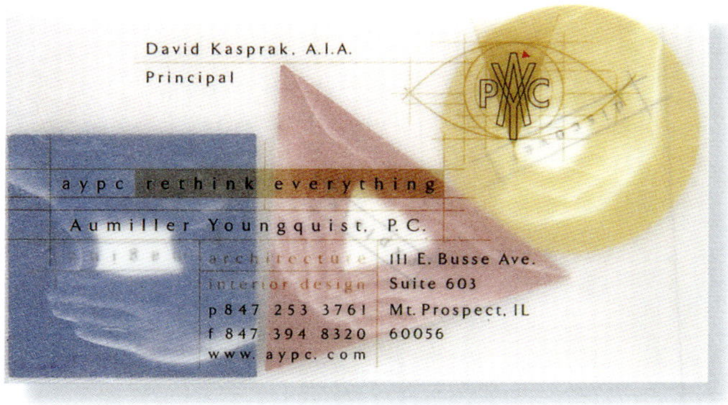

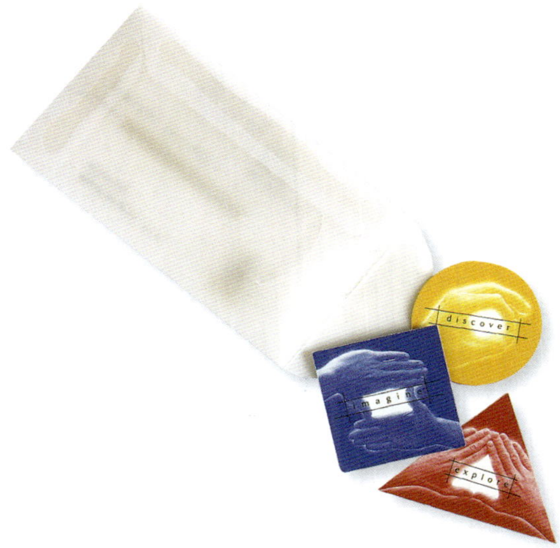

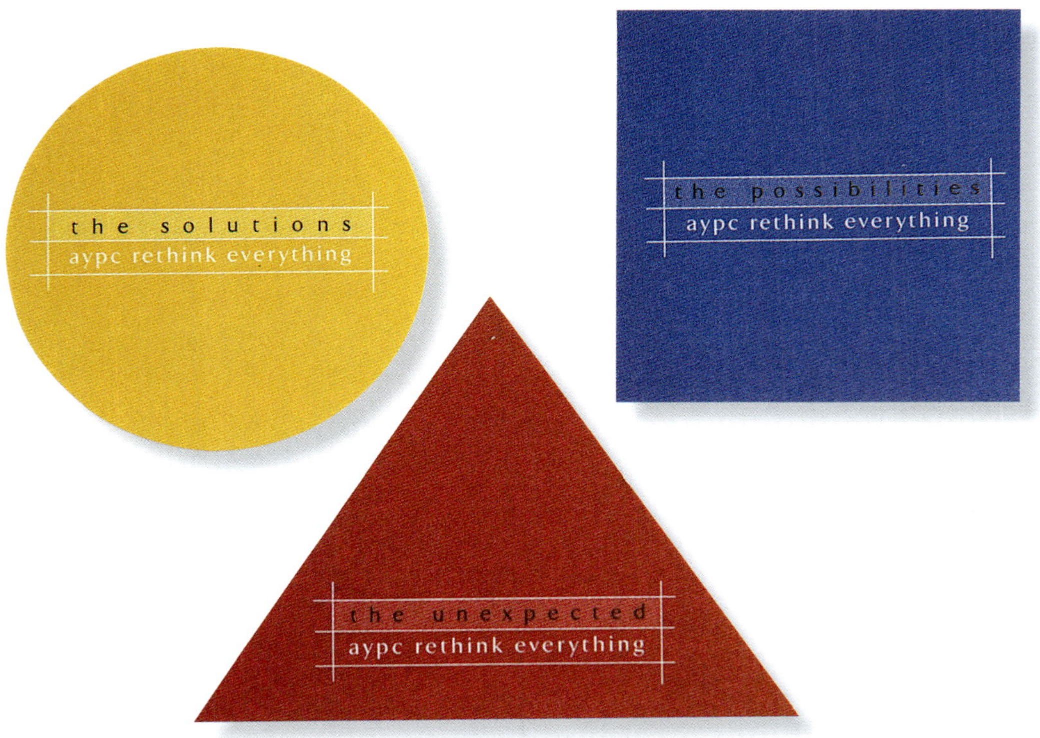

CLIENTE: Aumiller Youngquist, P.C.

ESTUDIO DE DISEÑO: JOED Design Inc.

DIRECCIÓN ARTÍSTICA: Edward Rebek

DISEÑO: Tim Pressley

SOFTWARE: Macromedia Freehand

PAPEL: Strathmore Writing / Vellum

IMPRESIÓN: Sobre: 3 colores
encartes: 2 / 2

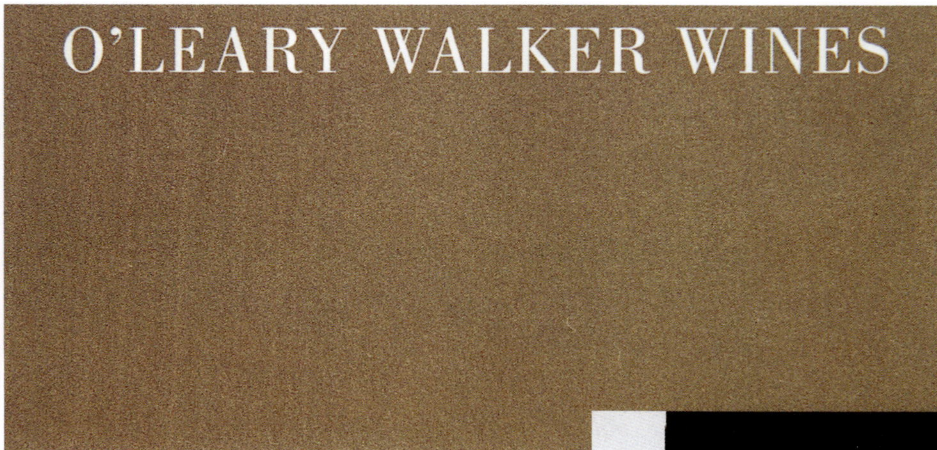

CLIENTE: O'Leary Walker Wines

ESTUDIO DE DISEÑO: CPd — Chris Perks Design

DIRECCIÓN ARTÍSTICA: Chris Perks

DISEÑO: Alan Morrison

SOFTWARE: Adobe Illustrator

PAPEL: Threads Natural 280 g/m^2

IMPRESIÓN: 3 colores más película metalizada negra

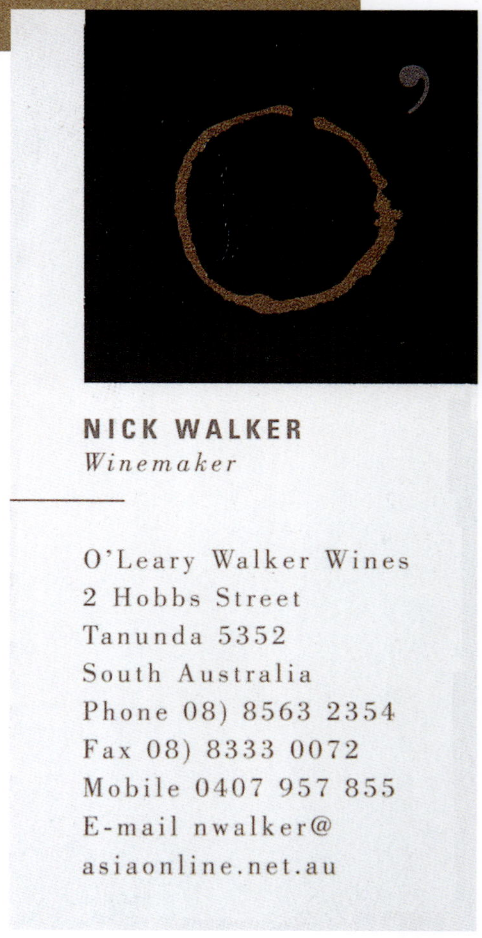

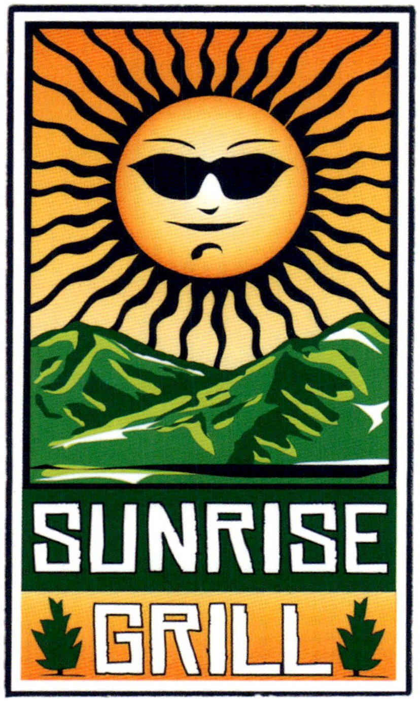

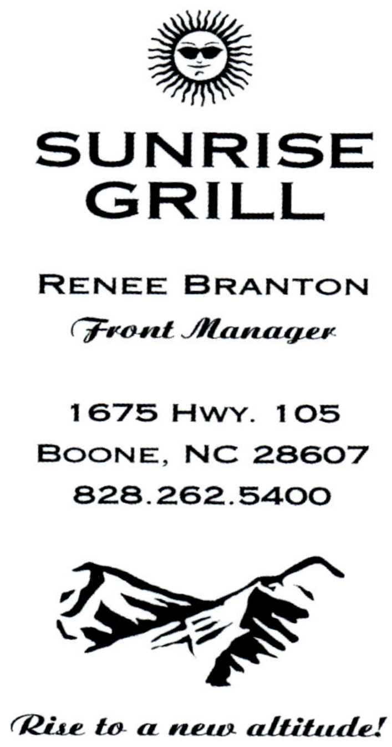

CLIENTE: Sunrise Grill

ESTUDIO DE DISEÑO: High Noon Studios

DIRECCIÓN ARTÍSTICA: Kim Ferguson

DISEÑO/ILUSTRACIÓN: Will Blaine

SOFTWARE: Adobe Illustrator

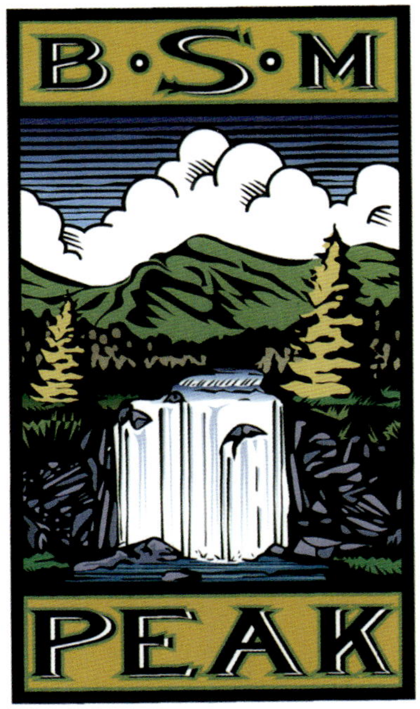

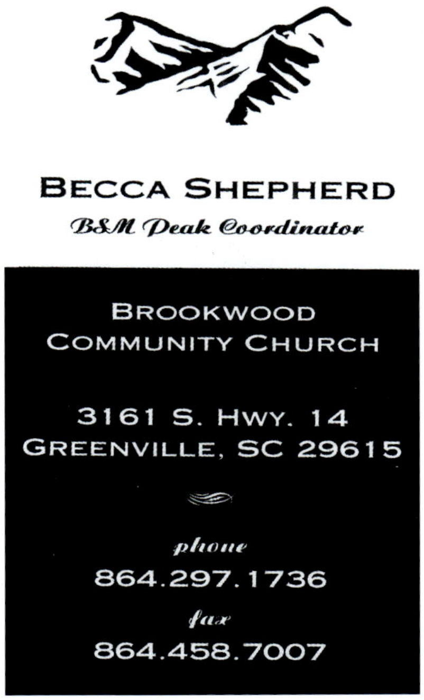

CLIENTE: Brook Wood Community Church

ESTUDIO DE DISEÑO: High Noon Studios

DIRECCIÓN ARTÍSTICA: Tagg Wolverton

DISEÑO/ILUSTRACIÓN: Will Blaine

SOFTWARE: Adobe Illustrator

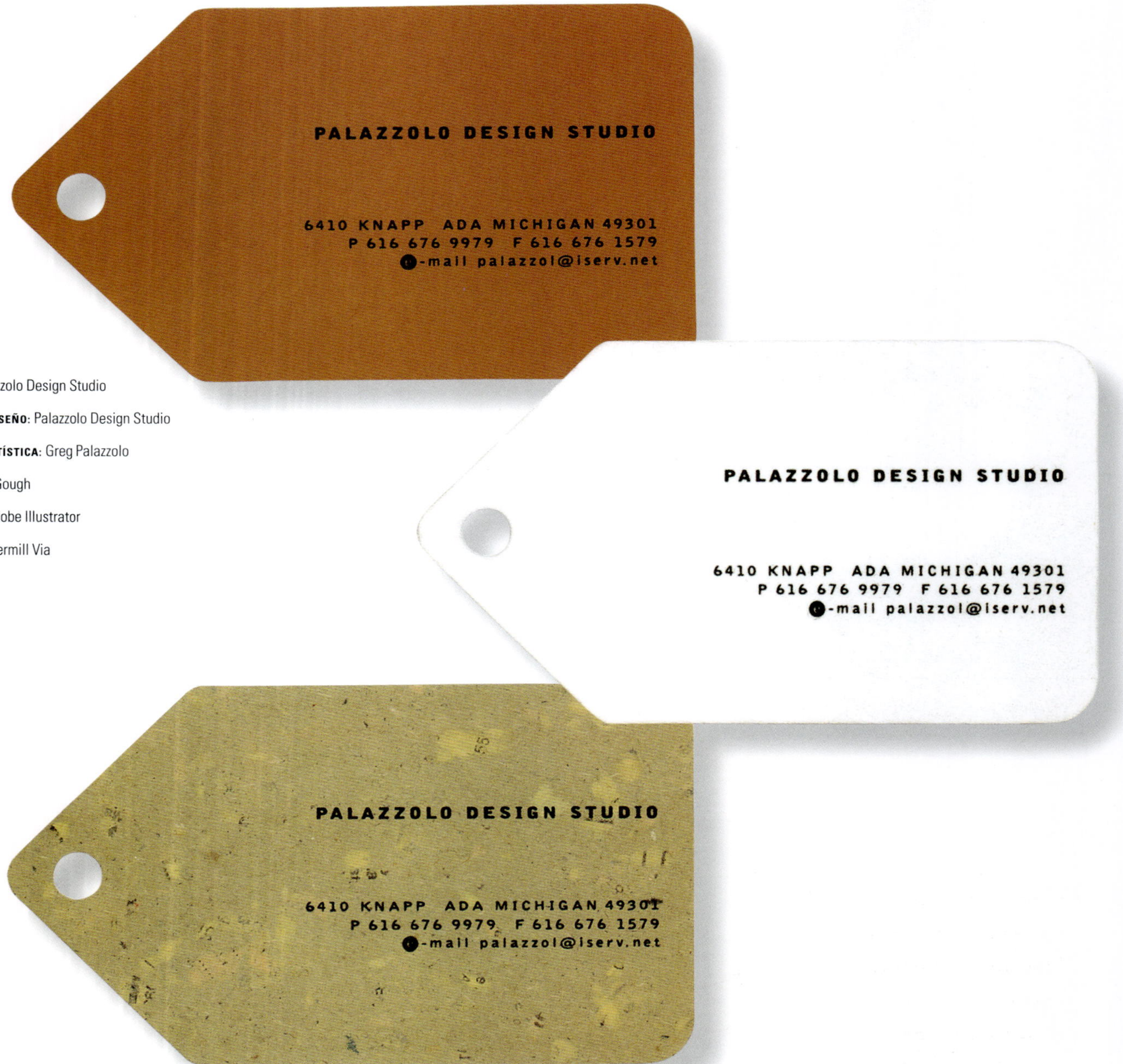

CLIENTE: Palazzolo Design Studio

ESTUDIO DE DISEÑO: Palazzolo Design Studio

DIRECCIÓN ARTÍSTICA: Greg Palazzolo

DISEÑO: Troy Gough

SOFTWARE: Adobe Illustrator

PAPEL: Hammermill Via

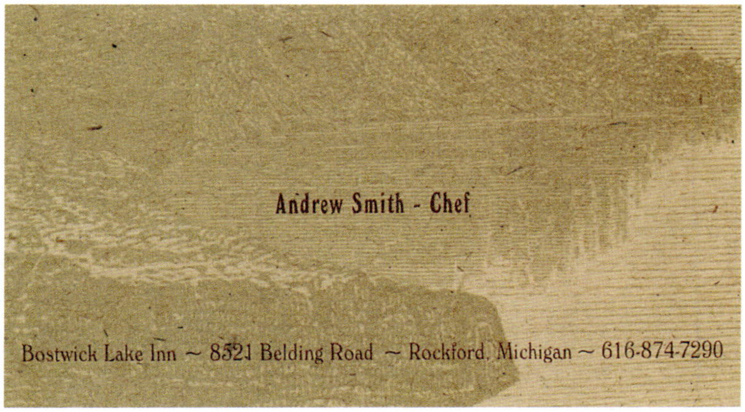

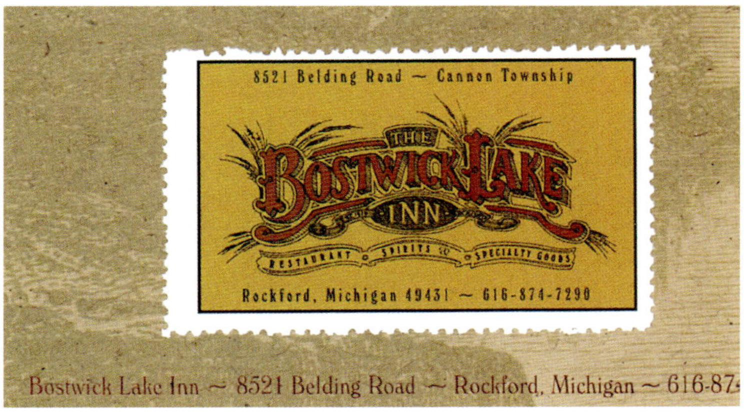

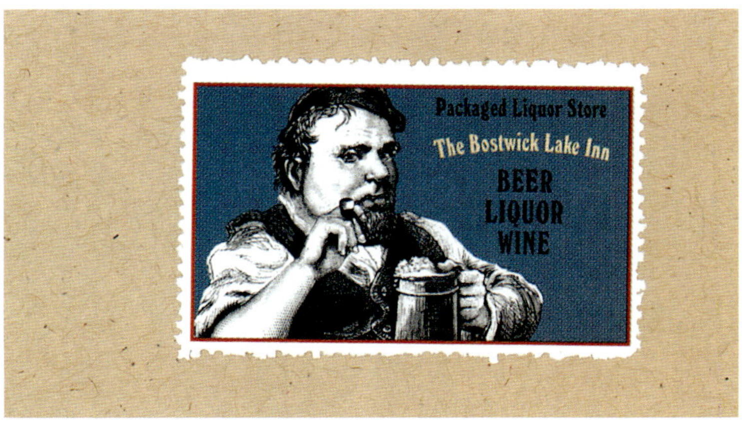

CLIENTE: Bostwick Lake Inn

ESTUDIO DE DISEÑO: Palazzolo Design Studio

DIRECCIÓN ARTÍSTICA: Greg Palazzolo

DISEÑO: Troy Gough

SOFTWARE: Adobe Illustrator / Adobe Photoshop

PAPEL: Hammermill Via

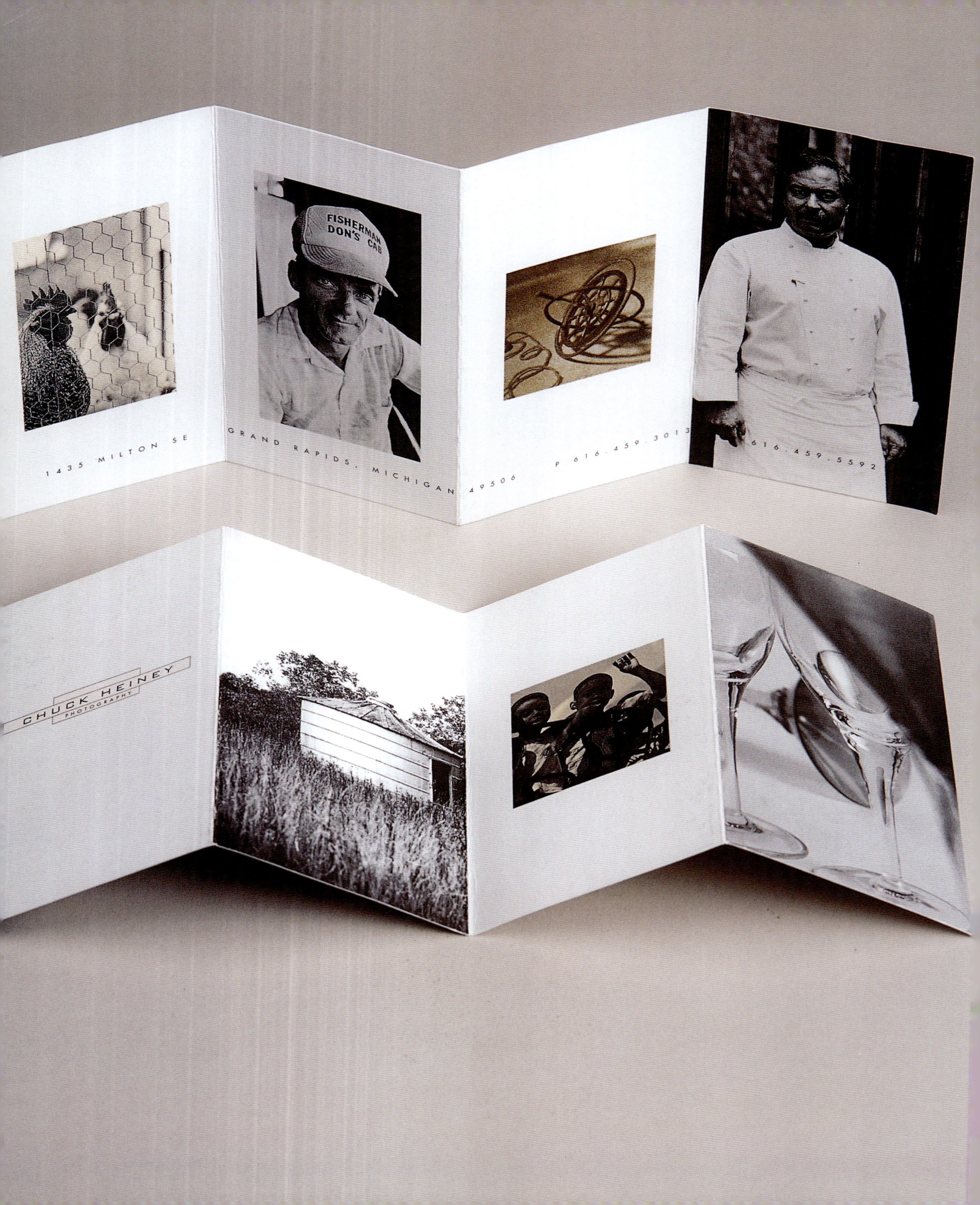
FISHERMAN
DON'S CAB
1435 MILTON SE
GRAND RAPIDS, MICHIGAN 49506
P 616.459.3013
616.459.5592
CHUCK HEINEY
PHOTOGRAPHY

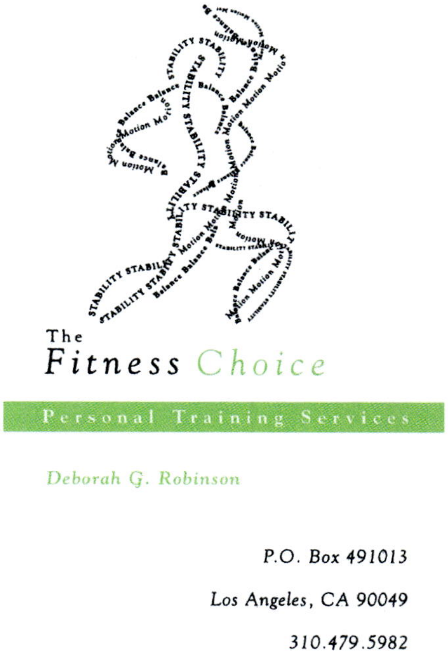

CLIENTE: The Fitness Choice

ESTUDIO DE DISEÑO: [i]e design, Los Angeles

DIRECCIÓN ARTÍSTICA/ILUSTRACIÓN: Marcie Carson

DISEÑO: Marcie Carson / David Gilmour

CLIENTE: Chuck Heiney Photography

ESTUDIO DE DISEÑO: Palazzolo Design Studio

DIRECCIÓN ARTÍSTICA: Greg Palazzolo

DISEÑO: Troy Gough

SOFTWARE: Adobe Illustrator / Adobe Photoshop

PAPEL: Hammermill Via

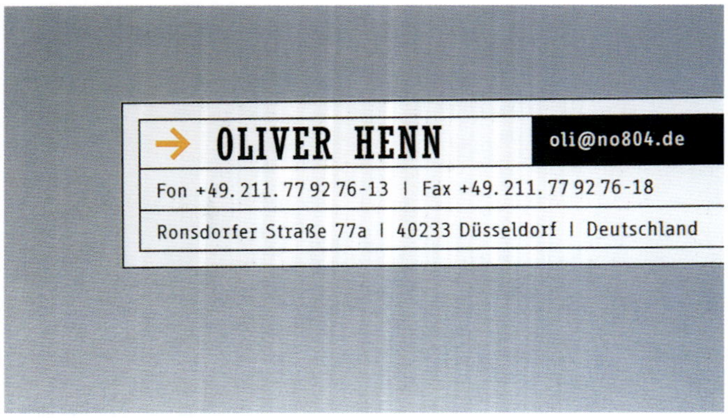

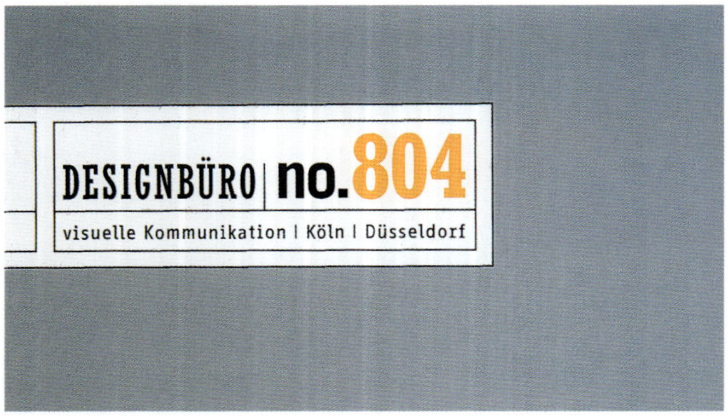

CLIENTE: Designbüro no. 804

ESTUDIO DE DISEÑO: Designbüro no. 804

DISEÑO: Helge Rieder / Oliver Henn / Katja Scheid

SOFTWARE: Quark Xpress

PAPEL: Rômerturm Colambo Gletscher

IMPRESIÓN: 3 colores

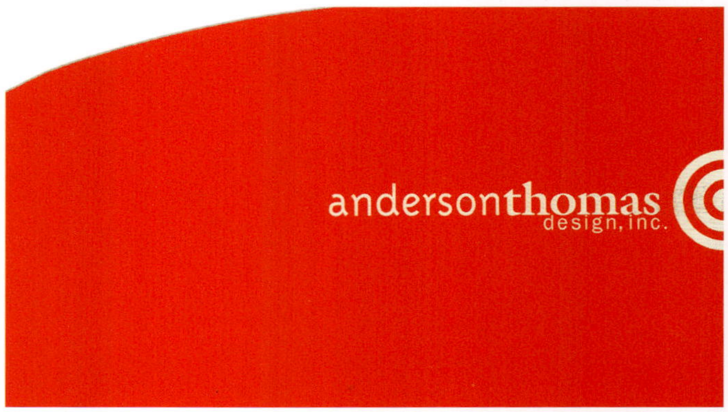

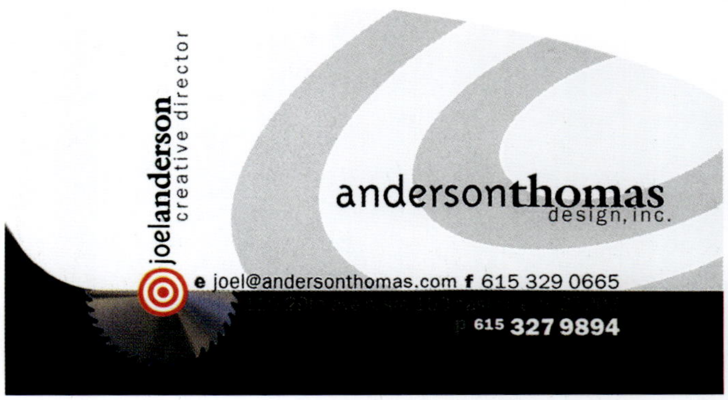

CLIENTE: Anderson Thomas Design

ESTUDIO DE DISEÑO: Anderson Thomas Design

DIRECCIÓN ARTÍSTICA: Joel Anderson

DISEÑO: Roy Roper

SOFTWARE: Adobe Photoshop / Adobe Illustrator / Quark XPress

IMPRESIÓN: 4 / 1 PMS

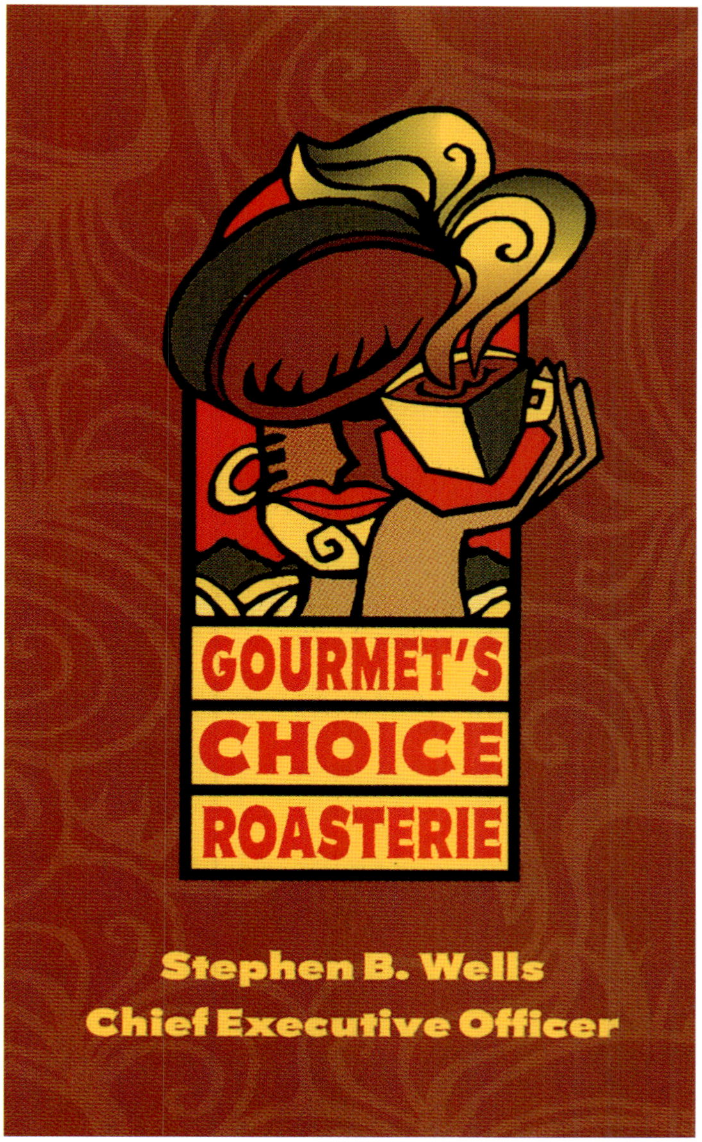

CLIENTE: Gourmet's Choice Roasterie

ESTUDIO DE DISEÑO: LPG Design

DIRECCIÓN ARTÍSTICA: Chris West

DISEÑO/ILUSTRACIÓN: Lorna West

SOFTWARE: Macromedia Freehand

PAPEL: Warrens Luster crema mate

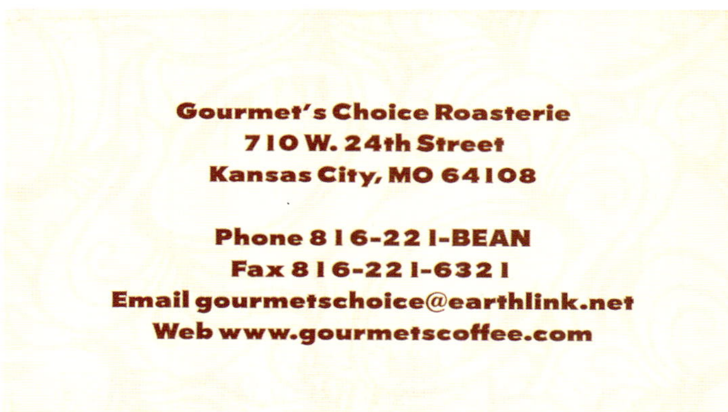

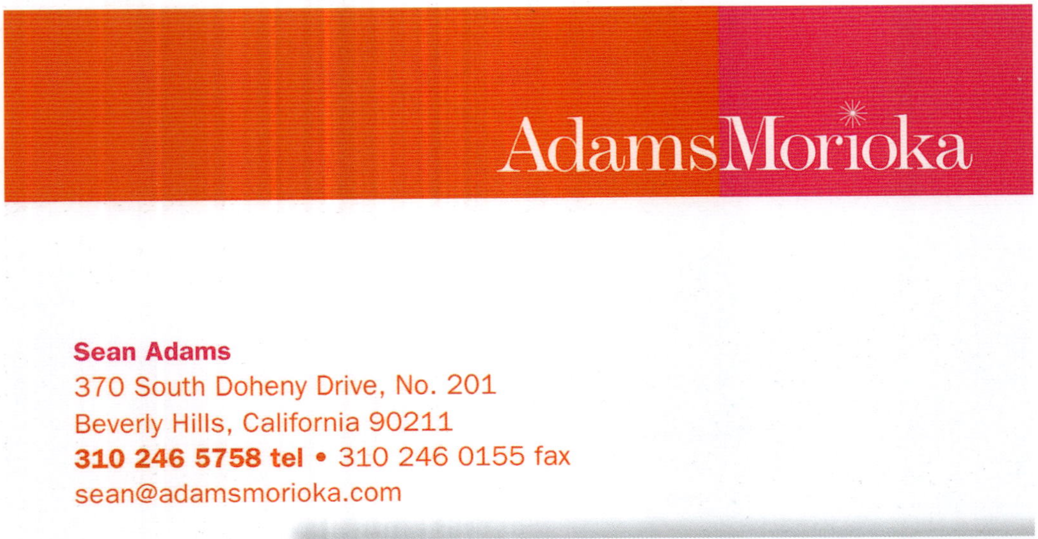

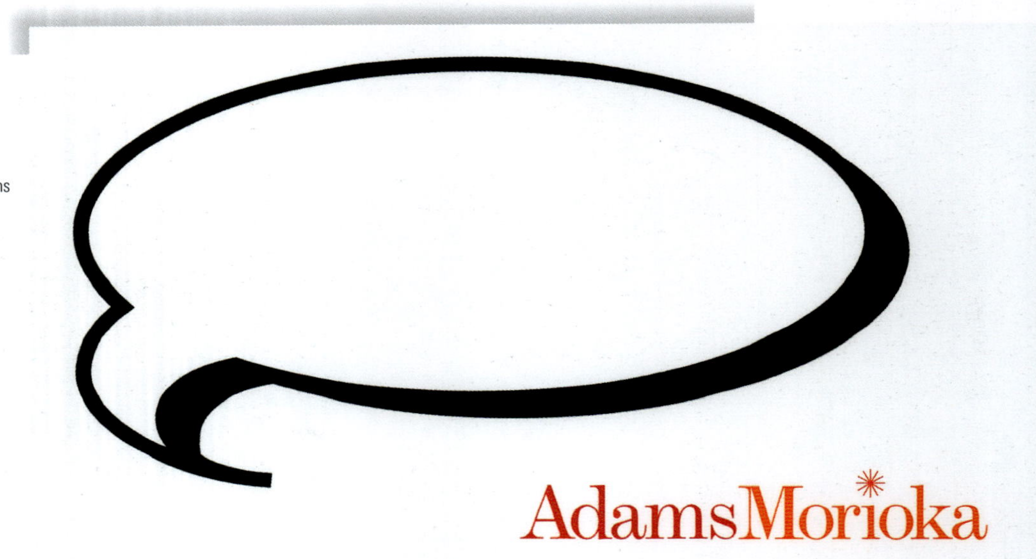

CLIENTE: AdamsMorioka

ESTUDIO DE DISEÑO: AdamsMorioka

DIRECCIÓN ARTÍSTICA/DISEÑO: Sean Adams

SOFTWARE: Adobe Illustrator

PAPEL: 240 M Glo-Brite

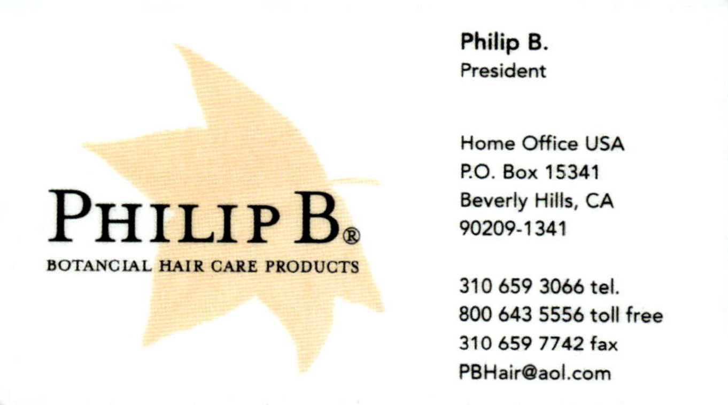

CLIENTE: Philip B.

ESTUDIO DE DISEÑO: AdamsMorioka

DIRECCIÓN ARTÍSTICA: Sean Adams

DISEÑO: Noreen Morioka

SOFTWARE: Adobe Illustrator

PAPEL: UV Ultra Radiant blanco

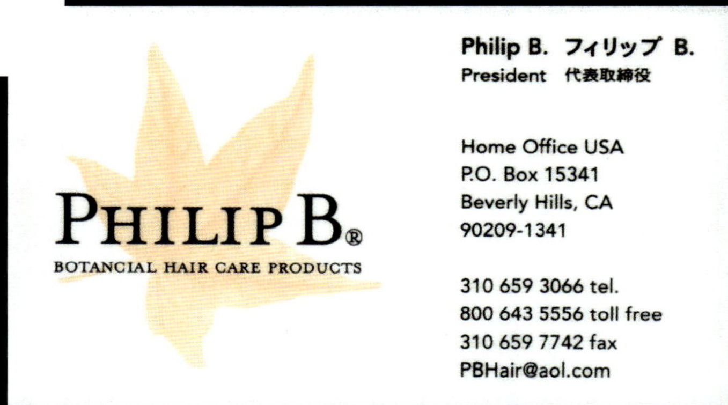

CLIENTE: Rilke & Sandelmann Fotografie

ESTUDIO DE DISEÑO: Braue Branding & Corporate Design

DIRECCIÓN ARTÍSTICA/DISEÑO/ILUSTRACIÓN: Marcel Robbers

SOFTWARE: Adobe Illustrator / Quark XPress

PAPEL: Profistar 300 g/m²

IMPRESIÓN: 2 colores / offset

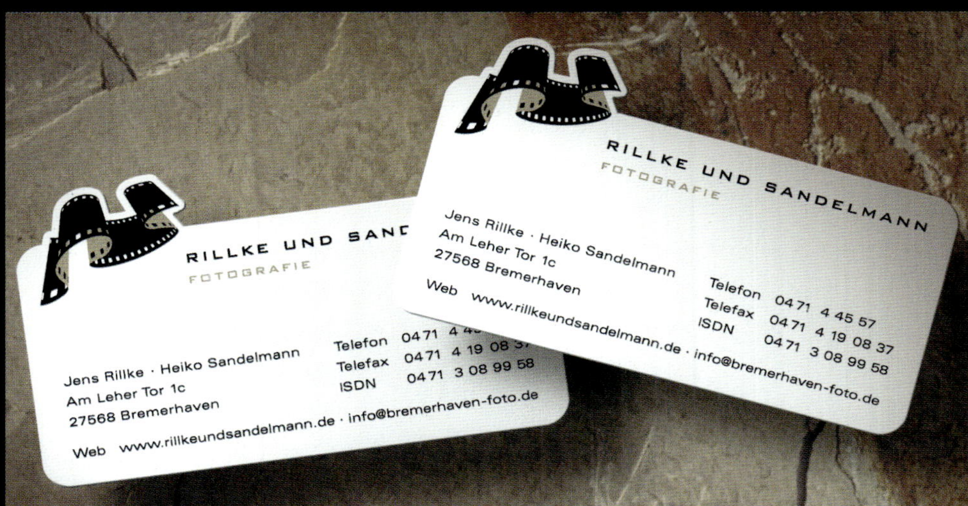

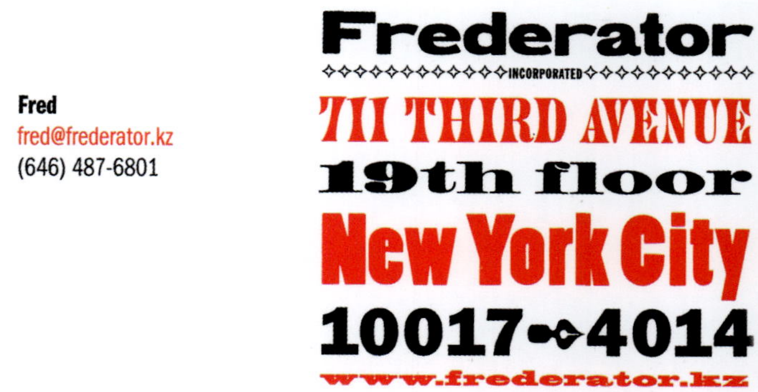

CLIENTE: Fred Seibert

ESTUDIO DE DISEÑO: AdamsMorioka

DIRECCIÓN ARTÍSTICA/DISEÑO: Sean Adams

SOFTWARE: Adobe Illustrator

PAPEL: 240 M Glo-Brite

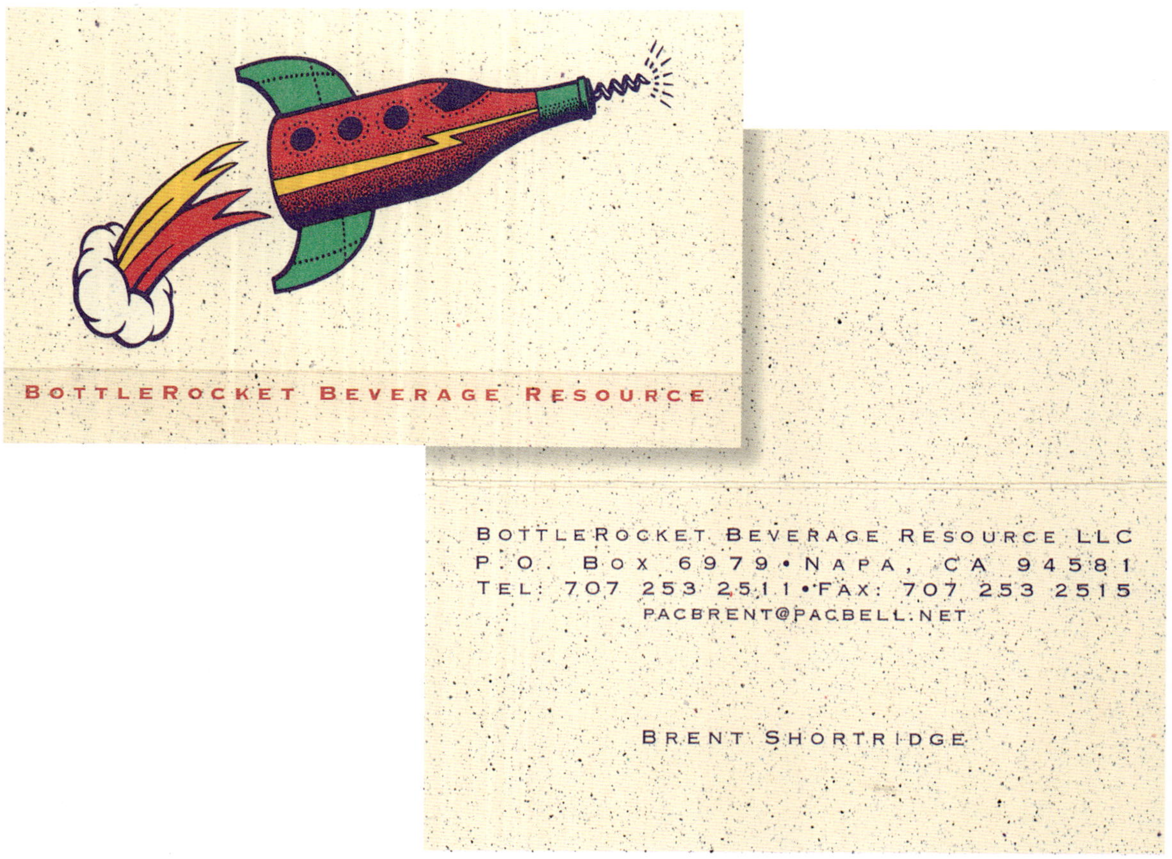

CLIENTE: BottleRocket Beverage Resource

ESTUDIO DE DISEÑO: Jim Moon Designs

DIRECCIÓN ARTÍSTICA/DISEÑO: Jim Moon

ILUSTRACIÓN: Tom Hennessy / Jim Moon

SOFTWARE: Adobe Illustrator / Quark XPress

IMPRESIÓN: 5 pasadas de blanco opaco y 4 colores PMS

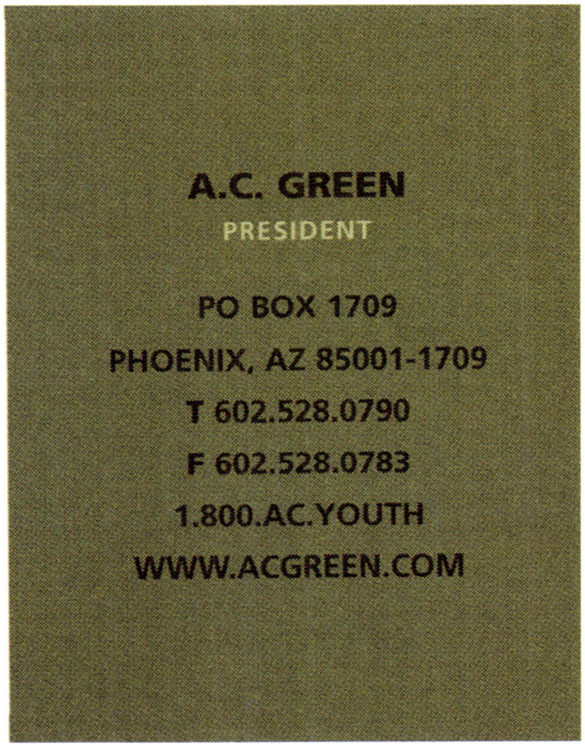

CLIENTE: A.C. Green Youth Foundation

ESTUDIO DE DISEÑO: Rule 29

DIRECCIÓN ARTÍSTICA/DISEÑO/ILUSTRACIÓN:
Justin Ahrens

SOFTWARE: Quark XPress / Adobe Illustrator

PAPEL: Neenah Classic Crest Natural blanco / 216 g/m^2 Cover

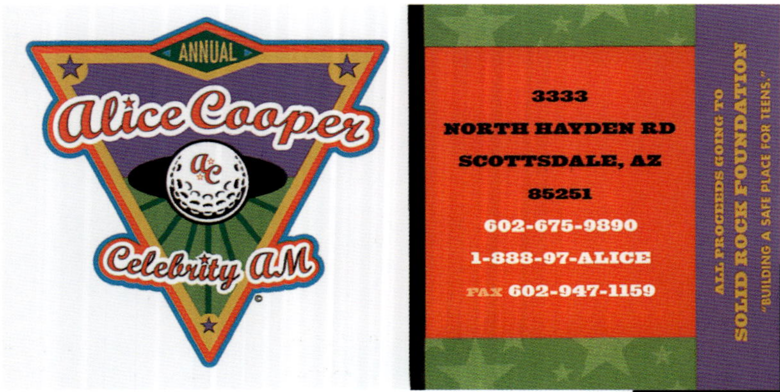

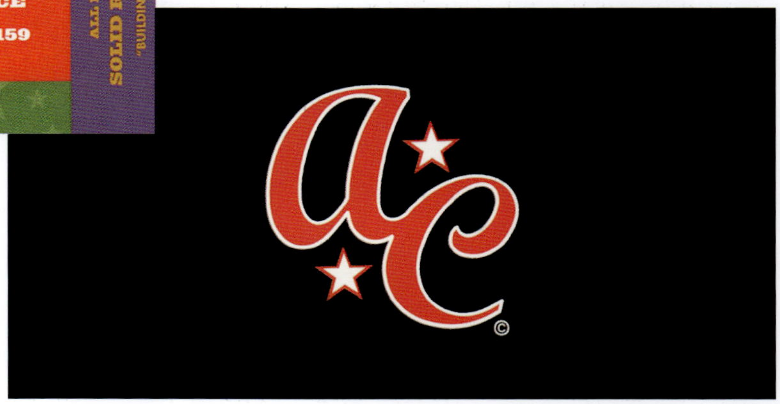

CLIENTE: Solid Rock / Torneo de golf de famosos Alice Cooper

ESTUDIO DE DISEÑO: Rule 29

DIRECCIÓN ARTÍSTICA/DISEÑO/ILUSTRACIÓN: Justin Ahrens

SOFTWARE: Quark XPress / Adobe Illustrator

PAPEL: Oji Topkote brillante / 216 g/m²

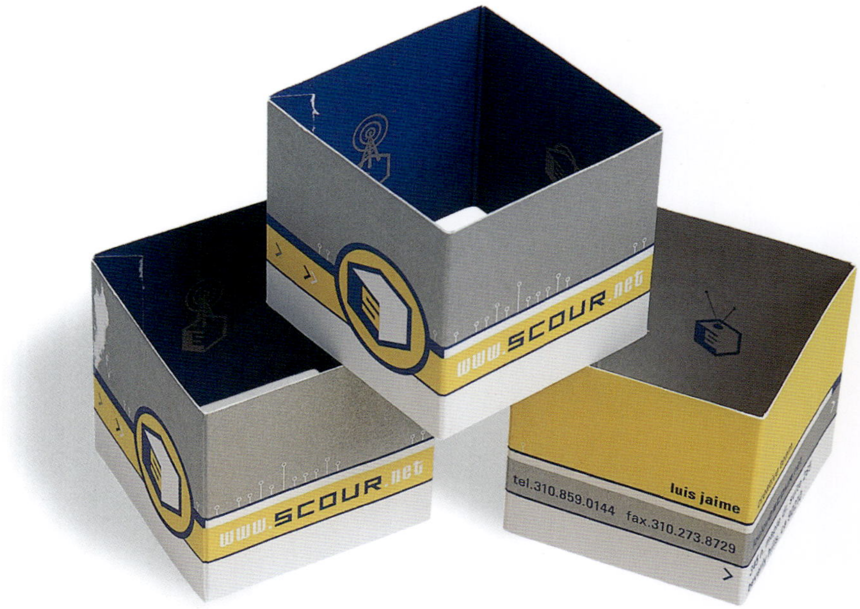

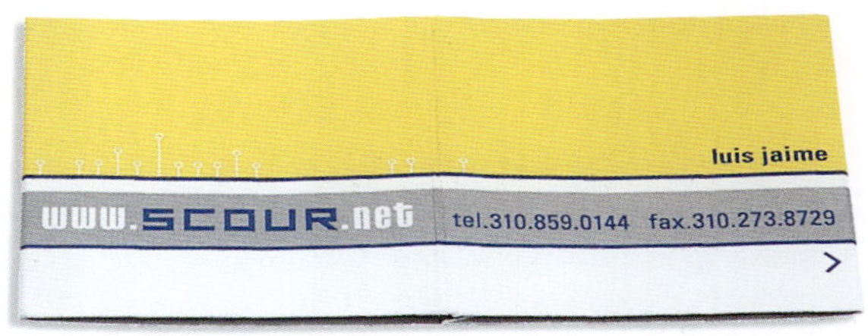

CLIENTE: Scour.com

ESTUDIO DE DISEÑO: 44 Phases

DIRECCIÓN ARTÍSTICA: Daniel H. Tsai

DISEÑO/ILUSTRACIÓN: Daniel H. Tsai / Luis Jaime

SOFTWARE: Adobe Illustrator

PAPEL: Neenah Classic Crest blanco solar súper liso / 216 g/m²

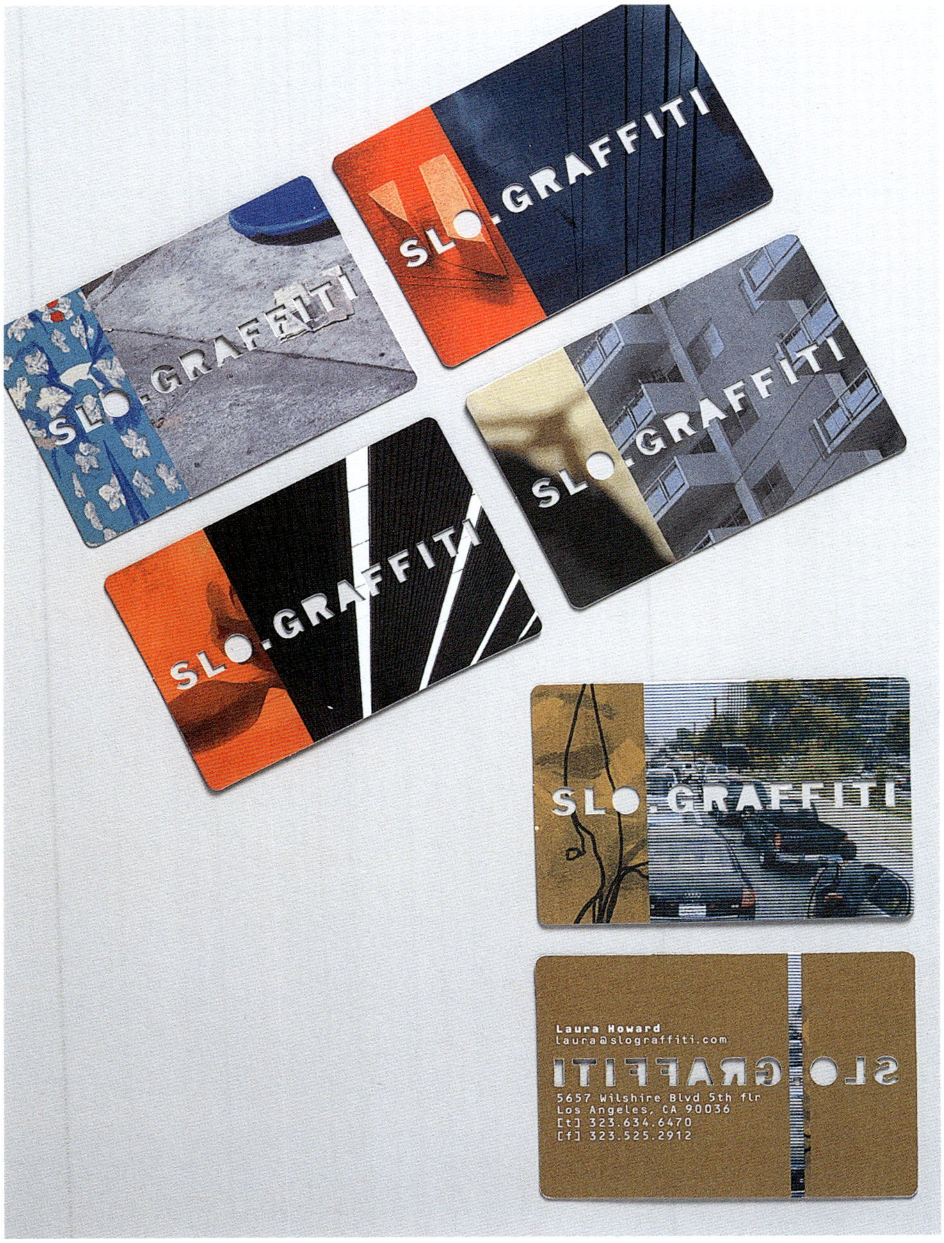

CLIENTE: Slo Graffiti

ESTUDIO DE DISEÑO: 44 Phases

DIRECCIÓN ARTÍSTICA: Daniel H. Tsai

DISEÑO: Daniel H. Tsai / Wolfgang Geramb / Yoon Lee / Prances Torrres / Luis Jaime / Chalalai Haema

ILUSTRACIÓN: Hiroko Tsuji

SOFTWARE: Adobe Illustrator

PAPEL: Mohawk superfino ultra blanco / 350 g/m²

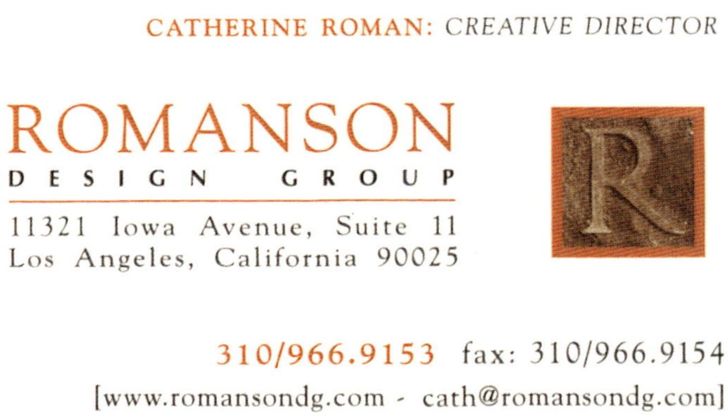

CLIENTE: Romanson Design Group

ESTUDIO DE DISEÑO: Romanson Design Group

DIRECCIÓN ARTÍSTICA/DISEÑO: Catherine Roman

SOFTWARE: Quark XPress / Adobe Photoshop

PAPEL: Neenah Classic Crest Duplex

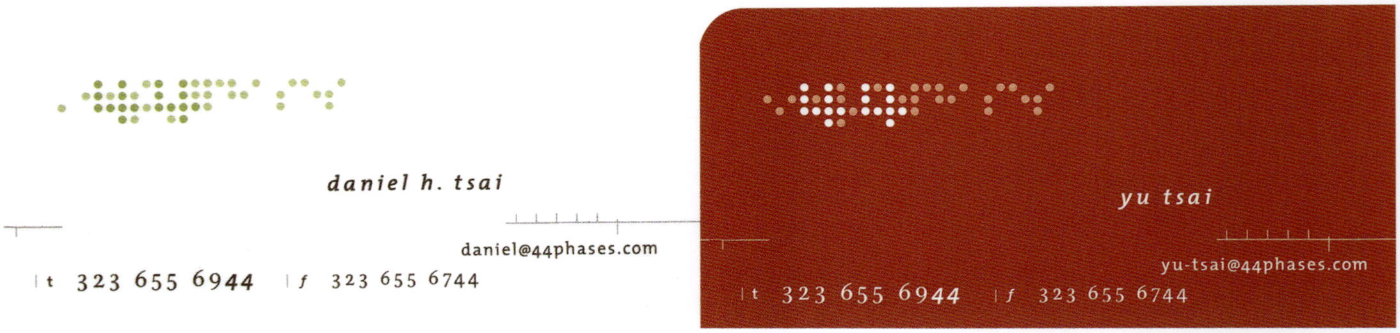

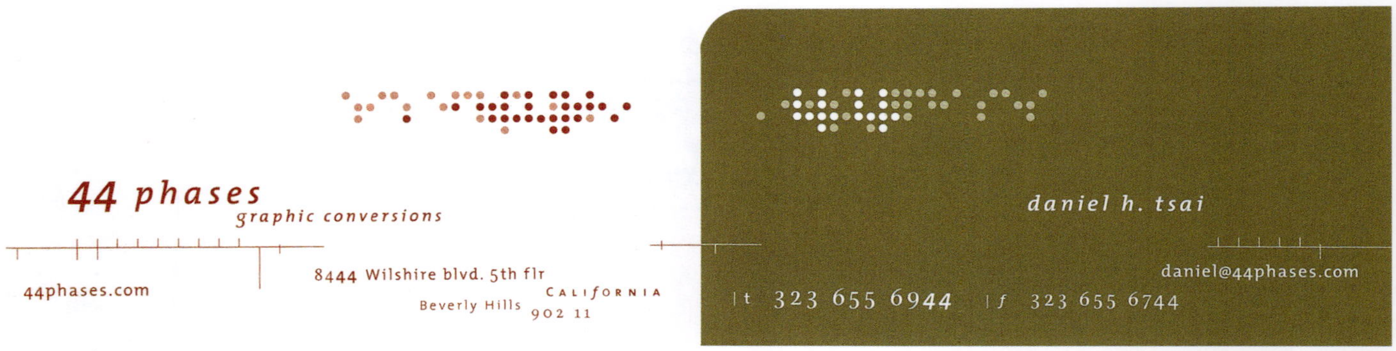

CLIENTE: 44 Phases

ESTUDIO DE DISEÑO: 44 Phases

DIRECCIÓN ARTÍSTICA: Daniel H. Tsai

DISEÑO/ILUSTRACIÓN: Daniel H. Tsai / Luis Jaime

SOFTWARE: Adobe Illustrator

PAPEL: McCoy / 325 g/m^2

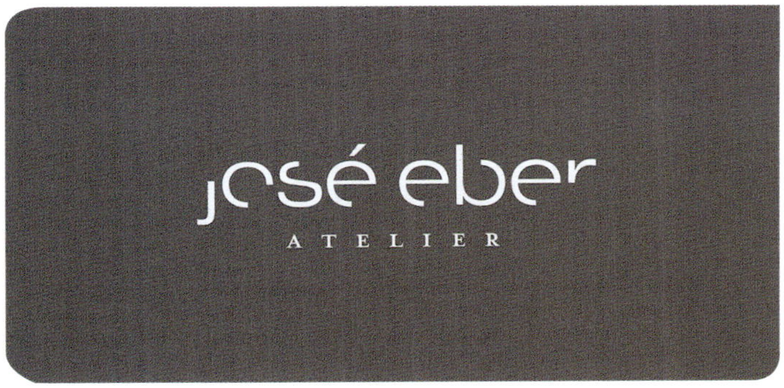

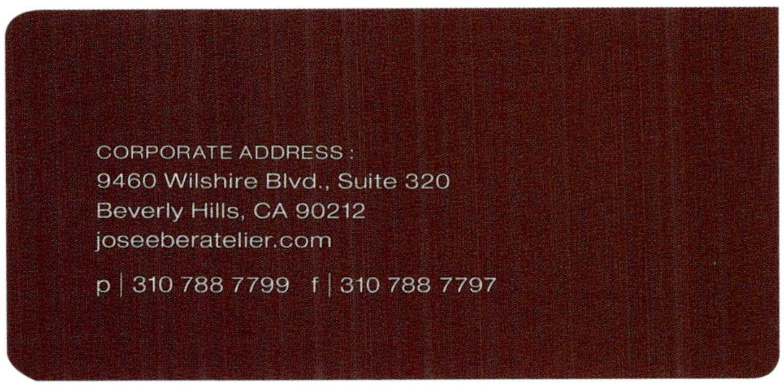

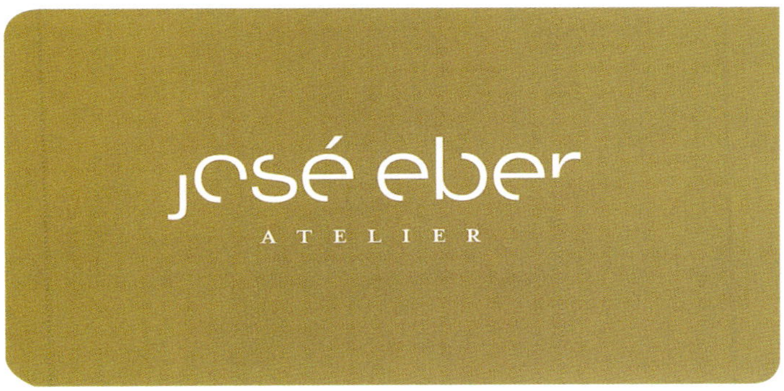

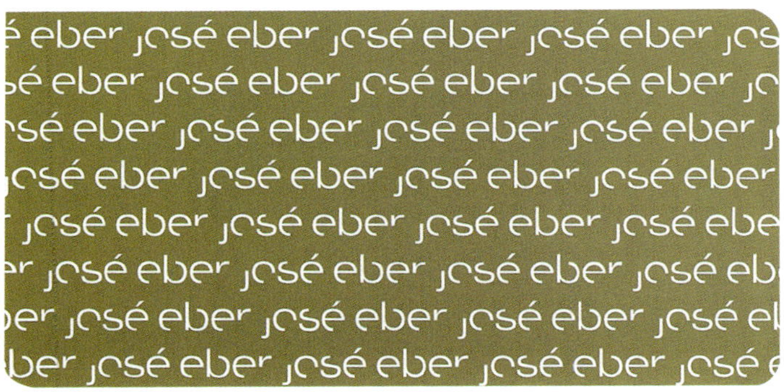

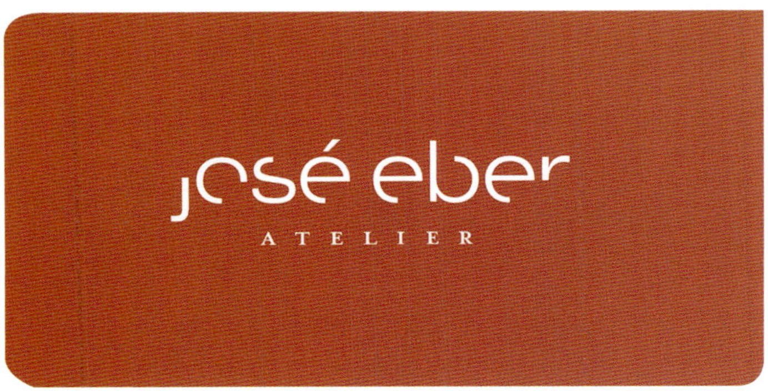

CLIENTE: José Eber Salon

ESTUDIO DE DISEÑO: 44 Phases

DIRECCIÓN ARTÍSTICA: Daniel H. Tsai

DISEÑO: Daniel H. Tsai / Prances Torres / Luis Jaime

ILUSTRACIÓN: Chalalai Haema / Marco Pinsker

SOFTWARE: Adobe Illustrator

PAPEL: McCoy / 325 g/m²

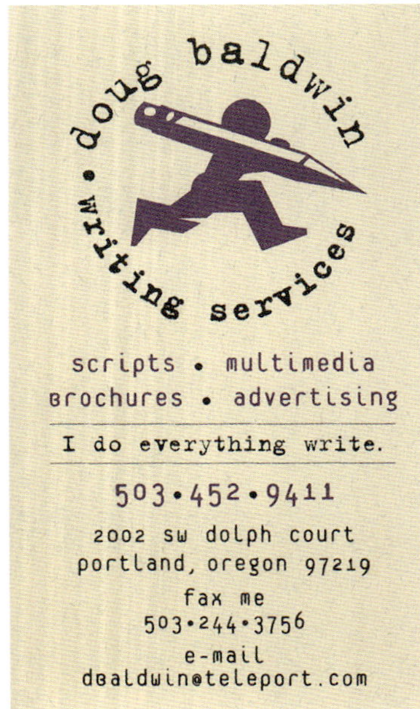

CLIENTE: Doug Baldwin

ESTUDIO DE DISEÑO: Oakley Design Studios

DIRECCIÓN ARTÍSTICA/DISEÑO/ILUSTRACIÓN: Tim Oakley

SOFTWARE: Adobe Illustrator

PAPEL: Neenah Classic Crest

CLIENTE: Carbone Smolan Agency

ESTUDIO DE DISEÑO: Carbone Smolan Agency

DIRECCIÓN ARTÍSTICA: Ken Carbone

DISEÑO: Martine Channon

SOFTWARE: Adobe Illustrator

PAPEL: Starwhite Vicksburg / Tiara liso

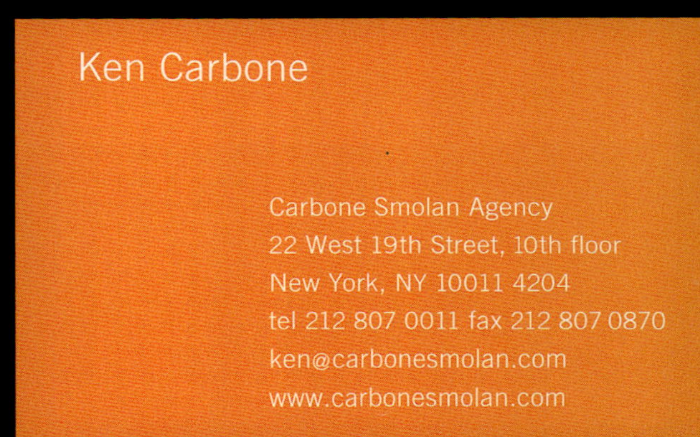

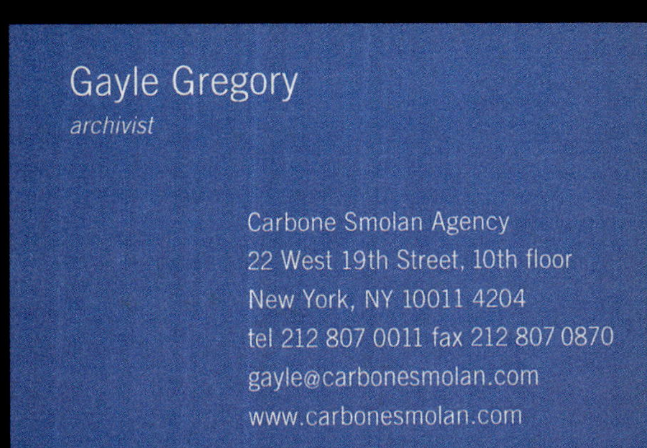

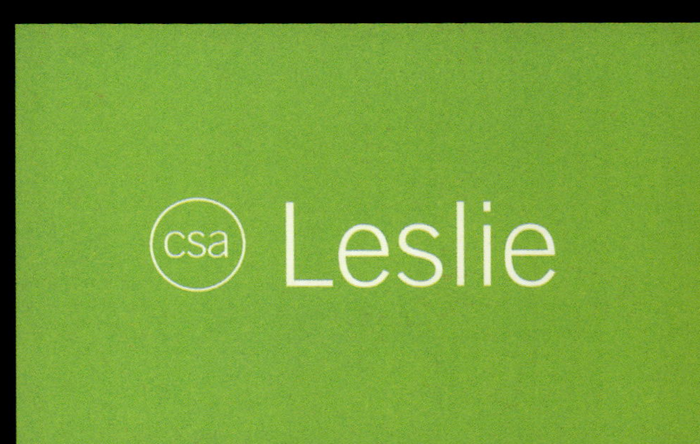

Brian Costello

t 212.331.8900
f 212.343.2134
e brian@thousand-words.com

www.thousand-words.com

601 W.26 Street 11th Floor
New York NY 10001

THOUSAND WORDS

CLIENTE: Thousand Words

ESTUDIO DE DISEÑO: Carbone Smolan Agency

DIRECCIÓN ARTÍSTICA: Ken Carbone

DISEÑO/ILUSTRACIÓN: Lesley Kunkis

SOFTWARE: Adobe Illustrator

PAPEL: Fox River Coronado

Patricia G. Hambrecht
President

CHRISTIE'S

20 Rockefeller Plaza
New York, NY 10020
phone 212.636.2920
fax 212.636.4956

CLIENTE: Christie's

ESTUDIO DE DISEÑO: Carbone Smolan Agency

DIRECCIÓN ARTÍSTICA: Claire Taylor

DISEÑO: Koi Vantanapahu

SOFTWARE: Adobe Illustrator

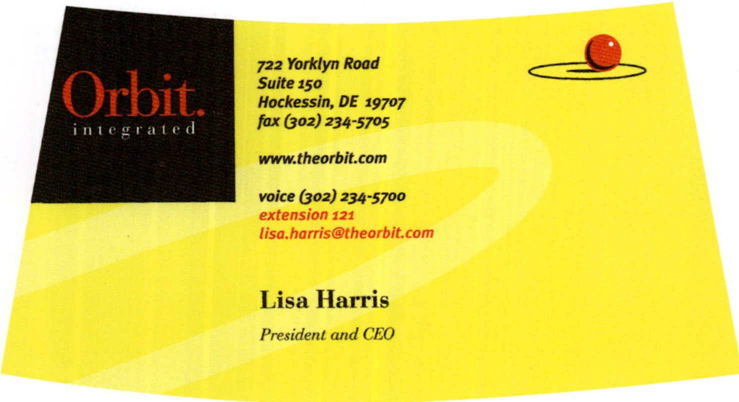

CLIENTE: Orbit Integrated

ESTUDIO DE DISEÑO: Orbit Integrated

DIRECCIÓN ARTÍSTICA/DISEÑO/ILUSTRACIÓN: Jack Harris

SOFTWARE: Adobe Illustrator

PAPEL: Strathmore Ultimate blanco

IMPRESIÓN: Cuatricromía

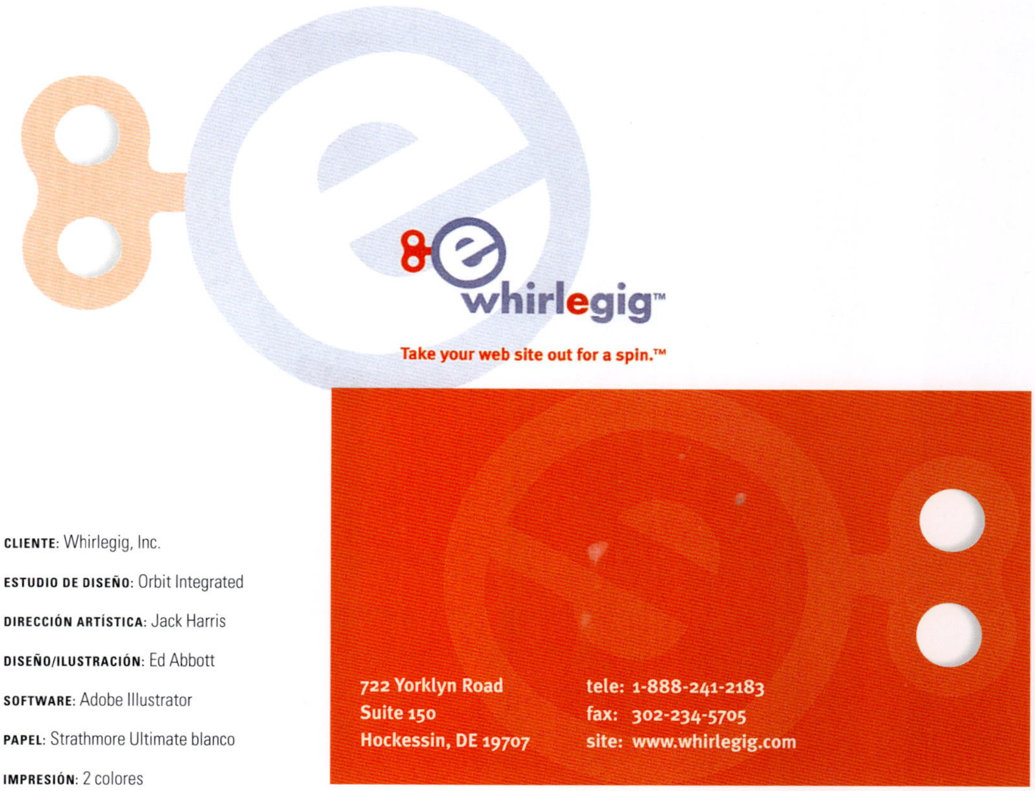

CLIENTE: Whirlegig, Inc.

ESTUDIO DE DISEÑO: Orbit Integrated

DIRECCIÓN ARTÍSTICA: Jack Harris

DISEÑO/ILUSTRACIÓN: Ed Abbott

SOFTWARE: Adobe Illustrator

PAPEL: Strathmore Ultimate blanco

IMPRESIÓN: 2 colores

John Giardino M.C.P.
IMPLEMENTATION CONSULTANT

RIMROCK CORPORATION

1210 Eglinton Avenue West
Toronto Ontario M6C 2E3
T) 416 256 4995 Ext.49
F) 416 256 4604
jgiardino@rimrock.com

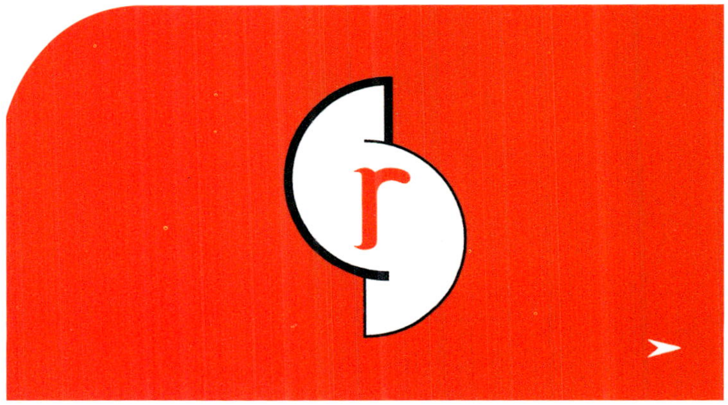

CLIENTE: Rimrock Corporation
ESTUDIO DE DISEÑO: Q30 Design Inc.
DIRECCIÓN ARTÍSTICA: Glenda Rissman
DISEÑO: Jaspal Riyait
SOFTWARE: Quark XPress
PAPEL Fraser Pegasus

Kelli McDowell • Executive Producer
6561 Franklin Avenue, Hollywood, CA 90028
Phone 323 850 5522 Fax 323 850 5527
kelli@mirellafilm.com
www.mirellafilm.com

mirella Film Company

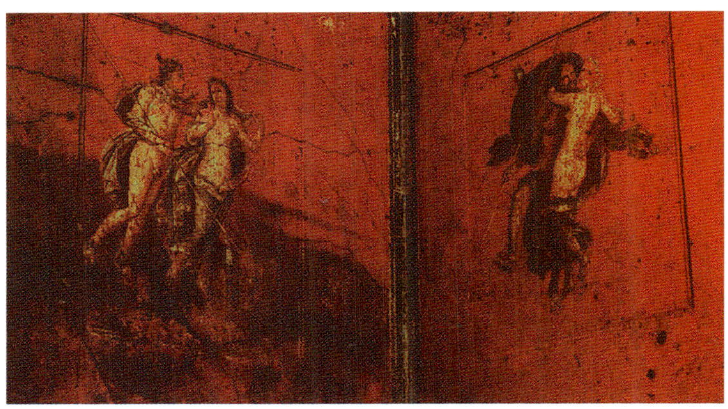

CLIENTE: Mirella Film Company
ESTUDIO DE DISEÑO: Q30 Design Inc.
DIRECCIÓN ARTÍSTICA: Glenda Rissman
DISEÑO: Jaspal Riyait
ILUSTRACIÓN: Mary Pocock
SOFTWARE: Quark XPress
PAPEL: Mohawk Navajo

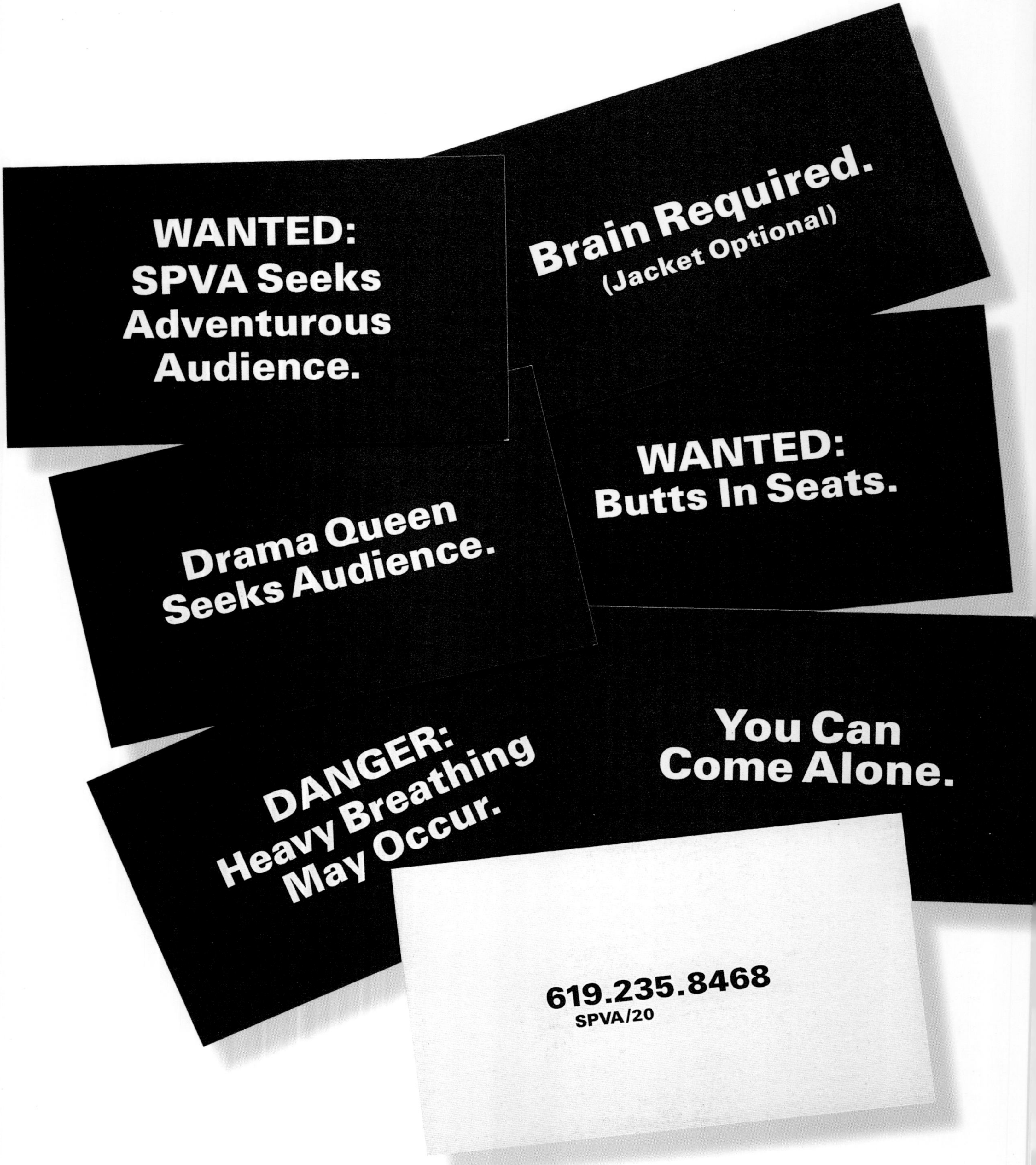
WANTED:
SPVA Seeks
Adventurous
Audience.
Brain Required.
(Jacket Optional)
Drama Queen
Seeks Audience.
WANTED:
Butts In Seats.
DANGER:
Heavy Breathing
May Occur.
You Can
Come Alone.
619.235.8468
SPVA/20

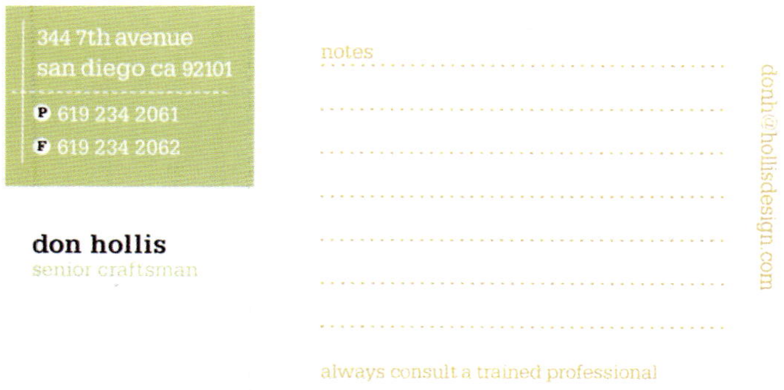

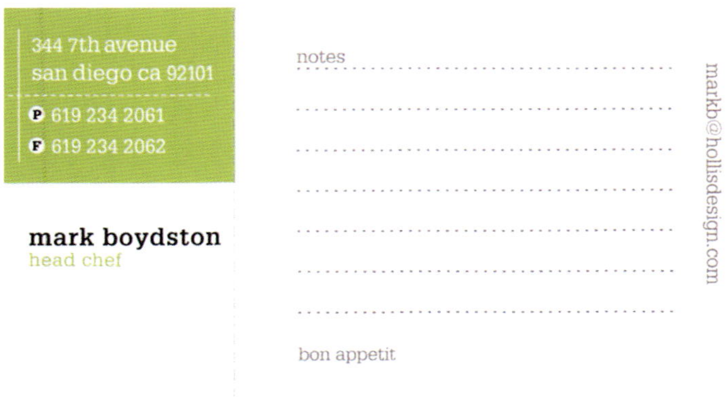

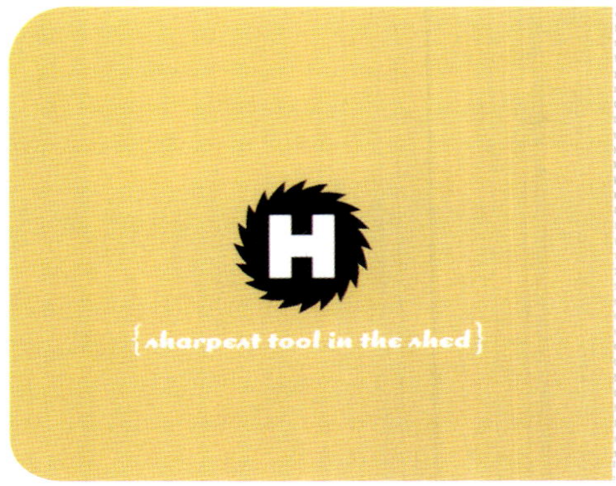

HOLLIS

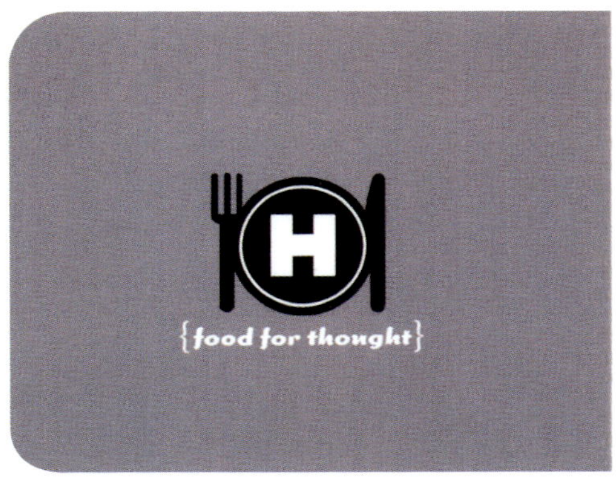

HOLLIS

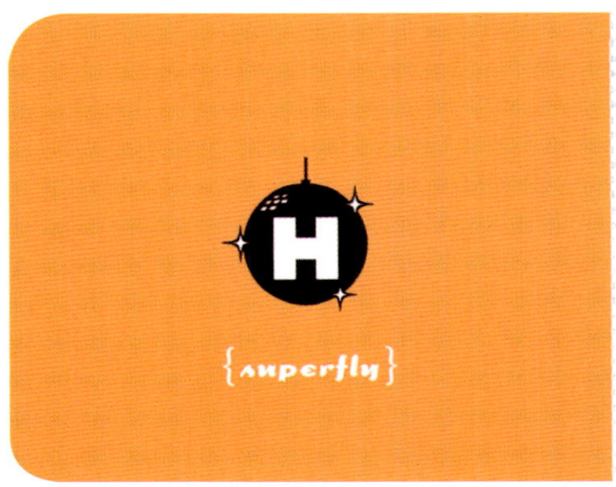

HOLLIS

CLIENTE: Sushi Performance Theater

ESTUDIO DE DISEÑO: Hollis

DIRECCIÓN ARTÍSTICA: Don Hollis

DISEÑO: Paul Drohan

SOFTWARE: Macromedia Freehand

PAPEL: Blanco / 325 g/m²

IMPRESIÓN: 1 / 1

CLIENTE: Hollis

ESTUDIO DE DISEÑO: Hollis

DISEÑO: Don Hollis

ILUSTRACIÓN: Varios

SOFTWARE: Macromedia Freehand

PAPEL: Blanco brillante / 325 g/m² cartulina

IMPRESIÓN: Cuatricromía ambas caras / troquelado y perforado

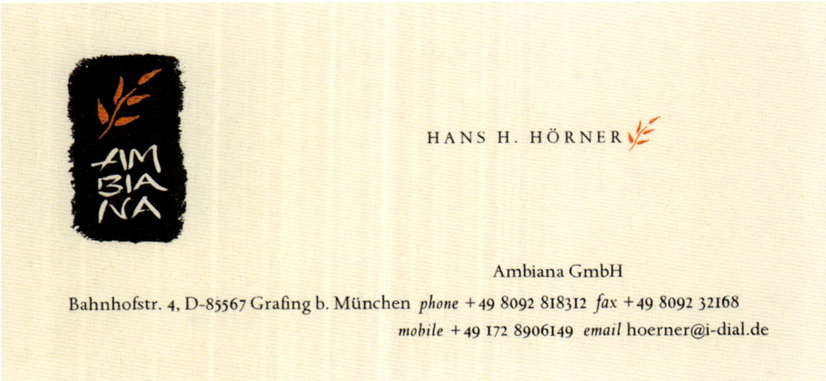

CLIENTE: Ambiana GmbH

ESTUDIO DE DISEÑO: Equus Design Consultants P/L

DIRECCIÓN ARTÍSTICA: Andrew Thomas

DISEÑO/ILUSTRACIÓN: Rudi Boo

SOFTWARE: Adobe Illustrator / Adobe Photoshop

PAPEL: Curtis Retreeve Natural

IMPRESIÓN: 2 colores

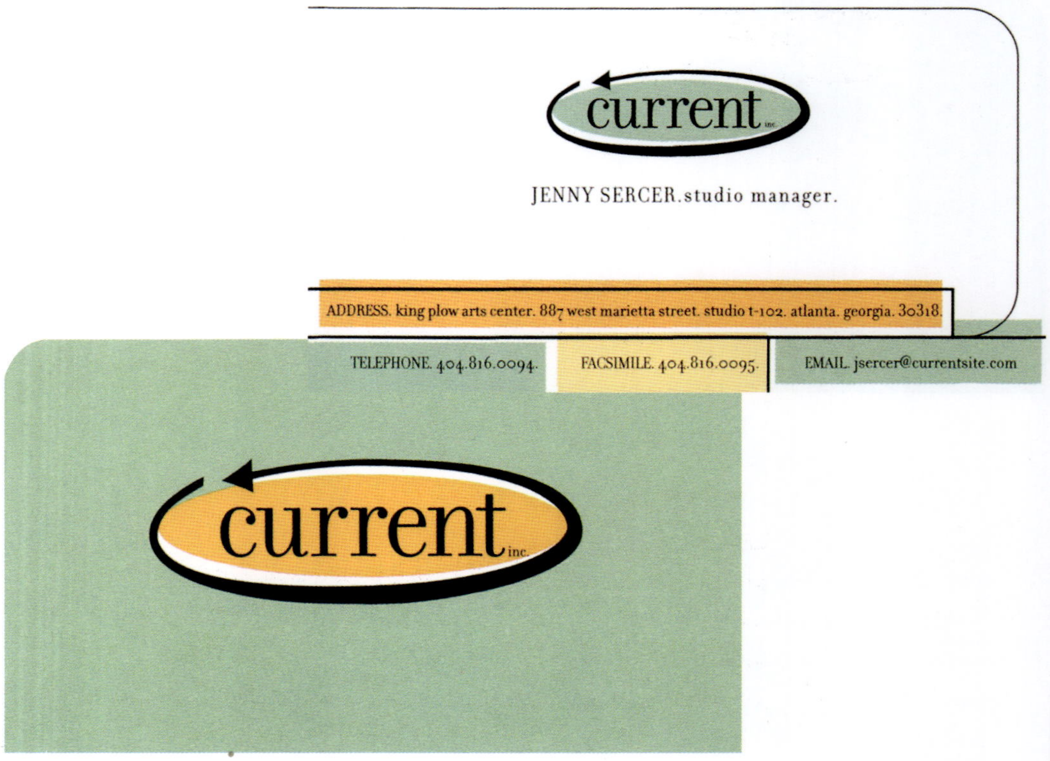

CLIENTE: Current, Inc.

ESTUDIO DE DISEÑO: Current, Inc.

DIRECCIÓN ARTÍSTICA/DISEÑO: Wendy Sugarman

ILUSTRACIÓN: Kelley Freeley

SOFTWARE: Adobe Illustrator / Quark XPress

PAPEL: French Construction blanco puro / 270 g/m²

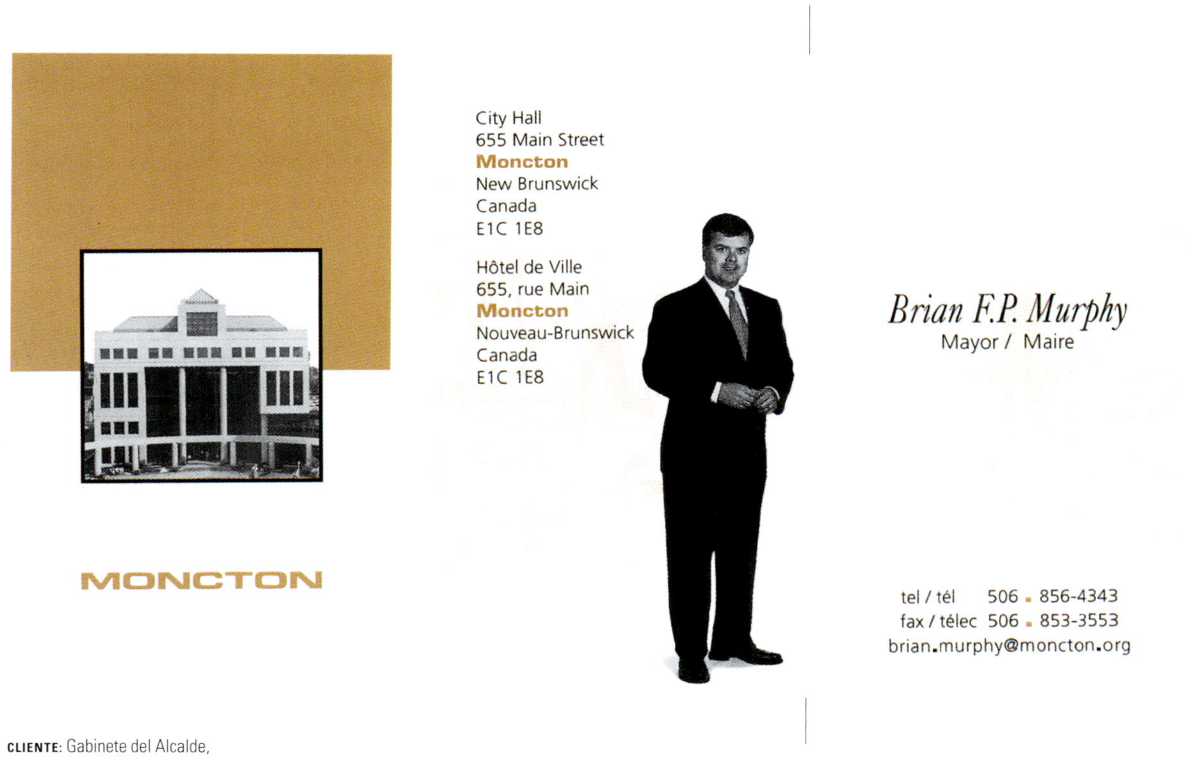

CLIENTE: Gabinete del Alcalde,
Ayuntamiento de Moncton

ESTUDIO DE DISEÑO: Producción interna

DISEÑO: Judy Wheaton

SOFTWARE: Adobe Pagemaker /
Adobe Photoshop

PAPEL: Utopia Premium

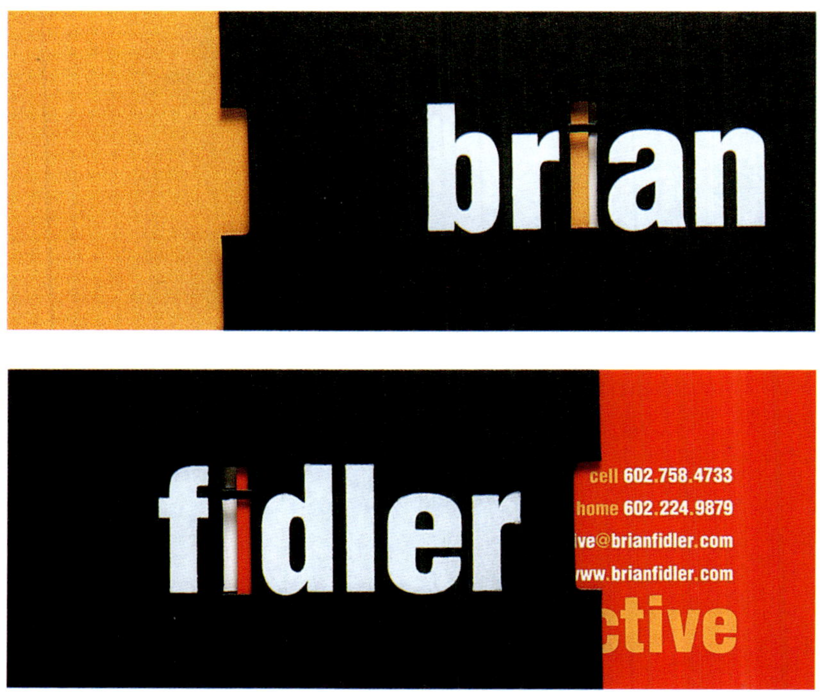

CLIENTE: brianfidler interactive

ESTUDIO DE DISEÑO: brianfidler interactive

DIRECCIÓN ARTÍSTICA/DISEÑO: Brian Fidler

SOFTWARE: Adobe Illustrator

IMPRESIÓN: Epson Color 1160 para elemento interno

CLIENTE: Free-Range Chicken Ranch

ESTUDIO DE DISEÑO: Free-Range Chicken Ranch

DISEÑO: Kelli Christman / Toni Parmley

ILUSTRACIÓN: Dave Parmley / Donna Gilbert

SOFTWARE: Quark XPress / Adobe Illustrator

PAPEL: Fox River Sundance
Country crema

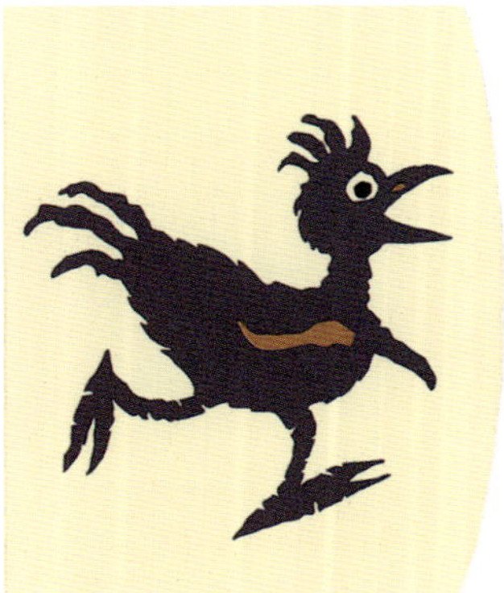

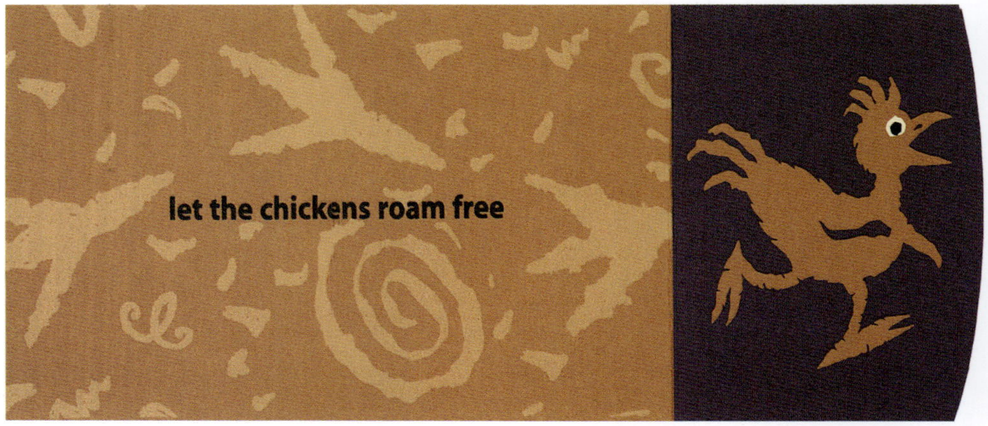

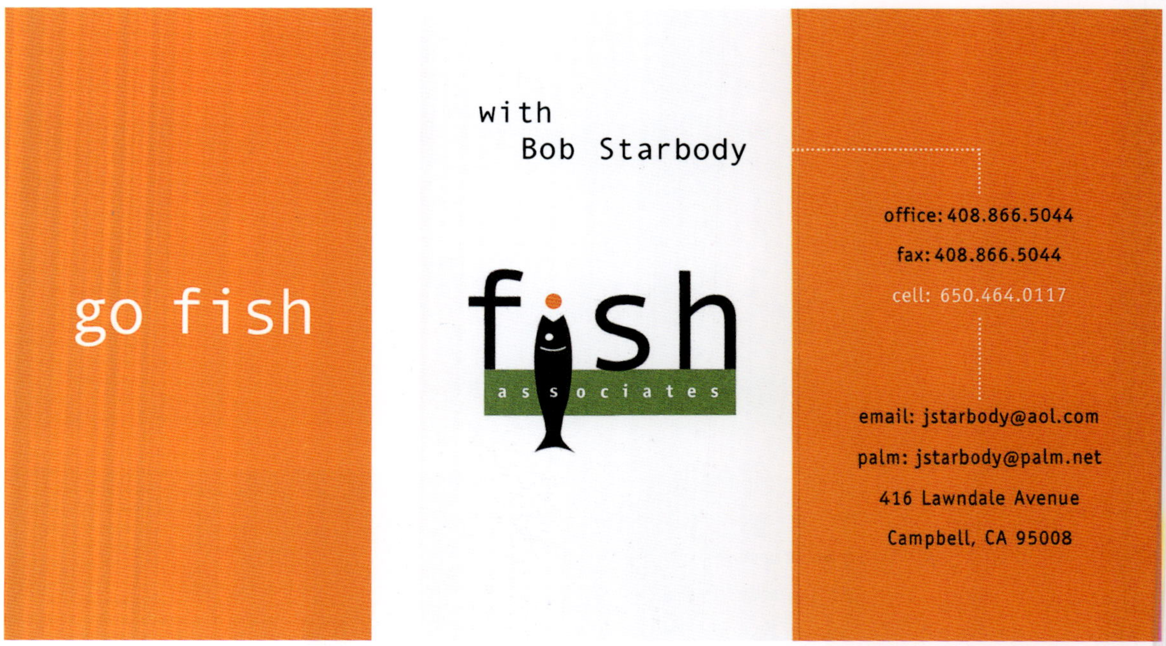

CLIENTE: Go Fish

ESTUDIO DE DISEÑO: Free-Range Chicken Ranch

DIRECCIÓN ARTÍSTICA: Kelli Christman

DISEÑO: Kelli Christman / Toni Parmley

ILUSTRACIÓN: Toni Parmley

SOFTWARE: Quark XPress / Adobe Illustrator

PAPEL: Starwhite Vicksburg / 350 g/m²

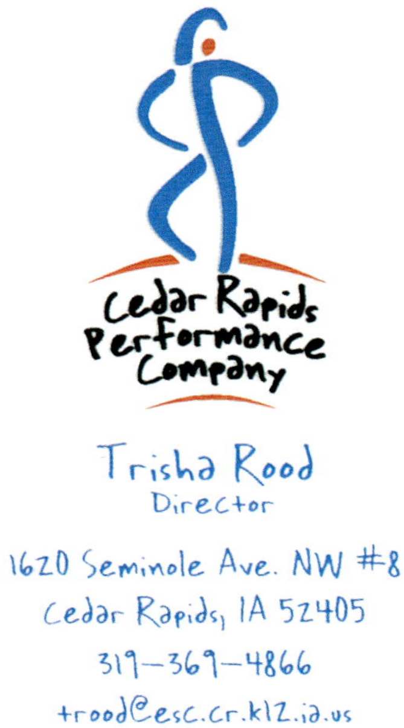

CLIENTE: Cedar Rapids Performance Company

ESTUDIO DE DISEÑO: Marketing and Communication Strategies, Inc.

DISEÑO/ILUSTRACIÓN: Eric Dean Freese

SOFTWARE: Quark XPress / Adobe Illustrator

PAPEL: Wausau Exact Color Copy blanco / 160 g/m² cartulina

IMPRESIÓN: PMS 300 y PMS 185 / negro impreso digitalmente

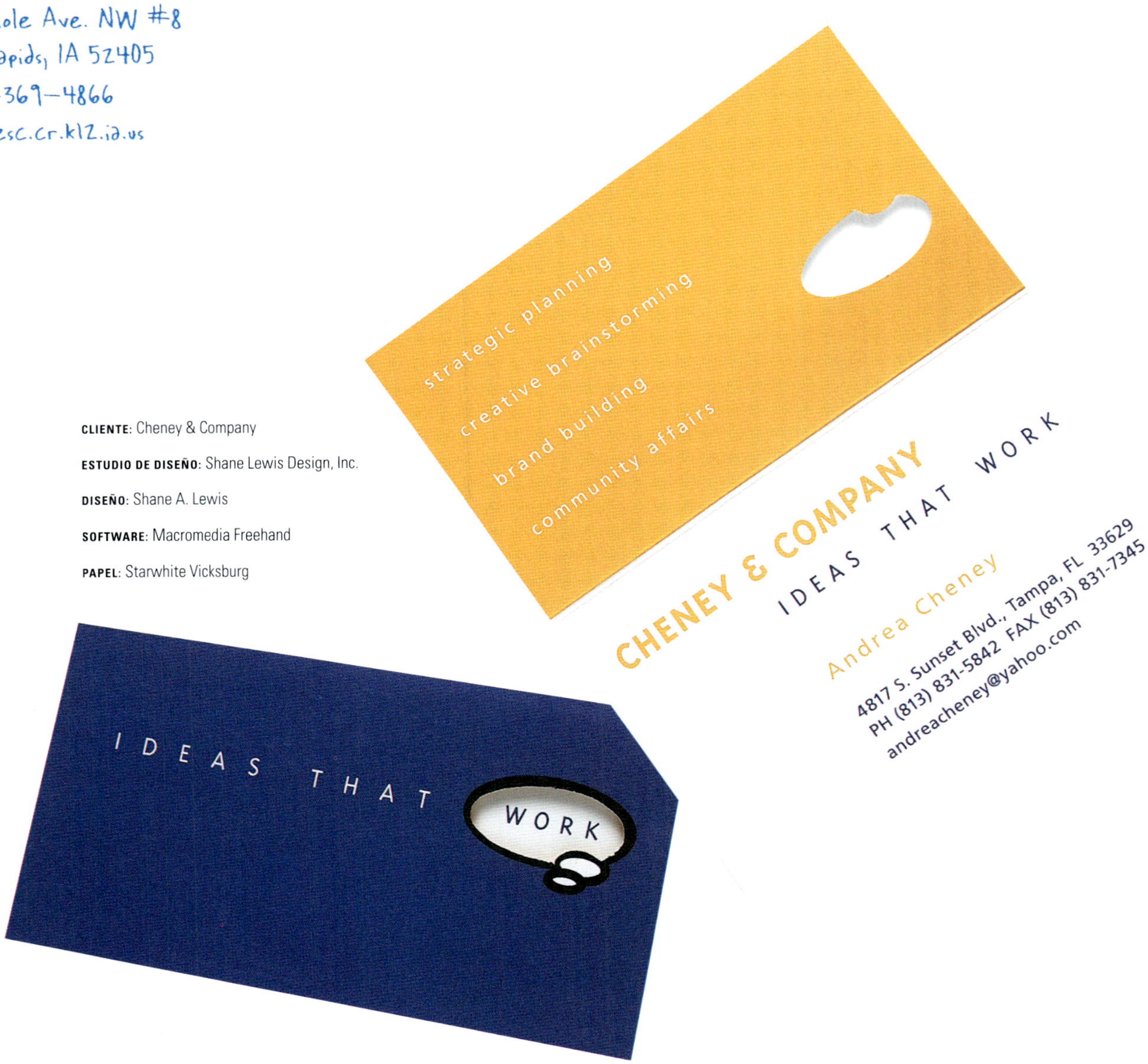

CLIENTE: Cheney & Company

ESTUDIO DE DISEÑO: Shane Lewis Design, Inc.

DISEÑO: Shane A. Lewis

SOFTWARE: Macromedia Freehand

PAPEL: Starwhite Vicksburg

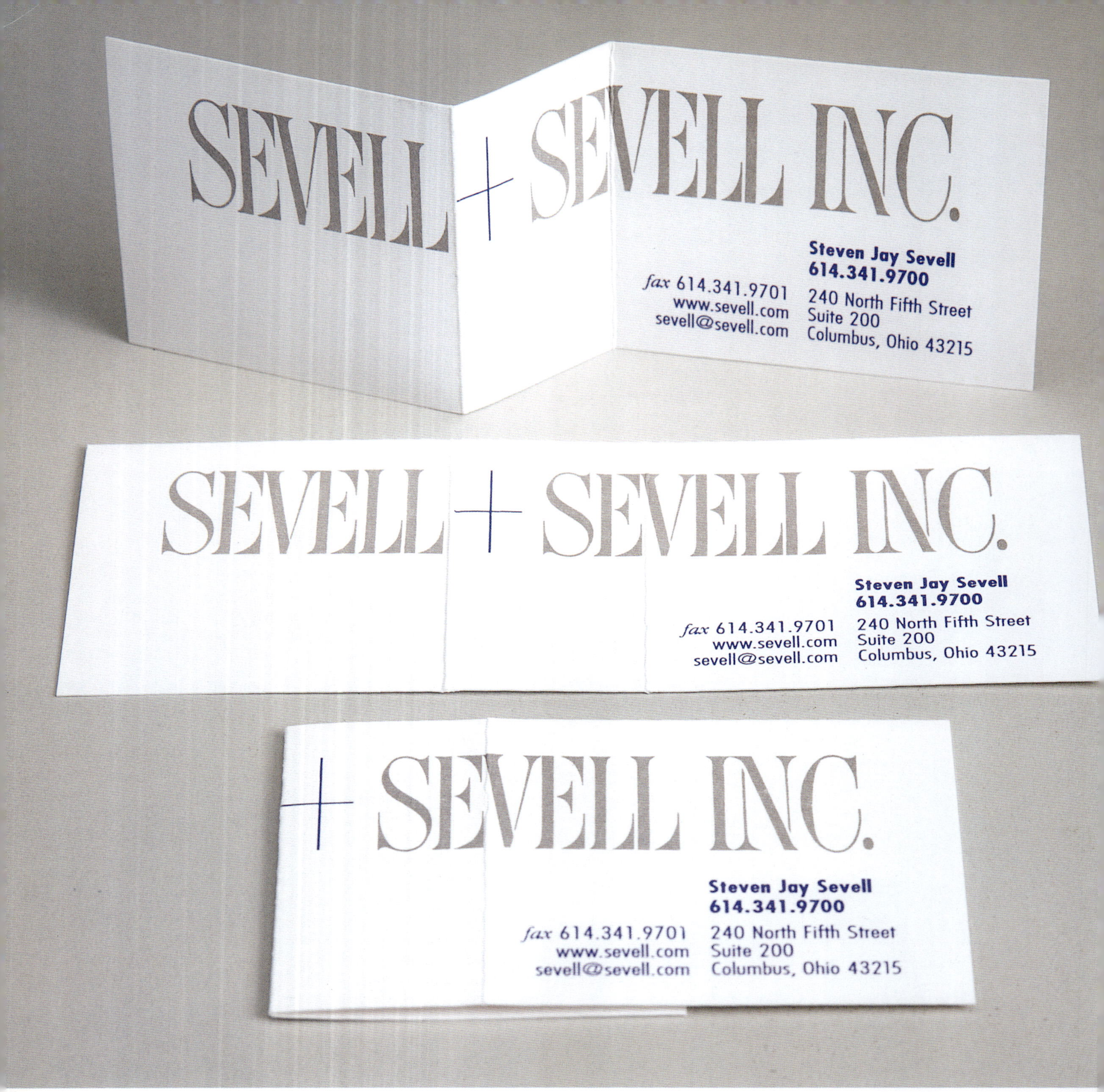

CLIENTE: Sevell + Sevell, Inc.

ESTUDIO DE DISEÑO: Sevell + Sevell, Inc.

DIRECCIÓN ARTÍSTICA/DISEÑO: Steven J. Sevell

SOFTWARE: Adobe Photoshop / Quark XPress

PAPEL: Simpson Protocol Plus couché / 240 g/m^2

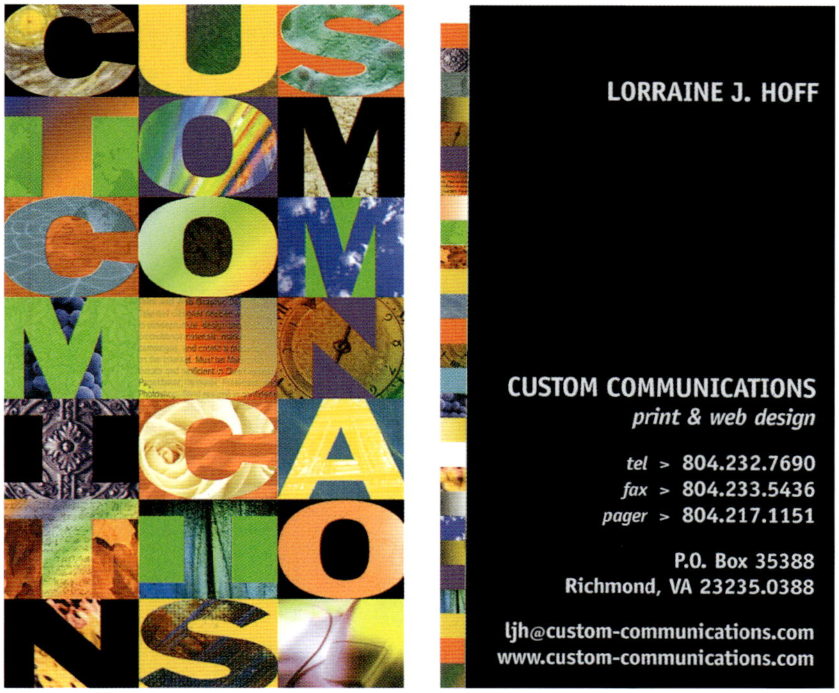

CLIENTE: Custom Communications

ESTUDIO DE DISEÑO: Custom Communications

DIRECCIÓN ARTÍSTICA/DISEÑO: Lorraine J. Hoff

SOFTWARE: Quark XPress / Adobe Photoshop

PAPEL: C2S brillante 212 pt. cartulina

IMPRESIÓN: Cuatricromía

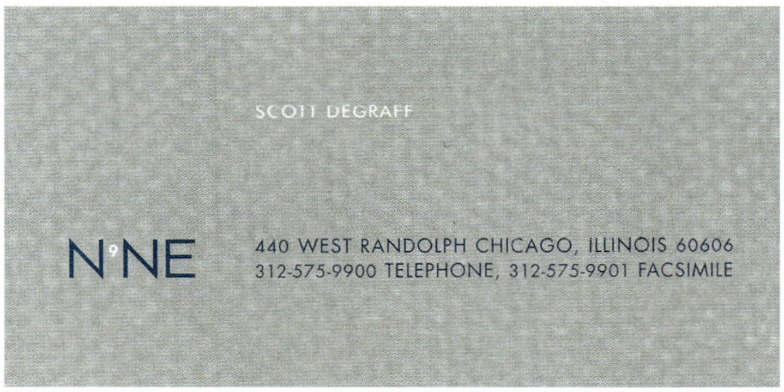

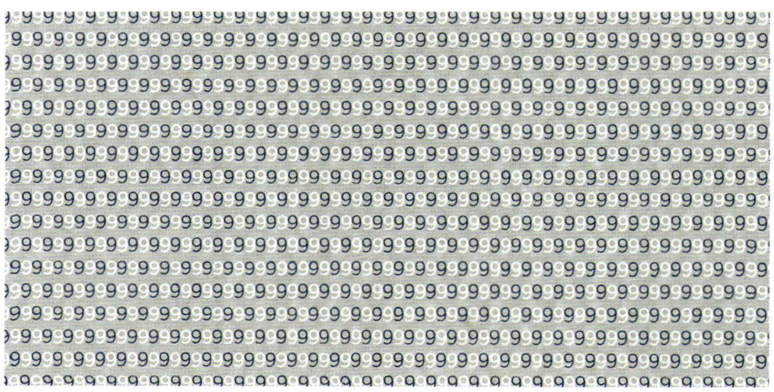

CLIENTE: Nine

ESTUDIO DE DISEÑO: Lowercase, Inc.

DIRECCIÓN ARTÍSTICA/DISEÑO: Tim Bruce

SOFTWARE: Quark XPress

PAPEL: Strathmore

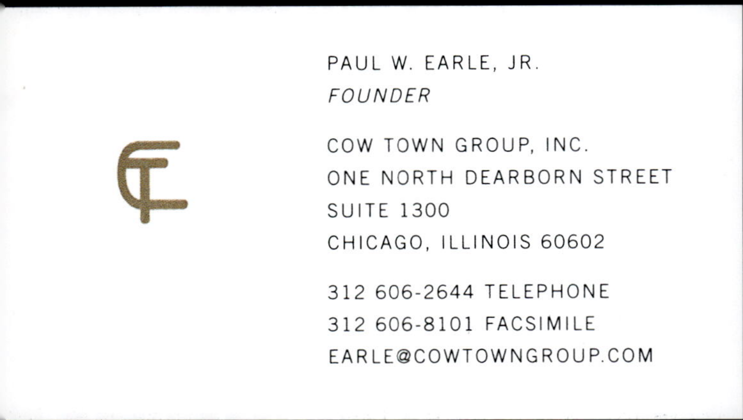

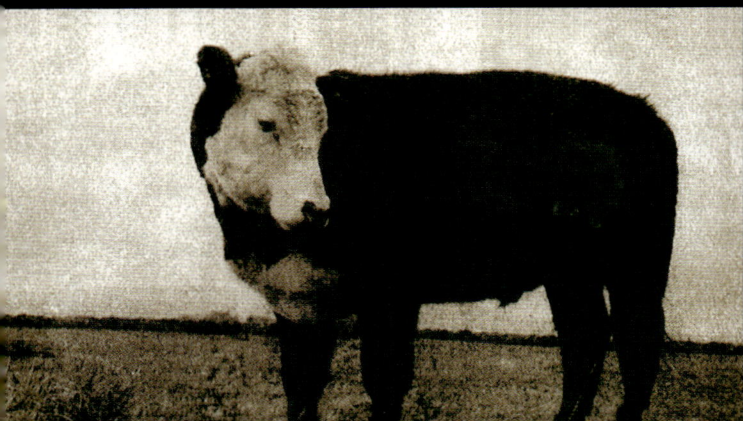

CLIENTE: Cow Town Group, Inc.

ESTUDIO DE DISEÑO: Lowercase, Inc.

DIRECCION ARTÍSTICA/DISEÑO: Tim Bruce

FOTOGRAFÍA: Richard E. Smith

SOFTWARE: Quark XPress

PAPEL: Mohawk superfino

CLIENTE: Mortensen Design

ESTUDIO DE DISEÑO: Mortensen Design

DIRECCIÓN ARTÍSTICA/DISEÑO: Gordon Mortensen

SOFTWARE: Macromedia Freehand / Quark XPress

PAPEL: Somerset Velvet blanco 300 g/m^2

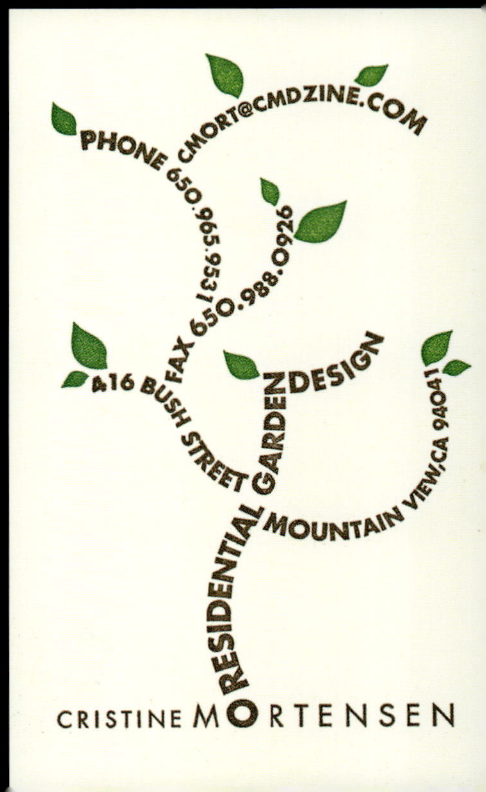

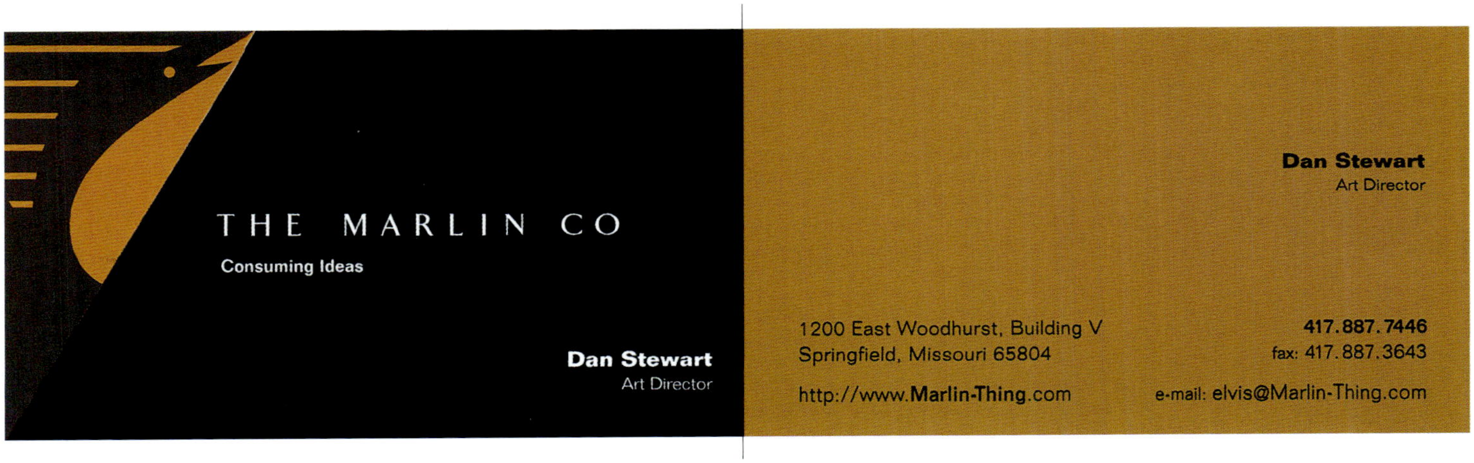

CLIENTE: The Marlin Company

ESTUDIO DE DISEÑO: Fishhead Design

DIRECCIÓN ARTÍSTICA/DISEÑO: Dan Stewart

SOFTWARE: Adobe Illustrator

IMPRESIÓN: Tintas metalizadas

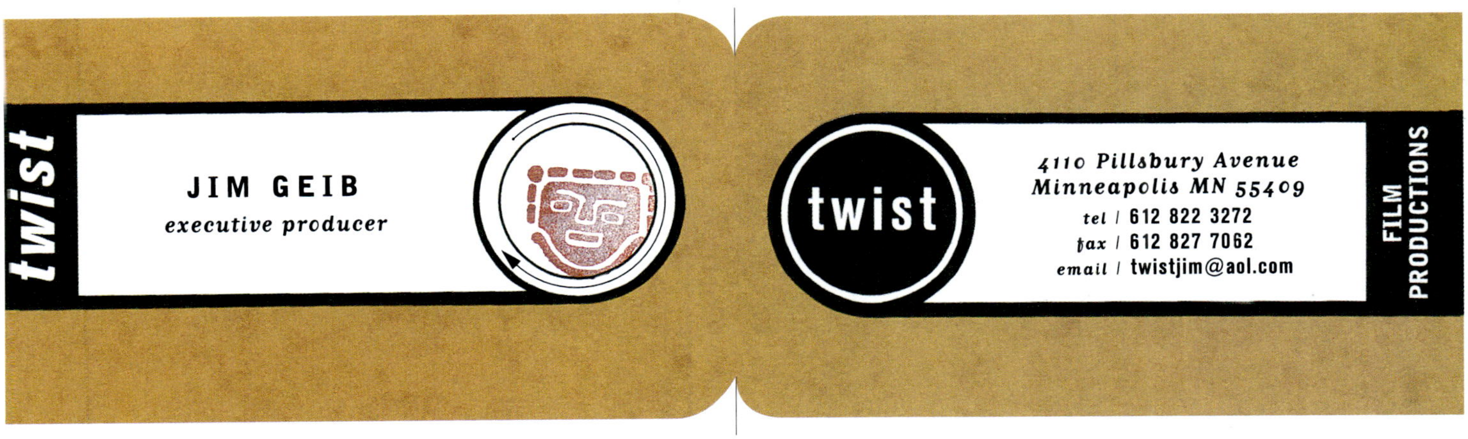

CLIENTE: Twist

ESTUDIO DE DISEÑO: Sussner Design Company

DISEÑO: Derek Sussner

MATERIALES: Pegatinas y sellos

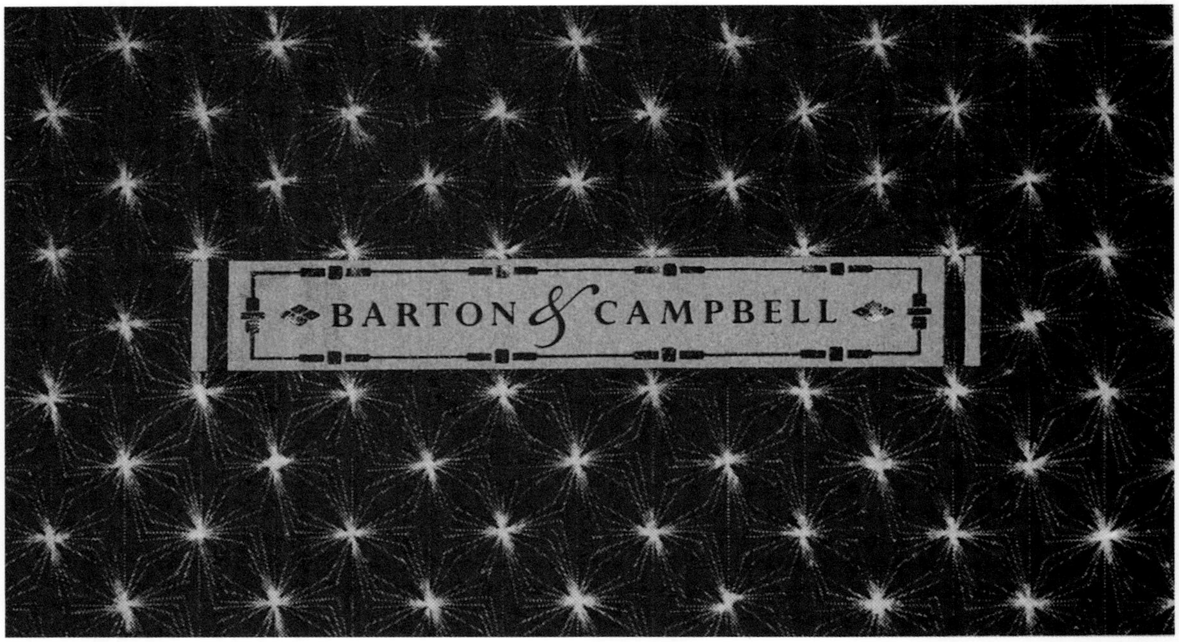

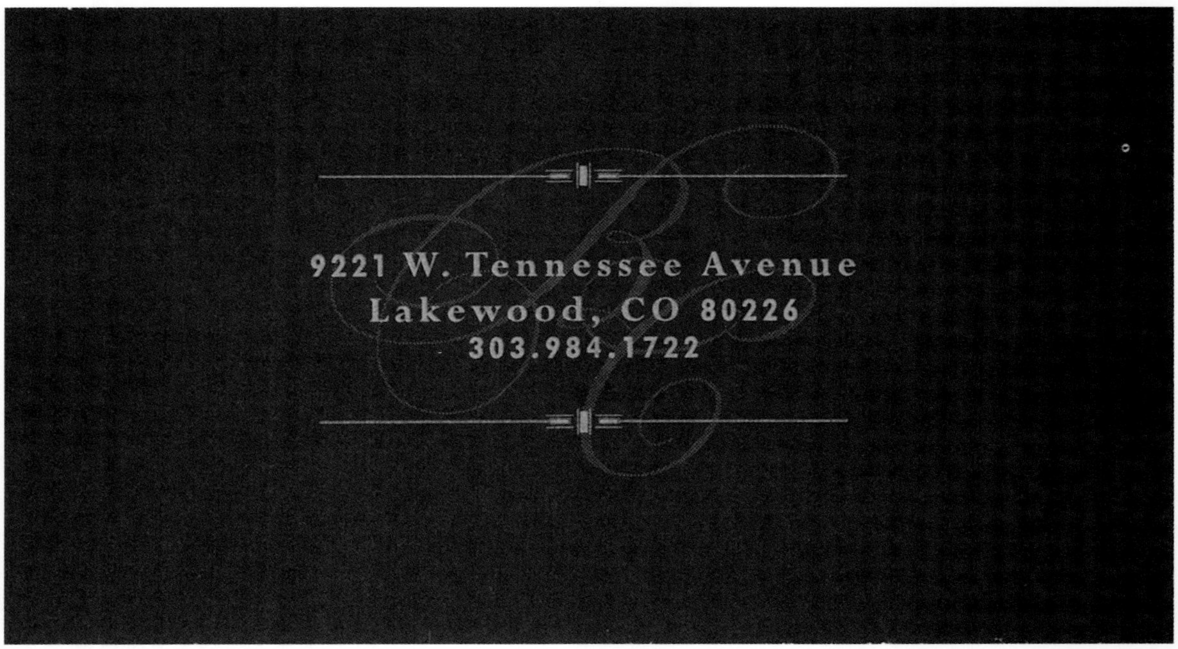

CLIENTE: Barton & Campbell

ESTUDIO DE DISEÑO: Sussner Design Company

DIRECCIÓN ARTÍSTICA: Derek Sussner

DISEÑO: Ralph Schrader

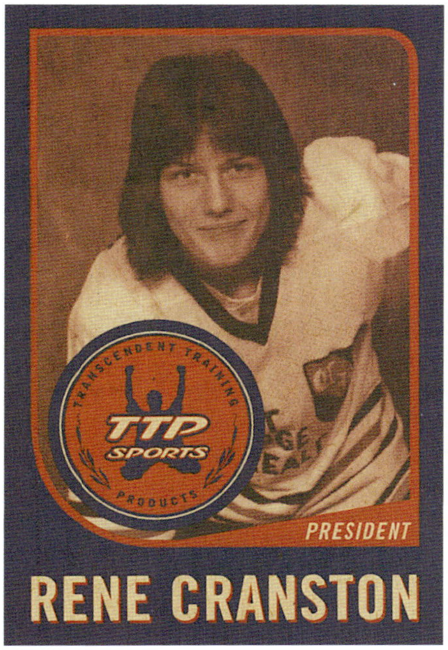

CLIENTE: Transcendent Training Products (TTP)

ESTUDIO DE DISEÑO: Sussner Design Company

DIRECCIÓN ARTÍSTICA: Derek Sussner

DISEÑO: Ryan Carlson

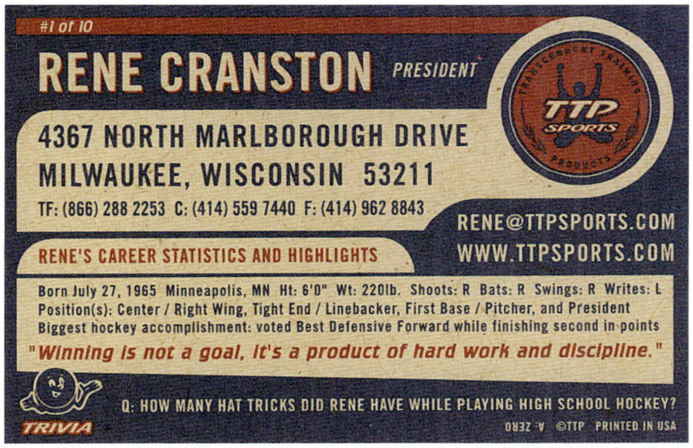

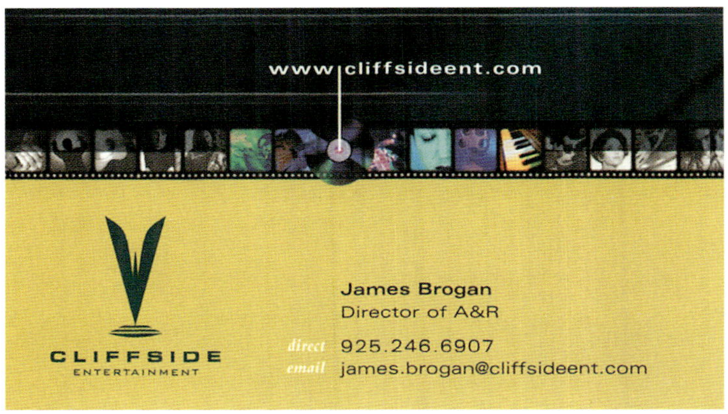

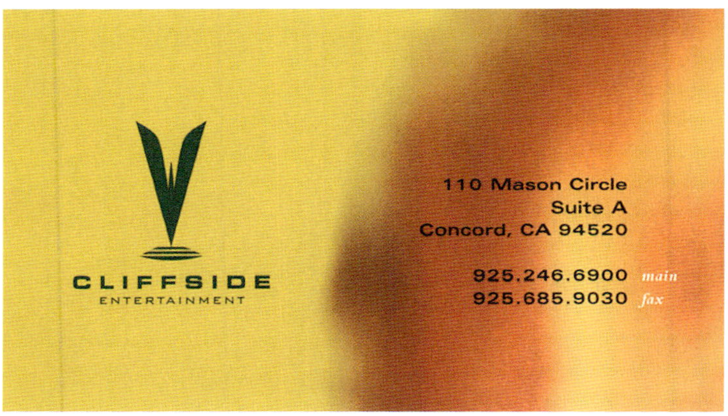

CLIENTE: Cliffside Entertainment

ESTUDIO DE DISEÑO: Sackett Design Associates

DIRECCIÓN ARTÍSTICA: Mark Sackett

DISEÑO: Audrey Gordon / George White

SOFTWARE: Adobe Photoshopo / Quark XPress / Adobe Illustrator

PAPEL: Mohawk superfino ultra blanco rugoso

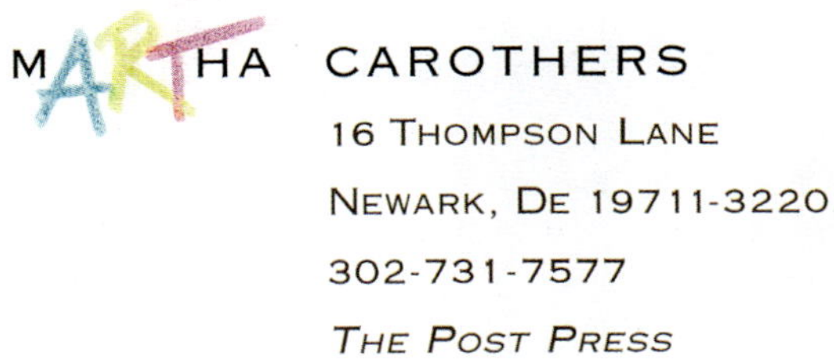

CLIENTE: Martha Carothers

ESTUDIO DE DISEÑO: The Post Press

DIRECCIÓN ARTÍSTICA/DISEÑO: Martha Carothers

SOFTWARE: Quark XPress

IMPRESIÓN: Offset / lápiz de color

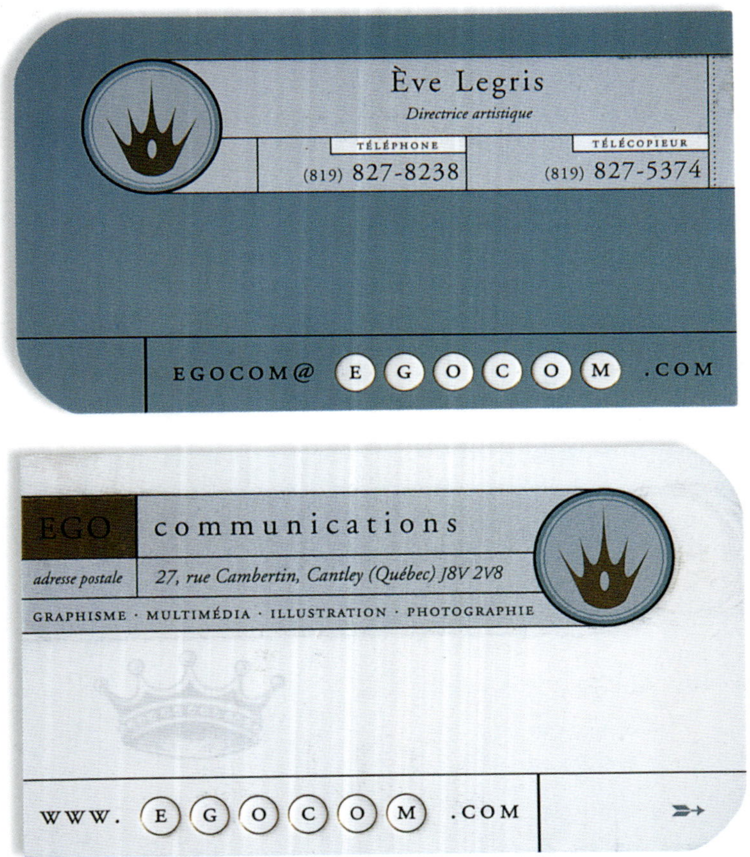

CLIENTE: Ego Communications

ESTUDIO DE DISEÑO: Ego Communications

DIRECCIÓN ARTÍSTICA: Ève Legris

DISEÑO: Mathieu Larocque

SOFTWARE: Adobe Illustrator

PAPEL: San Remo Plus

CLIENTE: Aquarium Restaurant

ESTUDIO DE DISEÑO: Mirage Design

DIRECCIÓN ARTÍSTICA/DISEÑO: Lynette

ILUSTRACIÓN: Mark Daponte

SOFTWARE: Macromedia Freehand / Adobe Photoshop

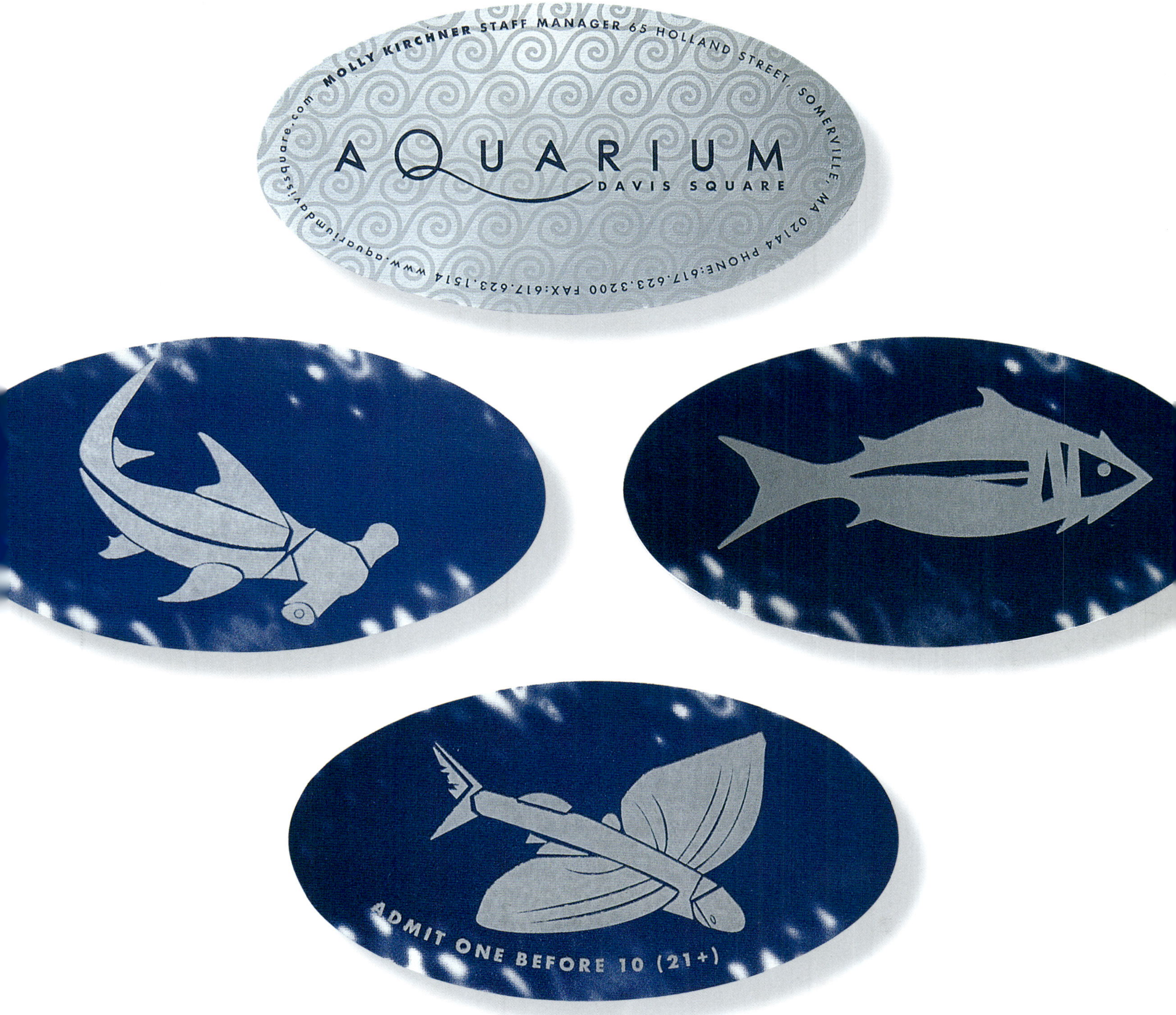
MOLLY KIRCHNER STAFF MANAGER 65 HOLLAND STREET, SOMERVILLE, MA 02144 PHONE:617.623.3200 FAX:617.623.1514 www.aquariumdavissquare.com
AQUARIUM
DAVIS SQUARE
ADMIT ONE BEFORE 10 (21+)

CLIENTE: Nassar Design

ESTUDIO DE DISEÑO: Nassar Design

DIRECCIÓN ARTÍSTICA: Nelida Nassar

DISEÑO: Margarita Encomienda

SOFTWARE: Adobe Illustrator / Quark XPress

PAPEL: Thibierge y Covar Cromática

IMPRESIÓN: Serigrafía

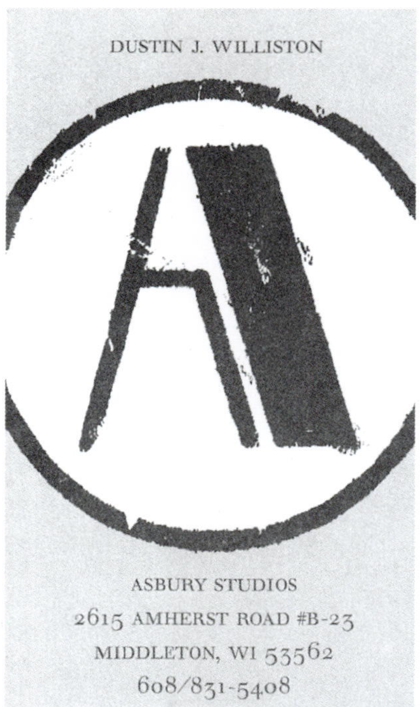

CLIENTE: Asbury Studios

ESTUDIO DE DISEÑO: Asbury Studios

DIRECCIÓN ARTÍSTICA/DISEÑO: Dustin J. Williston

SOFTWARE: Adobe Photoshop / Quark XPress / Adobe Illustrator

PAPEL: Neenah Classic Crest

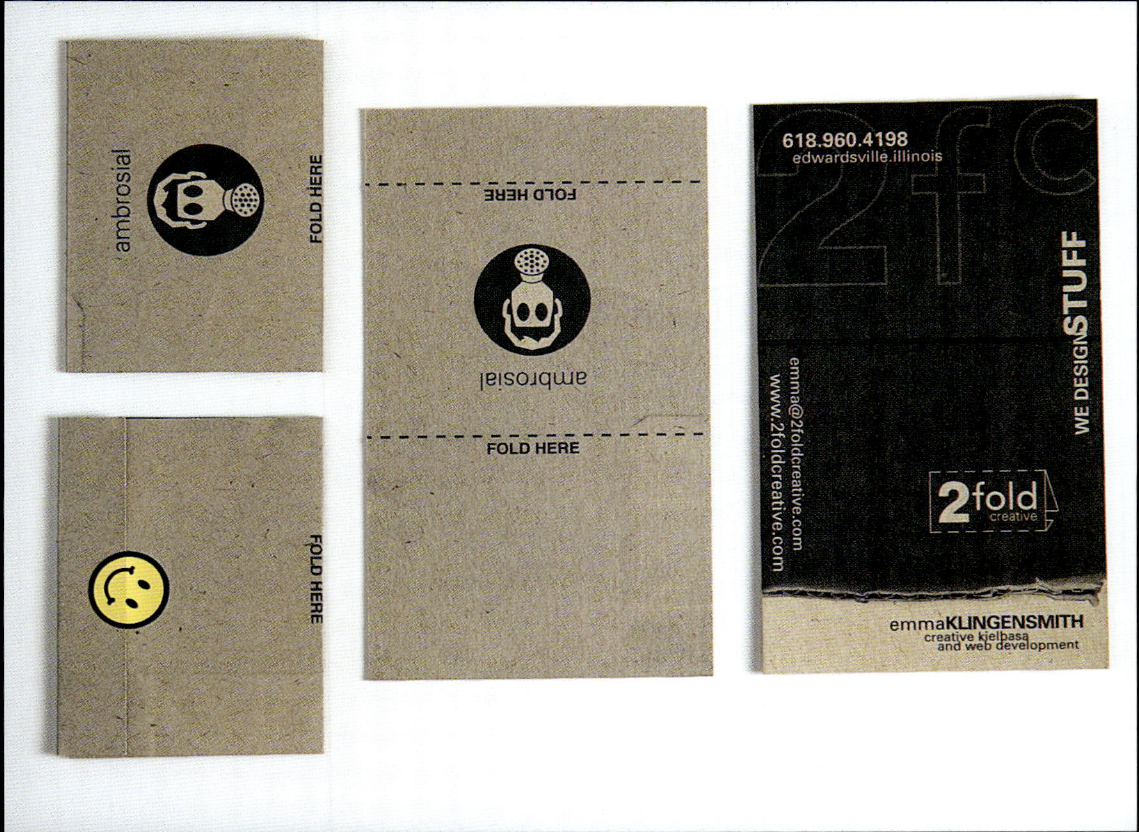

CLIENTE: 2fold Creative

ESTUDIO DE DISEÑO: 2fold Creative

DIRECCIÓN ARTÍSTICA: Emma Klingensmith

DISEÑO: Bill Klingensmith

SOFTWARE: Adobe Photoshop / Adobe Illustrator

PAPEL: Georgia-Pacific Proterra Antique kraft / 216 g/m²

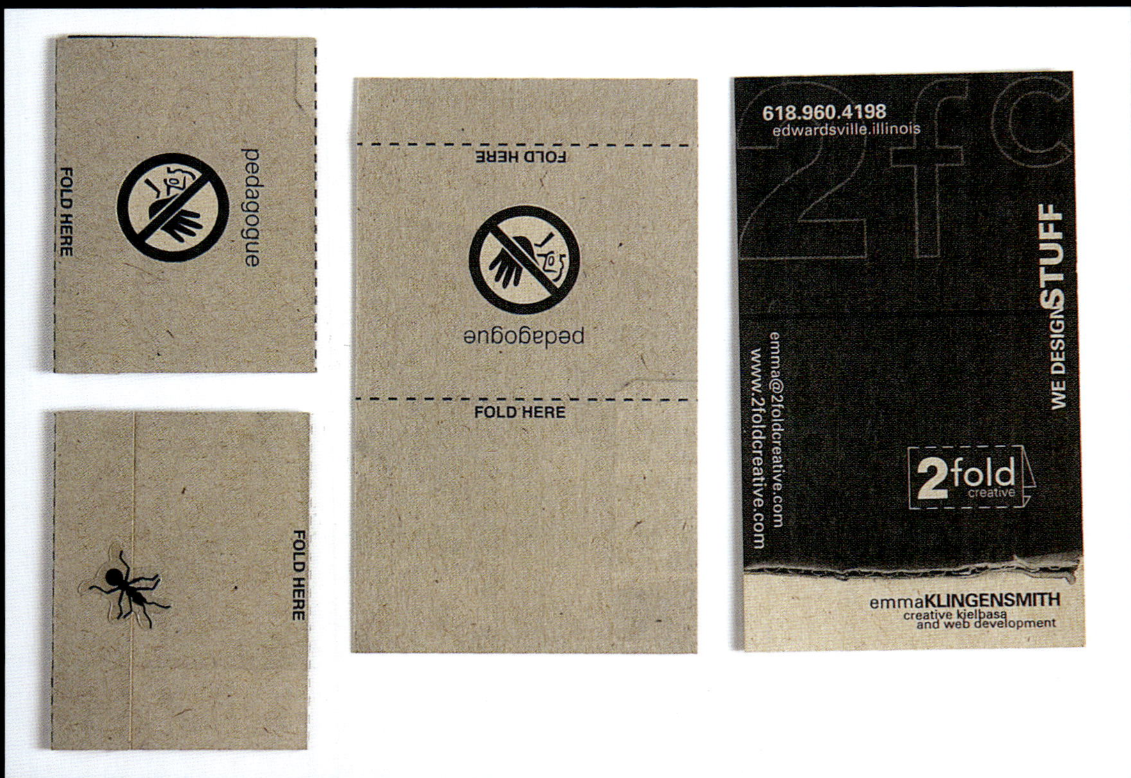

CLIENTE: Avonlea

ESTUDIO DE DISEÑO: Design Center

DIRECCIÓN ARTÍSTICA: John Reger

DISEÑO: Sherwin Schwartzrock

SOFTWARE: Macromedia Freehand

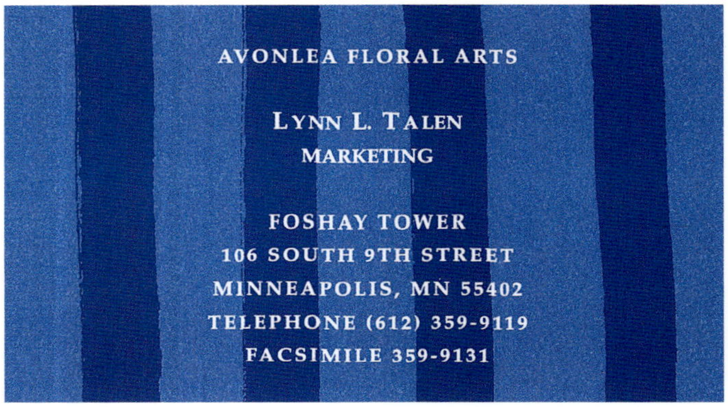

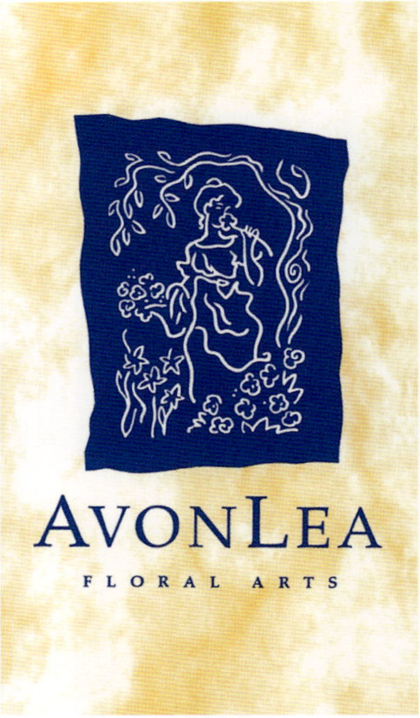

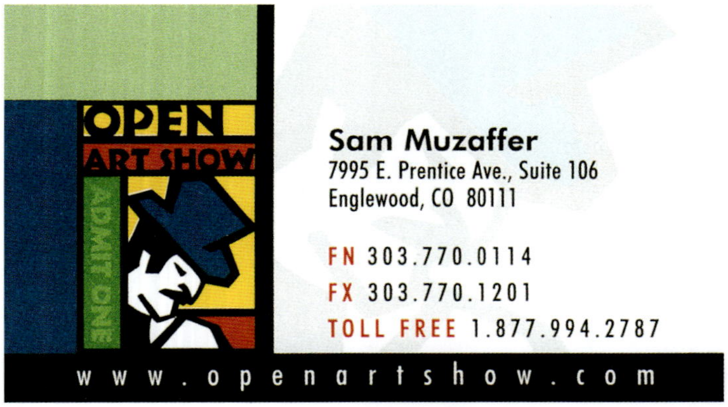

CLIENTE: Open Art Show

ESTUDIO DE DISEÑO: X Design Company

DIRECCIÓN ARTÍSTICA/DISEÑO: Alex Valderrama

CLIENTE: EventSmiths

ESTUDIO DE DISEÑO: X Design Company

DIRECCIÓN ARTÍSTICA/DISEÑO: Alex Valderrama

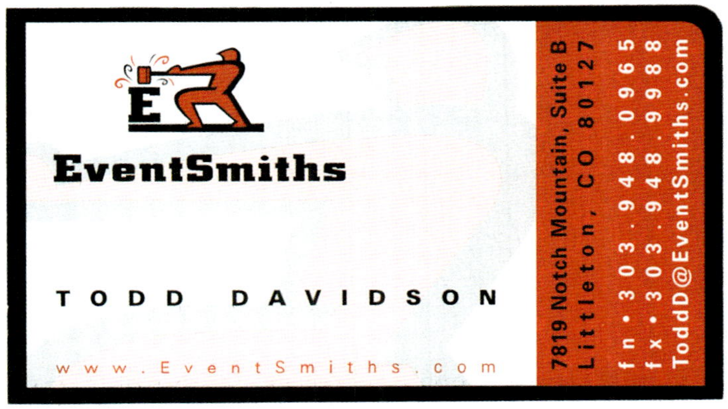

CLIENTE: Elements LLC

ESTUDIO DE DISEÑO: Elements LLC

DIRECCIÓN ARTÍSTICA/DISEÑO: Amy Wentworth

PAPEL: Neenah Classic Crest
Solar blanco / 216 g/m²

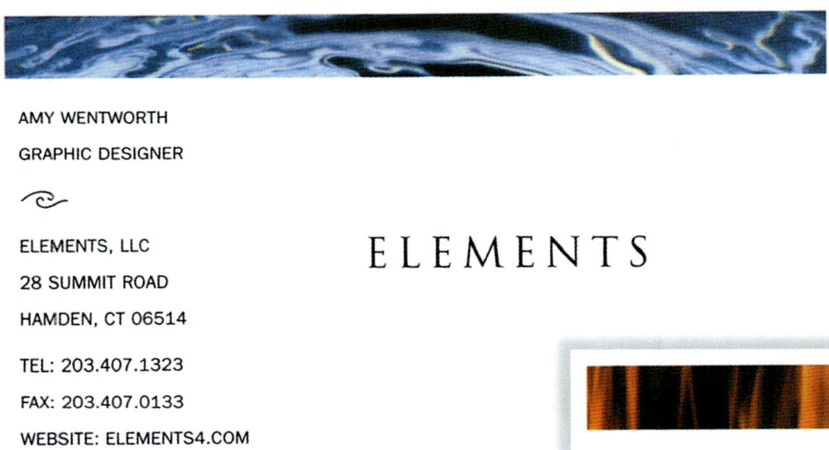

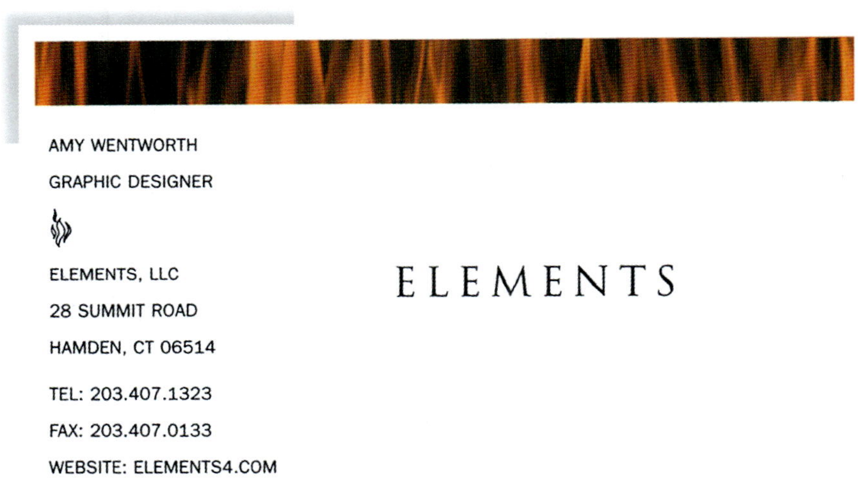

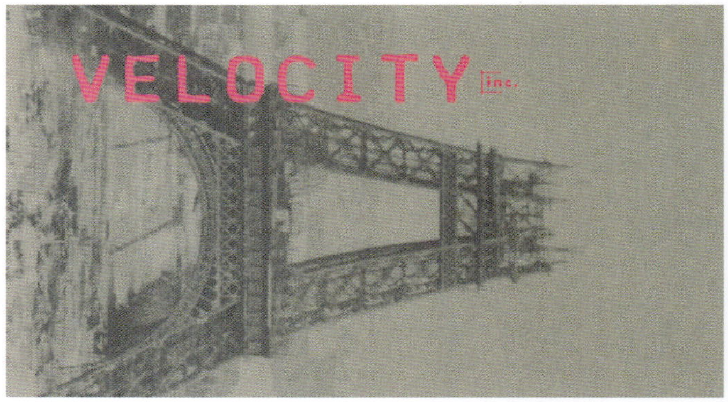

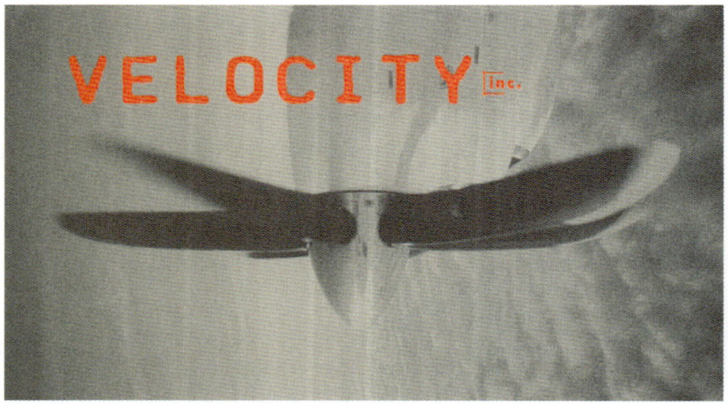

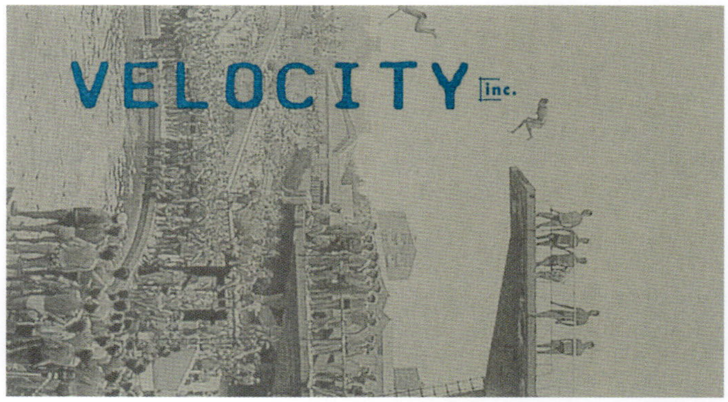

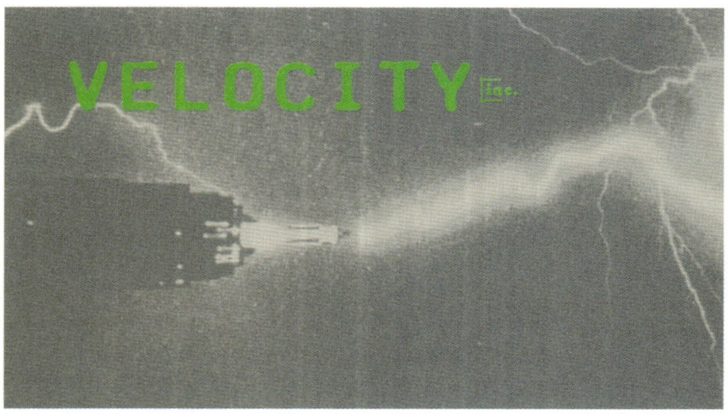

CLIENTE: Velocity Advertising

ESTUDIO DE DISEÑO: Velocity Advertising

DIRECCIÓN ARTÍSTICA: Sandi Quatrale

DIRECCIÓN CREATIVA: Lisa Hickey

SOFTWARE: Quark XPress

PAPEL: Strathmore reciclado blando blanco

IMPRESIÓN: Bitono metalizado / 4 colores neón

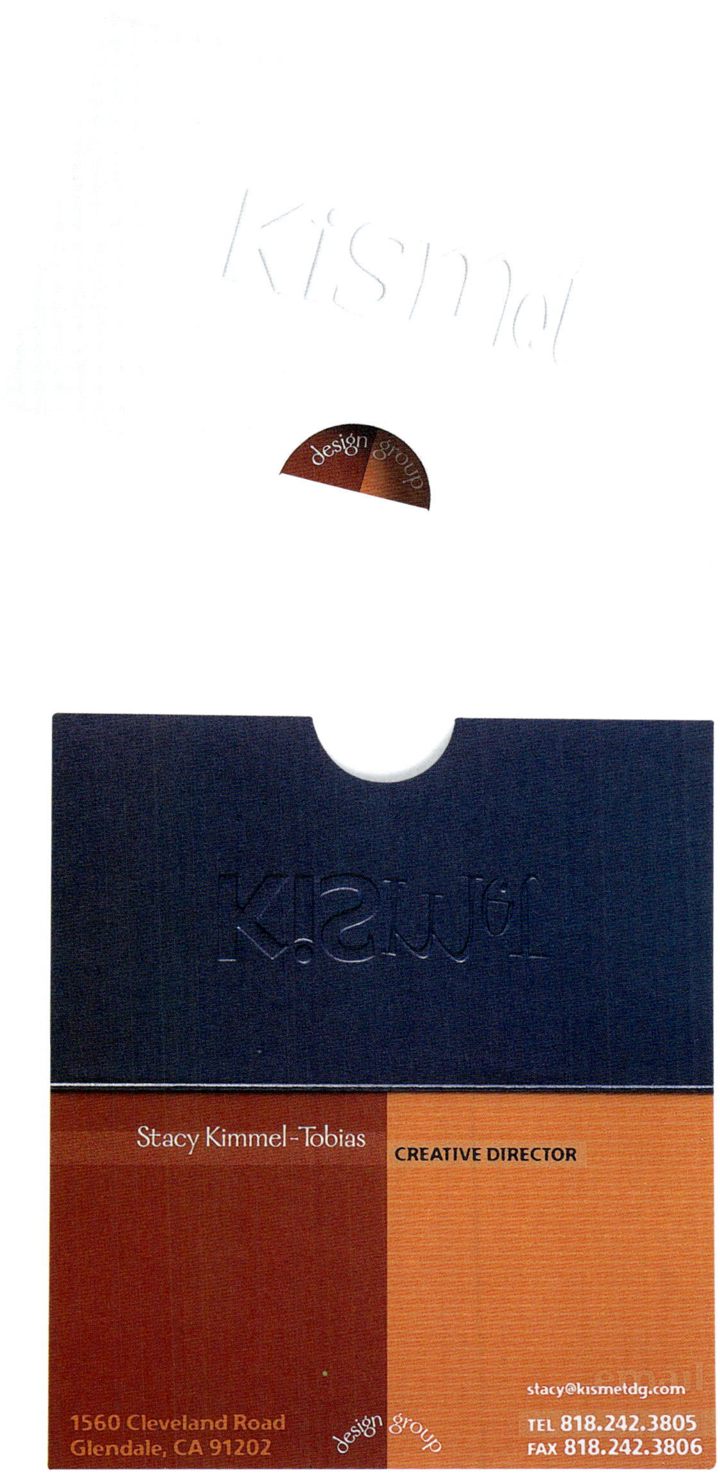

CLIENTE: Kismet Design Group, LLC

ESTUDIO DE DISEÑO: Kismet Design Group, LLC

DIRECCIÓN ARTÍSTICA: Anet Khayat / Stacy Kimmel

SOFTWARE: Quark XPress / Adobe Illustrator

PAPEL: Neenah Classic Crest

IMPRESIÓN: 3 colores / estampación en relieve / troquelado / plegado

CLIENTE: Imagenus Inc.

ESTUDIO DE DISEÑO: Kismet Design Group, LLC

DIRECCIÓN ARTÍSTICA: Anet Khayat / Stacy Kimmel

SOFTWARE: Quark XPress / Adobe Illustrator

PAPEL: McCoy

IMPRESIÓN: 3 / 3 / troquelado

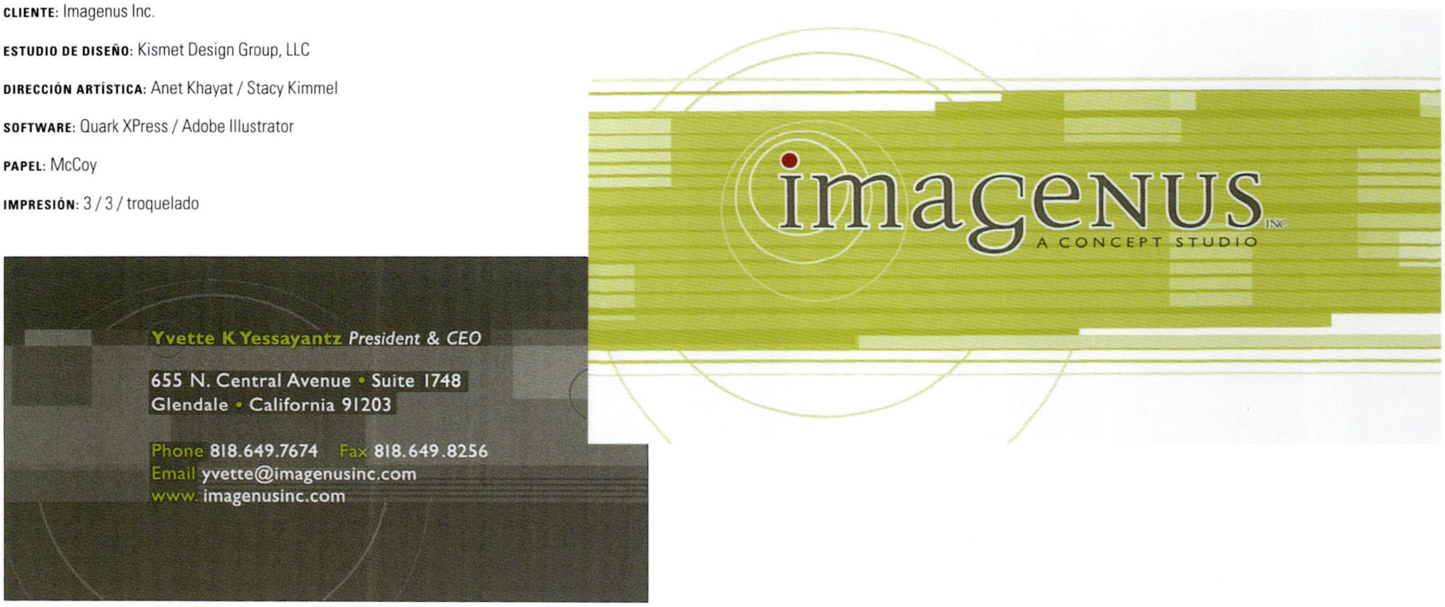

CLIENTE: Euroarte

ESTUDIO DE DISEÑO: Planet Propaganda

DIRECCIÓN ARTÍSTICA: Kevin Wade

DISEÑO: Brad DeMarea

IMPRESIÓN: Tipografía

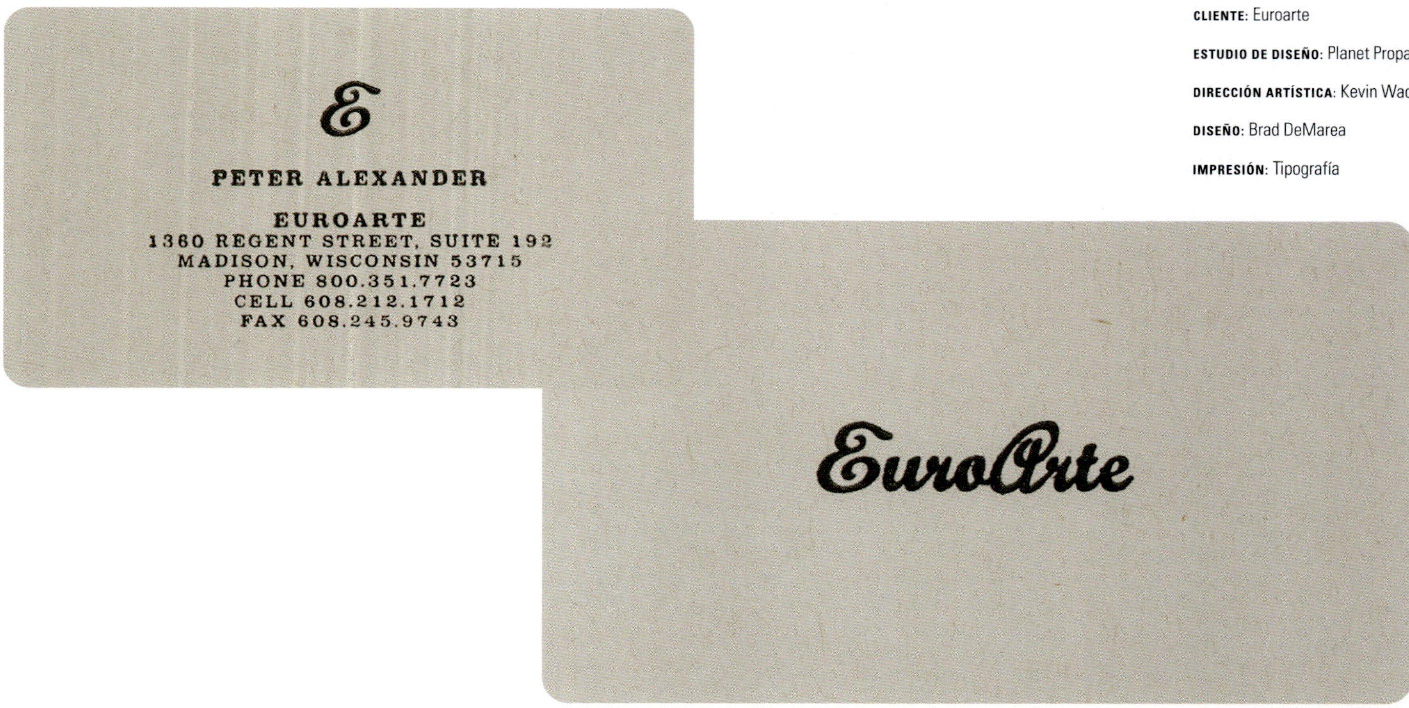

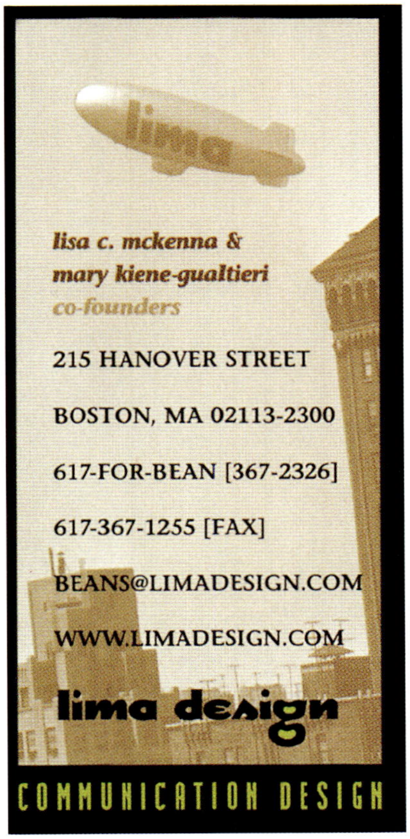

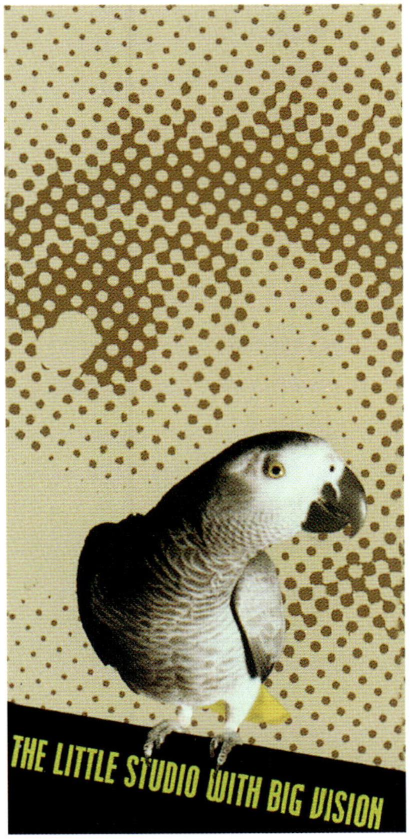

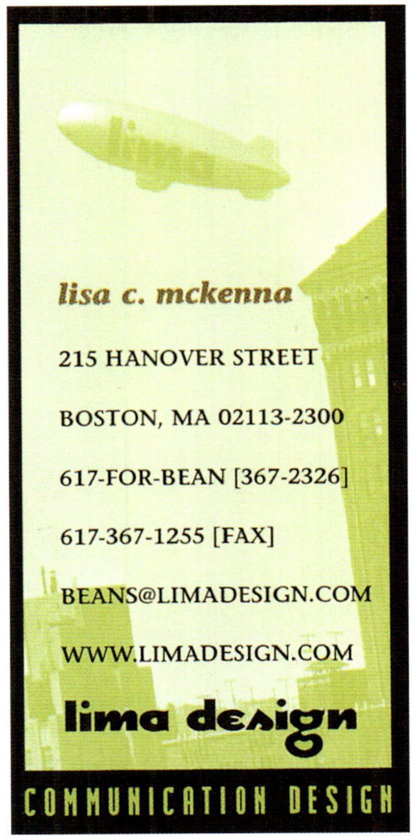

CLIENTE: Lima Design

ESTUDIO DE DISEÑO: Lima Design

DISEÑO: Mary Keine Gualtieri /
Lisa McKenna

SOFTWARE: Adobe Photoshop / Quark XPress

PAPEL: Bird Model Tallulah

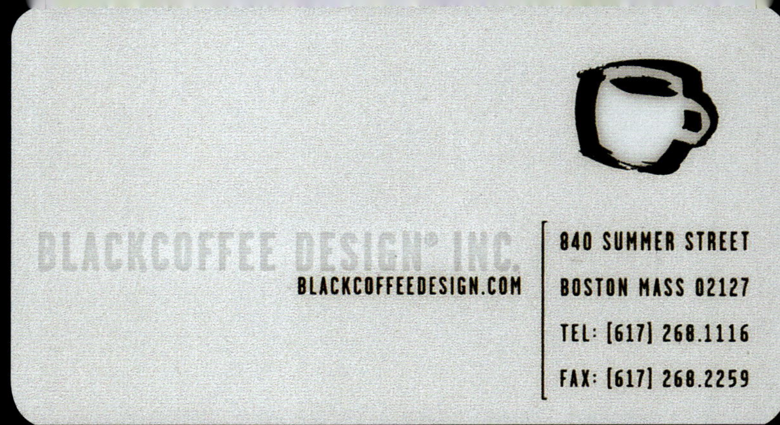

CLIENTE: Blackcoffee Design Inc.

ESTUDIO DE DISEÑO: Blackcoffee Design Inc.

DISEÑO: Mark Gallagher / Laura Savard

SOFTWARE: Adobe Illustrator

PAPEL: Lexan

IMPRESIÓN: Serigrafía

CLIENTE: Turner and Associates

ESTUDIO DE DISEÑO: Turner and Associates

DIRECCIÓN ARTÍSTICA: Phil Hamlett

DISEÑO: Laurie Carrigan / Laura Milton

SOFTWARE: Quark XPress

PAPEL: Crane's Kid acabado blanco perla / 360 g/m² cartulina

IMPRESIÓN: Tipografía 1 / 1 / litografía 1 / 1

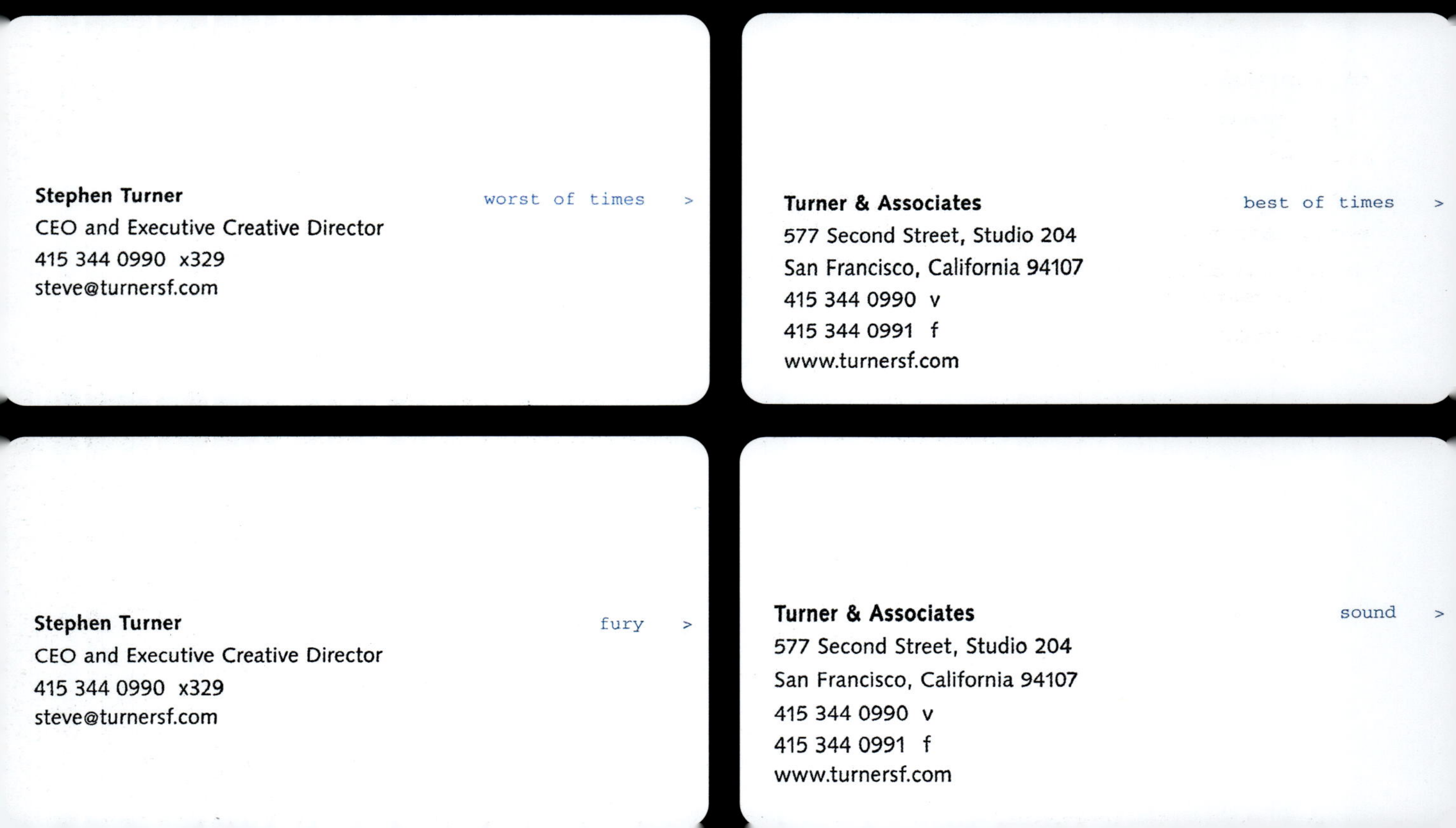

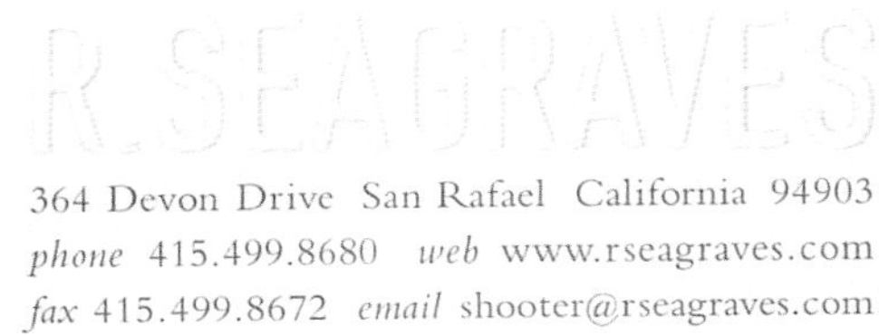

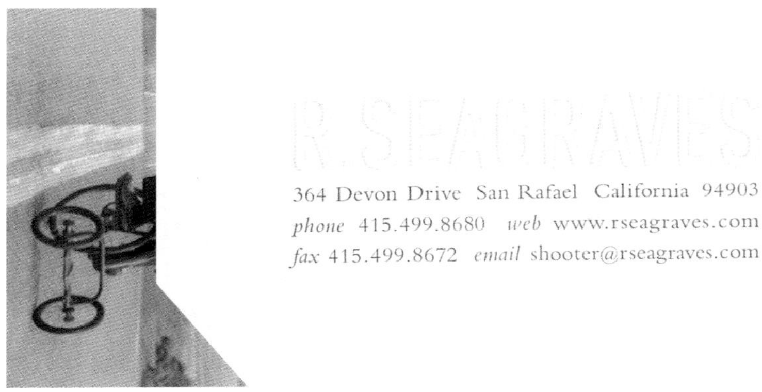

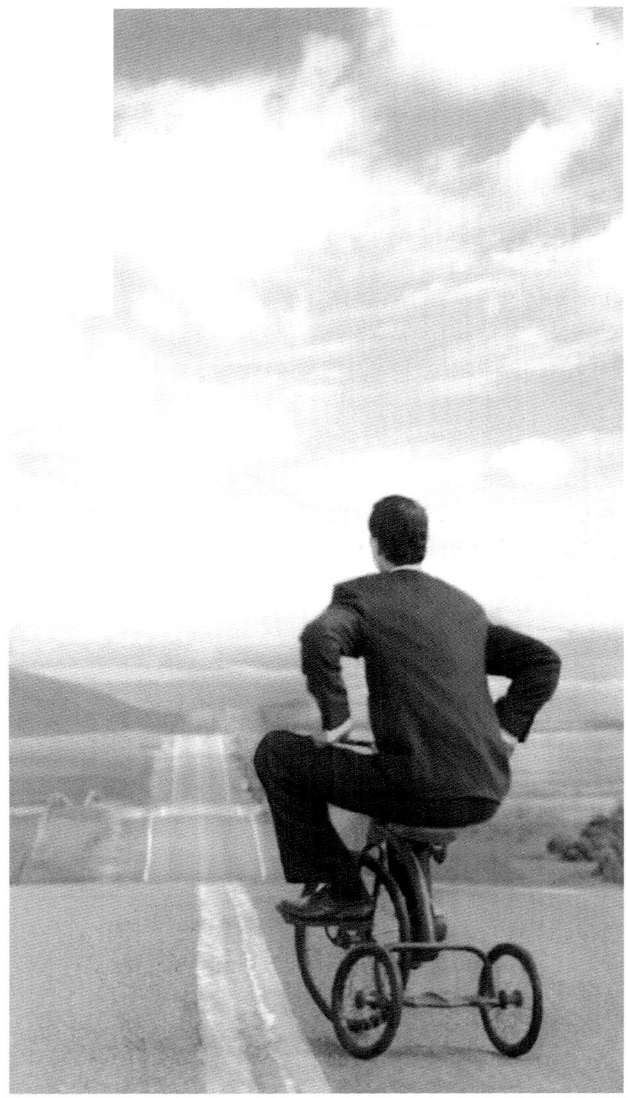

CLIENTE: Richard Seagraves

ESTUDIO DE DISEÑO: Elixir Design

DIRECCIÓN ARTÍSTICA: Jennifer Jerde

DISEÑO: Jennifer Tolo

SOFTWARE: Adobe Illustrator

PAPEL: Crane's Kid acabado blanco perla / 245 g/m^2 cartulina

IMPRESIÓN: Litografía 1 color / estampación en relieve / troquelado

CLIENTE: Castor-Henig Achitecture

ESTUDIO DE DISEÑO: Elixir Design

DIRECCIÓN ARTÍSTICA: Jennifer Jerde

DISEÑO: Holly Holmquist

SOFTWARE: Adobe Illustrator

PAPEL: Fabriano Ellerre 220 g/m²
cartulina gris oscuro

IMPRESIÓN: 1 color estampado / dúplex

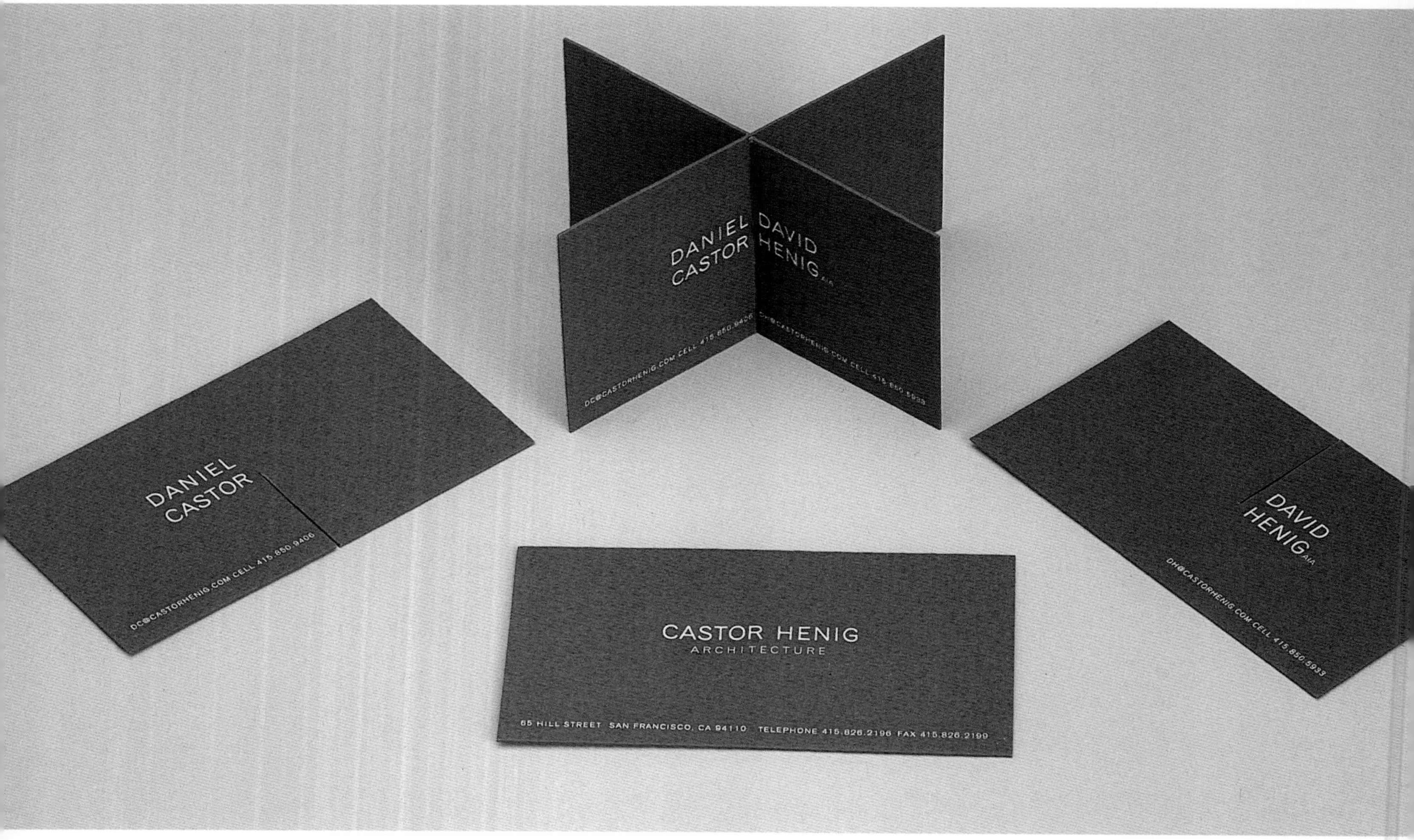

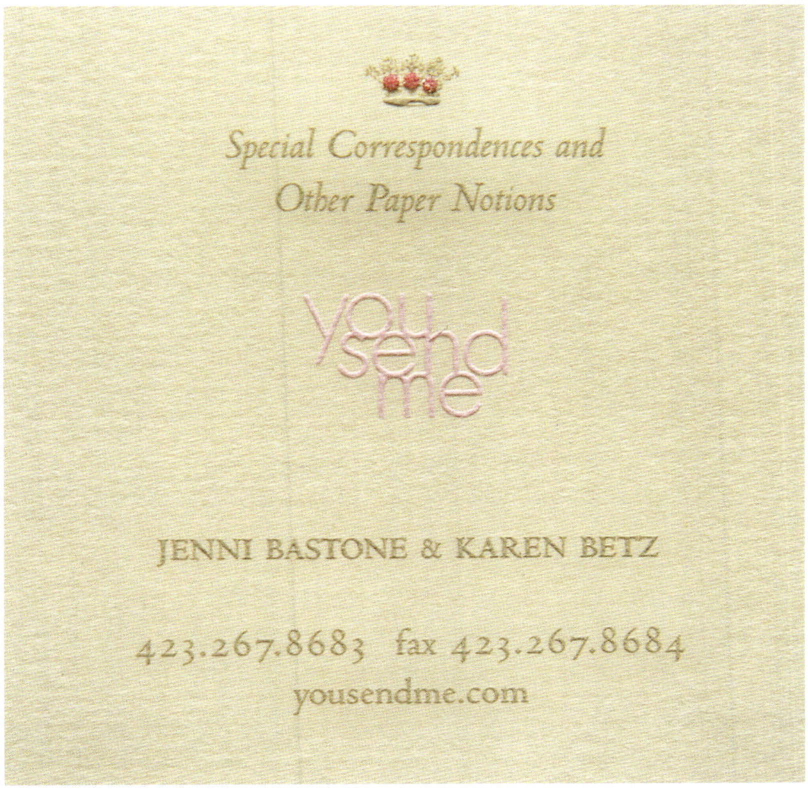

CLIENTE: You Send Me

ESTUDIO DE DISEÑO: You Send Me

DIRECCIÓN ARTÍSTICA/DISEÑO: Jenni Bastone / Karen Betz

SOFTWARE: Macromedia Freehand

PAPEL: Fabriano Elle Erre 220 g/m^2 Onice (crema)

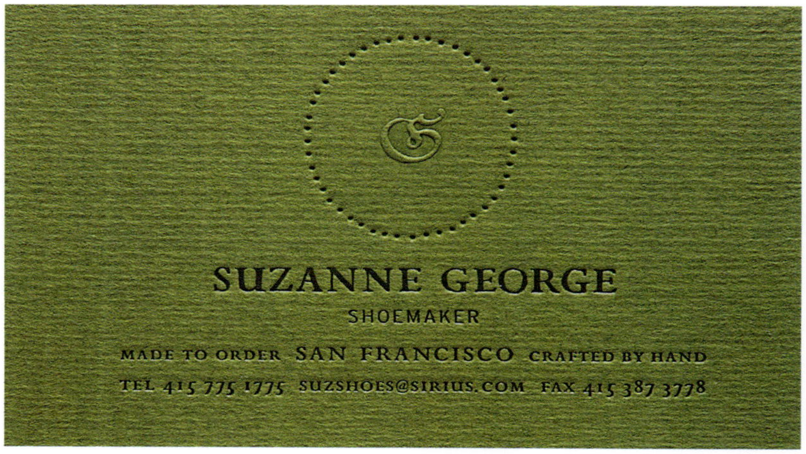

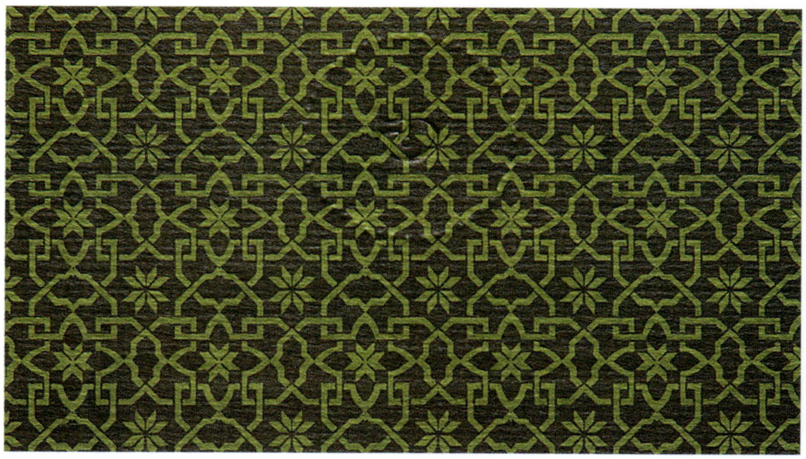

CLIENTE: Suzanne George, zapatos

ESTUDIO DE DISEÑO: Elixir Design

DIRECCIÓN ARTÍSTICA: Jennifer Jerde

DISEÑO: Holly Holmquist / Nathan Durrant

ILUSTRACIÓN: Tom Hennessy

SOFTWARE: Adobe Illustrator

PAPEL: Fabriano Murillo cartulina pistacho

IMPRESIÓN: Litografía 0 / 1,
tipografía 2 / 0,
estampación en relieve

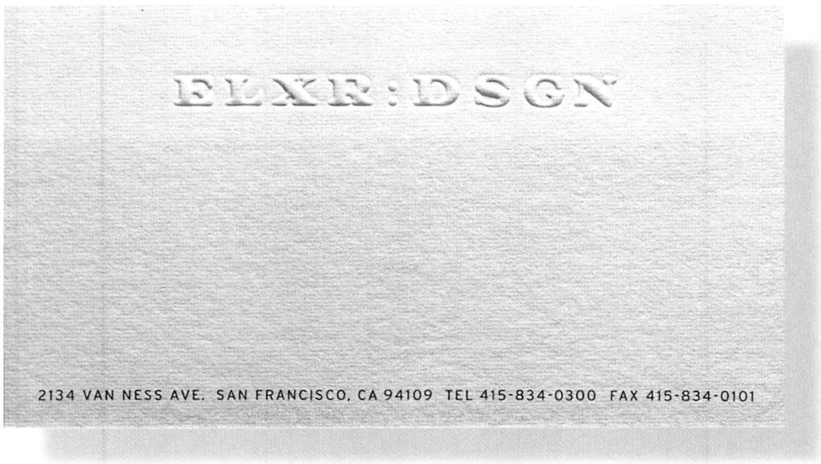

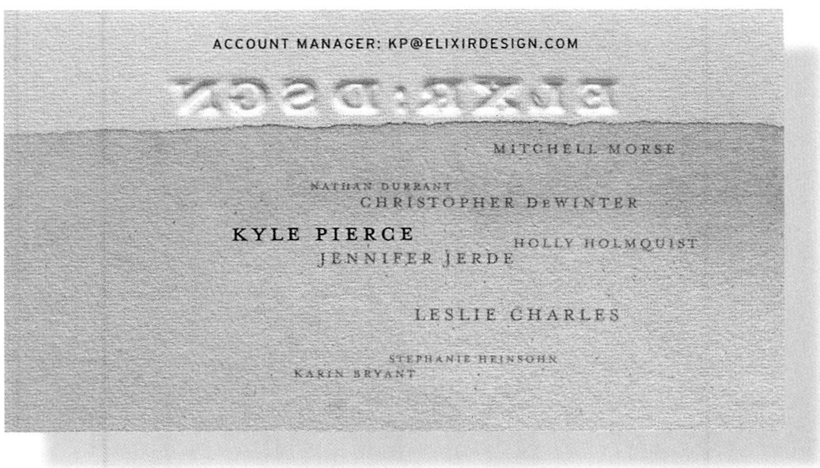

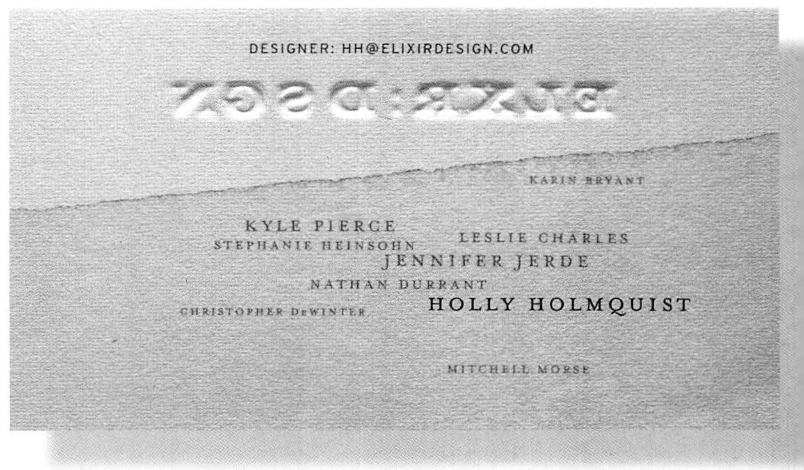

CLIENTE: Elixir Design

ESTUDIO DE DISEÑO: Elixir Design

DIRECCIÓN ARTÍSTICA: Jennifer Jerde

DISEÑO: Nathan Durrant /
Holly Holmquist /
Jennifer Tolo

SOFTWARE: Adobe Illustrator

PAPEL: Stonehenge

IMPRESIÓN: Litografía 1 / 2,
estampación en seco

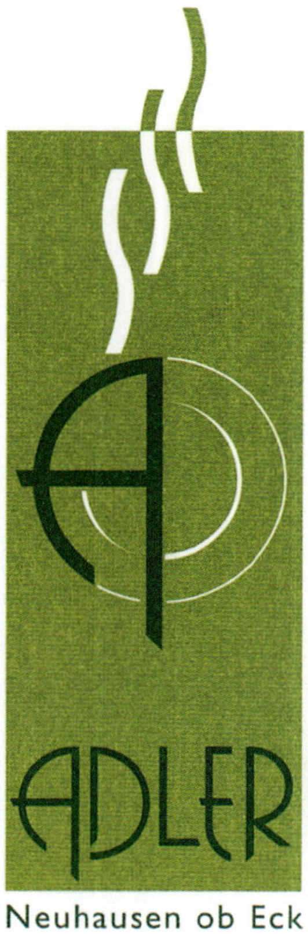

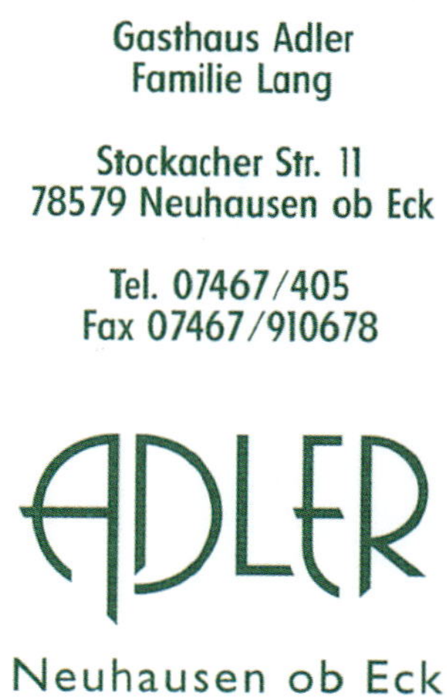

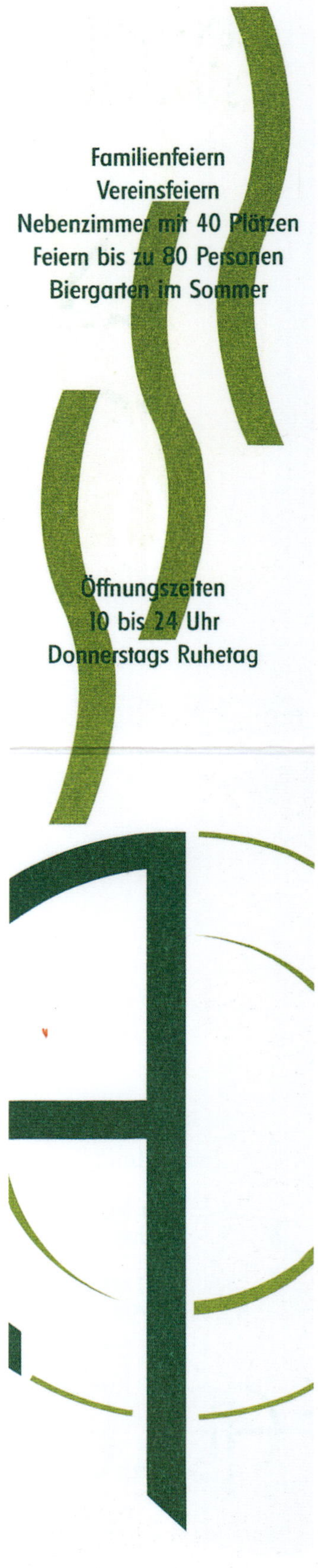

CLIENTE: Gasthaus Adler

ESTUDIO DE DISEÑO: revoLUZion — Studio für Design

DISEÑO: Bernd Luz

SOFTWARE: Macromedia Freehand

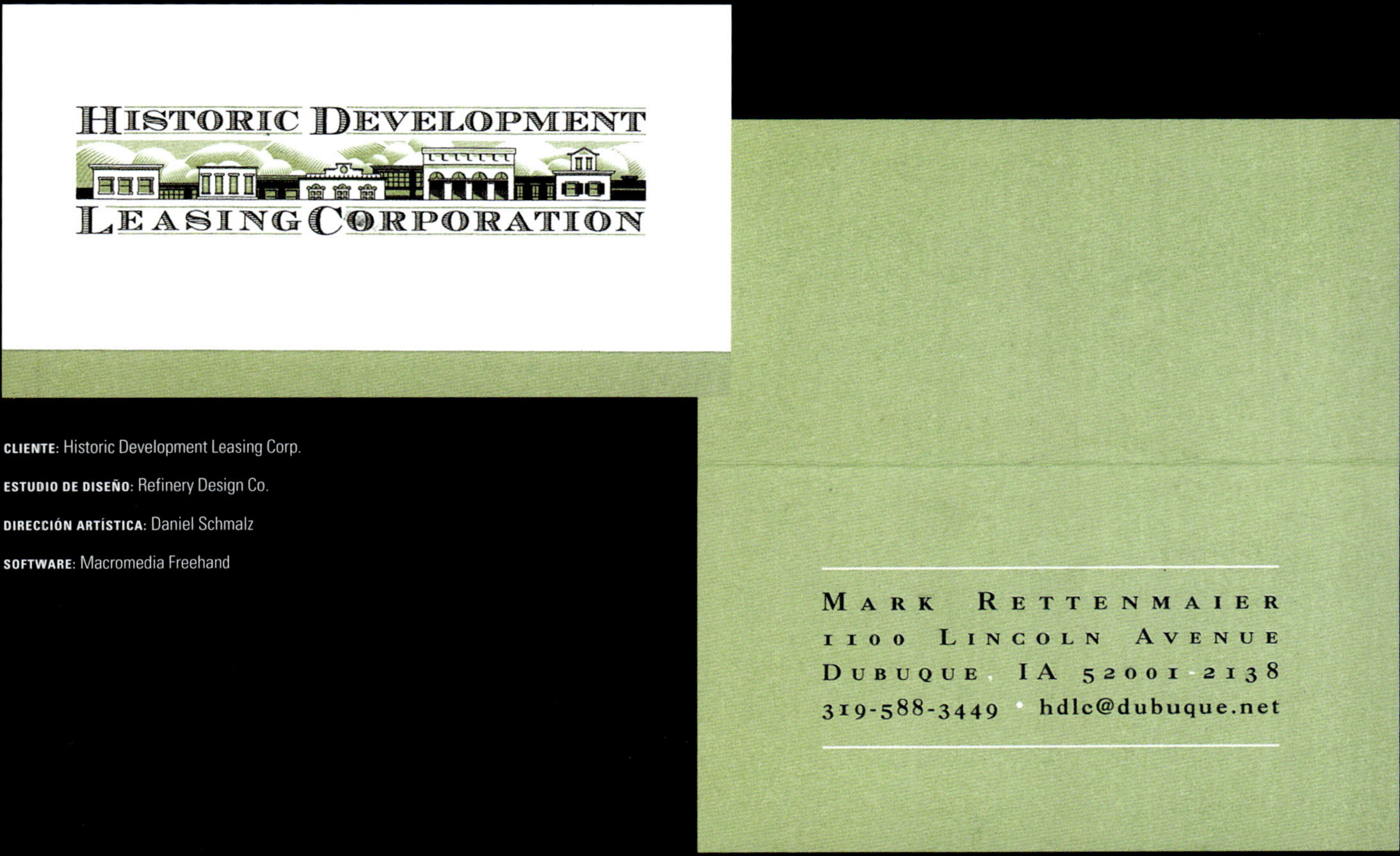

CLIENTE: Historic Development Leasing Corp.

ESTUDIO DE DISEÑO: Refinery Design Co.

DIRECCIÓN ARTÍSTICA: Daniel Schmalz

SOFTWARE: Macromedia Freehand

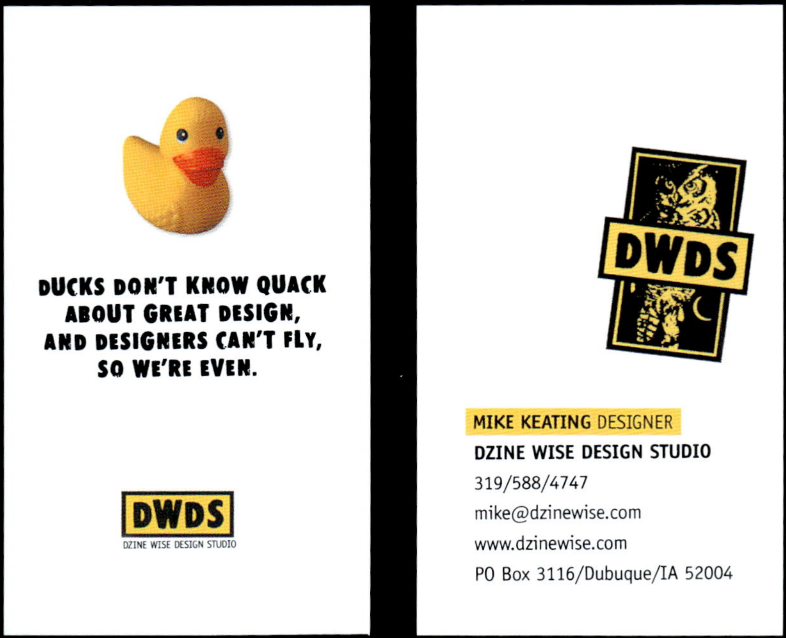

CLIENTE: Dzine Wise Design Studio

ESTUDIO DE DISEÑO: Dzine Wise Design Studio

DIRECCIÓN ARTÍSTICA/DISEÑO: Mike Keating

SOFTWARE: Adobe Illustrator / Quark XPress

PAPEL: Mirage brillante / 270 g/m² / barniz satinado

IMPRESIÓN: Cuatricromía 2 caras

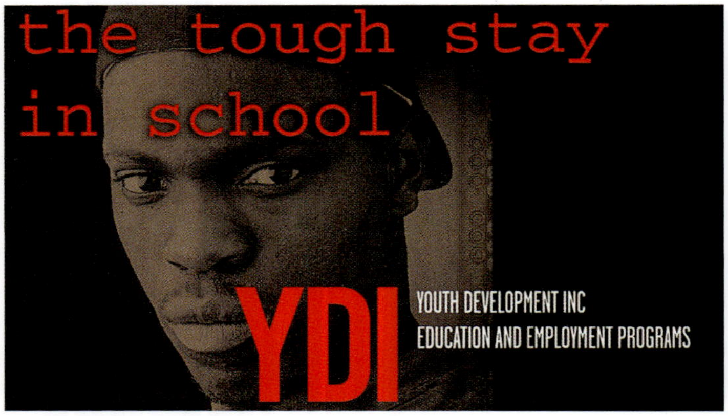

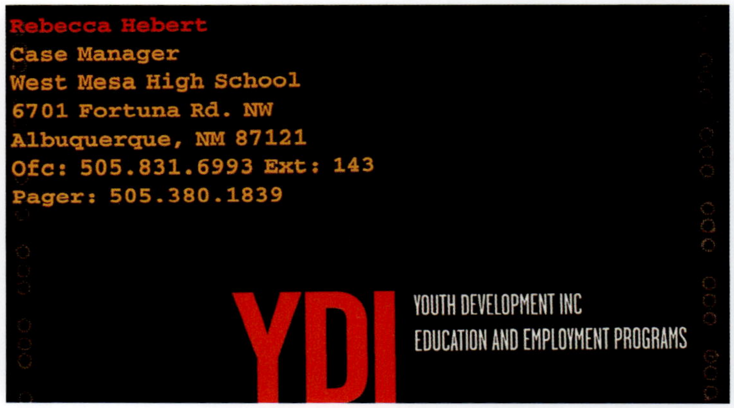

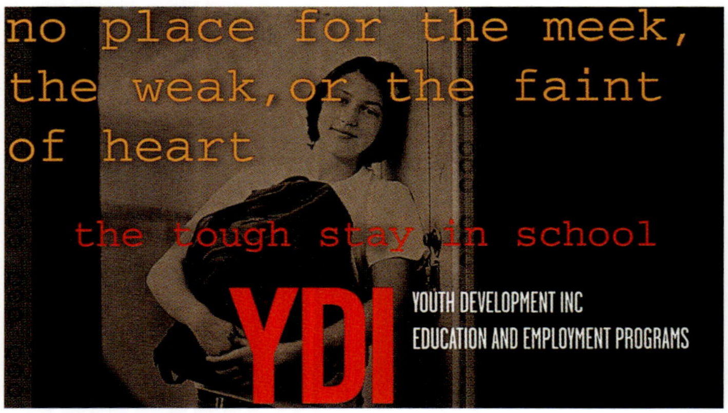

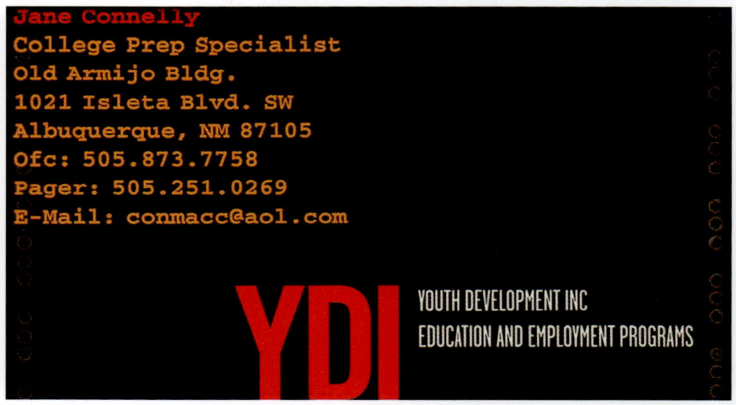

CLIENTE: Youth Development Inc.

ESTUDIO DE DISEÑO: Vaughn Wedeen Creative

DIRECCIÓN ARTÍSTICA/DISEÑO: Steve Wedeen

PRODUCCIÓN ARTÍSTICA: Chip Wyly

SOFTWARE: Adobe Photoshop / Quark XPress

PAPEL: Utopia One mate / 216 g/m^2

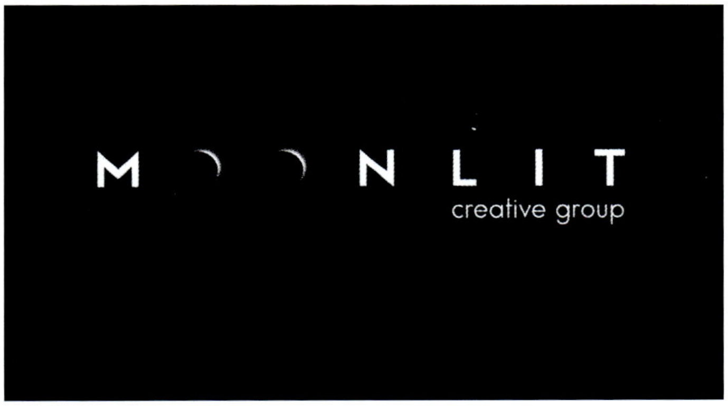

cynthia eggers
principal/designer
voice 770-978-0116
fax 770-978-6161
1523 napier terrace
lawrenceville ga 30044
www.moonlitcreative.com
info@moonlitcreative.com

CLIENTE: Moonlit Creative Group

ESTUDIO DE DISEÑO: Moonlit Creative Group

DIRECCIÓN ARTÍSTICA/DISEÑO: Cynthia Eggers

SOFTWARE: Adobe Photoshop / Adobe Illustrator

PAPEL: Karma blanco couché

IMPRESIÓN: 2 / 1 negro

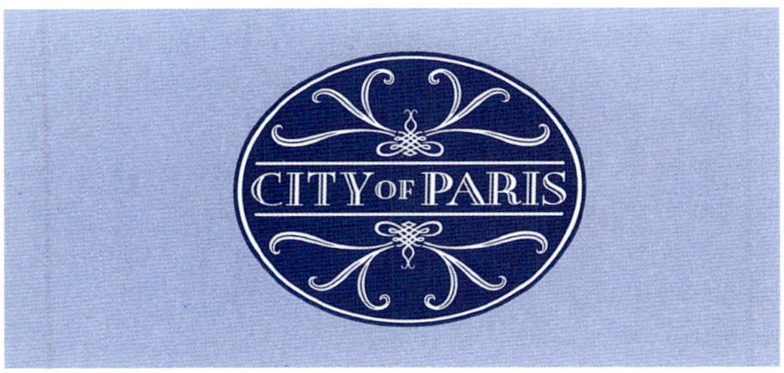

Objets Curieux et Rares

1425 NORTHEAST BROADWAY
PORTLAND, OREGON 97212
TÉL: 503.284.3720

Objets Curieux et Rares

CLIENTE: City of Paris

ESTUDIO DE DISEÑO: Design Infinitum

DIRECCIÓN ARTÍSTICA/DISEÑO/ILUSTRACIÓN: James A. Smith

SOFTWARE: Adobe Illustrator

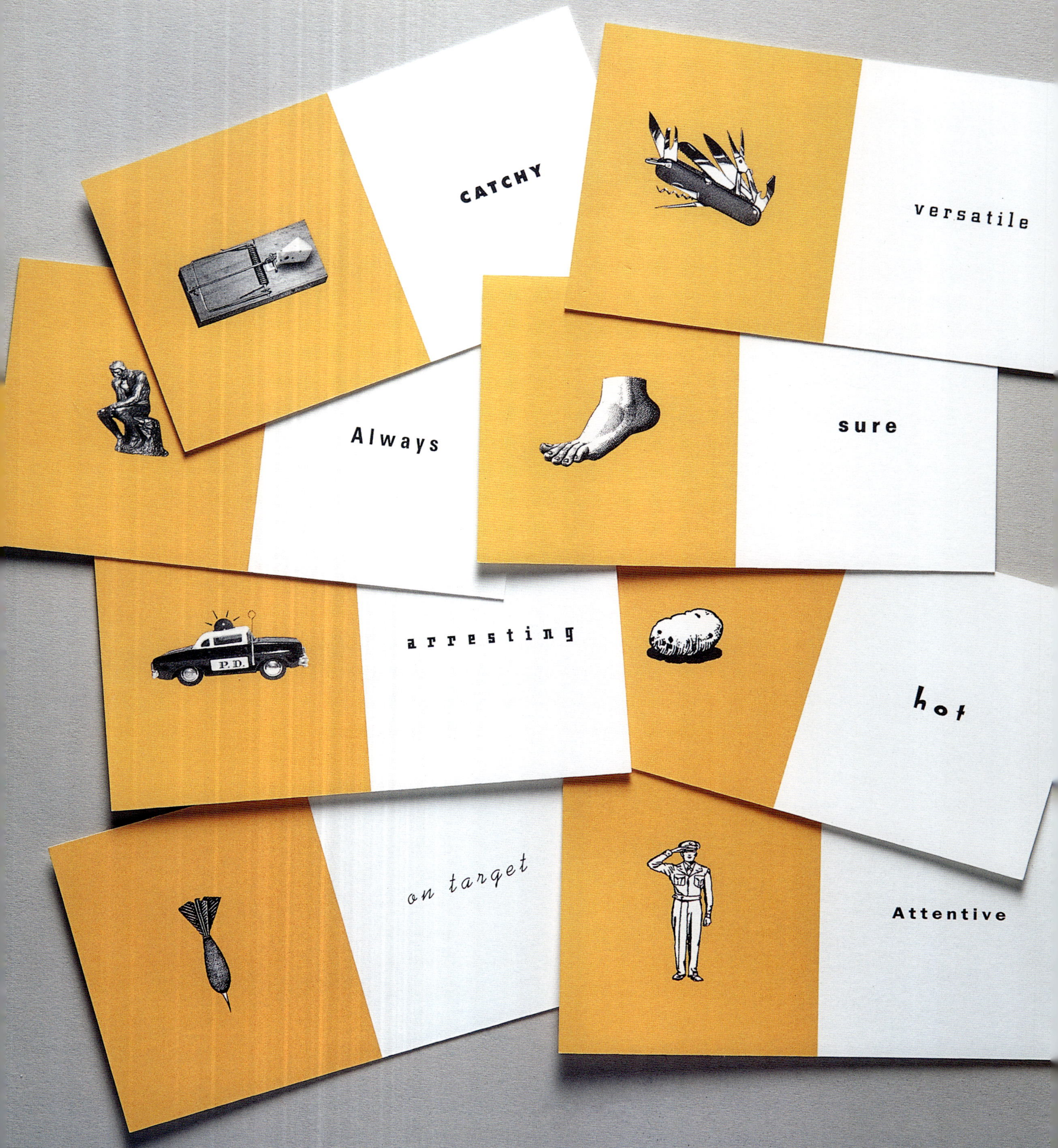

CATCHY
versatile
Always
sure
P.D.
arresting
hot
on target
Attentive

vaughn wedeen creative

Christy Kay Lopez

email **cklopez@vwc.com**

407 rio grande nw albuquerque nm 87104

tel **505 243 4000** mob **505 259 9029**

fax **505 247 9856** web **www.vwc.com**

CLIENTE: Vaughn Wedeen Creative

ESTUDIO DE DISEÑO: Vaughn Wedeen Creative

DIRECCIÓN ARTÍSTICA: Rick Vaughn / Foster Hurley

DISEÑO: Rick Vaughn

PRODUCCIÓN ARTÍSTICA: Stan McCoy

SOFTWARE: Quark XPress / Adobe Photoshop

PAPEL: Mohawk superfino
Ultra blanco / 216 g/m^2

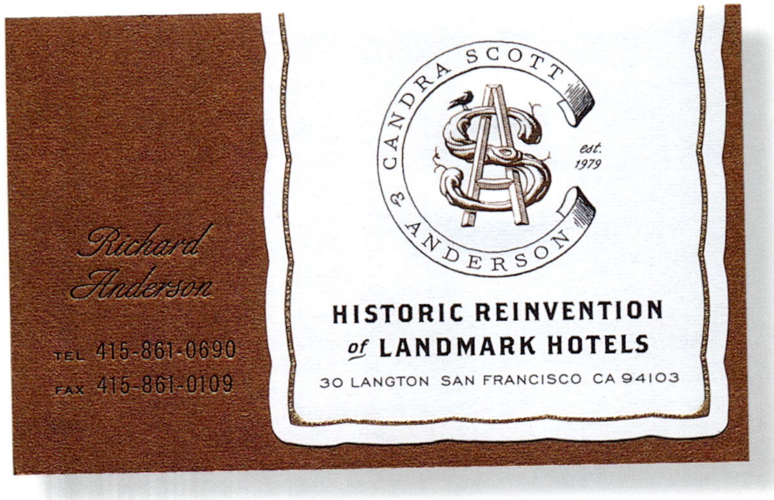

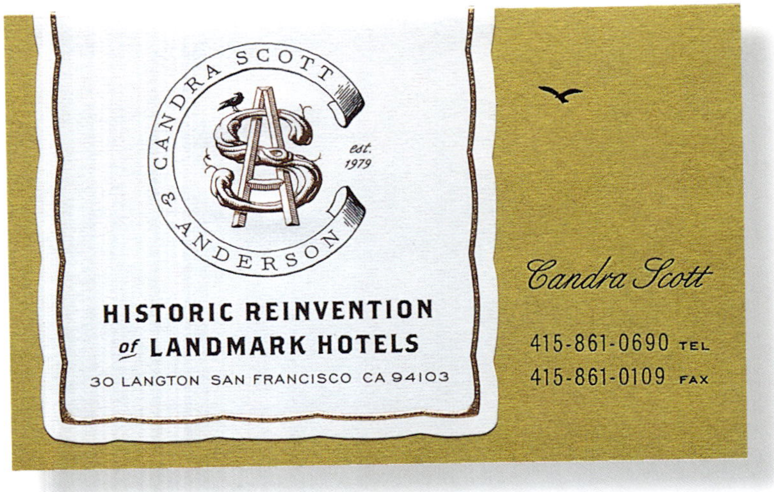

CLIENTE: Candra Scott & Anderson

ESTUDIO DE DISEÑO: Elixir Design

DIRECCIÓN ARTÍSTICA: Jennifer Jerde

DISEÑO/ILUSTRACIÓN: Nathan Durrant

PAPEL: Gmund Colors 300 g/m^2 / 28 / Curtis Performance Blotter marrón 270 g/m^2 / MACtac StarLiner reciclado Vellum blanco 189 g/m^2

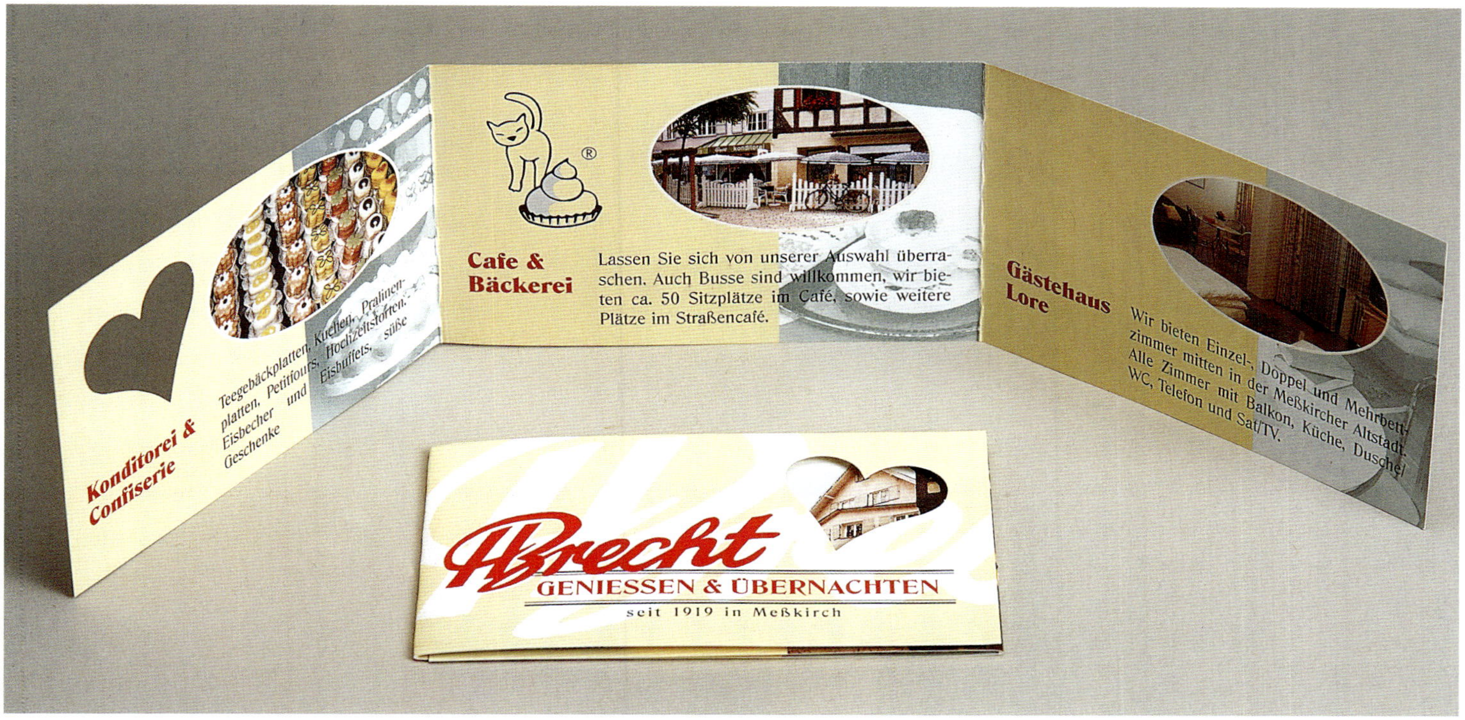

CLIENTE: Konditorei & Café Brecht

ESTUDIO DE DISEÑO: revoLUZion-Studio für Design

DISEÑO: Bernd Luz

SOFTWARE: Quark XPress /
Adobe Photoshop /
Macromedia Freehand

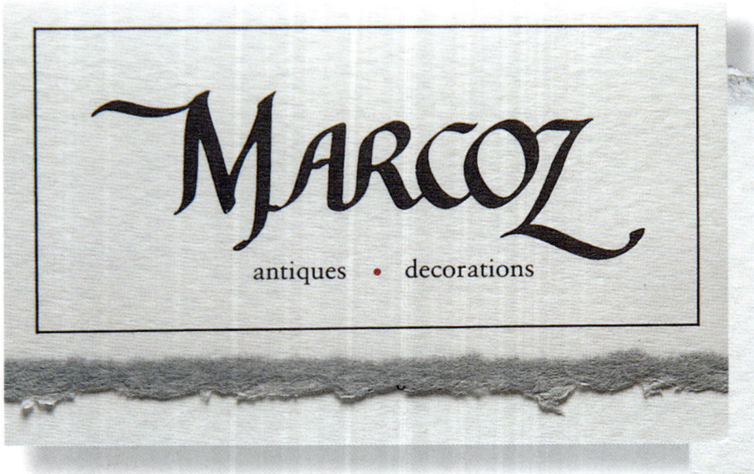

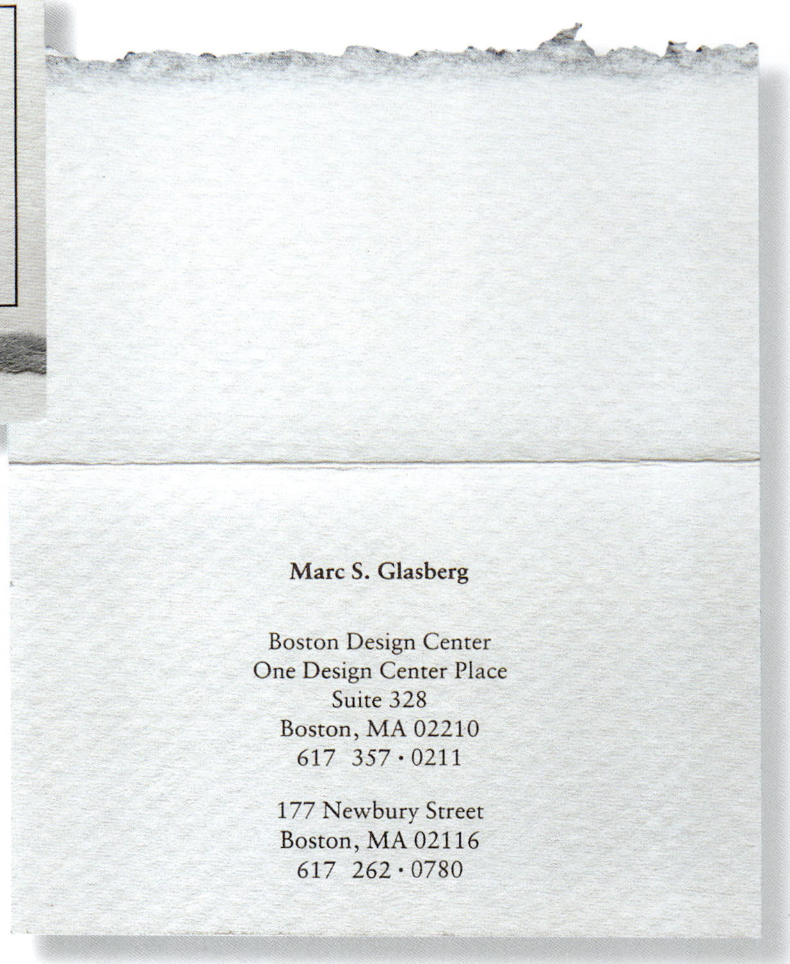

CLIENTE: Marcoz

ESTUDIO DE DISEÑO: Nassar Design

DIRECCIÓN ARTÍSTICA/DISEÑO: Nelida Nassar

SOFTWARE: Quark XPress / Adobe Illustrator

PAPEL: Strathmore Fiesta borde desgarrado

IMPRESIÓN: Offset

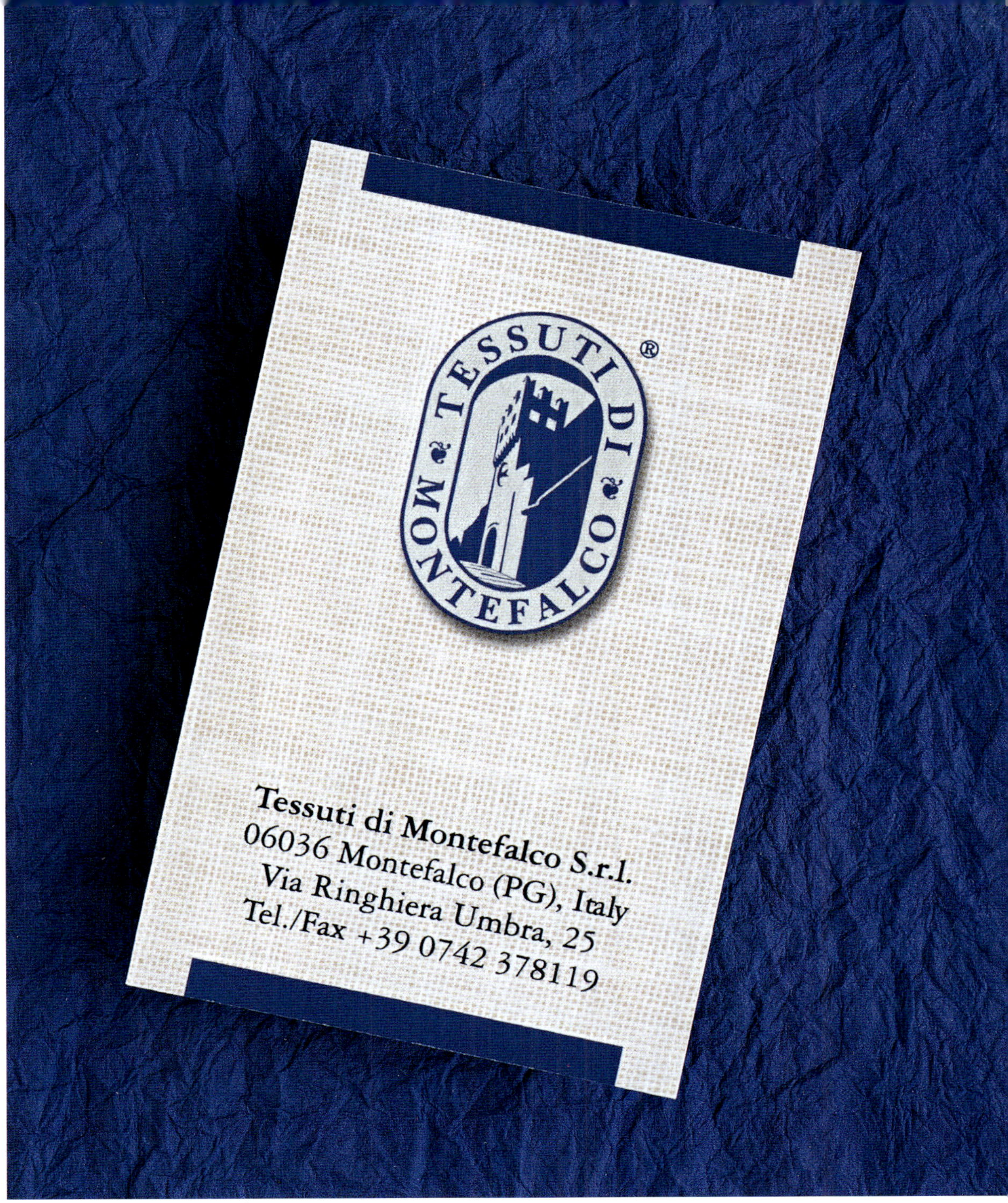

CLIENTE: Tessuti di Montefalco S.r.l.

ESTUDIO DE DISEÑO: Studio GT & P

DIRECCIÓN ARTÍSTICA: Gianluigi Tobanelli

SOFTWARE: Macromedia Freehand / Adobe Photoshop

PAPEL: Fedrigoni

IMPRESIÓN: Cuatricromía

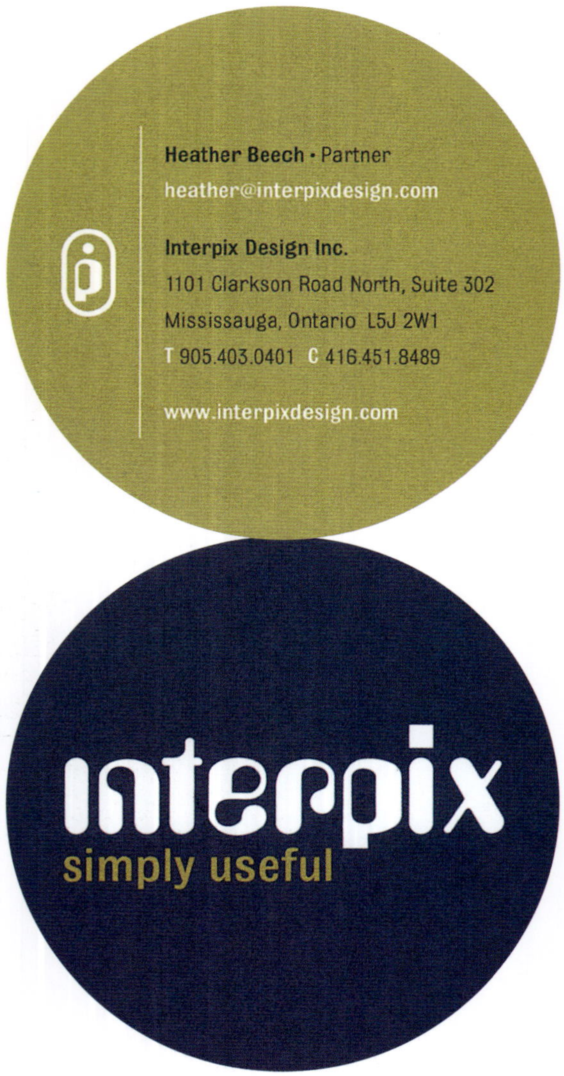

CLIENTE: Interpix Design Inc.

ESTUDIO DE DISEÑO: The Riordon Design Group Inc.

DIRECCIÓN ARTÍSTICA: Dan Wheaton

DISEÑO: Alan Krpan

SOFTWARE: Quark XPress, Adobe Illustrator

PAPEL: Neenah Classic Crest Solar blanco

IMPRESIÓN: Troquelado circular

CLIENTE: 37 Signals

ESTUDIO DE DISEÑO: Segura Inc.

DIRECCIÓN ARTÍSTICA/DISEÑO: Carlos Segura

SOFTWARE: Adobe Illustrator

IMPRESIÓN: Tipografía

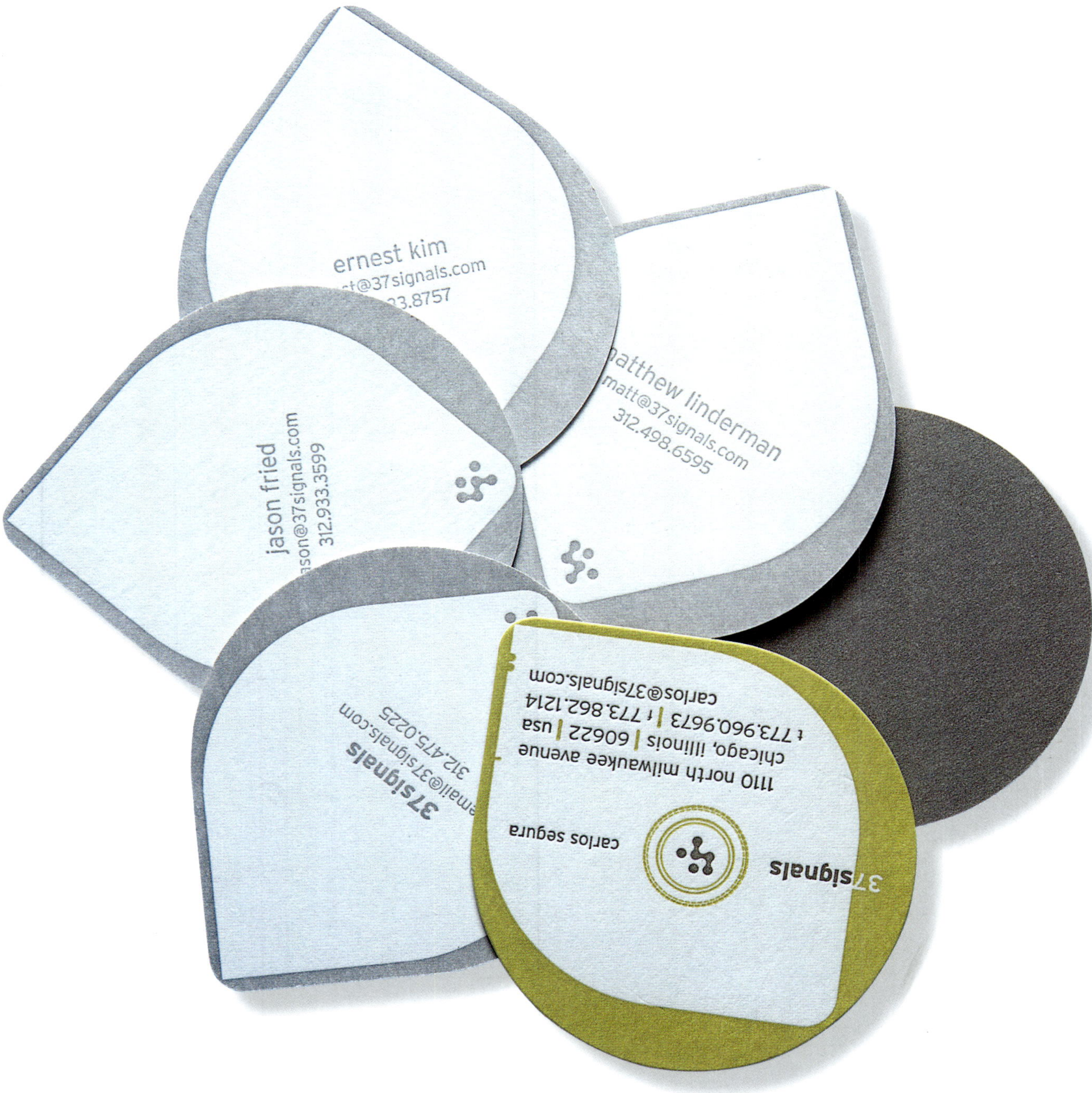

CLIENTE: 37 Signals

ESTUDIO DE DISEÑO: Segura Inc.

DIRECCIÓN ARTÍSTICA/DISEÑO: Carlos Segura

SOFTWARE: Adobe Illustrator

IMPRESIÓN: Tipografía

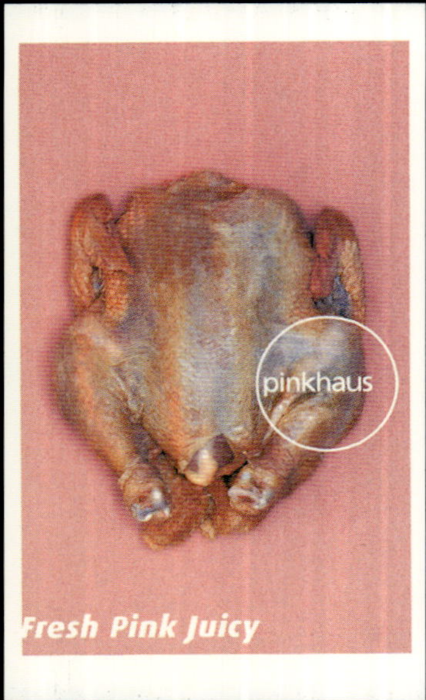

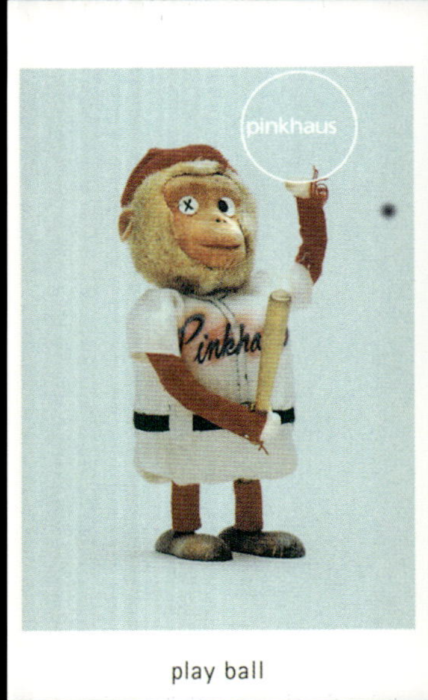

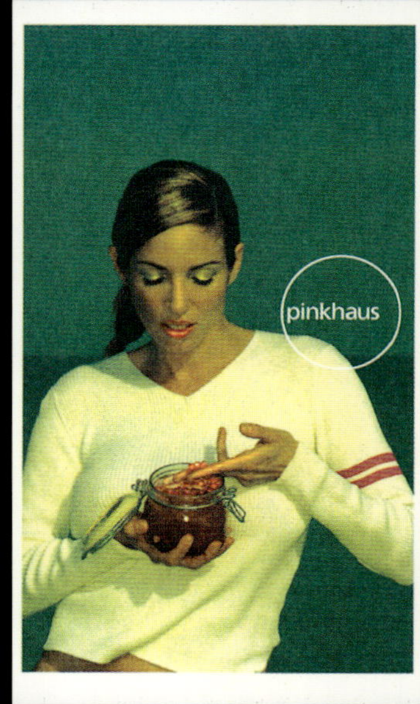

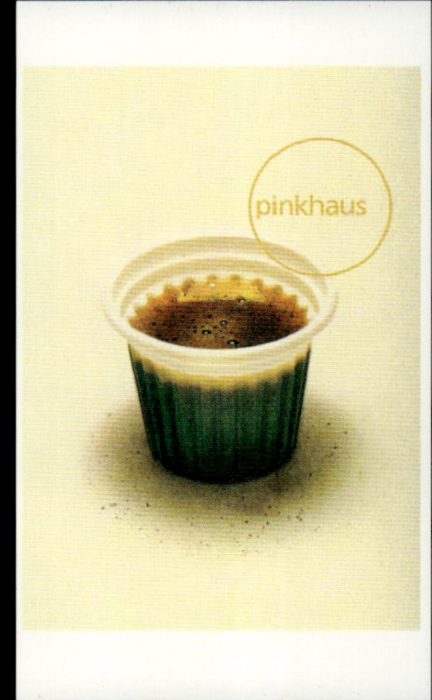

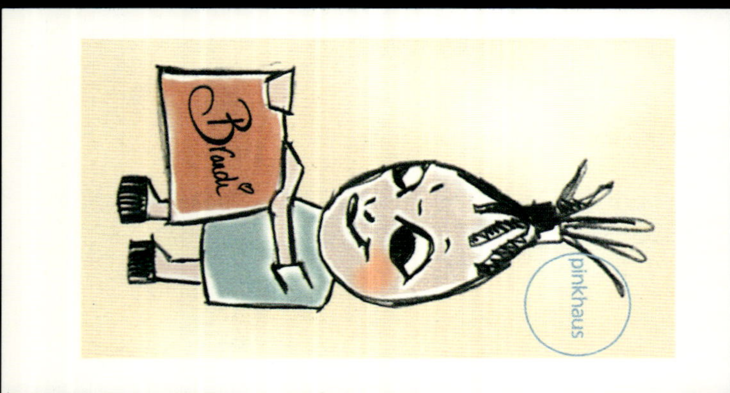

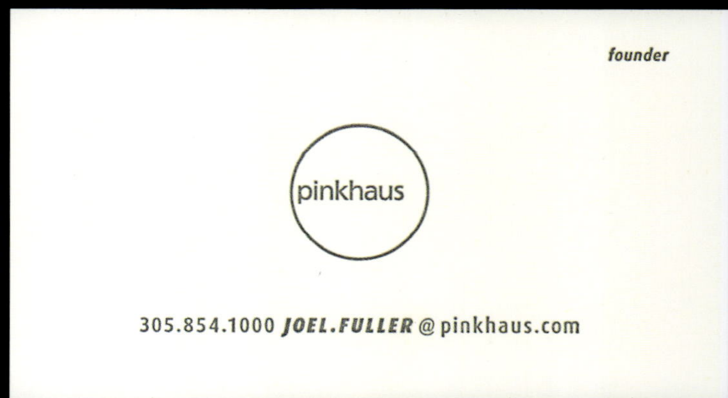

CLIENTE: Pinkhaus Design

ESTUDIO DE DISEÑO: Pinkhaus Design

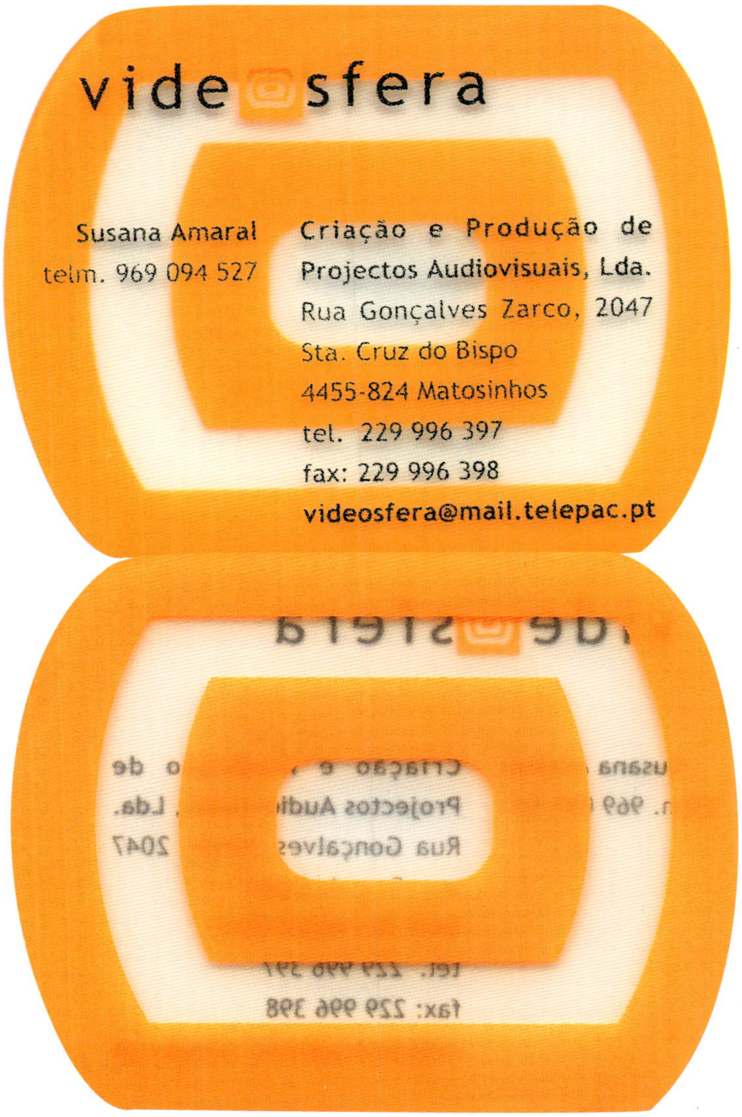

CLIENTE: Videosfera

ESTUDIO DE DISEÑO: M&A-Mário Aurélio & Asociados

DIRECCIÓN ARTÍSTICA: Mário Aurélio

DISEÑO: Sónia Andrade

SOFTWARE: Macromedia Freehand

IMPRESIÓN: Serigrafía

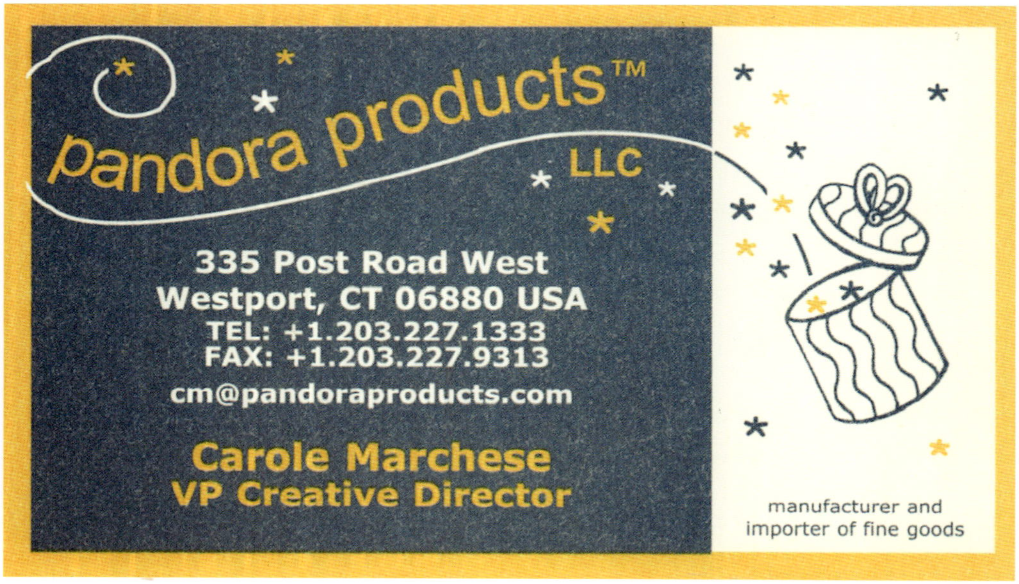

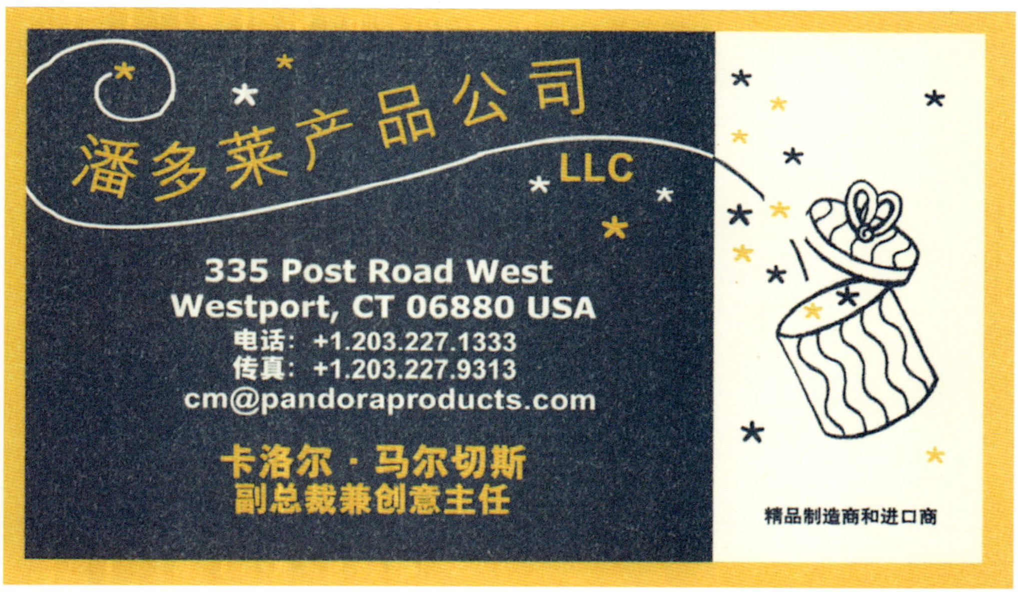

CLIENTE: Pandora Products™, LLC

ESTUDIO DE DISEÑO: Red Bee® Studio

DIRECCIÓN ARTÍSTICA/DISEÑO/ILUSTRACIÓN: Carole Marchese

SOFTWARE: Quark Xpress / Adobe Photoshop

PAPEL: Cartulina Neenah

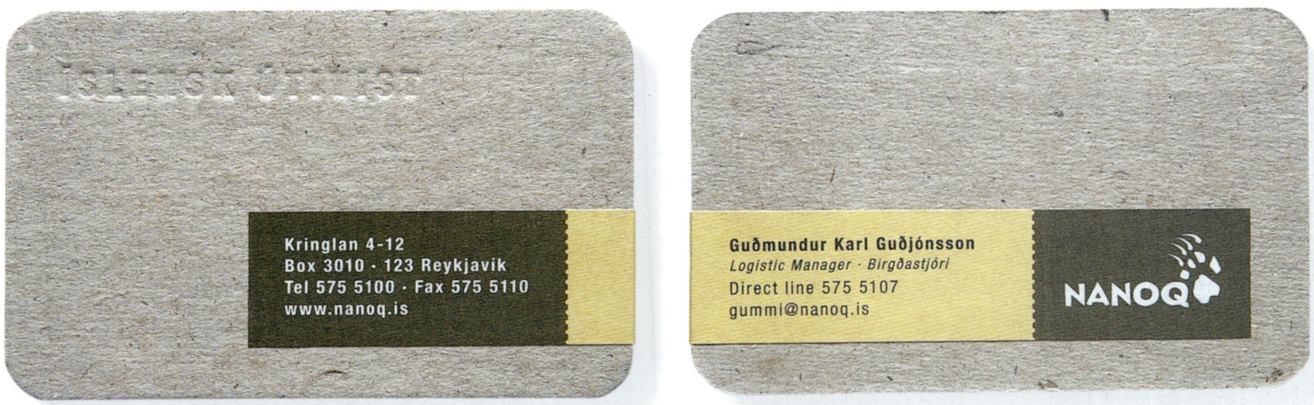

CLIENTE: Nanoq

ESTUDIO DE DISEÑO: Gott Folk McCann-Erickson

DIRECCIÓN ARTÍSTICA/DISEÑO: Einar Gylafason

SOFTWARE: Macromedia Freehand

PAPEL: Eskaboard 1 mm

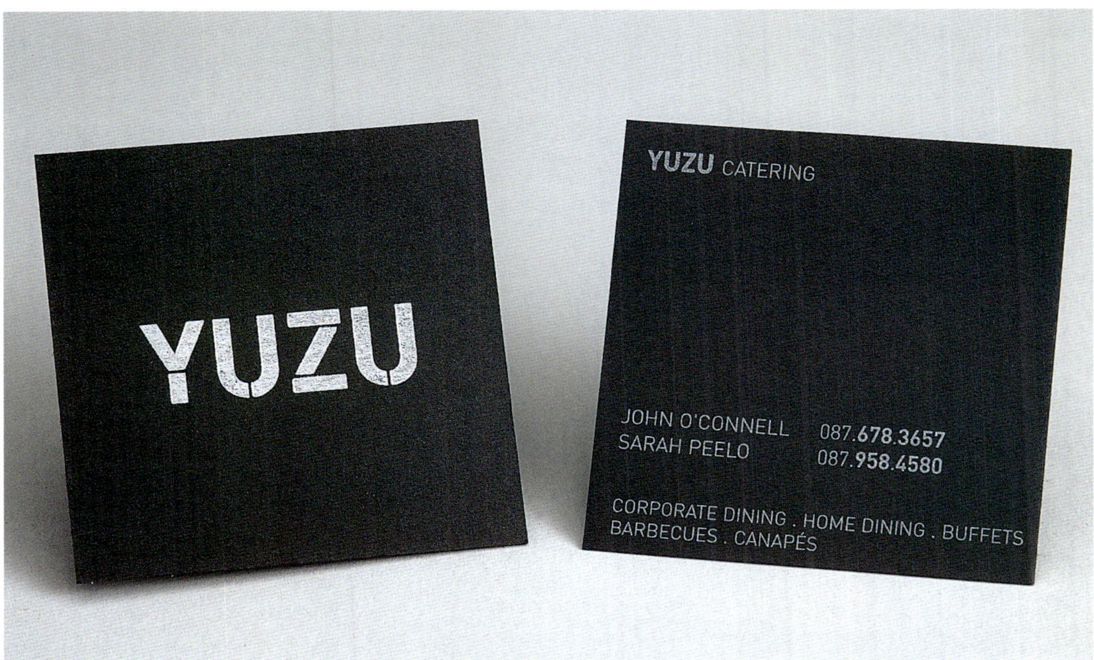

CLIENTE: Yuzu Catering

ESTUDIO DE DISEÑO: Dynamo

DISEÑO: Brian Nolan

SOFTWARE: Adobe Illustrator / Quark XPress

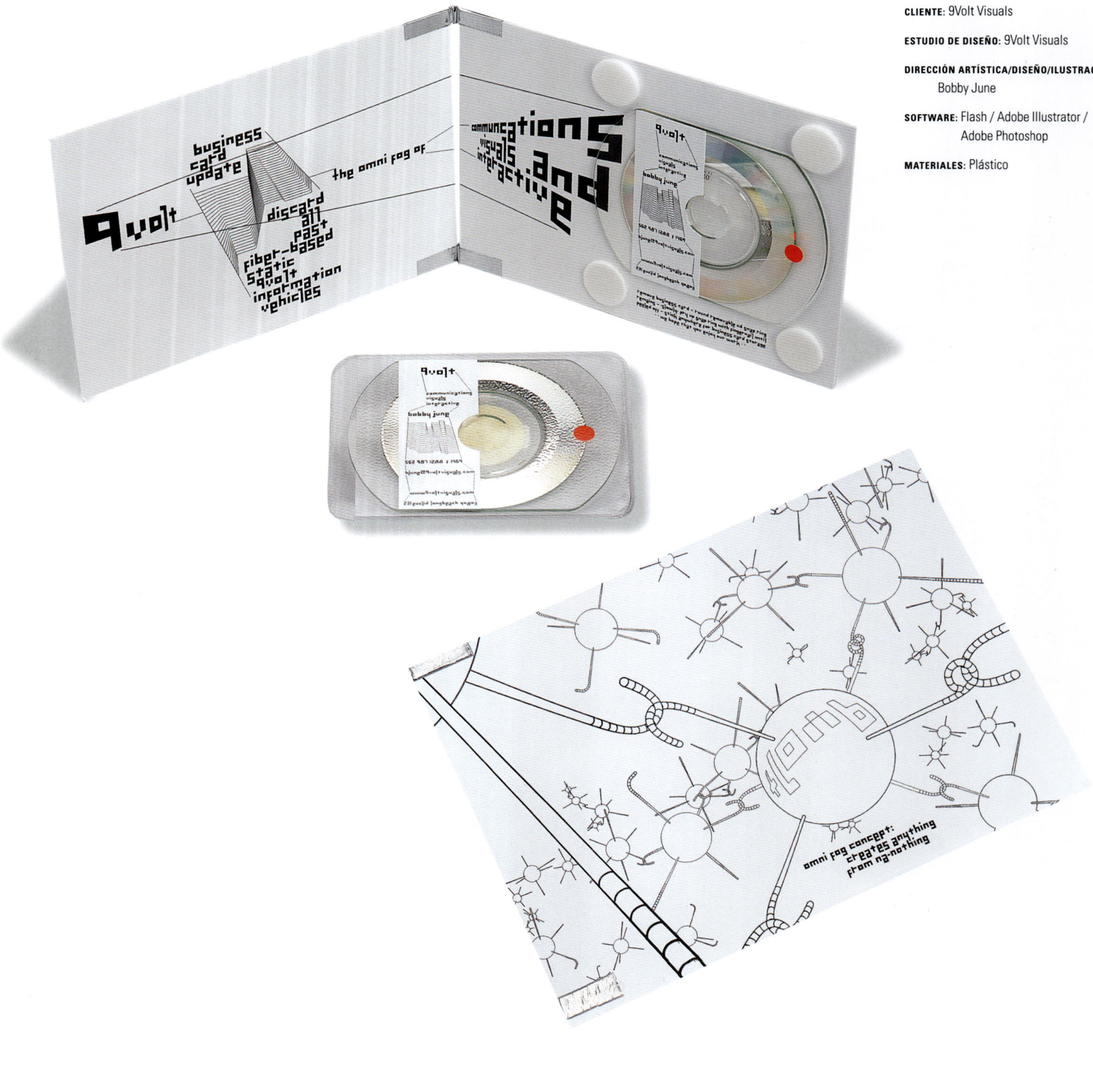

CLIENTE: 9Volt Visuals

ESTUDIO DE DISEÑO: 9Volt Visuals

DIRECCIÓN ARTÍSTICA/DISEÑO/ILUSTRACIÓN: Bobby June

SOFTWARE: Flash / Adobe Illustrator / Adobe Photoshop

MATERIALES: Plástico

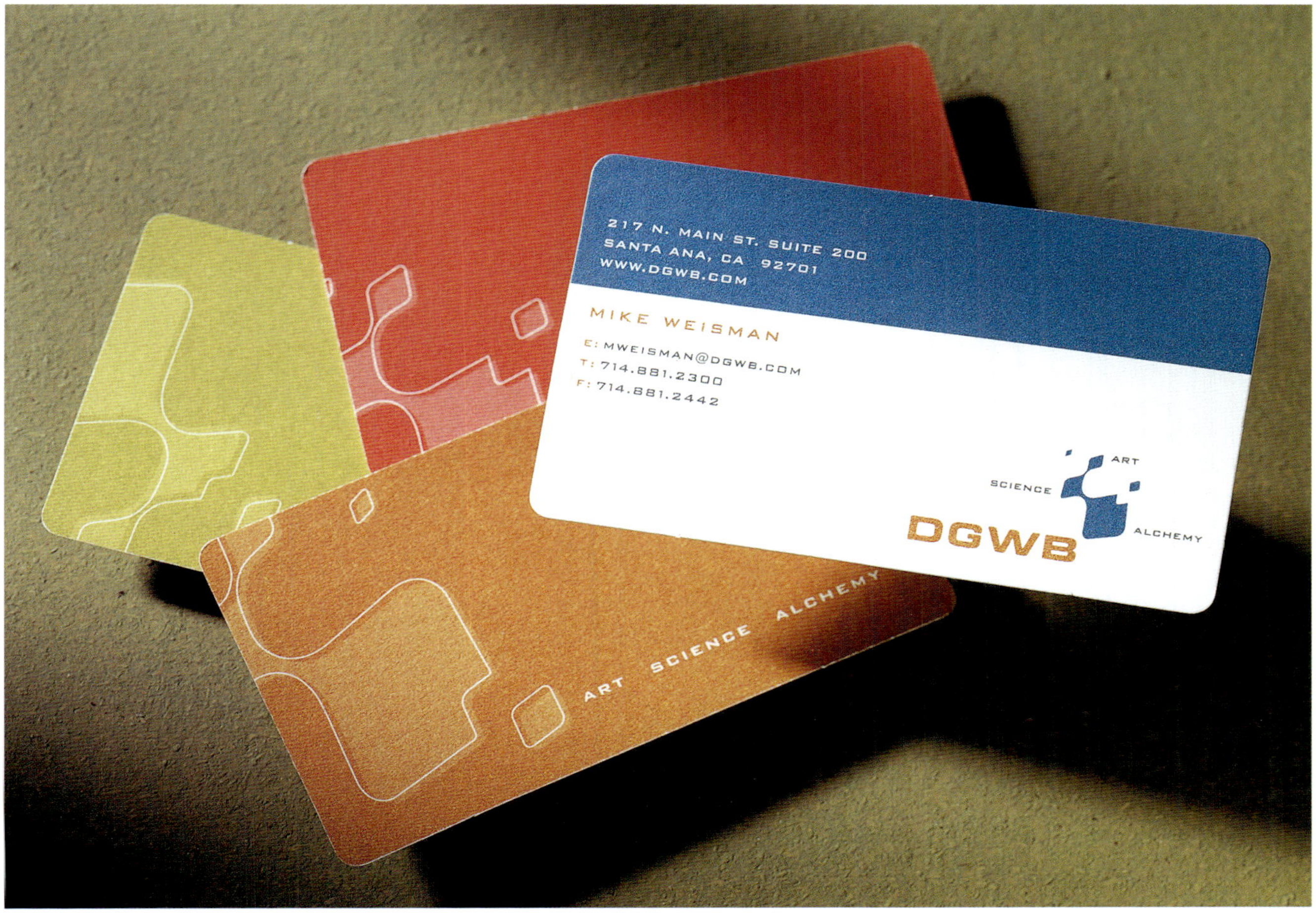

CLIENTE: DGWB

ESTUDIO DE DISEÑO: DGWB

DIRECCIÓN ARTÍSTICA: Jonathan Brown

DISEÑO: Jason Simon

SOFTWARE: Adobe Illustrator

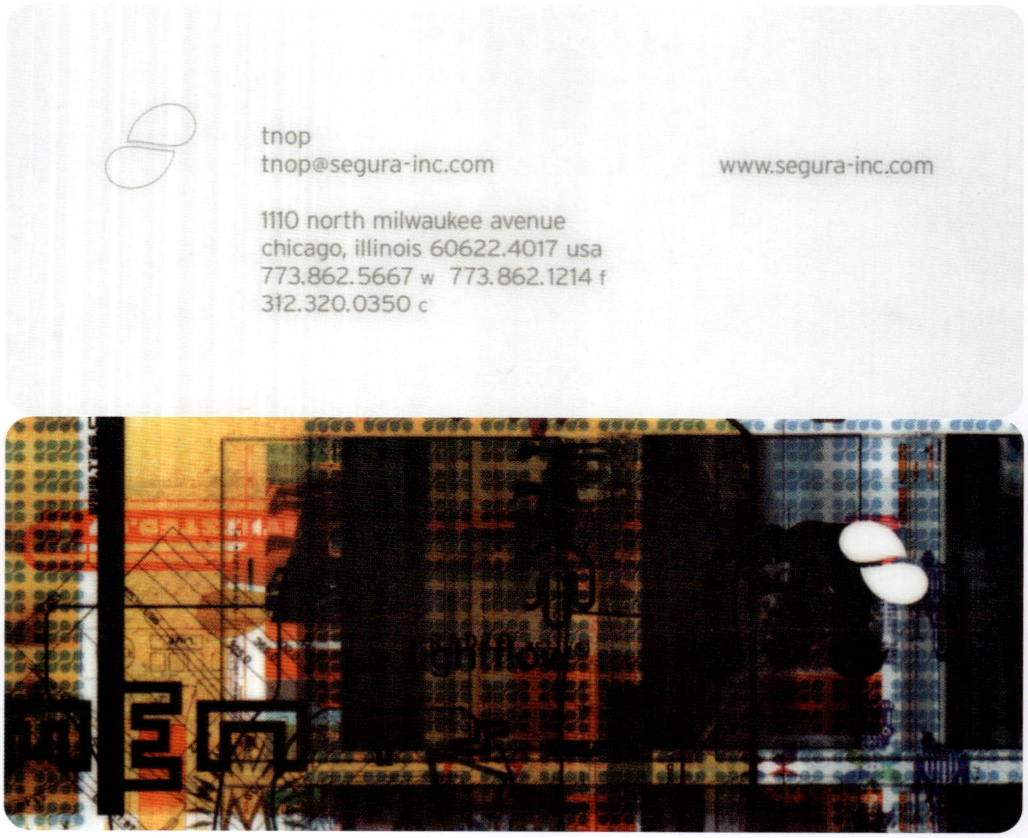

CLIENTE: Segura Inc.

ESTUDIO DE DISEÑO: Segura Inc.

DIRECCIÓN ARTÍSTICA/DISEÑO: Carlos Segura

SOFTWARE: Adobe Photoshop / Adobe Illustrator

MATERIALES: Plástico

IMPRESIÓN: Cuatricromía

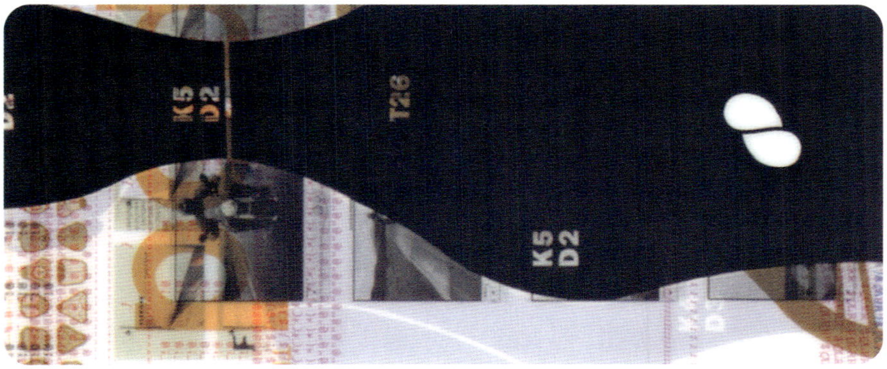

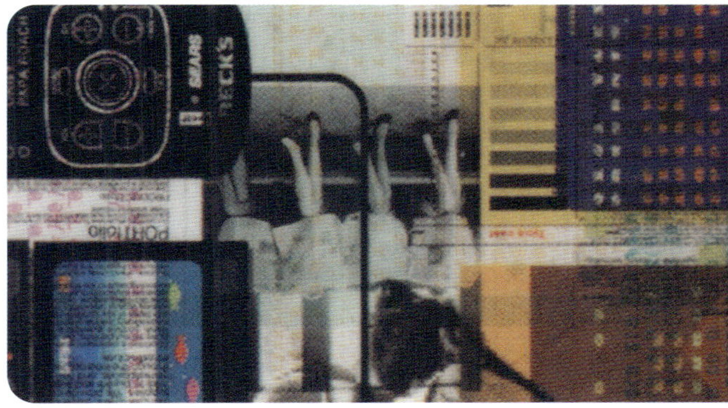

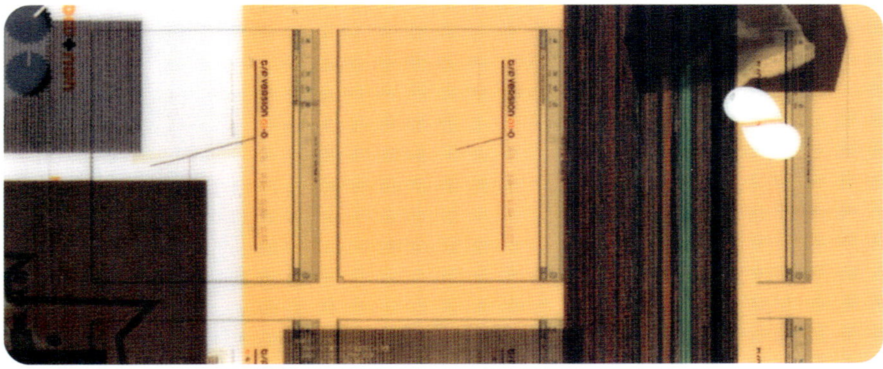

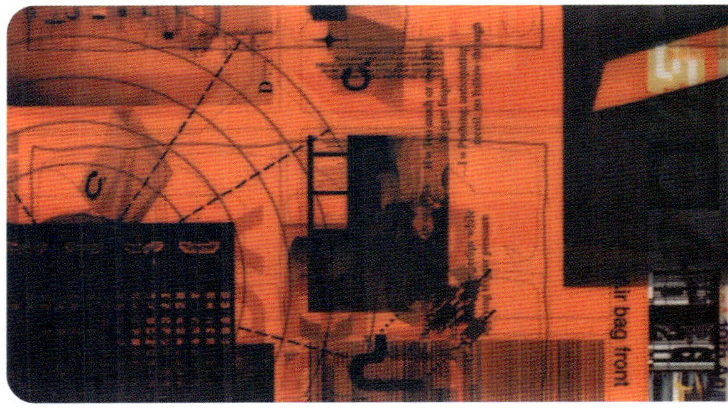

SOUL
HIPHOP

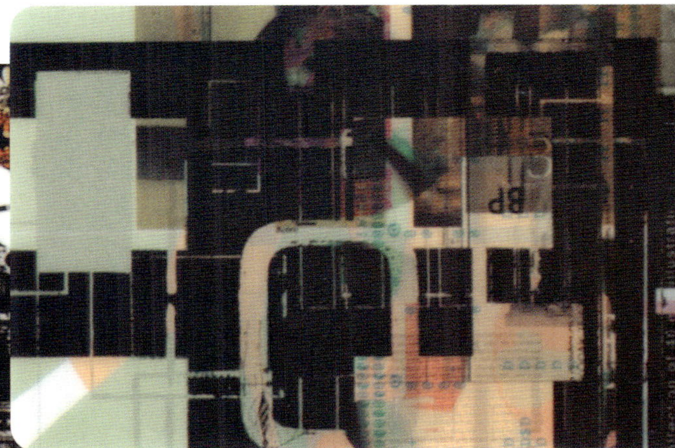

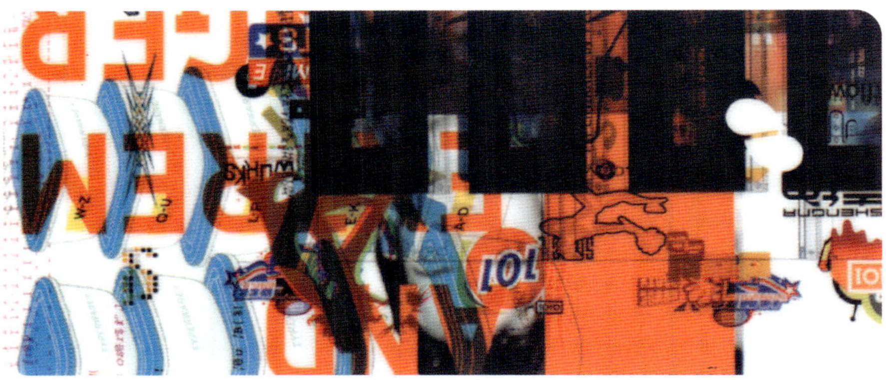

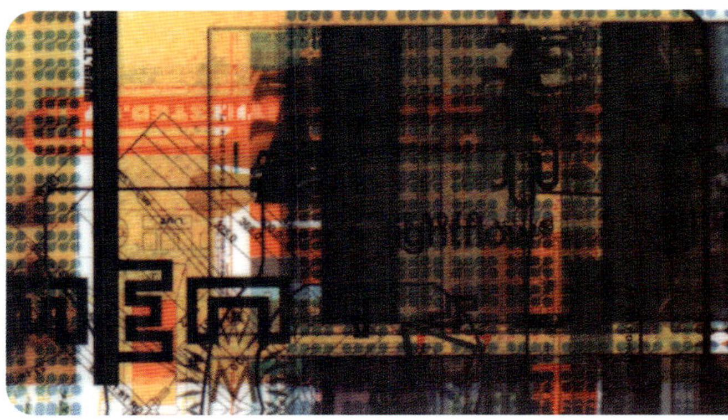

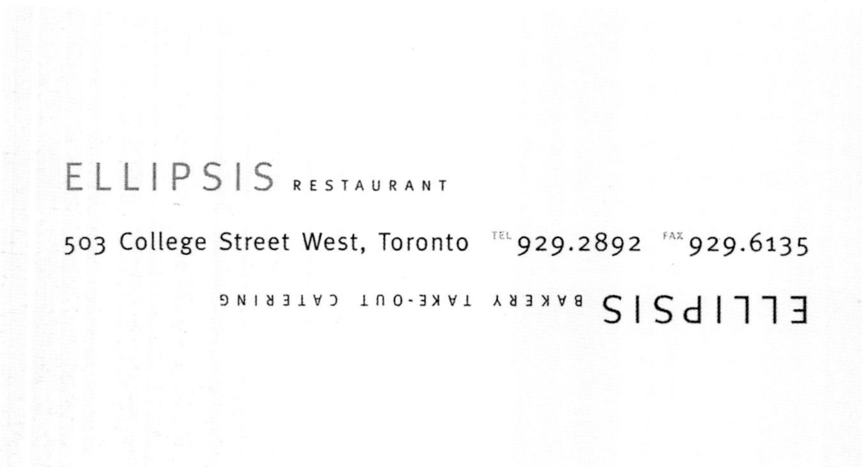

CLIENTE: Ellipsis

ESTUDIO DE DISEÑO: Dinnick & Howells

DIRECCIÓN ARTÍSTICA: Jonathan Howells

DISEÑO: Nadine Classe

SOFTWARE: Adobe Illustrator / Adobe Photoshop

PAPEL: Pegasus estucado / 216 g/m^2

IMPRESIÓN: Litografía

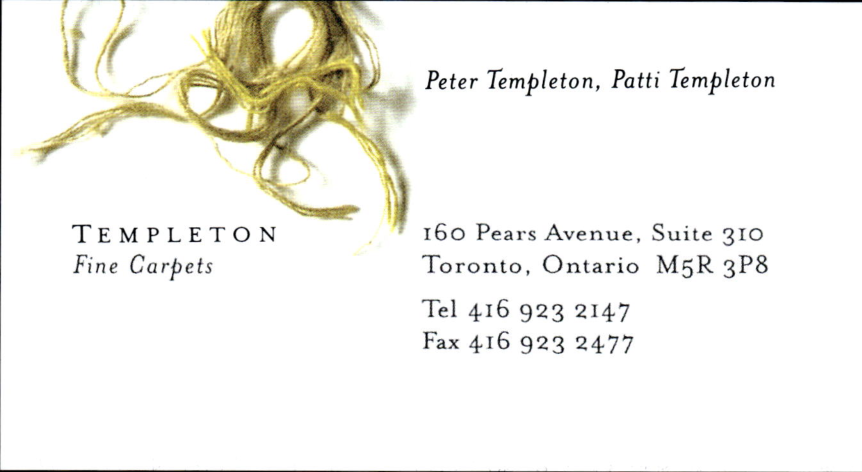

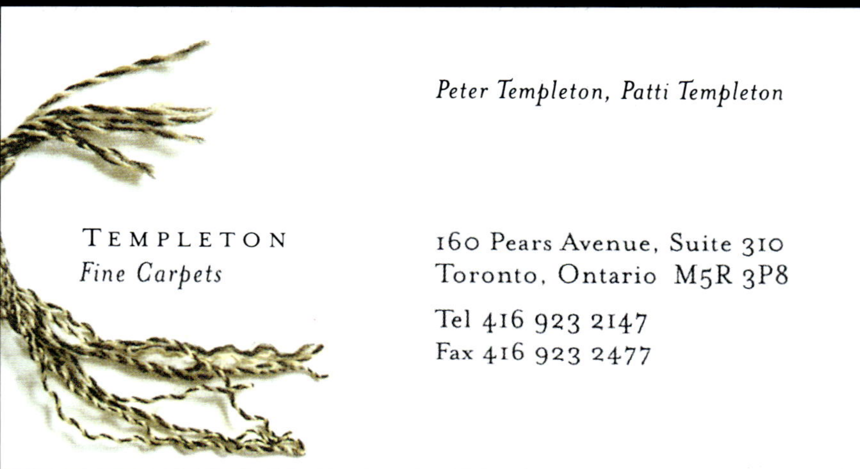

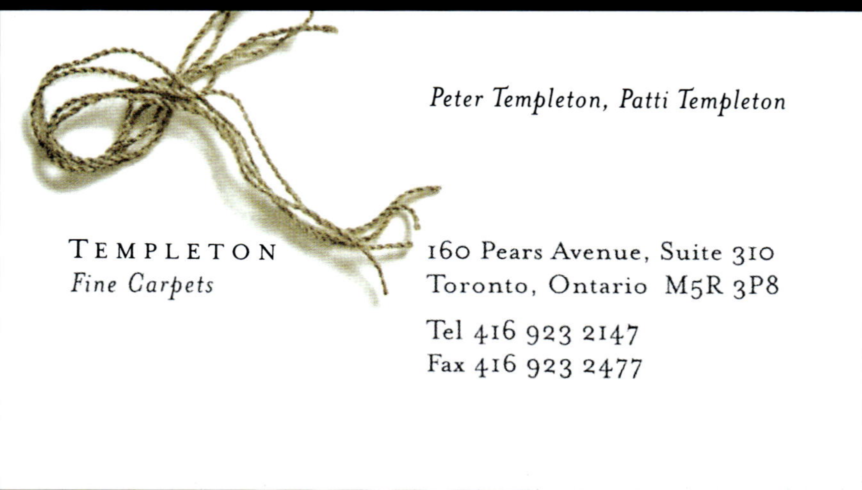

CLIENTE: Templeton, alfombras

ESTUDIO DE DISEÑO: Dinnick & Howells

DIRECCIÓN ARTÍSTICA: Jonathan Howells

DISEÑO: Nadine Chasse

SOFTWARE: Adobe Illustrator / Adobe Photoshop

PAPEL: Mohawk Vellum crema / 216 g/m^2

IMPRESIÓN: Litografía

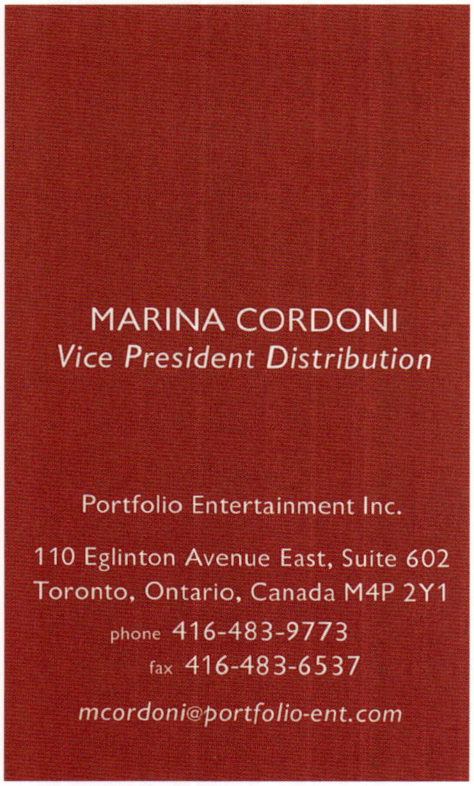

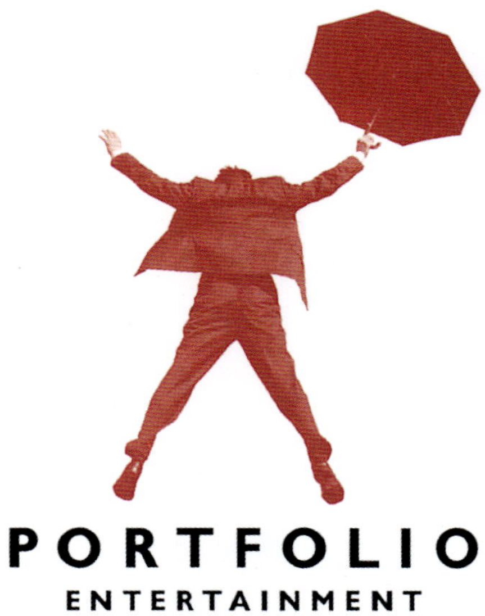

CLIENTE: Portfolio Entertainment

ESTUDIO DE DISEÑO: Dinnick & Howells

DIRECCIÓN ARTÍSTICA/DISEÑO: Sarah Dinnick

SOFTWARE: Adobe Illustrator / Adobe Photoshop

PAPEL: Mohawk Vellum blanco / 216 g/m²

IMPRESIÓN: Litografía

CLIENTE: Imbue

ESTUDIO DE DISEÑO: Sara Nelson Design, Ltd.

DIRECCIÓN ARTÍSTICA: Sara Nelson

DISEÑO: Amie Lerch

SOFTWARE: Macromedia Freehand

IMPRESIÓN: Fotocopia en color

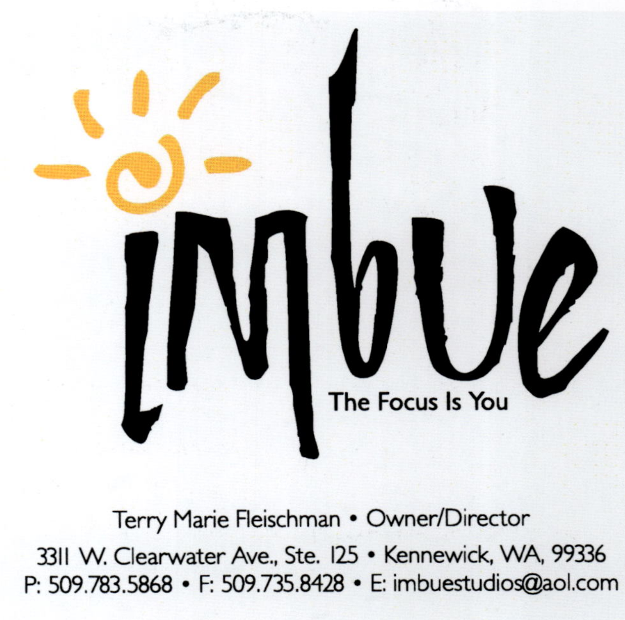

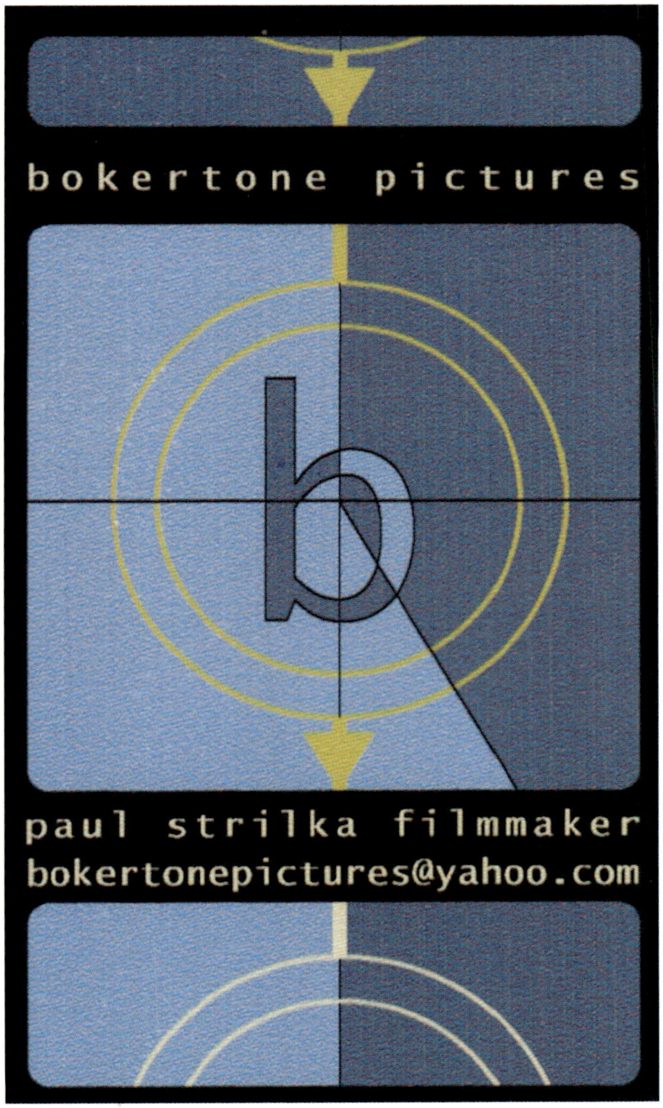

CLIENTE: Bokertone Pictures

ESTUDIO DE DISEÑO: Satellite Graphics

DIRECCIÓN ARTÍSTICA/DISEÑO/ILUSTRACIÓN:
Steve Csejka

SOFTWARE: Adobe Illustrator

PAPEL: Papel fotográfico Kodak

IMPRESIÓN: 4 colores / sangrado completo

CLIENTE: Pierce Design

ESTUDIO DE DISEÑO: Pierce Design

SOFTWARE: Macromedia Freehand

PAPEL: Dessert Hase Vellum Double Concept / 216 g/m²

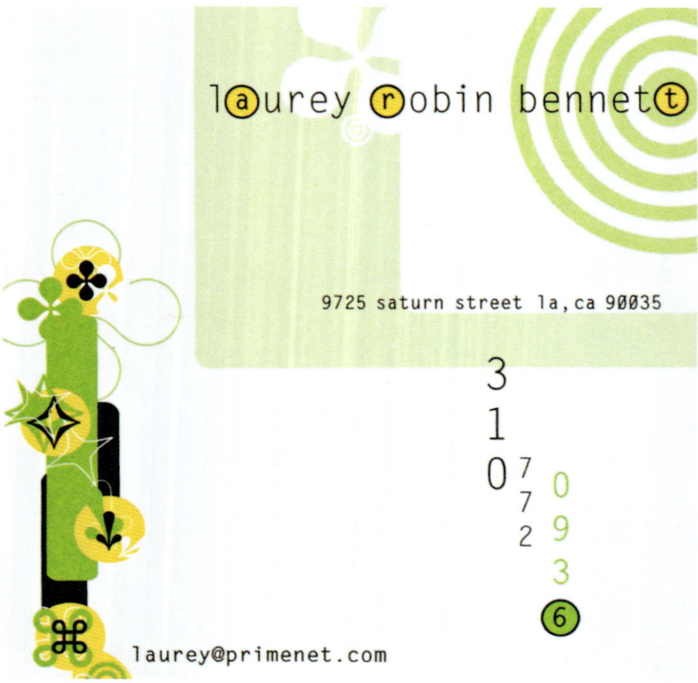

CLIENTE: Laurey Robin Bennett Design

ESTUDIO DE DISEÑO: Laurey Robin Bennett Design

DIRECCIÓN ARTÍSTICA/DISEÑO: Laurey Bennett

SOFTWARE: Adobe Illustrator / Quark XPress

PAPEL: Strathmore

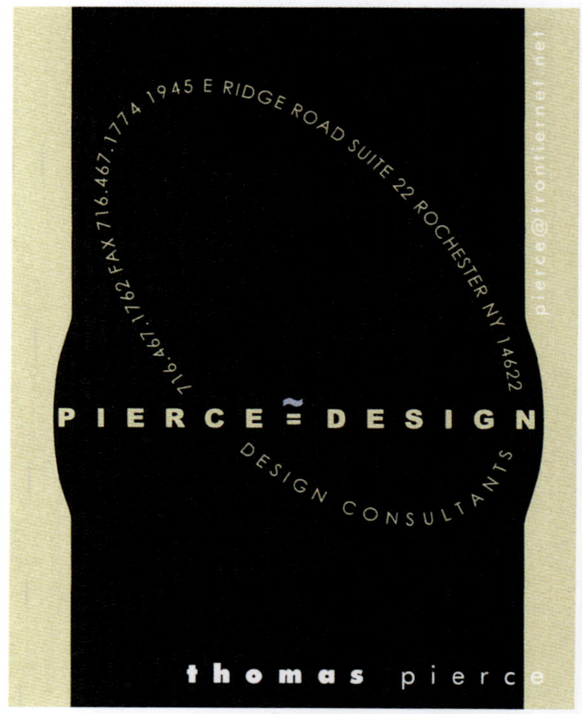

CLIENTE: Douglas Oliver Design Office

ESTUDIO DE DISEÑO: Douglas Oliver Design Office

DIRECCIÓN ARTÍSTICA: Douglas Oliver

DISEÑO: Clare McLaren

SOFTWARE: Quark XPress

PAPEL: Crane's fluorescente blanco / 300 g/m²

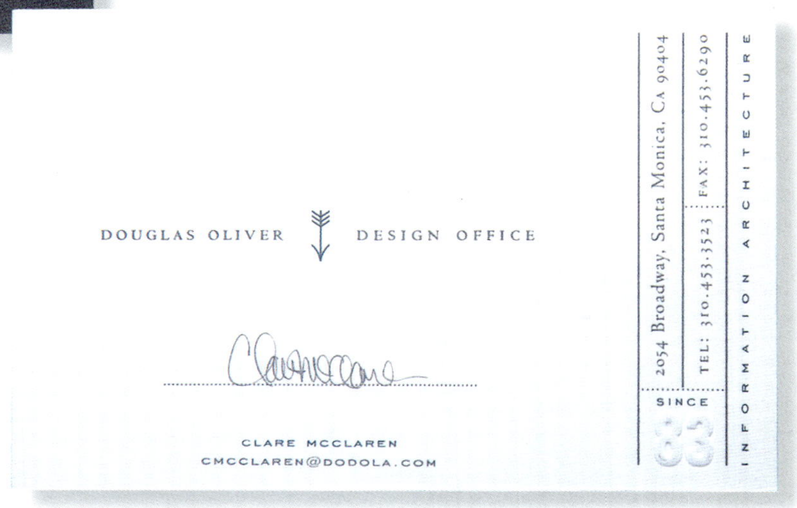

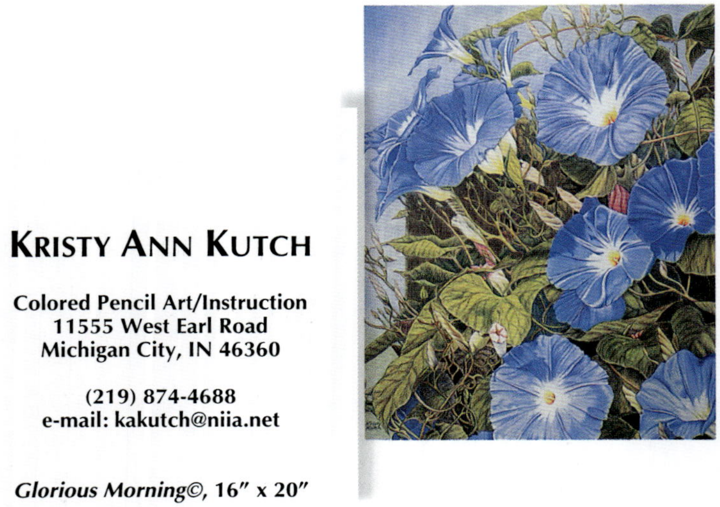

CLIENTE: Kristy Ann Kutch, artista y profesora de dibujo con lápices de colores

ESTUDIO DE DISEÑO: Kristy Ann Kutch Colored Pencil Art/Instruction

ILUSTRACIÓN: Kristy Ann Kutch

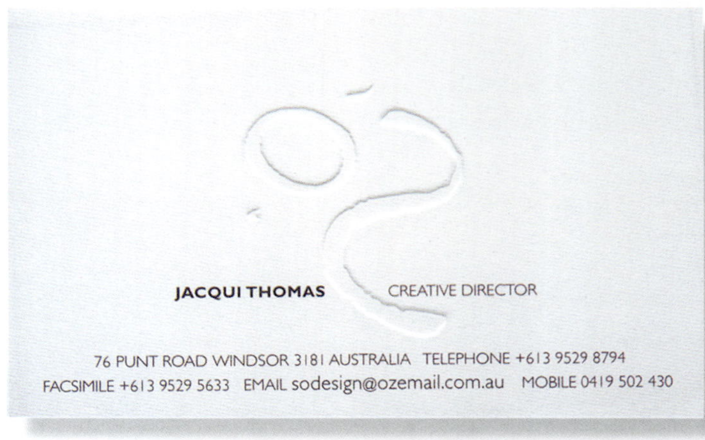

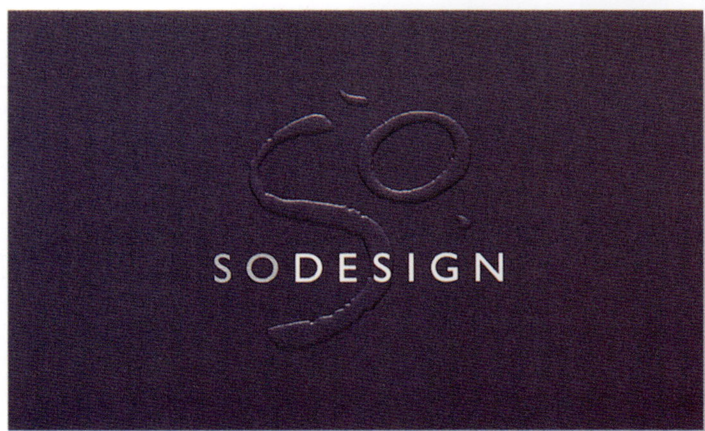

CLIENTE: So Design Pty Ltd.

ESTUDIO DE DISEÑO: So Design Pty Ltd.

DIRECCIÓN ARTÍSTICA: Jacqui Thomas

SOFTWARE: Adobe Illustrator

PAPEL: Raleigh superfino ultra blanco liso 350 g/m^2

IMPRESIÓN: 2 colores / estampación en relieve

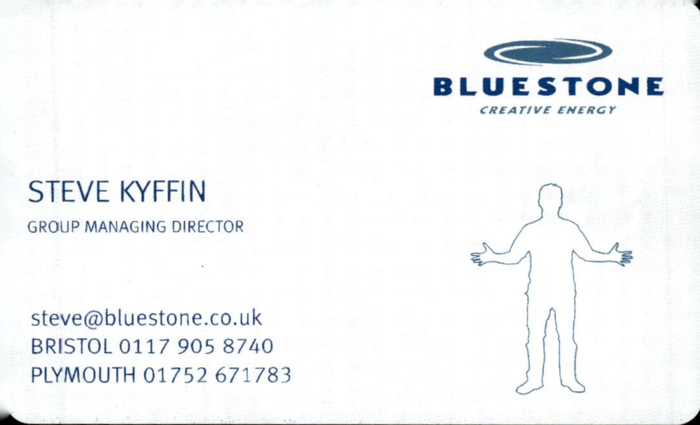

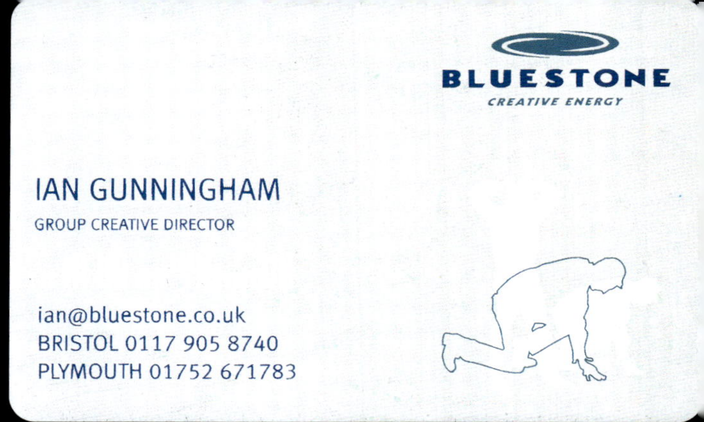

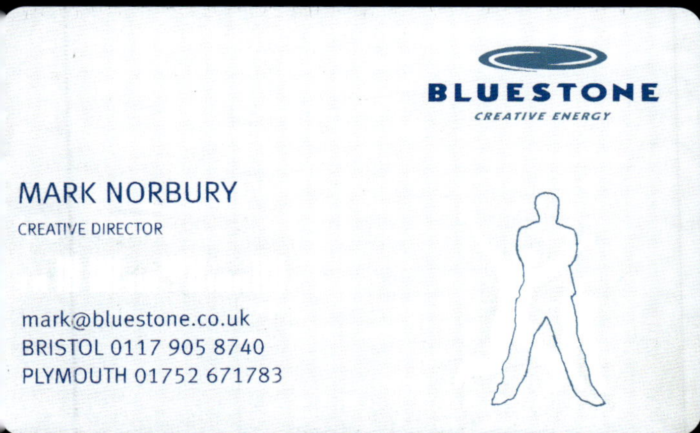

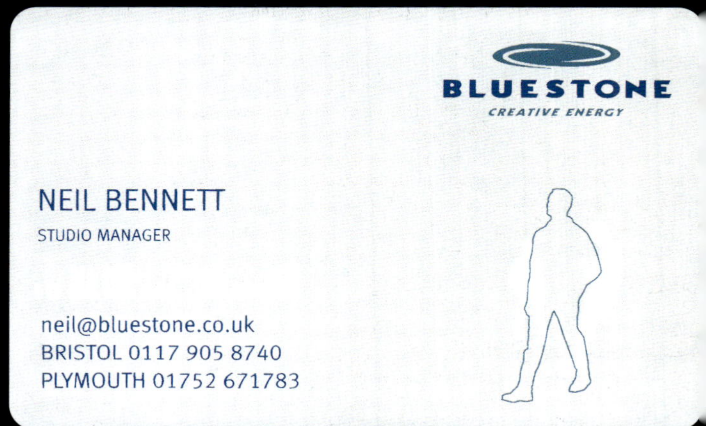

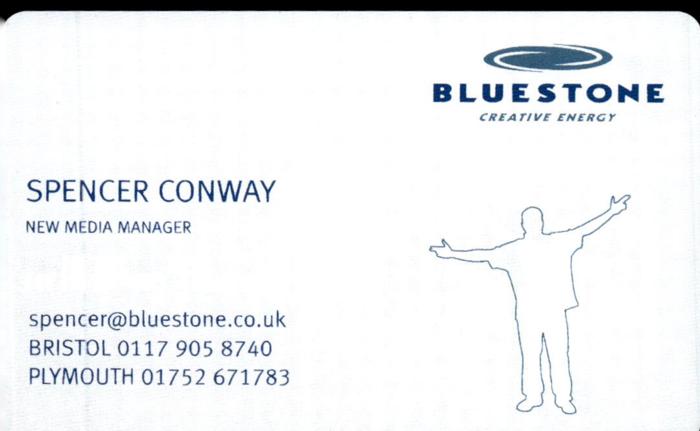

CLIENTE: Bluestone

ESTUDIO DE DISEÑO: Bluestone

DIRECCIÓN ARTÍSTICA/DISEÑO/ILUSTRACIÓN:
Ian Gunningham

SOFTWARE: Macromedia Freehand

MATERIAL: Plástico transparente con barniz opaco

IMPRESIÓN: Serigrafía

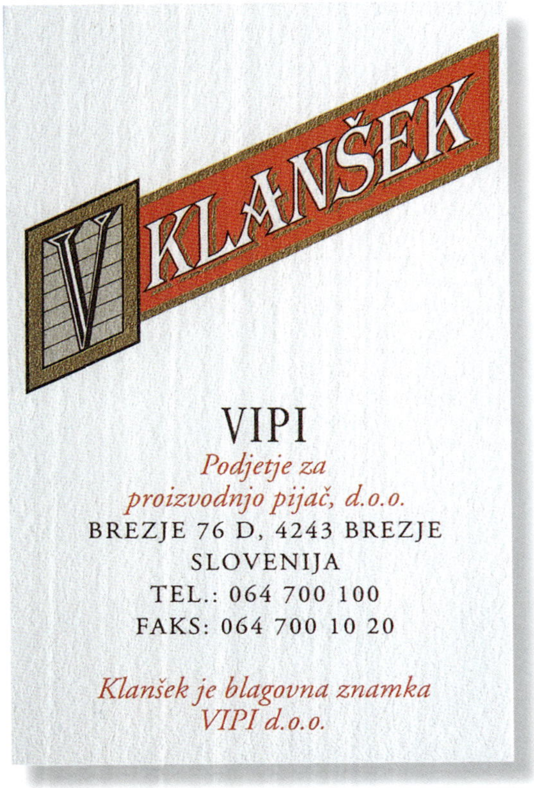

CLIENTE: Vipi

ESTUDIO DE DISEÑO: KROG

DIRECCIÓN ARTÍSTICA/DISEÑO: Edi Berk

SOFTWARE: Quark XPress / Adobe Illustrator

PAPEL: Conqueror

IMPRESIÓN: Offset

CLIENTE: Vinski Konvent SV. Urbana

ESTUDIO DE DISEÑO: KROG

DIRECCIÓN ARTÍSTICA/DISEÑO: Edi Berk

SOFTWARE: Quark XPress / Adobe Illustrator

PAPEL: Conqueror

IMPRESIÓN: Offset

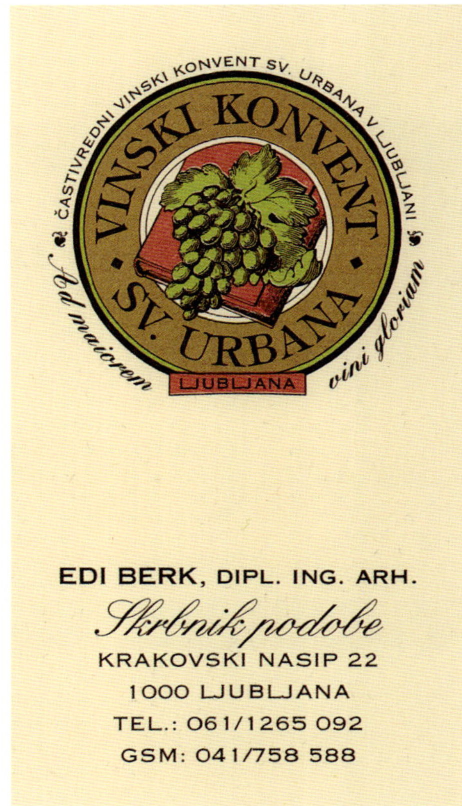

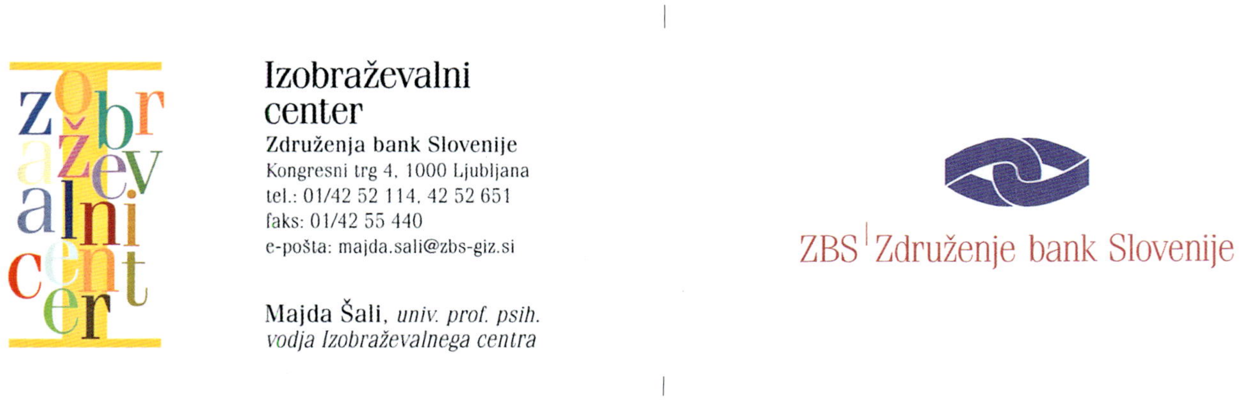

CLIENTE: Združenje Bank Solovenije

ESTUDIO DE DISEÑO: KROG

DIRECCIÓN ARTÍSTICA/DISEÑO: Quark XPress / Adobe Illustrator

PAPEL: Conqueror

IMPRESIÓN: Offset

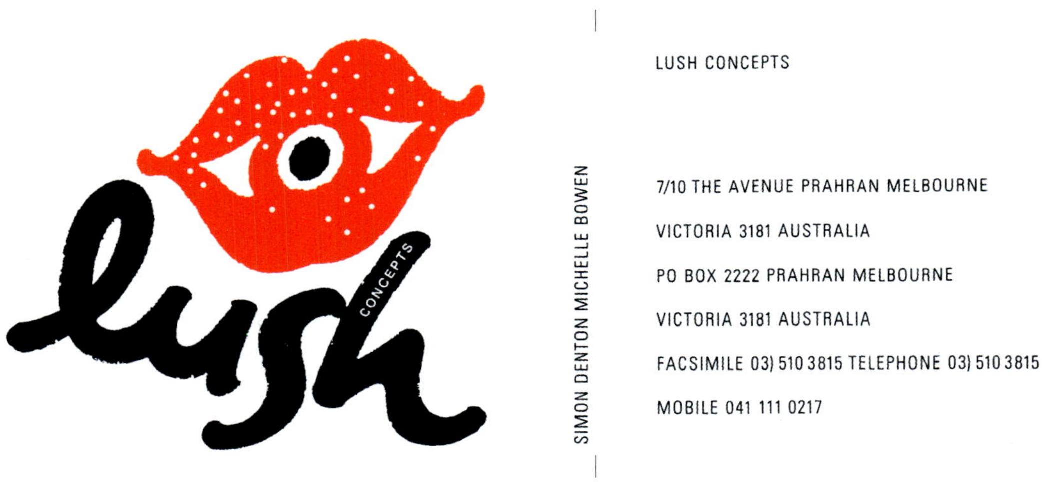

CLIENTE: Lush Concepts

ESTUDIO DE DISEÑO: Emery Vincent Design

DIRECCIÓN ARTÍSTICA: Garry Emery

DISEÑO: Equipo de Emery Vincent Design

SOFTWARE: Adobe Photoshop / Adobe Illustrator

Julian Vagg

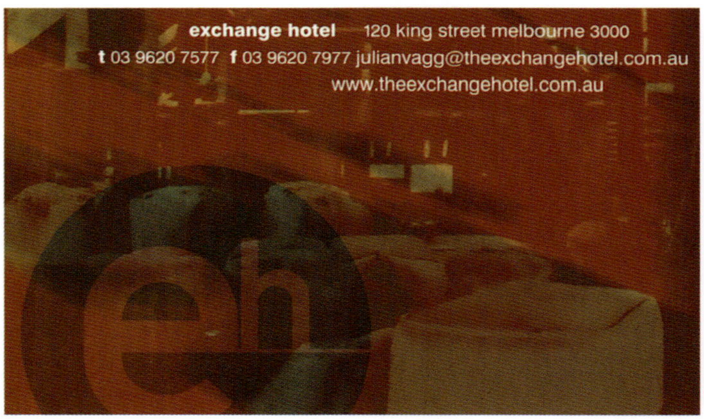

CLIENTE: Exchange Hotel

ESTUDIO DE DISEÑO: Emery Vincent Design

DIRECCIÓN ARTÍSTICA: Garry Emery

DISEÑO: Equipo de Emery Vincent Design

SOFTWARE: Adobe Photoshop /
Adobe Illustrator

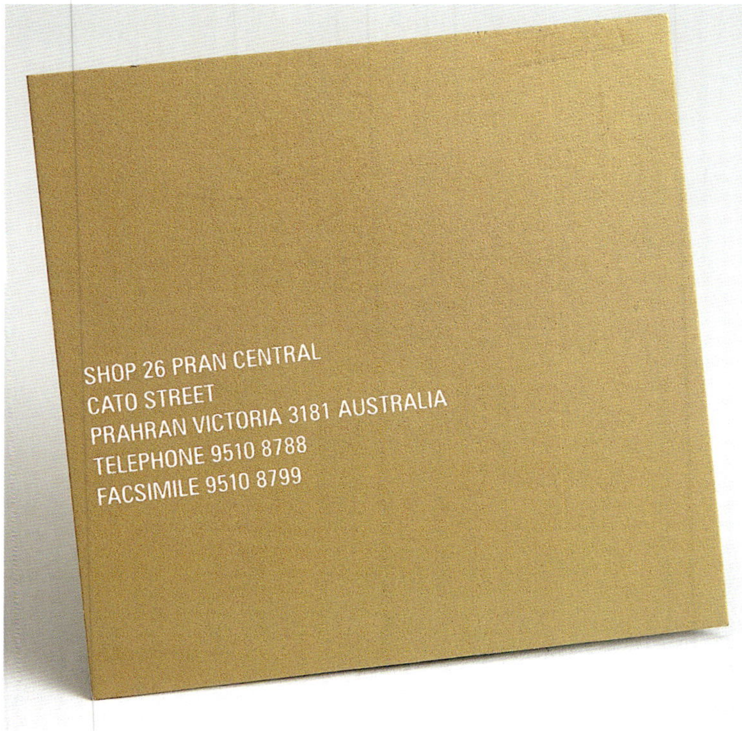

CLIENTE: Kin Kao Restaurant

ESTUDIO DE DISEÑO: Emery Vincent Design

DIRECCIÓN ARTÍSTICA: Garry Emery

DISEÑO: Equipo de Emery Vincent Design

SOFTWARE: Adobe Photoshop / Adobe Illustrator

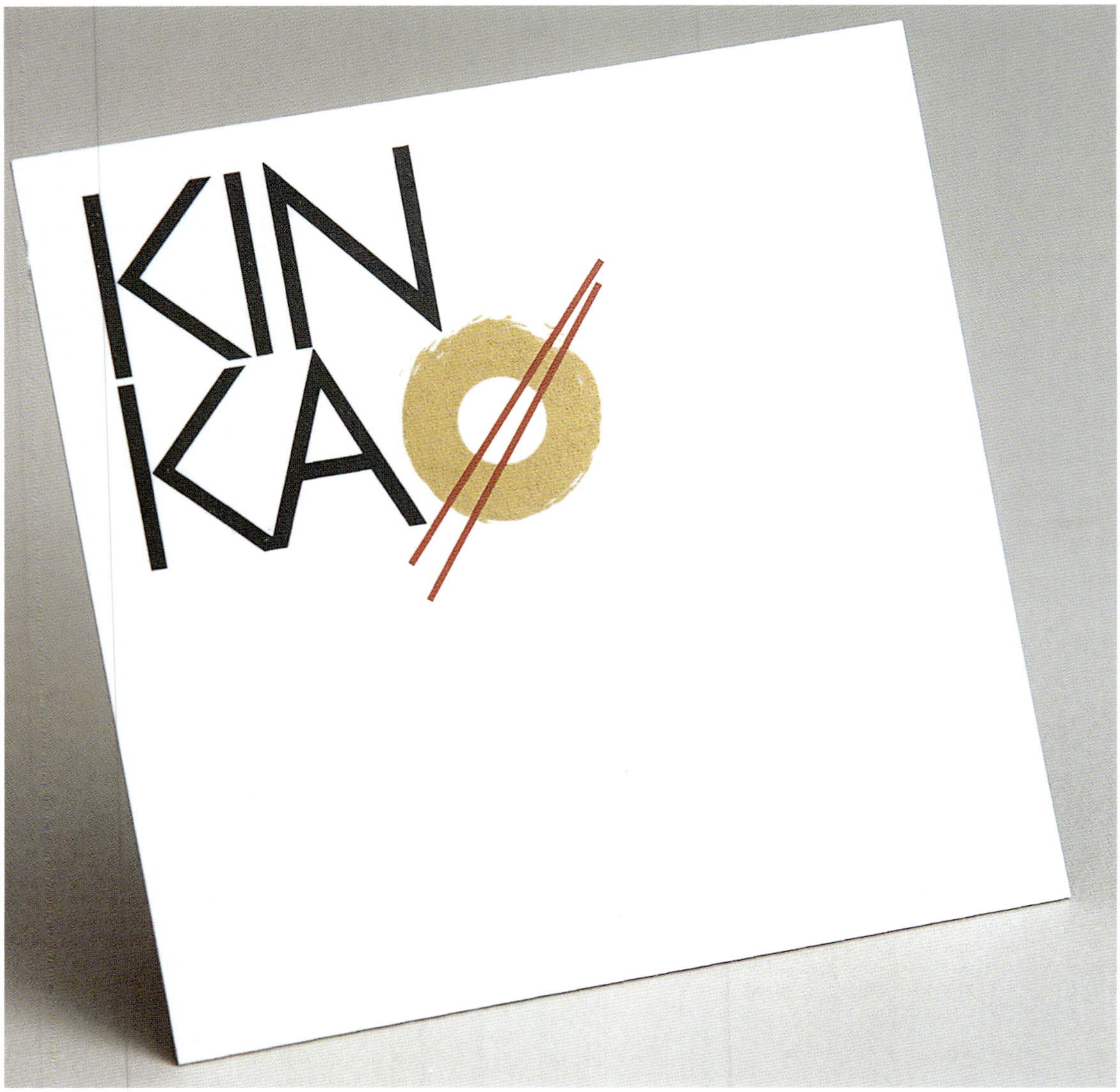

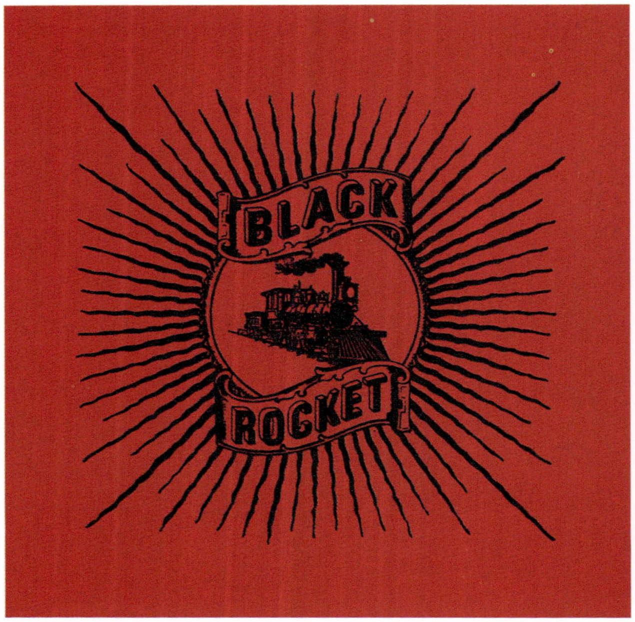

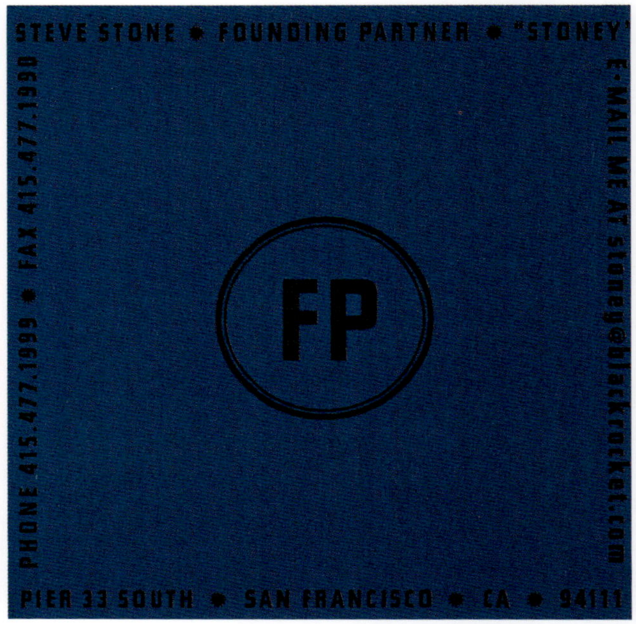

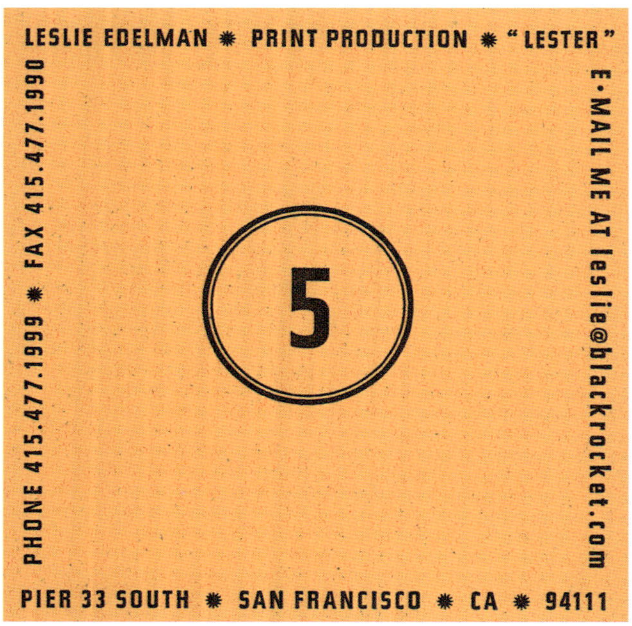

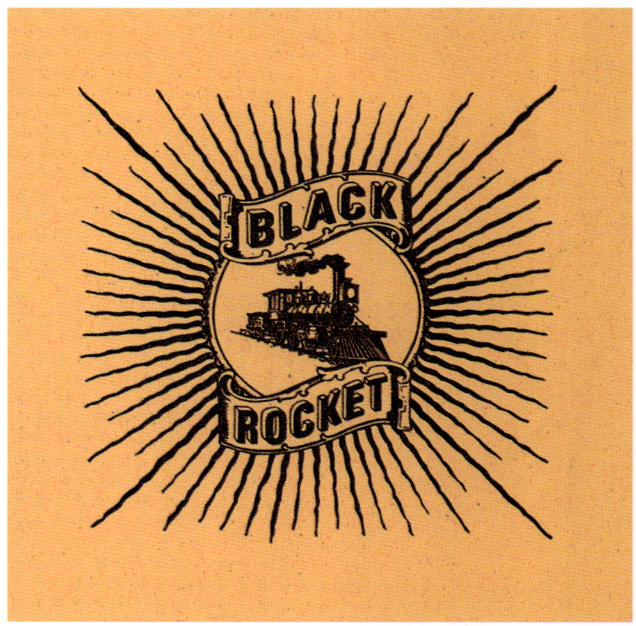

CLIENTE: Black Rocket

ESTUDIO DE DISEÑO: Black Rocket

DIRECCIÓN ARTÍSTICA: Steve Stone / Bob Kerstetter

SOFTWARE: Quark XPress

PAPEL: Classic Columns Goldenrod / rojo / azul

IMPRESIÓN: Tipografía

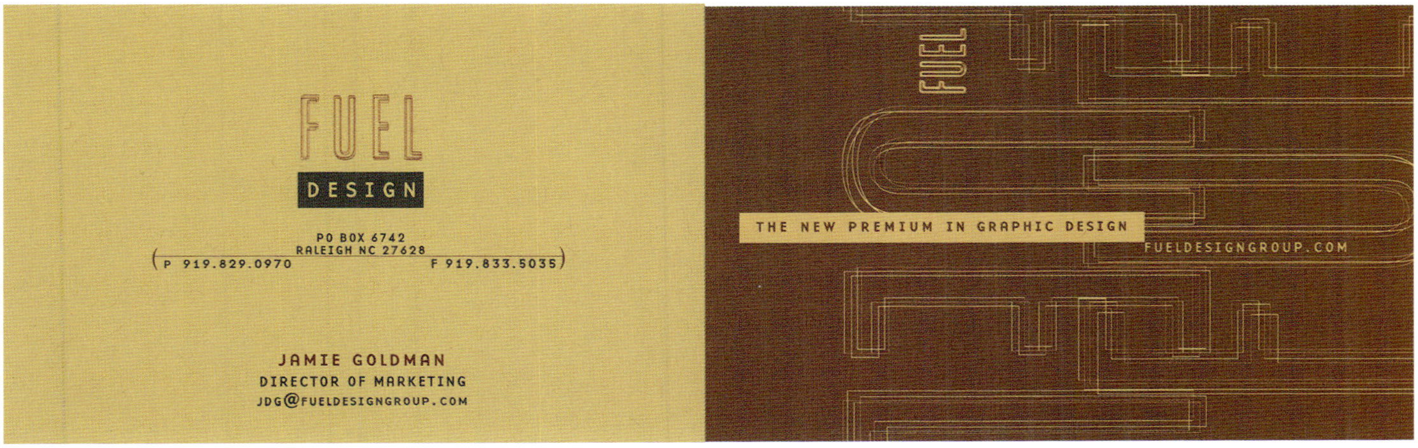

CLIENTE: Fuel Design

ESTUDIO DE DISEÑO: Fuel Design

DIRECCIÓN ARTÍSTICA/DISEÑO: Stephanie Garrison / Bryant Cole

SOFTWARE: Quark XPress / Adobe Illustrator

PAPEL: French Construction Fuse verde

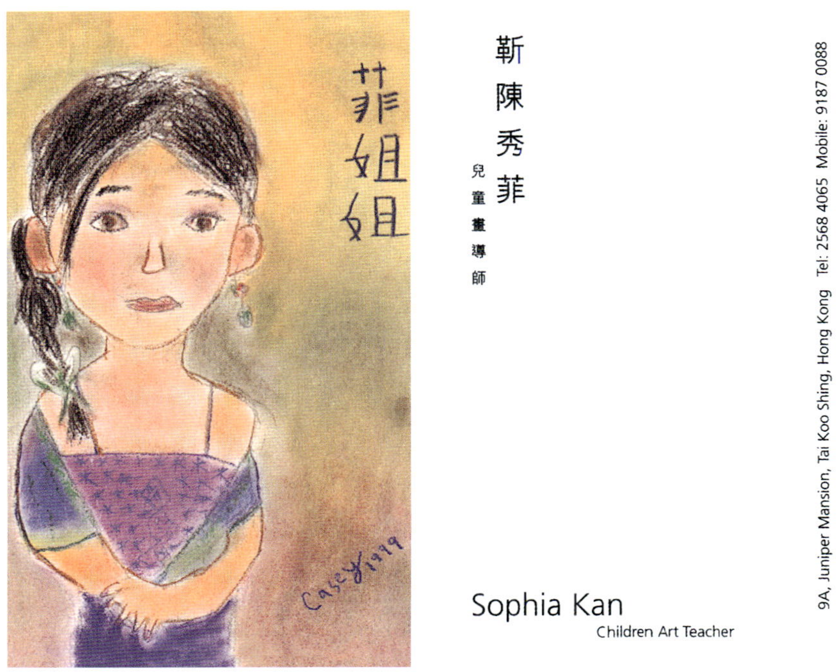

CLIENTE: Chan Sau Fei

ESTUDIO DE DISEÑO: Kan & Lau Design Consultants

DIRECCIÓN ARTÍSTICA/DISEÑO: Kan Tai-Keung

ILUSTRACIÓN: Alumnos de Chan Sau Fei

SOFTWARE: Macromedia Freehand / Adobe Photoshop

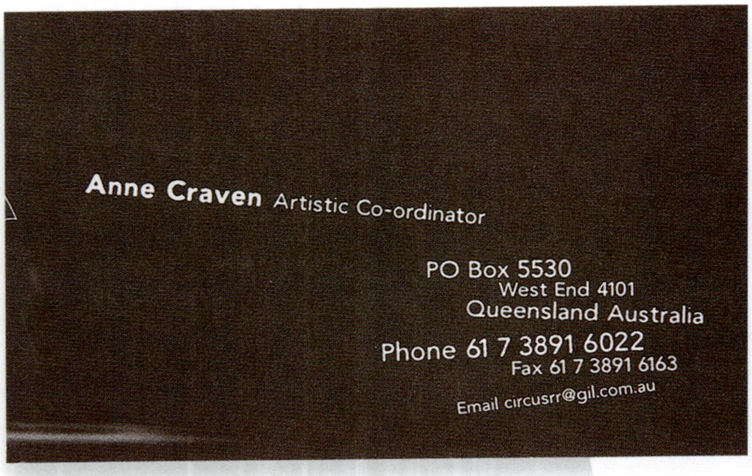

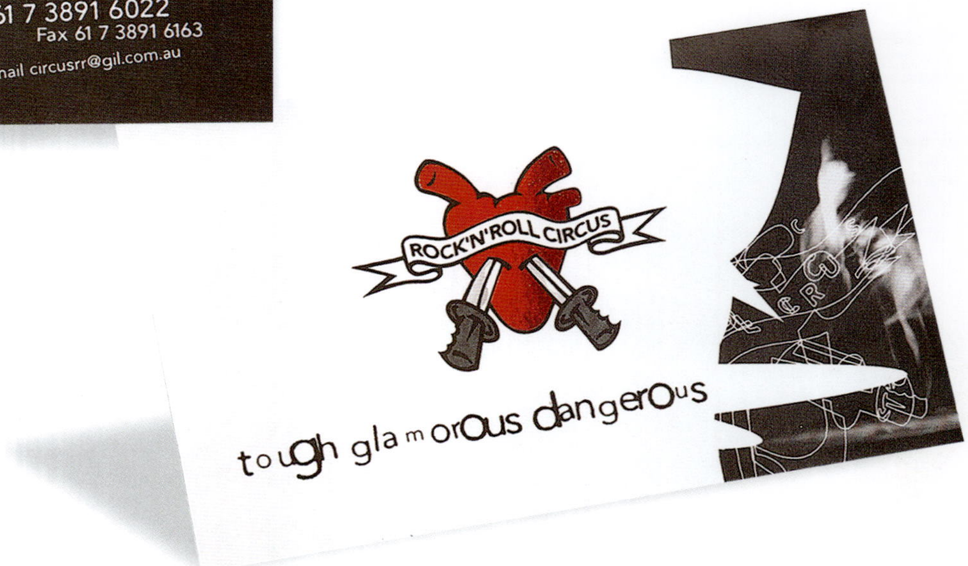

CLIENTE: Rock'n' Roll Circus

ESTUDIO DE DISEÑO: Inkahoots

DIRECCIÓN ARTÍSTICA: Steven Alexander

DISEÑO: Robert Moore

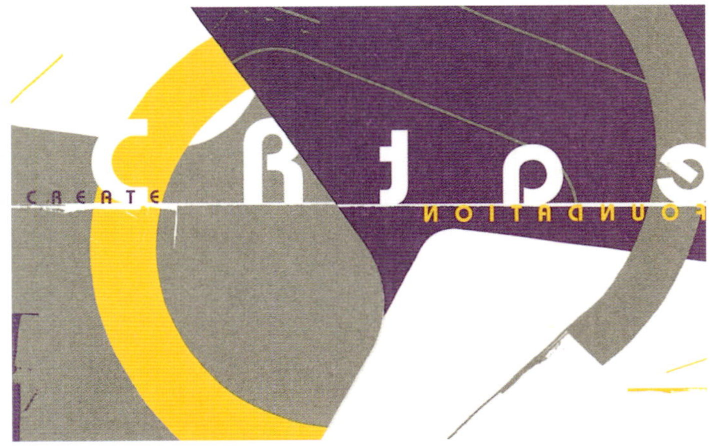

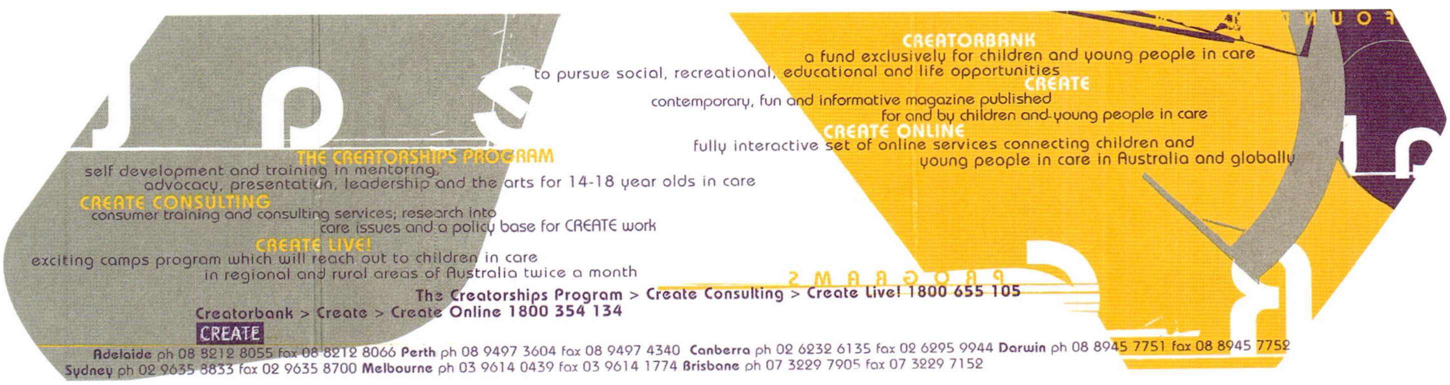

CLIENTE: Create Foundation

ESTUDIO DE DISEÑO: Inkahoots

DIRECCIÓN: Russel Kerr

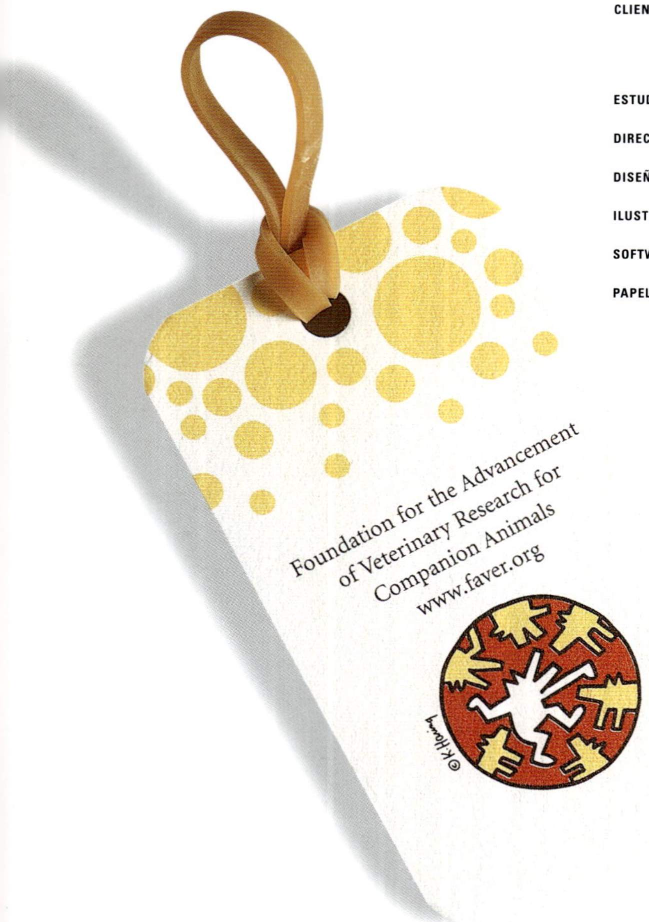

CLIENTE: Fundación para el Avance de la Investigación Veterinaria para Animales de Compañía (FAVeR)

ESTUDIO DE DISEÑO: Mirco Ilić Corp.

DIRECCIÓN ARTÍSTICA: Mirco Ilić

DISEÑO: Mirco Ilić / Heath Hinegarder

ILUSTRACIÓN: Kieth Haring

SOFTWARE: Adobe Illustrator / Quark XPress

PAPEL: Crane's

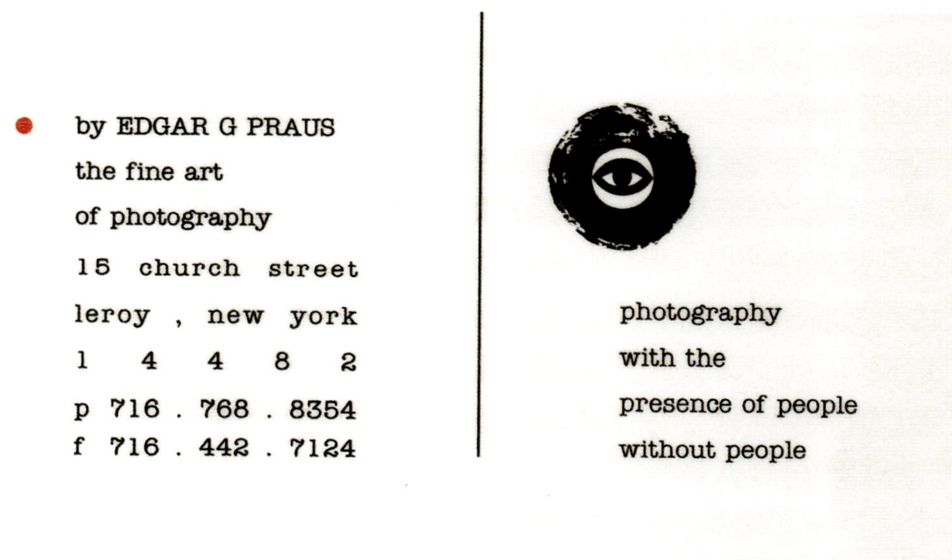

CLIENTE: Edgar G. Praus, fotografía

ESTUDIO DE DISEÑO: Zebra Design

DIRECCIÓN ARTÍSTICA/DISEÑO: James L. Selak

SOFTWARE: Macromedia Freehand / Quark XPress

PAPEL: UV Ultra II / Columns

IMPRESIÓN: Offset

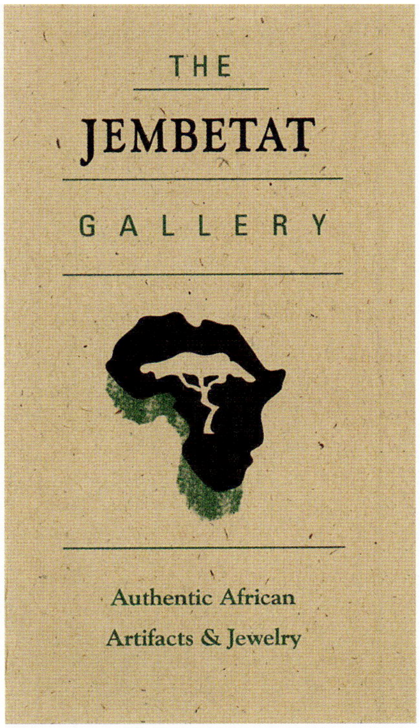

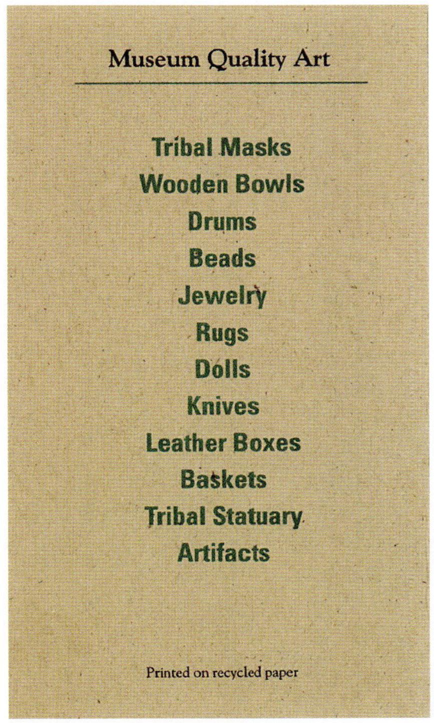

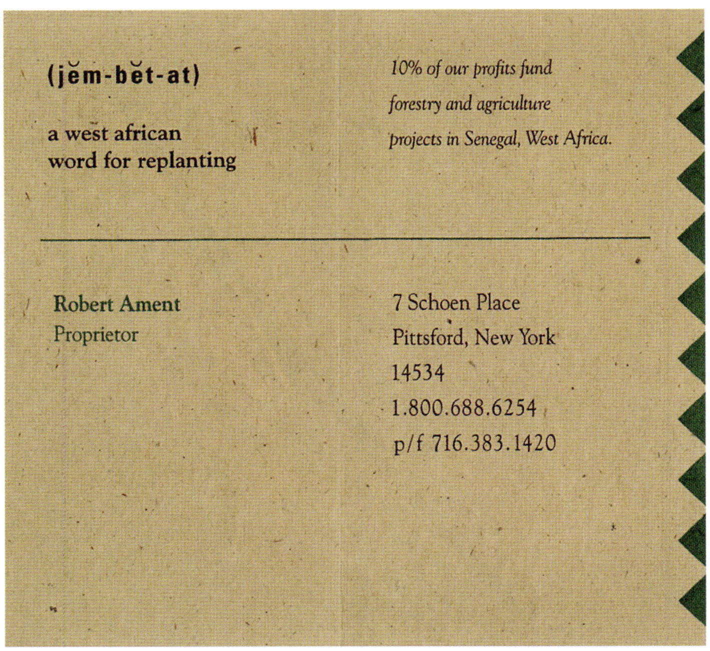

CLIENTE: The Jembetat Gallery

ESTUDIO DE DISEÑO: Zebra Design

DIRECCIÓN ARTÍSTICA/DISEÑO/ILUSTRACIÓN:
James L. Selak

SOFTWARE: Macromedia Freehand /
Quark XPress

IMPRESIÓN: Offset

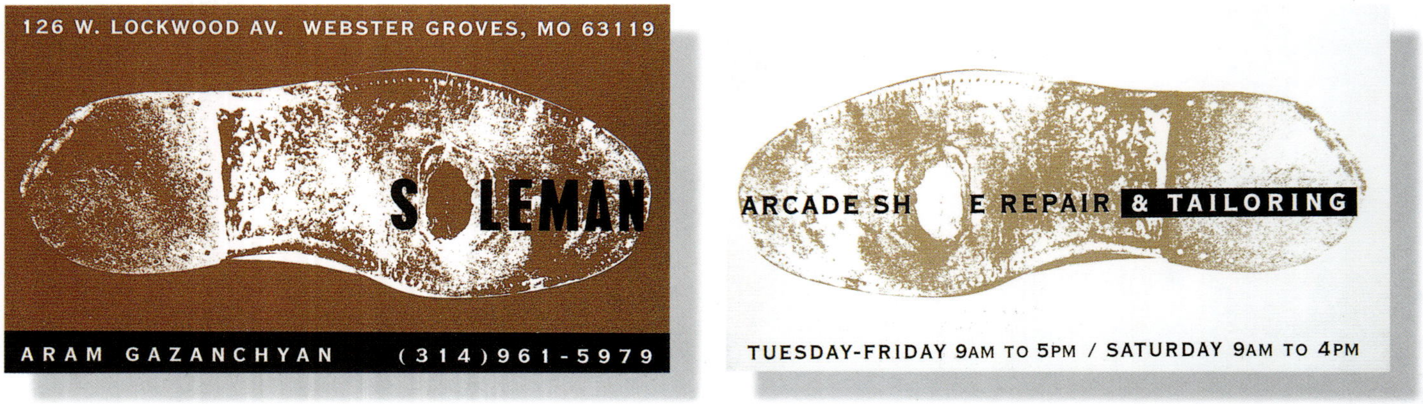

CLIENTE: Arcade Shoe Repair, zapatero remendón y a medida

ESTUDIO DE DISEÑO: Bartels & Company

DIRECCIÓN ARTÍSTICA: David Bartels

DISEÑO: Mary M. Moore

SOFTWARE: Adobe Illustrator / Quark XPress

PAPEL: 300 g/m^2 cartulina mate

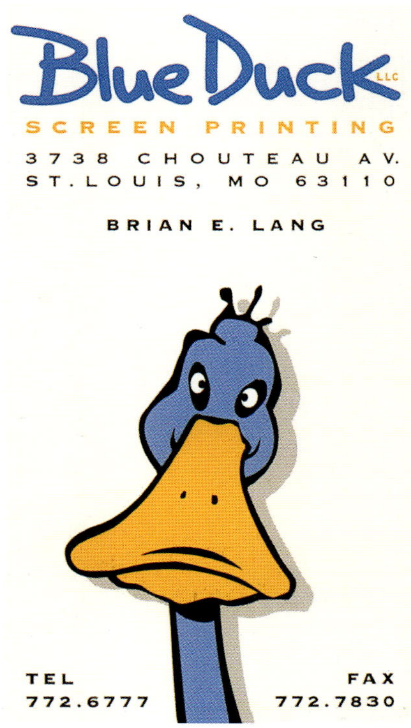

CLIENTE: Blue Duck Screen Printing, serigrafía

ESTUDIO DE DISEÑO: Bartels & Company

DIRECCIÓN ARTÍSTICA: David Bartels

DISEÑO/ILUSTRACIÓN: Ron Rodemacher

SOFTWARE: Adobe Illustrator

PAPEL: 300 g/m^2 cartulina mate

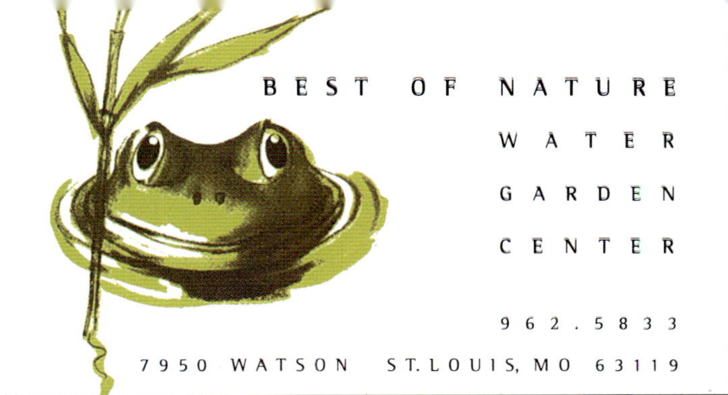

CLIENTE: Best of Nature

ESTUDIO DE DISEÑO: Bartels & Company

DIRECCIÓN ARTÍSTICA: David Bartels

DISEÑO/ILUSTRACIÓN: Ron Rodemacher

SOFTWARE: Adobe Illustrator / Adobe Photoshop

PAPEL: Chromecoat 300 g/m²

CLIENTE: Campbell Fisher Design (CFD)

ESTUDIO DE DISEÑO: Campbell Fisher Design

DIRECCIÓN ARTÍSTICA: Mike Campbell / Greg Fisher

DISEÑO: Paul Svancara

PAPEL: Strobe mate / 325 g/m² cartulina

IMPRESIÓN: 2 / 2 PMS

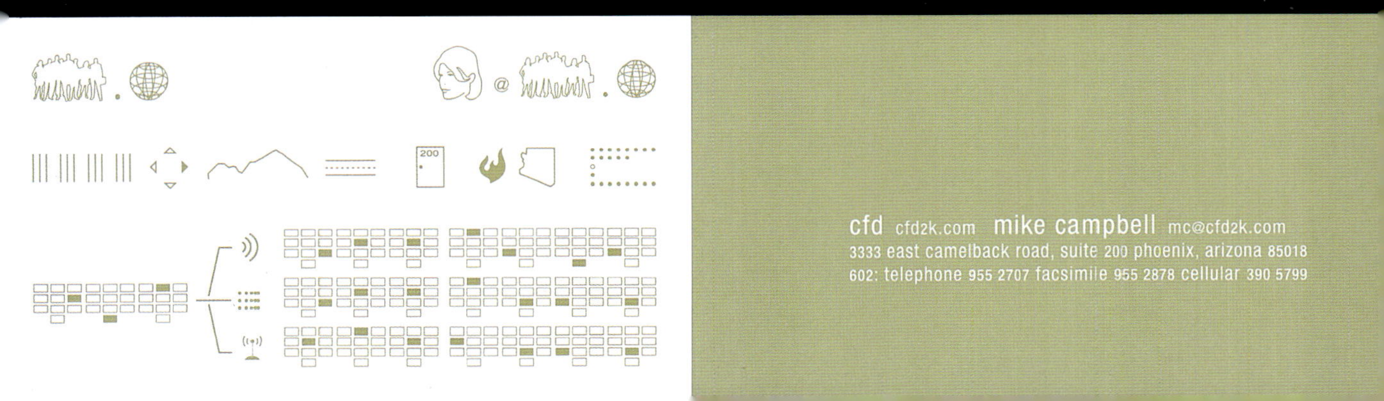

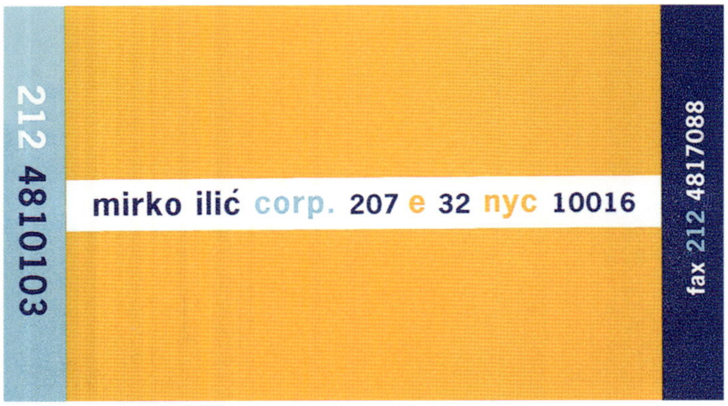

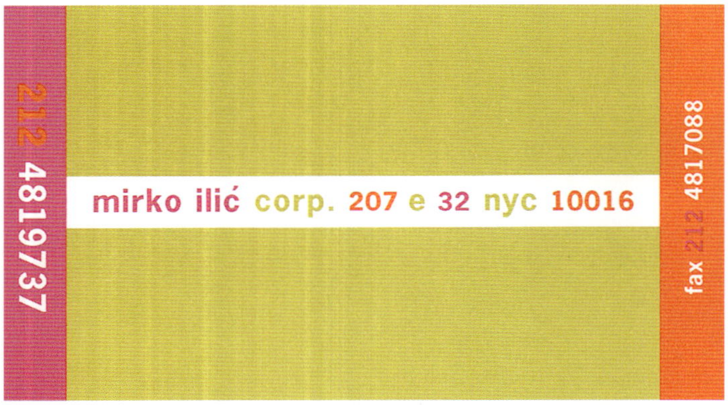

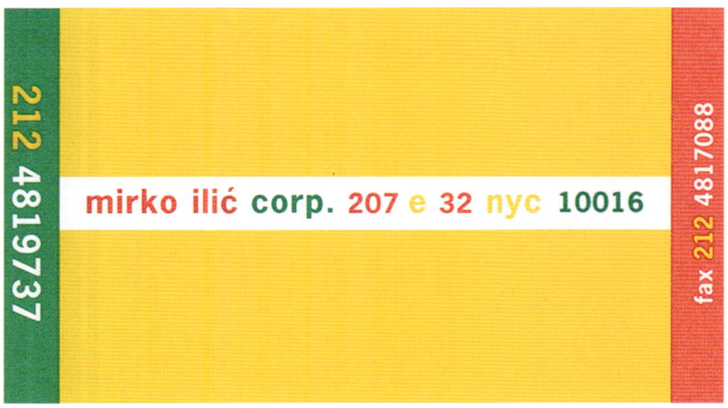

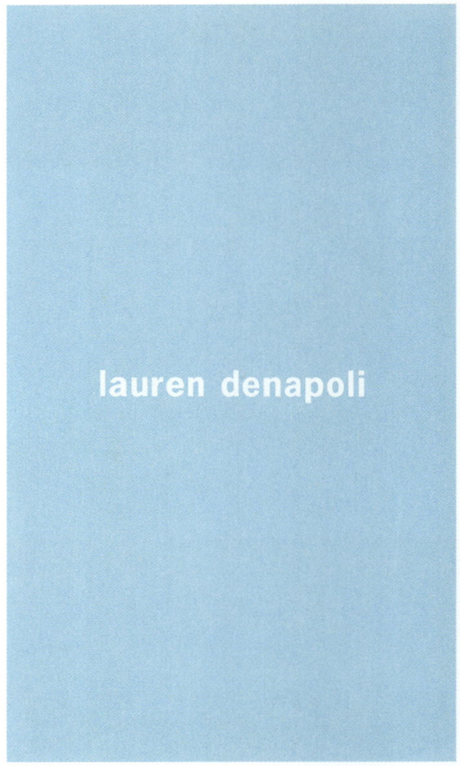

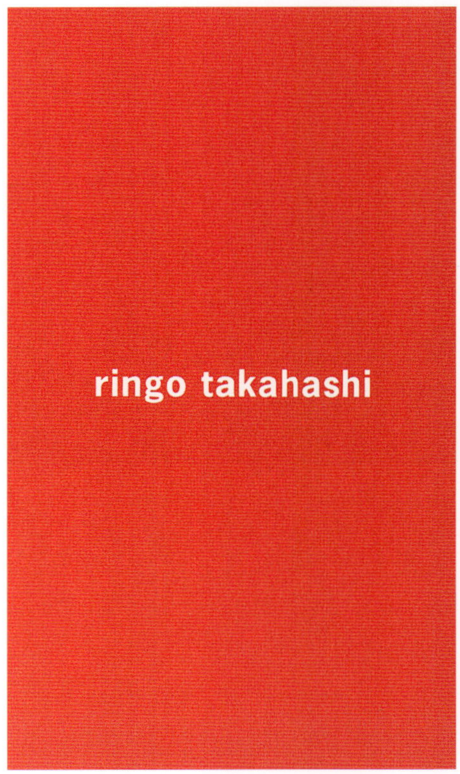

CLIENTE: Mirko Ilić Corp.

ESTUDIO DE DISEÑO: Mirko Ilić Corp.

DIRECCIÓN ARTÍSTICA/DISEÑO: Nicky Lindeman

SOFTWARE: Quark XPress

PAPEL: Cougar

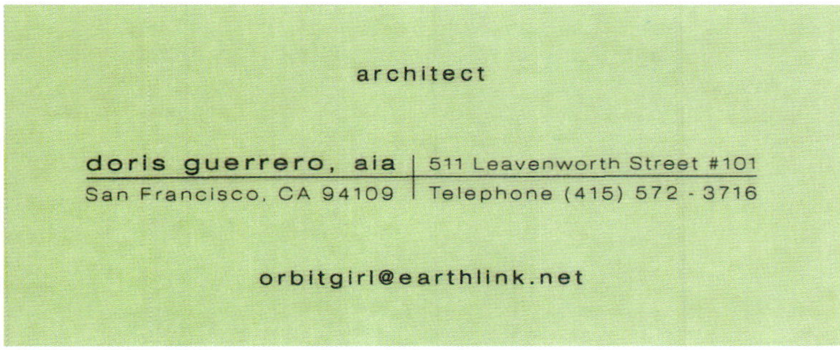

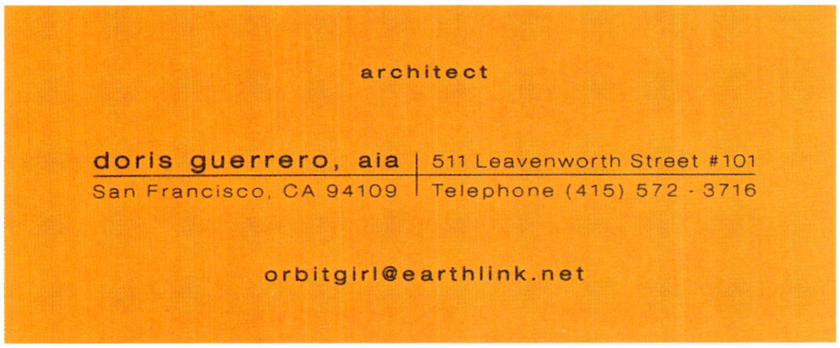

CLIENTE: Doris Guerrero, arquitecta

ESTUDIO DE DISEÑO: Chris Rooney Illustration/Design

DIRECCIÓN ARTÍSTICA/DISEÑO: Chris Rooney

SOFTWARE: Adobe Illustrator

PAPEL: Cromática mango / absenta 74 g/m^2 / Beckett súper liso Expression Radiance 350 g/m^2

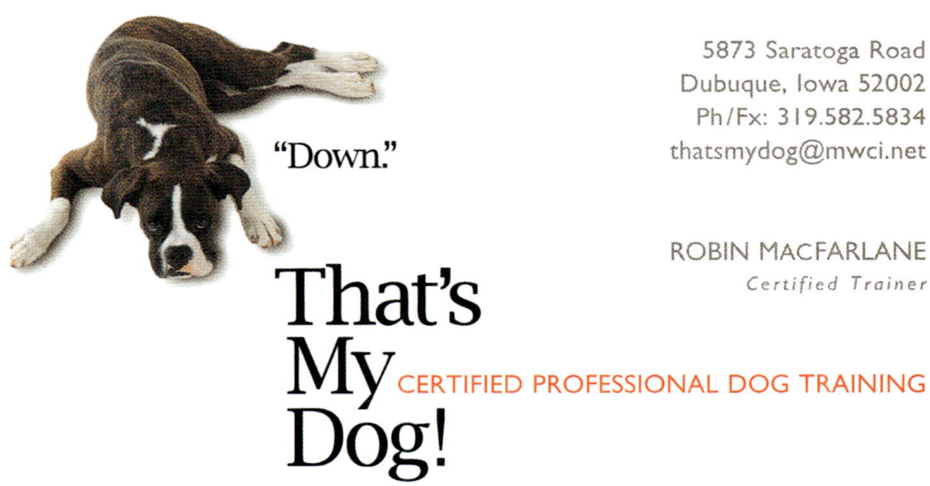

CLIENTE: That's My Dog!

ESTUDIO DE DISEÑO: Get Smart Design Co.

DIRECCIÓN ARTÍSTICA: Tom Culbertson

DISEÑO: Jeff MacFarlane

SOFTWARE: Adobe Photoshop / Quark XPress

PAPEL: Fox River Select

IMPRESIÓN: Cuatricromía

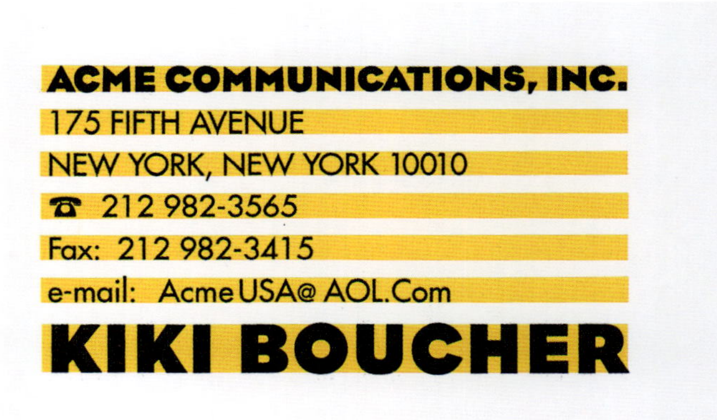

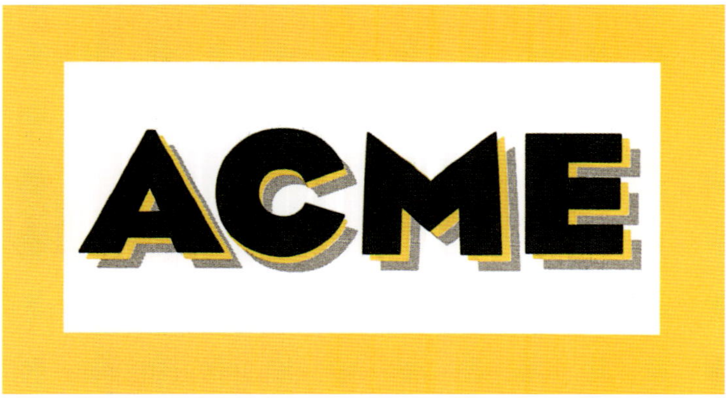

CLIENTE: Acme Communications, Inc.

ESTUDIO DE DISEÑO: Acme Communications, Inc.

DIRECCIÓN ARTÍSTICA: Kiki Boucher

DISEÑO: Jon Livingston

SOFTWARE: Quark Xpress

PAPEL: Strathmore Ultimate
blanco couché

IMPRESIÓN: 2 colores, offset

CLIENTE: Andrew A. Bartolotta

ESTUDIO DE DISEÑO: Max Communications

DISEÑO: Karen Gold

SOFTWARE: Quark XPress / Adobe Photoshop

PAPEL: Starwhite Vicksburg

IMPRESIÓN: 3 / 2 PMS

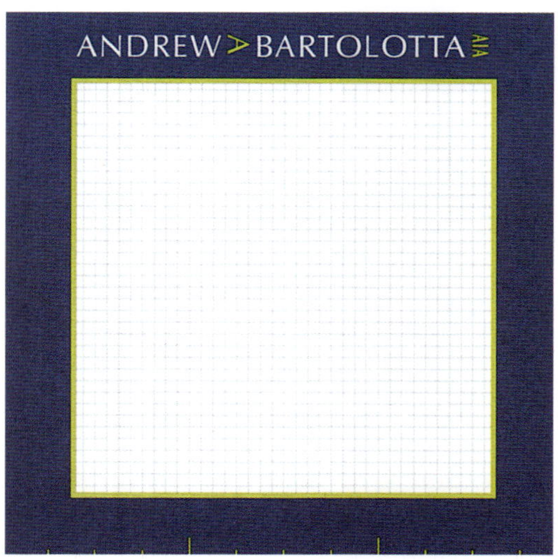

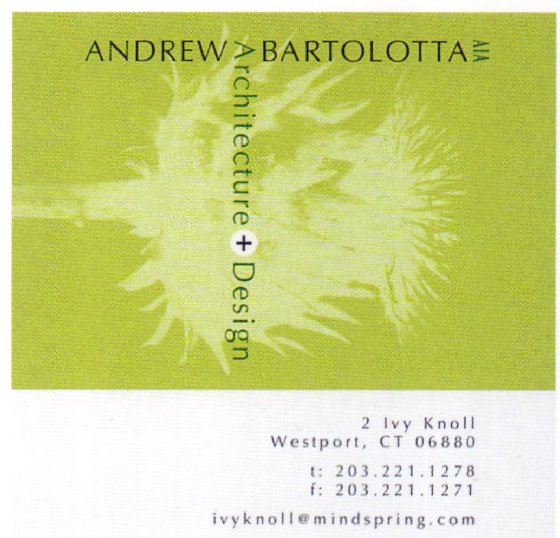

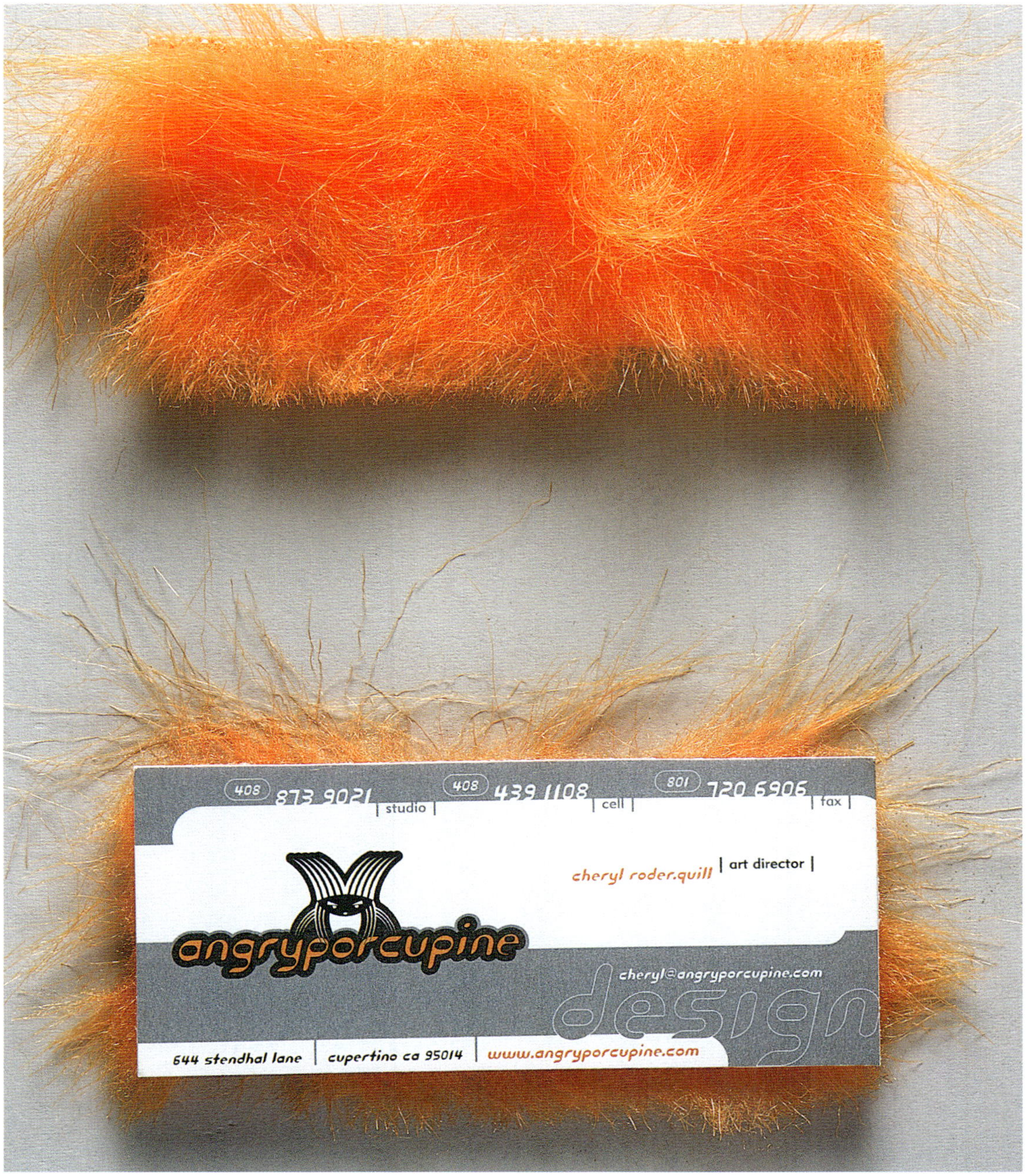

CLIENTE: Angryporcupine

ESTUDIO DE DISEÑO: Angryporcupine

DIRECCIÓN ARTÍSTICA/DISEÑO: Cheryl Roder-Quill

SOFTWARE: Adobe Illustrator

PAPEL/MATERIALES: Wausau blanco brillante / piel sintética

IMPRESIÓN: 2 colores PMS y negro

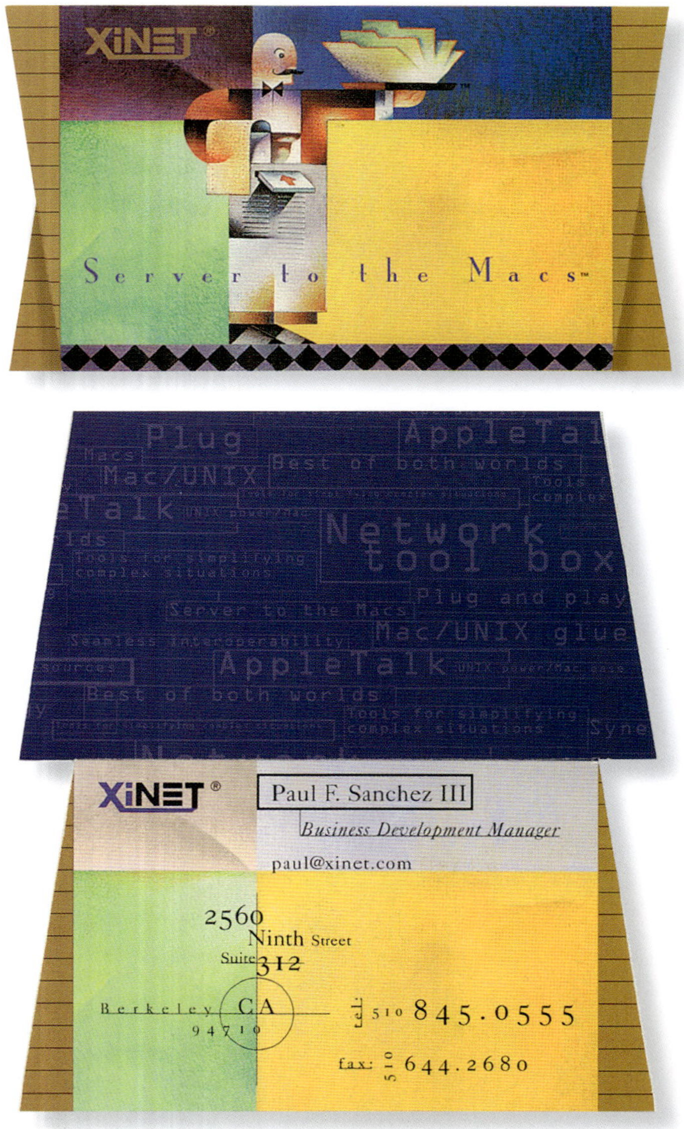

CLIENTE: Xinet

ESTUDIO DE DISEÑO: Gee + Chung Design

DIRECCIÓN ARTÍSTICA/DISEÑO: Earl Gee

ILUSTRACIÓN: Robert Pastrana

SOFTWARE: Quark XPress / Adobe Illustrator

PAPEL: Potlatch McCoy brillante / 270 g/m^2

IMPRESIÓN: Cuatricromía litografía offset

N A N O C O S M
TECHNOLOGIES, INC.

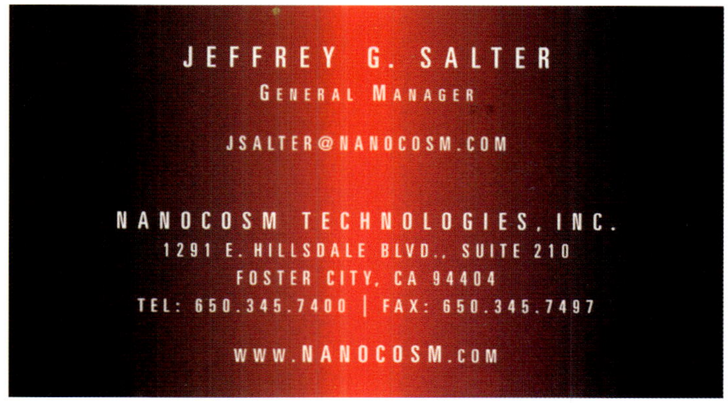

CLIENTE: Nanocosm Technologies, Inc.

ESTUDIO DE DISEÑO: Gee + Chung Design

DIRECCIÓN ARTÍSTICA/DISEÑO: Earl Gee + Fani Chung

ILUSTRACIÓN: Fani Chung

SOFTWARE: Quark XPress / Adobe Illustrator

PAPEL: Kimdura blanco 200 g/m^2.

IMPRESIÓN: 2 / 2 litografía offset

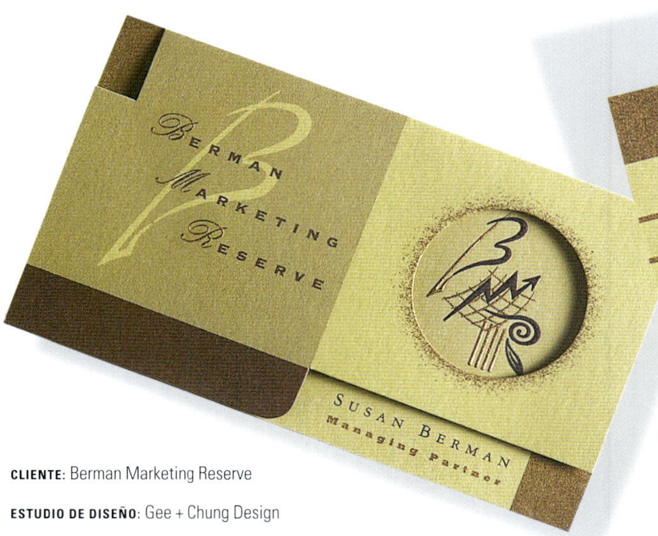

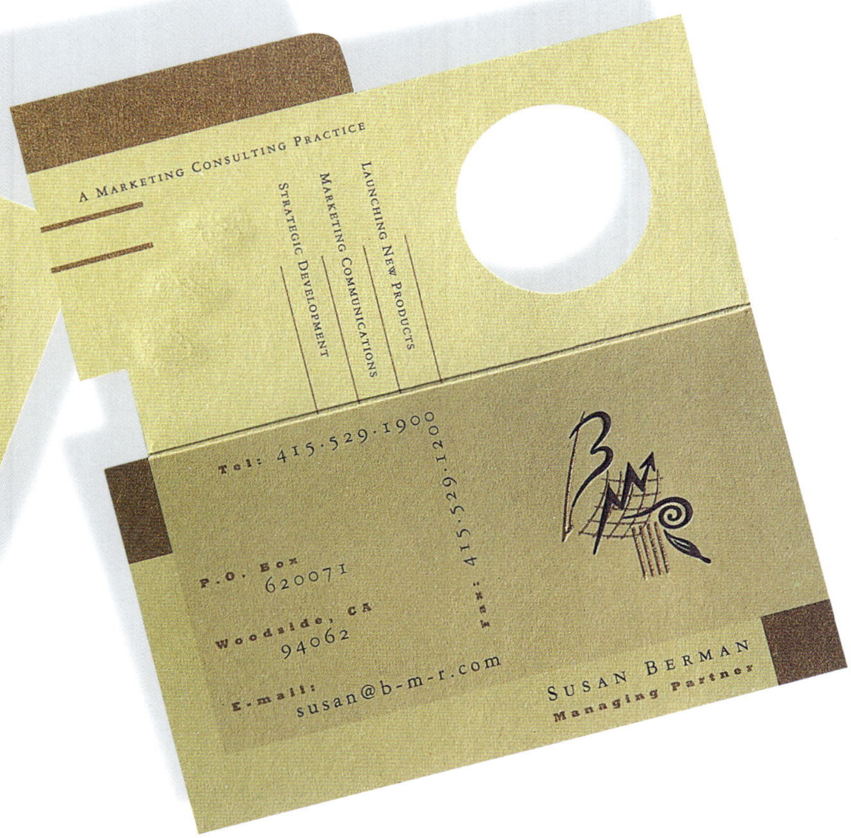

CLIENTE: Berman Marketing Reserve

ESTUDIO DE DISEÑO: Gee + Chung Design

DIRECCIÓN ARTÍSTICA/DISEÑO: Earl Gee / Fani Chung

ILUSTRACIÓN: Earl Gee

SOFTWARE: Quark XPress / Adobe Illustrator

PAPEL: Champion Benefit 190 g/m^2

IMPRESIÓN: Litografía offset 2 colores / estampación en 2 colores / troquelado

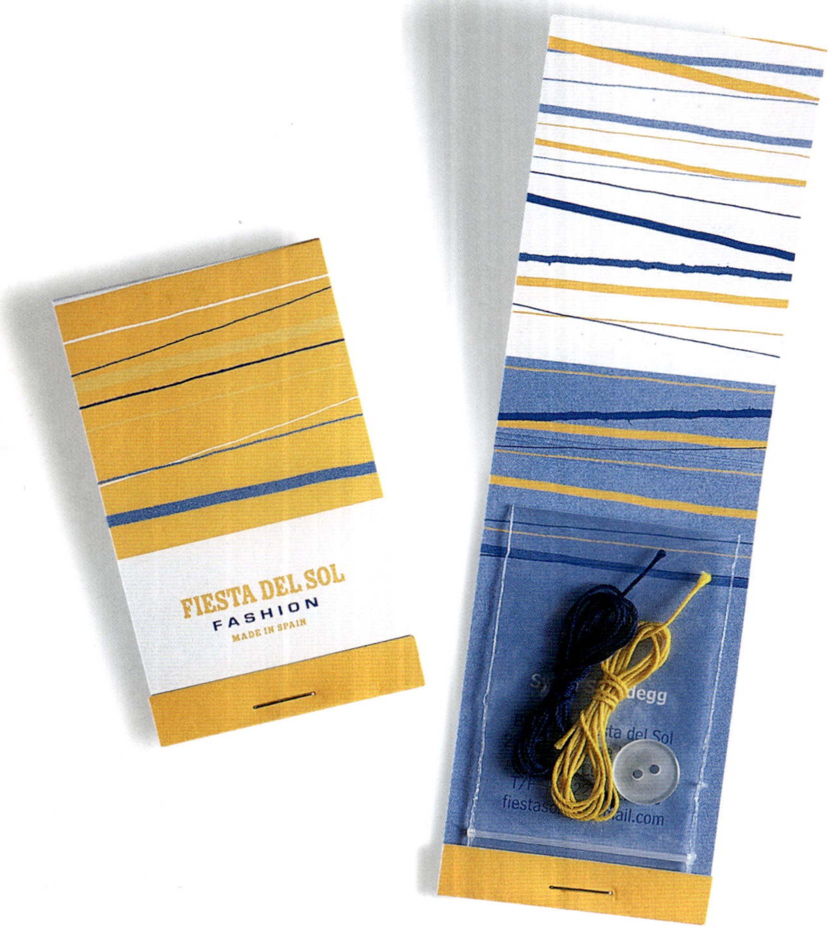

CLIENTE: Fiesta Del Sol

ESTUDIO DE DISEÑO: Parenti Design Sarl

DIRECCIÓN ARTÍSTICA: Lisa Parenti

DISEÑO: Karma Al Azmeh

SOFTWARE: Adobe Photoshop / Quark XPress

PAPEL: Conqueror CX 22

IMPRESIÓN: 2 colores

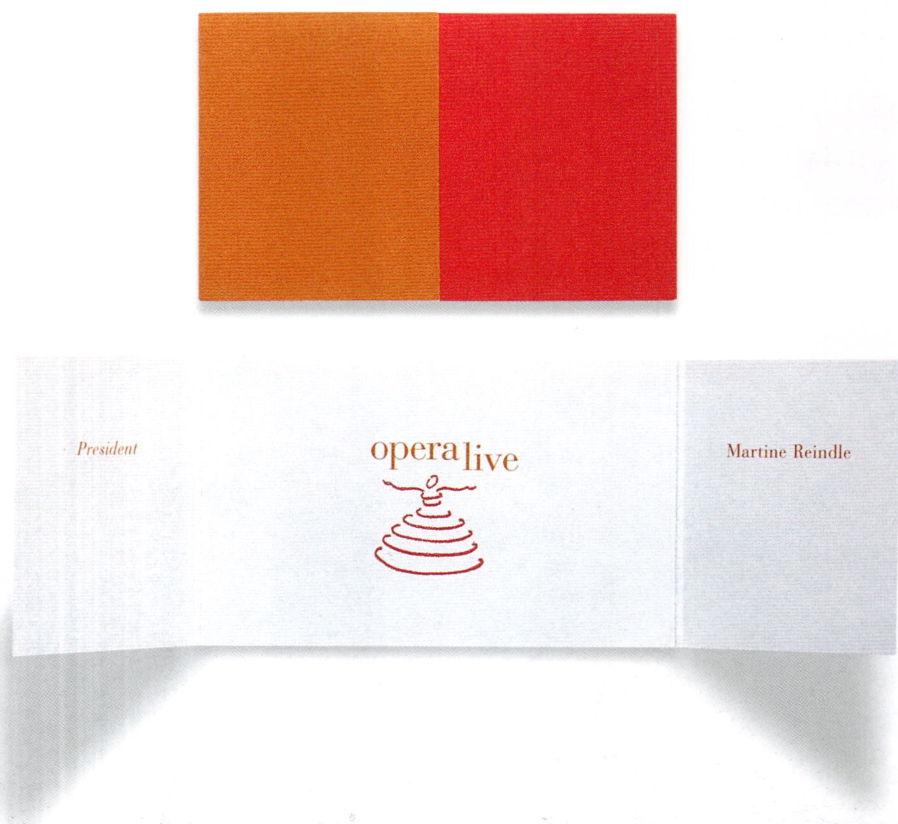

CLIENTE: Opera Live

ESTUDIO DE DISEÑO: Parenti Design Sarl

DIRECCIÓN ARTÍSTICA: Lisa Parenti

DISEÑO/ILUSTRACIÓN: Alessandra Marchetto

SOFTWARE: Adobe Illustrator / Quark XPress

PAPEL: Conqueror CX22

IMPRESIÓN: 2 colores

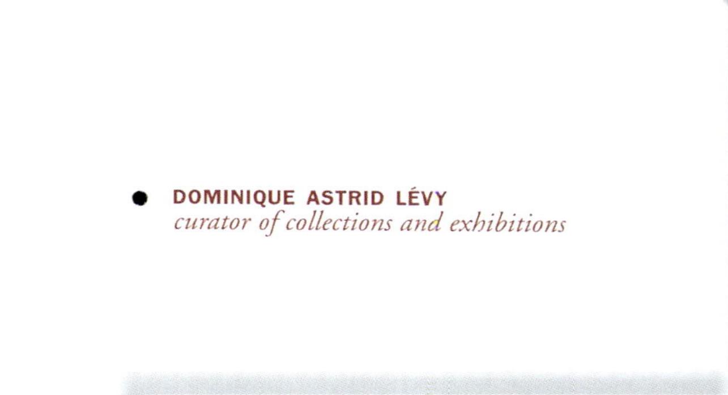

CLIENTE: Start-Comisariado de colecciones y exposiciones

ESTUDIO DE DISEÑO: Parenti Design Sarl

DIRECCIÓN ARTÍSTICA: Lisa Parenti

DISEÑO/ILUSTRACIÓN: Alessandra Marchetto

SOFTWARE: Adobe Illustrator / Quark XPress

PAPEL: Conqueror CX 22

IMPRESIÓN: 2 colores / troquelado

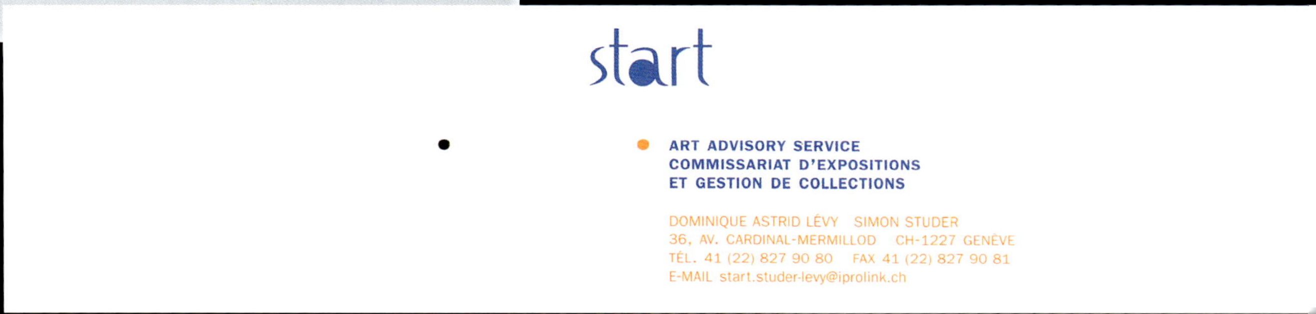

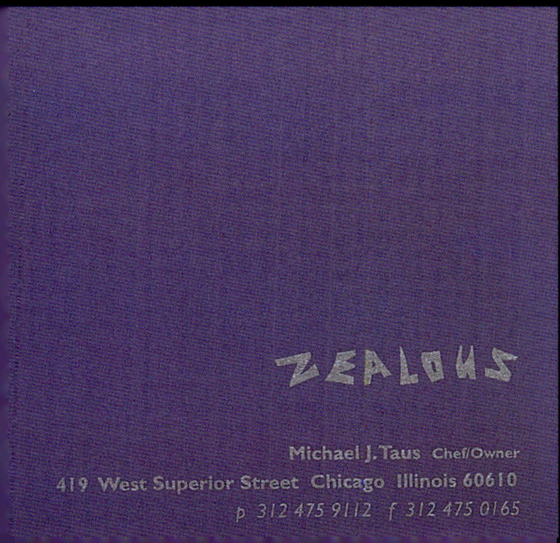

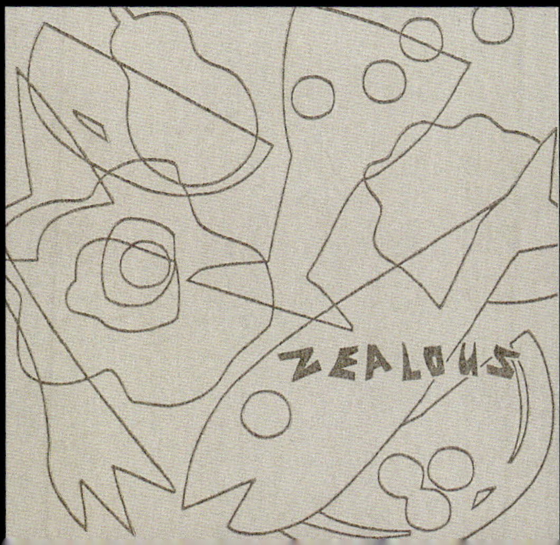

CLIENTE: Zealous

ESTUDIO DE DISEÑO: JOED Design Inc.

DIRECCIÓN ARTÍSTICA/DISEÑO: Edward Rebe

SOFTWARE: Macromedia Freehand

PAPEL: Strathmore Writing

IMPRESIÓN: Tipografía 2 / 2 con tintas metalizadas

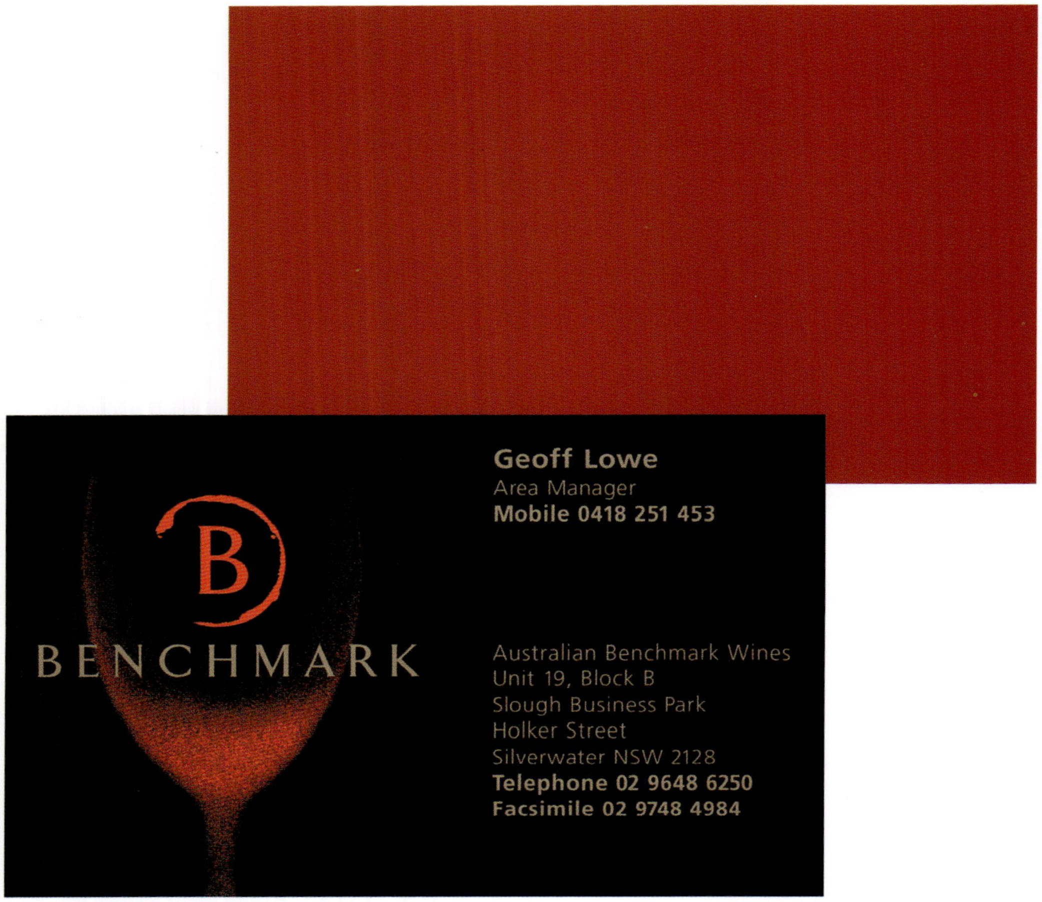

CLIENTE: Beringer Blass-Benchmark

ESTUDIO DE DISEÑO: CPd-Chris Perks Design

SOFTWARE: Adobe Photshop / Adobe Illustrator

PAPEL: Cartulina arte blanca 310 g/m[2] / Mattkote

CLIENTE: Work, Inc.

ESTUDIO DE DISEÑO: Howalt Design Studio, Inc.

DIRECCIÓN ARTÍSTICA: Paul Howalt / Cabell Harris

DISEÑO/ILUSTRACIÓN: Paul Howalt

SOFTWARE: Macromedia Freehand

MATERIALES: Yupo Synthetic

IMPRESIÓN: 2 / 1, offset / laminado / troquelado

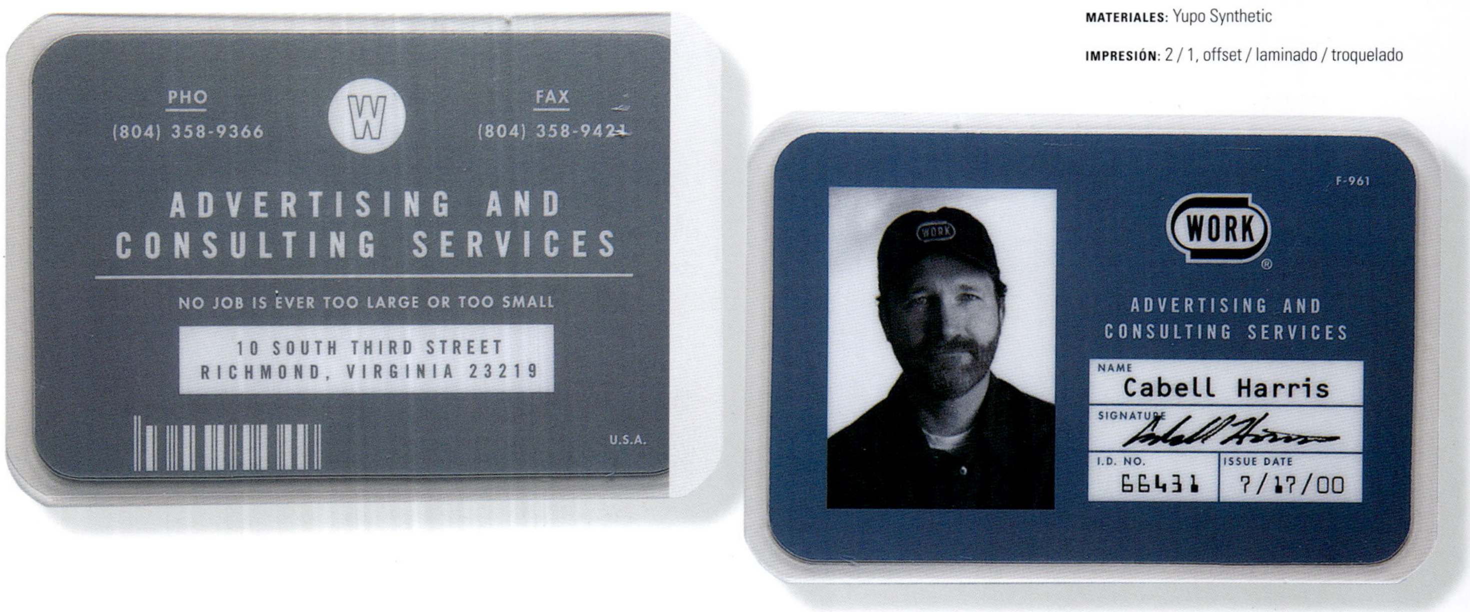

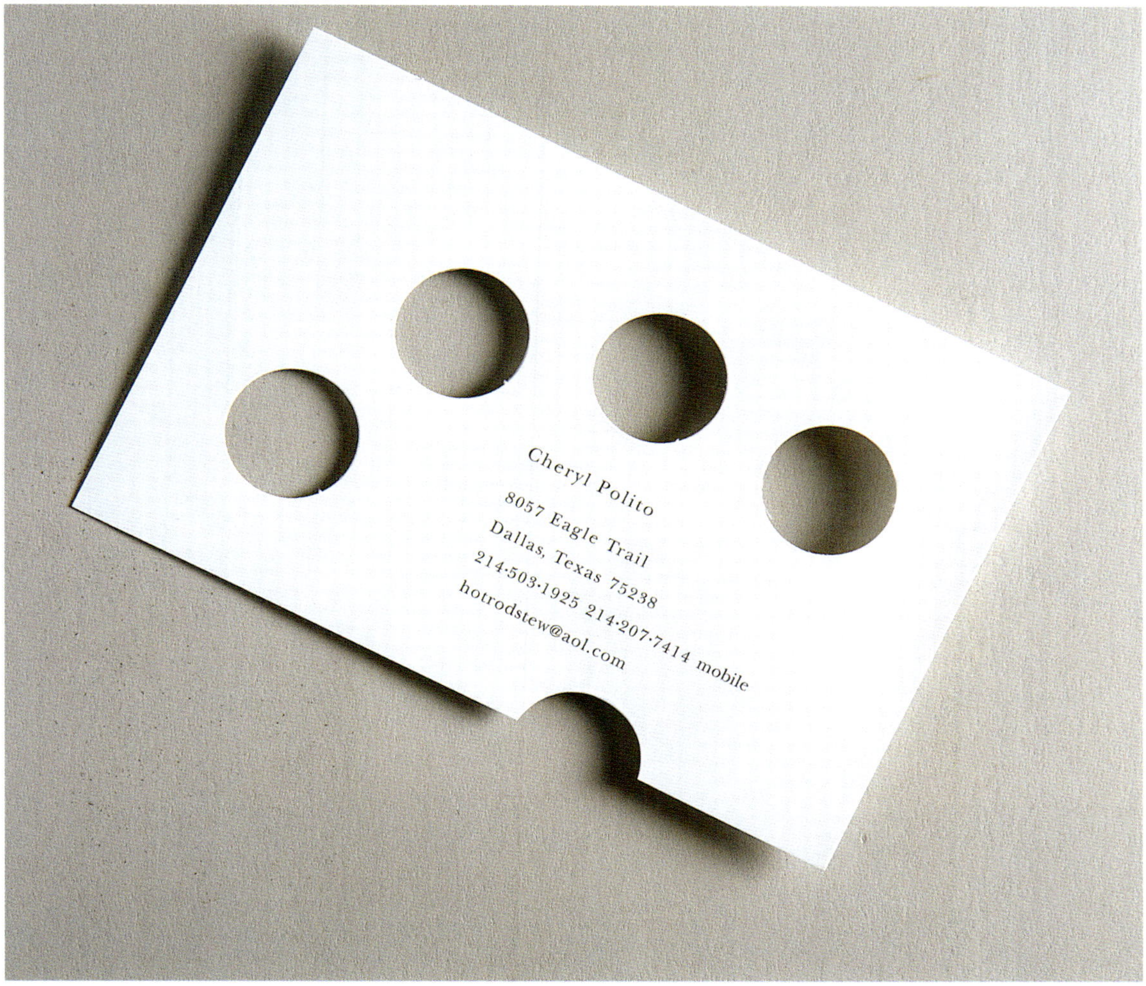

CLIENTE: Cheryl Polito / Manicura

ESTUDIO DE DISEÑO: Group Baronet

DIRECCIÓN ARTÍSTICA/DISEÑO: Willie Baronet

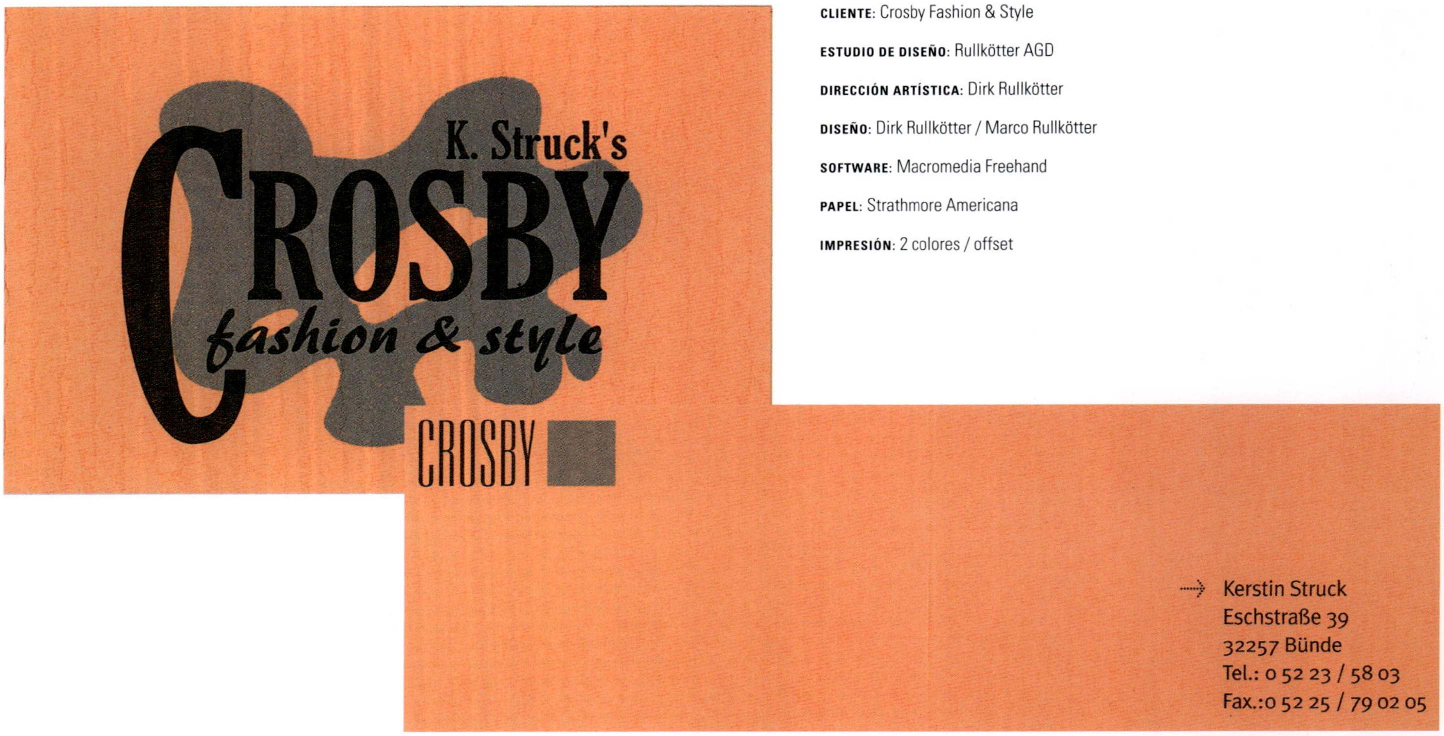

CLIENTE: Crosby Fashion & Style

ESTUDIO DE DISEÑO: Rullkötter AGD

DIRECCIÓN ARTÍSTICA: Dirk Rullkötter

DISEÑO: Dirk Rullkötter / Marco Rullkötter

SOFTWARE: Macromedia Freehand

PAPEL: Strathmore Americana

IMPRESIÓN: 2 colores / offset

CLIENTE: Dorf Café

ESTUDIO DE DISEÑO: Riggert Design

DIRECCIÓN ARTÍSTICA/DISEÑO: Kurt Riggert

SOFTWARE: Adobe Photoshop

PAPEL: Crown Vantage 250 g/m^2

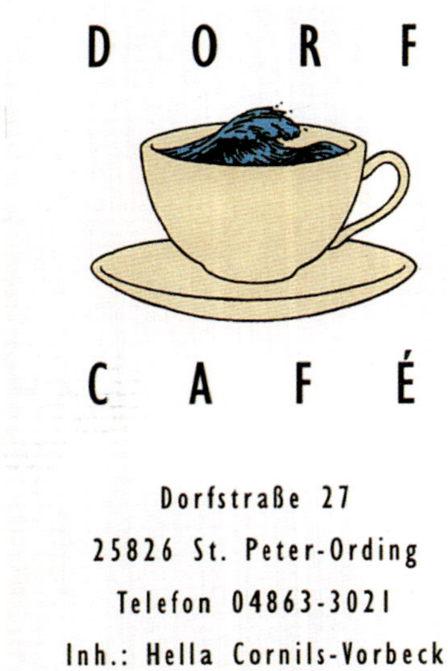

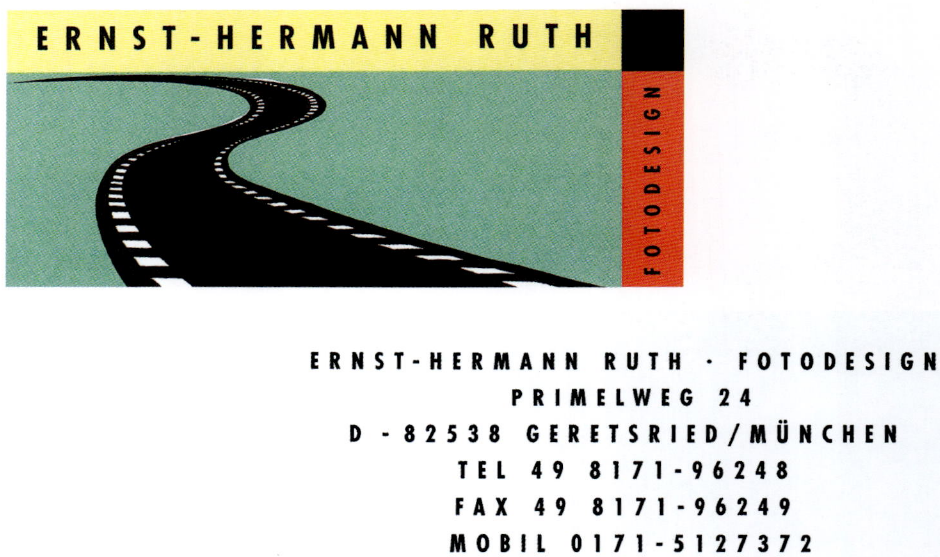

CLIENTE: Hermann Ruth Fotodesign

ESTUDIO DE DISEÑO: Riggert Design

DIRECCIÓN ARTÍSTICA/DISEÑO: Kurt Riggert

SOFTWARE: Adobe Photoshop

PAPEL: Crown Vantage 250 g/m^2

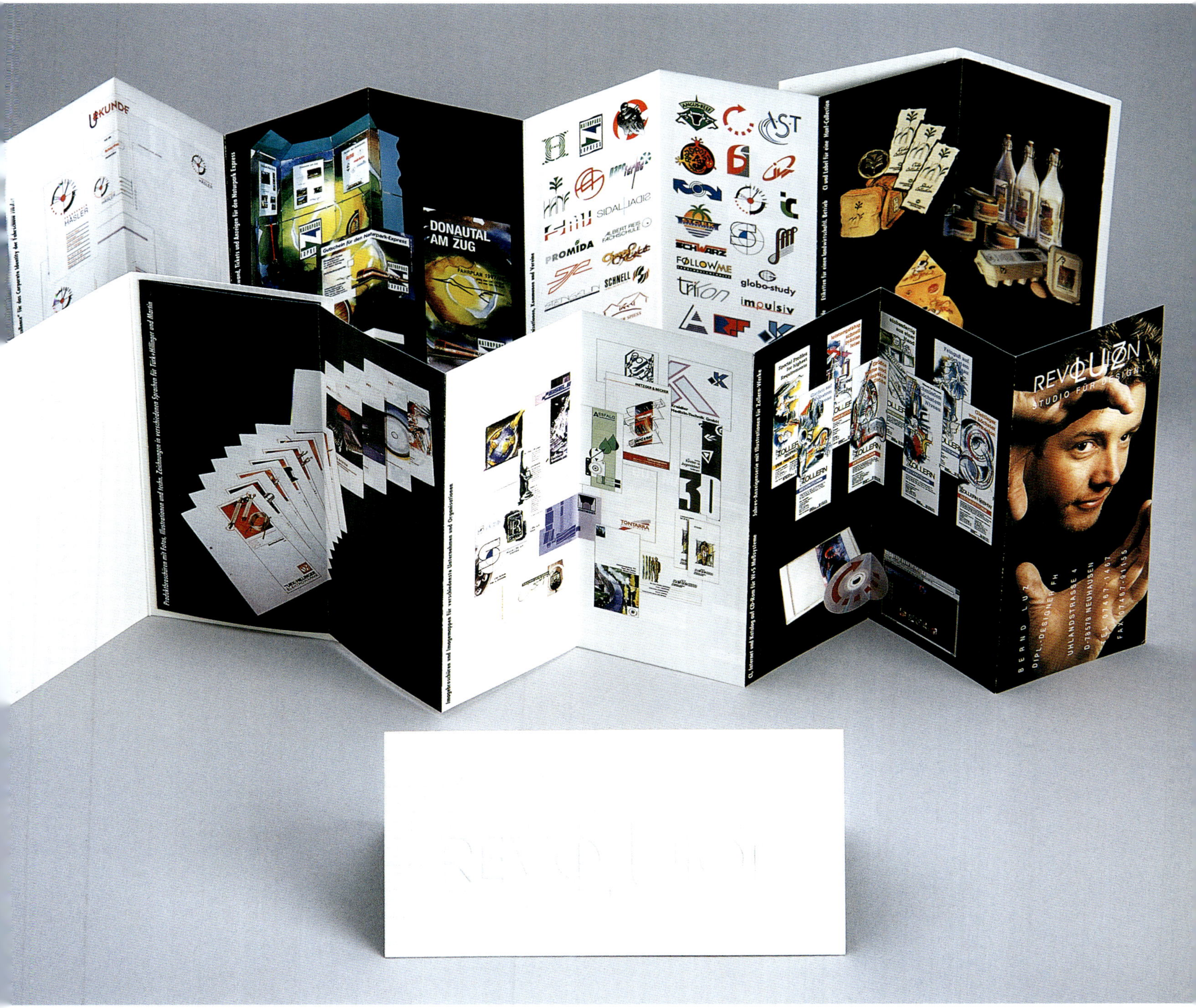

CLIENTE: revoLUZion-Studio für Design

ESTUDIO DE DISEÑO: revoLUZion-Studio für Design

DISEÑO: Bernd Luz

SOFTWARE: Quark XPress / Adobe Photshop / Macromedia Freehand

Participantes

Acme Communications, Inc.
175 Fifth Avenue
Nueva York, NY 10010
kikiacme@aol.com

AdamsMorioka
370 South Doheny Drive, No. 201
Beverly Hills, CA 90211
sean@adamsmorioka.com

Ads & Art
2715 Pennington Court N.W.
Rochester, MN 55901
vantassel.jeremy@adsart.com

ALR Design
3007 Park Avenue, #1
Richmond, VA 23221
www.alrdesign.com

Amoeba Corp.
49 Spadina Avenue, Studio 507
Toronto, ON M5V 2J1
Canadá
zenboy@amoebacorp.com

Anderson Thomas Design
110 29th Avenue, North
Suite 100
Nashville, TN 37203
jay@andersonthomas.com

Andrew A. Bartolotta Architecture + Design
2 Ivy Knoll
Westport, CT 06880
ivyknoll@mindspring.com

Angryporcupine
644 Stendal Lane
Cupertino, CA 95014
Cheryl@angryporcupine.com

Asbury Studios
2615 Amherst Road, #B-23
Middleton, WI 53562
asburystudios@yahoo.com

Atelier Tadeusz Piechura
Zgierska 124/140, M.168
Lodz 91-320
Polonia
48-42-6544633

Bartels & Company
3284 Ivanhoe Avenue
St. Louis, MO 63139
bartels@primary.net

be.design
1323 Fourth Street
San Rafael, CA 94901
(415) 451-3530

Beyond Blond Design Group
2602 22nd Street
Santa Monica, CA 90405
michelle@beyondblond.com

Blackcoffee Design Inc.
840 Summer Street
Boston, MA 02127
mail@blackcoffeedesign.com

Black Rocket
Pier 33 South, 3rd Floor
San Francisco, CA 94111
mumford@blackrocket.com

Blok Design
822 Richmond Street W, Suite 301
Toronto, ON M6J 1C9
Canadá
blocdesign@earthlink.net

Bluestone Creative Agency
neil@bluestone.co.uk

Braue Branding & Corporate Design
Eiswerkestrasse 8
Bremerhaven, Bremen 27572
Alemania
mail@brauedesign.com

brianfidler interactive
3418 East Elm Street
Phoenix, AZ 85018
interactive@brianfidler.com

Brown Design & Co.
408 Fore Street
Portland, ME 04101
mbrown@browndesign.net

Campbell Fisher Design
3333 East Camelback Road, #200
Phoenix, AZ 85018
mail@cfd2k.com

Carbone Smolan Agency
22 West 19th Street, 10th Floor
Nueva York, NY 10011
leslies@carbonesmolan.com

Carnase Inc.
30 East 21st Street
Nueva York, NY 10010
carnase@carnase.com

Chris Rooney Illustration/Design
639 Castro Street
San Francisco, CA 94114
looneyrooney@mindspring.com

Christopher Palmer
7336 S. Blackstone Avenue
Chicago, IL 60619
(773) 684-3753

City of Moncton
655 Main Street
Moncton, NB E1C 1E8
Canadá
jwheaton@nb.aibn.com

Colormetro
1070 Howard Street
San Francisco, CA 94103
colormetro@earthlink.net

CPd-Chris Perks Design
333 Flinders Lane, 2nd Floor
Melbourne, Victoria 3000
Australia
d.ohehir@cpdtotal.com.au.

Cross Colours Inc.
P.O. Box 412109
Craighall 2024
Suráfrica
cross@iafrica.com

Current, Inc.
887 W. Marietta Street,
Suite t-102
Atlanta, GA 30318
jsercer@currentsite.com

Custom Communications
P.O. Box 35388
Richmond, VA 23235-0388
Ljh@custom-communications.com

Damion Hickman Design
1801 Dove, #104
Newport Beach, CA 92660
damion@damionhickman.com

Design Center
15119 Minnetonka Blvd.
Minnetonka, MN 55345
jreger@design-center.com

Design Duo Inc.
1952 1st Avenue South, Studio 2
Seattle, WA 98134
www.designduoinc.com

Design Infinitum
9450 NW Engleman Street
Portland, OR 97229
dinfinitum@aol.com

Design 360º
1144 West Fulton Market
Chicago, IL 60607
scott@design360.net

Designbüro no. 804
Ronsdorfer Strasse 77a
Dûsseldorf 40233
Alemania
info@no804.de

Detroit Steam Engines Art & Design
306 Mulholland
Ann Arbor, MI 48103
jlg@squeakyporcupine.com

DGWB
217 N. Main Street, #200
Santa Ana, CA 92701
azappella@dgwb.com

Dick Chin Art Direction
218 Ontario Street
Toronto, ON M5A 2V5
Canadá
dickchin@globalserve.net

Diesel Design
948 Illinois Street, Suite 108
San Francisco, CA 94107
www.dieseldesign.com

Dinnick & Howells
298 Markham Street
Toronto, ON M6J 2G6
Canadá
angela@dinnickandhowells.com

Dotzero Design
8014 SW 6th Avenue
Portland, OR 97219
jonw@dotzerodesign.com

Douglas Oliver Design Office
2054 Broadway
Santa Monica, CA 90404
jspencer@dodola.com

Dunn and Rice Design, Inc.
16 North Goodman Street
Rochester, NY 14607
gregg @dunnandrice.com

Dynamo
5 Upper Ormond Quay
Dublín 7
Irlanda
briann@dynamo.ie

Dynamo Art & Design
19 Broadway
Watertown, MA 02472
nw@dynamodesign.com

Dzine Wise Design Studio
2527 Marywood
Dubuque, IA 52001
mike@dzinewise.com

Eastern Edge Media Group, Inc.
47 W. Stewart Avenue
Lansdowne, PA 19050
mj@eemg.com

Edmunds Jones Design P/L
83 Mount Street
Suite 1001, 10th Level
North Sydney, NSW 2060
Australia
ejays@edmundsjones.com.au

Ego Communications
27 Cambertin
Cantley, PQ J8V 2V8
Canadá
egocom@egocom.com

Elixir Design
2134 Van Ness Avenue
San Francisco, CA 94109
cdw@elixirdesign.com

Elizabeth Resnick Design
126 Payson Road
Chestnut Hill, MA 02467
ElizRes@aol.com

Elements, LLC
28 Summit Road
Hamden, CT 06514
elementsaw@aol.com

Emery Vincent Design
80 Market Street
Southbank, VIC 3006
Australia
Garry.emery@evd.com.au

Emma Wilson Design Company
500 Aurora Avenue N
Seattle, WA 98109
emma@emmadesignco.com

Enki NY
636 Broadway, 707
Nueva York, NY 10012
lana@enkiny.com

Equus Design Consultants P/L
8 B Murray Terrace
Singapore 079522
alex@equus_design.com

F. Wartenberg Photography
Leverkusenstr.25
Hamburgo 22761
Alemania
frank@frank-wartenberg.com

Fabrice Praeger
54 Bis Rue de L'Ermitage
París 75020
Francia
01 40-33-17-00

Fishhead Design
1200 East Woodhurst, Building V
Springfield, MO 65804
elvis@marlin-thing.com

Formgefühl
Suttner Str. 8
Hamburgo
Alemania
marius@formgefuehl.de

44 Phases
844 Wilshire Blvd., 5th Floor
Beverly Hills, CA 90211
Daniel@44phases.com

Free-Range Chicken Ranch
1053 Lincoln Avenue
San Jose, CA 95125
toni@freerangechickenranch.com

Fuel Design
727 W. Hargett Street, Suite 101
Raleigh, NC 27603
stg@fueldesigngroup.com

FunkyFoto
5036 Grimm Drive
Alexandria, VA 22304
Johnny@grafik.com

Gardner Design
3204 E. Douglas
Wichita, KS 67208
travis@gardnerdesign.net

Gee + Chung Design
38 Bryant Street, Suite 100
San Francisco, CA 94105
earl@geechungdesign.com

Get Smart Design Co.
899 Jackson Street
Dubuque, IA 52001
getsmartjeff@mwci.net

Gott Folk McCann-Erickson
Sidumuli 24
Reykjavik 108
Islandia
einar@gottfolk.is

GraphicType Services
24 Sherwood Lane
Nutley, NJ 07110
www.graphictype.com

Greteman Group
1425 E. Douglas, Suite 200
Wichita, KS 67211
www.gretemangroup.com

Group Baronet
2200 N. Lamar, #201
Dallas, TX 75202
bronson@groupbaronet.com

High Noon Studios
941 Elysium Blvd.
Mt. Dora, FL 32757
hnstudios@aol.com

Hollis
344 7th Avenue
San Diego, CA 92101
markb@hollisdesign.com

Hornall Anderson Design Works, Inc.
1008 Western Avenue, Suite 600
Seattle, WA 98104
c_arbini@hadw.com

Howalt Design Studio, Inc.
527 W. Scott Avenue
Gilbert, AZ 85233
howalt@qwest.net

[i]e design, Los Angeles
1600 Rosecrans Avenue, 6B/200
Manhattan Beach, CA 90266
mail@iedesign.net

i.e. design, inc.
150 W. 25th Street, #404
Nueva York, NY 10001
nicole@ie-design.com

Inkahoots
239 Boundary Street
West End, Queensland 4101
Australia
www.inkahoots.com.au

Jeanne F. Goodman
1334 Botetourt Gardens
Norfolk, VA 23517
JGood51@aol.com

Jim Moon Designs
182 Oakdale Avenue
Mill Valley, CA 94941
jmoondes@aol.com

JOED Design Inc.
533 South Division Street
Elmhurst, IL 60126
ereoek@joeddesign.com

John Robshaw Textiles
245 West 29th Street
#1101
Nueva York, NY 10001
JTRobshaw@aol.com

Kan & Lau Design Consultants
28/F Great Smart Tower
830 Wanchai Road
Hong Kong
kan@kanandlau.com

Kelman Design
207-1009 Howay Street
New Westminster, BC V3M 6RI
Canadá
kelmandesign@yahoo.com

Kismet Design Group, LLC
1560 Cleveland Road
Glendale, CA 91202
stacy@kismetdg.com

Kontrapunkt
Parmova 20
Ljubljana 7000
Eslovenia
Eduard.cehovin@siol.net

Kristy A. Kutch Colored Pencil Workshops
11555 W. Earl Road
Michigan City, In 46360
kakutch@niia.net

KROG
Krakovski Nasip 22
1000 Ljubljana
Eslovenia
Edi.berk@krog.si

Landesberg Design Associates
1219 Bingham Street
Pittsburgh, PA 15203
debrat@designlande.com

Laurey Robin Bennett Design
9725 Saturn Street
Los Angeles, CA 90035
laurey@mindspring.com

Likovni Studio D.O.O.
Dekanici 42, Kerestinec
Sveta Nedjelja 10431
Croacia
list@list.hr

Lima Design
215 Hanover Street
Boston, MA 02113
beans@limadesign.com

Liska + Associates, Inc.
515 North State Street, 23rd Floor
Chicago, IL 60610
agray@liska.com

Lowercase, Inc.
213 W. Institute Place, 311
Chicago, IL 60610
sdvorak@lowercase.com

LPG Design
410 East 37th Street North
Wichita, KS 67219-3556
dcommer@lpgdesign.com

MA&A—Mário Aurélio & Associados
Rua Eng. Ezequiel de Campos 159 1°
Porto L100-231
Portugal
Mario@maadesign.com

Manx Kommunikations Design
Hammer Strasse 156
Essen (Ruhr) 45257
Alemania
howe@manx.de

Marketing and Communication Strategies, Inc.
2218 First Avenue NE
Cedar Rapids, IA 52402
eman@mcshome.com

Mirage Design
840 Summer Street
Boston, MA 02127
miragedesign@earthlink.net

Mirko Ilić Corp.
207 E. 32nd Street
Nueva York, NY 10016
(212) 481-9737

missHill Design
3523 Hutchison, #2
Montreal, PQ H2X 2G9
Canadá
shawstria@hotmail.com

Moonlit Creative Group
1523 Napier Terrace
Lawrenceville, GA 30044
ceggers@moonlitcreative.com

Mortensen Design
416 Bush Street
Mountain View, CA 94041
Gmort@mortdes.com

Musser
508 Chestnut Street
Columbia, PA 17512
musser@musser.cc

Nassar Design
11 Park Street
Brookline, MA 02446
nnassar@shore.net

Nichols Graphic Design
80 Eighth Avenue, #900
Nueva York, NY 10011
NGD80@aol.com

9Volt Visuals
231 Euclid Avenue
Long Beach, CA 90803
bjune@9voltvisuals.com

Oakley Design Studios
921 SW Morrison Street, #540
Portland, OR 97205
oakleyds@oakleydesign.com

On The Edge Design
1601 Dove Street, #294
Newport Beach, CA 92660
gina@ontheedgedesign.com

Orbit Integrated
722 Yorklyn Road, Suite 150
Hockessin, DE 19707
www.theorbit.com

Palazzolo Design Studio
6410 Knapp
Ada, MI 49301
becky@palazzolodesign.com

Parenti Design Sarl
36 Avenue Cardinal-Mermillod
Carouge, Geneva 1227
Suiza
info@parentidesign.com

Pierce Design
1945 East Ridge Road, Suite 22
Rochester, NY 104622
pierce@frontiernet.net

Pinkhaus Design
2424 South Dixie Highway, Suite 201
Miami, FL 33133
Janice.Q@pinkhaus.com

Piscatello Design Centre
355 Seventh Avenue, Suite 304
Nueva York, NY 10001
info@piscatello.com

Planaria
2318 King Place NW
Washington, DC 20007
nick@planariainc.com

Planet Propaganda
605 Williamson Street
Madison, WI 53703
connie@planetpropaganda.com

Porto + Martinez Design Studio
Rua Capistrano de Abreu 44/101
Rio de Janeiro, RJ 22271-000
Brazil
design@portomartinez.com

Q30 Design Inc.
489 King Street W, Suite 400
Toronto, ON M5V 1K4
Canadá
pscott@q30design.com

R2 Design
Praceta D Nuno Álvares Pereira 20 5 FQ
Matosinhos 4450
Portugal
r2design@rdois.com

R & M Associati Grafici
Traversa Del Pescatore 3
Gastellammare Di Stabia
Naples 80053
Italia
rmassociati@tin.it

Red Bee® Studio
77 Lyons Plain Road
Weston, CT 06883
carole@redbeestudio.com

Refinery Design Co.
2001 Alta Vista Street
Dubuque, IA 52001
refinery@dubuque.net

Reich Paper
7518 Third Avenue
Booklyn, NY 11209
(800) 230-3674
duke@reichpaper.com

revoLUZion–Studio für Design
Uhland Strasse 4
Neuhausen ob Eck 78579
Alemania
info@revoluzion.de

Riggert Design
Wegzoll 53
Hamburgo D-22393
Alemania
riggertk@aol.com

Romanson Design Group
11321 Iowa Avenue, Suite 11
Los Angeles, CA 90025
roman@ucla.edu

Rome & Gold Ltd.
P.O. Box 66438
Albuquerque, NM 87193
romegold@integrity.com

Rule 29
25 South Grove Avenue, Suite 301
Elgin, IL 60120
justin@rule29.com

Rullkötter AGD
Kleines Heenfeld 19
Kirchlengern, NRW 32278
Alemania
info@rullkoetter.de

Sackett Design Associates
2103 Scott Street
San Francisco, CA 94115
elisalindenmayer@sackettdesign.com

Sara Nelson Design, Ltd.
P.O. Box 2010
Pasco, WA 99302
saradesign@att.net

Satellite Graphics
180 Orchard Road
Orange, CT 06477
satellitestudio@netscape.net

Sayles Graphic Design
3701 Beaver Avenue
Des Moines, IA 50310
sayles@saylesdesign.com

Segura Inc.
1110 N. Milwaukee Avenue
Chicago, IL 60622
carlos@segura-inc.com

Sevell & Sevell, Inc.
240 N. 5th Street, Suite 200
Columbus, OH 43215
sevell@sevell.com

Shane Lewis Design, Inc.
4445 Hidden Shadow Drive
Tampa, FL 33614
shane@shanelewisdesign.com

Smith Design Associates
205 Thomas Street
P.O. Box 8278
Glen Ridge, NJ 07028
assoc@smithdesign.com

So Design Pty Ltd.
76 Punt Road
Windsor, VIC 3181
Australia
sodesign@ozemail.com.au

Studio GT & P
Via Ariosto, 5
06034 Foligno (PG)
Italia
www.tobanelli.it

Studiomoon
60 Federal Street, No. 510
San Francisco, CA 94107
sarvar@studiomoon.com

Summa
Roger De Lluria 124, Planta 8
Barcelona 08037
España
wmarnich@summa.es

Sunja Park Design
2116 Roselin Place
Los Angeles, CA 90039
sunjap@earthlink.net

Sussner Design Company
212 3rd Avenue N., #505
Minneapolis, MN 55401
derek@sussner.com

TXS Industrial Design, Inc
1761 International Parkway, #135
Richardson, TX 75081
john@txsdesign.com

Tennis, anyone?
Viktoriagatan 3
Gotenburgo
Suecia
Linda@tennisanyone.se

Terrapin Graphics
991 Avenue Road
Toronto, ON M5P 2K9
james@terrapin-graphics.com

Tharp Did It
50 University Avenue, Suite 21
Los Gatos, CA 95030
(408) 354-6726

The Post Press
16 Thompson Lane
Newark, DE 19711-3220
Martha@udel.edu

The Riordon Design Group Inc.
131 George Street
Oakville, ON L6J 3B9
Canadá
ric@riordondesign.com

Thirst
132 W. Station Street
Barrington, IL 60010
ewa@3st2.com

Tim Kenney Design Partners
3 Bethesda Metro Center, Suite 63
Bethesda, MD 20814
tim@tkdp.com

Toolbox
1721 Connecticut Avenue, NW
Washington, DC 20004
toolboxdc@aol.com

Turner and Associates
577 Second Street, Studio 204
San Francisco, CA 94107
phil@turnersf.com

2fold Creative
222 A North Main Street
Edwardsville, IL 62025
emma@2foldcreative.com

Vaughn Wedeen Creative
407 Rio Grand NW
Albuquerque, NM 87104
adewis@vwc.com

Velocity Advertising
306 Dartmouth Street
Boston, MA 02116
jennifer@velocityadvertising.com

Viva Dolan Communications & Design
99 Crown's Lane, Suite 500
Toronto, ON M5R 3P4
Canadá
frank@vivadolan.com

Wages Design
887 West Marietta Street, Studio S-111
Atlanta, GA 30318
diane@wagesdesign.com

Widmeyer Design
911 Western Avenue, #523
Seattle, WA 98104
sevenson@widmeyerdesign.com

Winking Owl Studios
7065 Collins Pt. Road
Cumming, GA 30041
winkingowl@mindspring.com

X Design Compny
910-16th Street, #805
Denver, Co 80202
alexv@xdesignco.com

Xtremities Design
557 Roy Street, Suite 150
Seattle, WA 98109
cindy@xtremities.com

You Send Me
29 Patten Parkway
Chattanooga, TN 37402
(423) 267-8683

Zebra Design
5 Beatrice Cove
Fairport, NY 14450
zebrades@frontiernet.net

Zenvironments
51 Hillside Street., Apt. 2
Roxbury, MA 02120
somobo@hotmail.com

ZGraphics, Ltd.
322 North River Street
East Dundee, IL 60118
info@zgraphics.com

Sobre la autora

Cheryl Dangel Cullen es consultora de marketing y diseño gráfico y redactora en algunas de las publicaciones de diseño gráfico más importantes en Estados Unidos. Es autora de varios libros, entre los cuales, *The Best of Annual Report Design 6; Large Graphics; Small Graphics; The Best of Brochure Design 6; Then is Now;* y *Promotion Design That Works,* todos editados por Rockport Publishers.

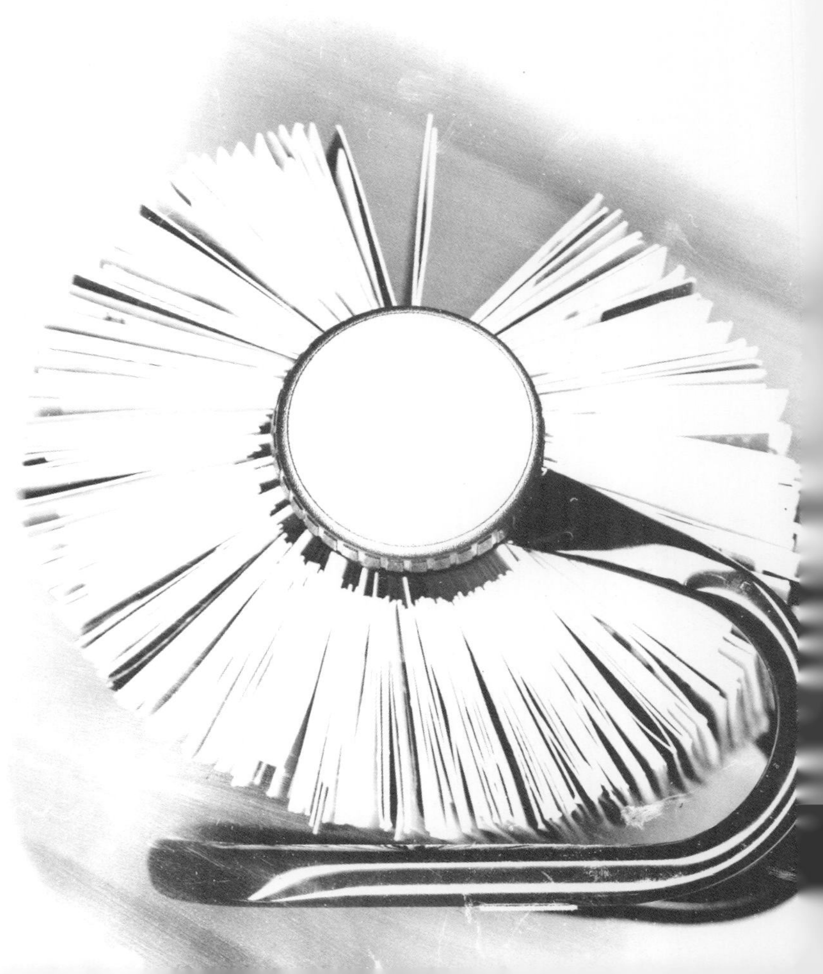